黄河文化遗产考古调查报告

甘肃黄河左近地区

史前考古调查

甘肃省文物考古研究所 / 编著

甘肃教育出版社

图书在版编目（CIP）数据

甘肃黄河左近地区史前考古调查 ／ 甘肃省文物考古研究所编著；陈国科主编；张鹏，曾宗龙，杨谊时副主编． -- 兰州：甘肃教育出版社，2023.6
（黄河文化遗产考古调查报告）
ISBN 978-7-5423-5496-9

Ⅰ．①甘… Ⅱ．①甘… ②陈… ③张… ④曾… ⑤杨… Ⅲ．①黄河流域—石器时代考古—调查报告—甘肃 Ⅳ．①K871.105

中国版本图书馆 CIP 数据核字（2022）第234614号

甘肃黄河左近地区史前考古调查
Gansu Huanghe Zuojin Diqu Shiqian Kaogu Diaocha
甘肃省文物考古研究所　编著

项目负责	祁　莲
责任编辑	祁　莲
封面设计	董世强
版式设计	雷们起

出　版　甘肃教育出版社
社　址　兰州市读者大道 568 号　730030
网　址　www.gseph.cn　E-mail　gseph@duzhe.cn
电　话　0931-8436489（编辑部）　0931-8773056（发行部）
传　真　0931-8435009
淘宝官方旗舰店　http://shop111038270.taobao.com

发　行　甘肃教育出版社　印　刷　北京汇林印务有限公司
开　本　889 毫米×1194 毫米　1/16　插 页　56　印 张　23　字 数　601 千
版　次　2023 年 6 月第 1 版
印　次　2023 年 6 月第 1 次印刷
书　号　ISBN 978-7-5423-5496-9　定　价　380.00 元

编辑委员会

本书为

甘肃省哲学社会科学规划项目
"读懂如意甘肃·解码文化基因"甘肃历史文化研究与传播专项课题
"甘肃境内黄河义化与中华民族多元一体格局形成的考古学研究"
（2023ZD007）阶段性研究成果

甘肃省科学技术厅科技计划项目
重点实验室（研究中心）建设
"甘肃省敦煌文物保护研究中心"（20JR2RF001）阶段性研究成果

甘肃省宣传思想文化人才原创成果资助项目
"河西走廊地区史前农业双向传播研究"阶段性研究成果

目 录

插图目录

第一章 绪 论

　　黄河是中华民族的母亲河，是中华民族重要的地理标识，也是重要的文化标识和精神标识。黄河流域是孕育中华民族的摇篮。作为中华文明起源、发展、传承的核心地区，黄河流域在 3000 多年的时间里是全国政治、经济、文化中心，所诞生的黄河文化，成为中华文明最具代表性、最具影响力的主体文化之一。

　　2019 年 9 月 18 日，习近平总书记在郑州主持召开了黄河流域生态保护和高质量发展座谈会并发表重要讲话。习近平总书记指出，黄河流域生态保护和高质量发展，同京津冀协同发展、长三角一体化发展一样，是重大国家战略。在"保护黄河是事关中华民族伟大复兴的千秋大计"的开篇中，习近平总书记专门讲到了黄河哺育了中华民族、孕育了中华文明，指出从某种意义上讲，中华民族治理黄河的历史也是一部治国史。在论述"黄河流域生态保护和高质量发展的主要目标任务"时，专门将保护传承弘扬黄河文化作为高质量发展的重要目标，作出了"黄河文化是中华文明的重要组成部分，是中华民族的根和魂"的重要论断。同时，习近平总书记强调，要推进黄河文化遗产的系统保护，深入挖掘黄河文化蕴含的时代价值，讲好"黄河故事"，延续历史文脉，坚定文化自信，为实现中华民族伟大复兴的中国梦凝聚精神力量。① 2020 年 1 月，习近平总书记主持召开中央财经委员会第六次会议，进一步提出要实施黄河文化遗产系统保护工程，打造具有国际影响力的黄河文化旅游带，开展黄河文化宣传，大力弘扬黄河文化。习近平总书记的重要讲话、重要指示批示，为黄河文化保护传承弘扬指明了前进方向，提供了根本遵循，同时也提出了更高要求。

　　2021 年 10 月 8 日，中共中央、国务院印发《黄河流域生态保护和高质量发展规划纲要》（以下简称《纲要》），《纲要》指出黄河流域是中华文化保护传承弘扬的重要承载区，强调要依托黄河流域文化遗产资源富集、传统文化根基深厚的优势，从战略高度保护传承弘扬黄河文化，构建多元纷呈、和谐相容的黄河文化彰显区，充分展现中华优秀传统文化的独特魅力、革命文化的丰富内涵、社会主义先进文化的时代价值，增强黄河流域文化软实力和影响力，建设厚植家国情怀、传承道德观念、各民族同根共有的精神家园。②《纲要》从系统保护黄河文化遗产、深入传承黄河文化基因、讲好新时代黄河故事、打造具有国际影响力的黄河文化旅游带四个方面就保护传承弘扬黄河文化作

---

① 习近平：《在黄河流域生态保护和高质量发展座谈会上的讲话》，《求是》2019 年第 20 期。
② 中共中央、国务院：《黄河流域生态保护和高质量发展规划纲要》，2021 年 10 月 8 日。

出详细部署，明确提出开展黄河文化资源全面调查和认定，摸清文物古迹、非物质文化遗产、古籍文献等重要文化遗产底数的要求。

2021年10月26日，甘肃省委、省政府印发《甘肃省黄河流域生态保护和高质量发展规划》（以下简称《规划》），《规划》提出要将甘肃打造成为黄河文化保护传承弘扬新高地，运用甘肃黄河流域文化遗产资源丰富、传统文化根基深厚的优势，整合甘肃黄河文化资源，构建多元纷呈、和谐相容的丝路黄河文化彰显区。[①]《规划》从推进甘肃黄河文化遗产系统保护、创新甘肃黄河文化传承利用、弘扬甘肃红色文化时代精神、放大甘肃黄河文旅综合效应、讲好新时代甘肃黄河故事五个方面就加强黄河文化保护传承弘扬进行了系统部署。《规划》在"推进甘肃黄河文化遗产系统保护"中明确提出全面开展黄河文化资源普查、统计、分类、评估和定级工作。

甘肃地处黄河上游，黄河在甘肃两进两出，流经900多千米，穿越了甘南高原和陇西黄土高原。甘肃是黄河重要的水源涵养区和补给区，也是中华民族和中华文明的重要发祥地。与历史上黄河在中下游地区"善淤、善决、善徙"[②]相比，黄河流域甘肃段因特殊的地理位置、地形地貌，泛滥决堤较少，塑造了黄土高原上较为难得的宜居生态环境，成为自古至今人类良好的生息繁衍地。在得天独厚的历史条件和地理环境的共同作用下，生活在此的先民在长期的生息、繁衍、奋斗和发展过程中逐步形成了具有区域特征的民族性格、文化观念、精神风貌、风俗习惯和生产方式，积淀了丰富的历史文化，史前文化、周秦文化、长城文化、丝路文化、石窟文化、红色文化等具有甘肃地域特色的文化与黄河相伴相生，交相辉映，留下了数量众多、特色鲜明的黄河文化遗产。根据第三次全国文物普查结果，甘肃现有各类不可移动文物资源16895处（不含长城），其中11908处分布在黄河流域，占全省不可移动文物资源总量的70%。另外，黄河流域也是甘肃汉长城、明长城和战国秦长城的主要分布区域，战国秦长城、汉长城东部起点、三分之一的明长城均位于黄河流域。

黄河流域甘肃段的古遗址、古墓葬、古建筑、石窟寺及石刻、近现代重要史迹及代表性建筑等不可移动文物资源，从旧石器时代一直延续至近现代，系统记录和见证了甘肃黄河文化从诞生、发展到兴盛的历史进程。这些宝贵的黄河文化遗产承载着灿烂的历史文明，蕴含着传承弘扬中华优秀传统文化、坚定中华民族文化自信和实现中华民族伟大复兴的精神力量。因此，做好甘肃黄河文化遗产的系统保护，深入挖掘阐释甘肃黄河文化蕴含的价值，讲好"黄河故事甘肃篇章"，事关中华民族伟大复兴的千秋大计，事关中华民族坚定文化自信，既是推动习近平总书记重要讲话精神、重要指示批示在甘肃落地落实、见行见效的重要举措，也是实现社会主义文化强国建设目标的甘肃使命。

---

① 甘肃省委、省政府：《甘肃省黄河流域生态保护和高质量发展规划》，2021年10月26日。
② 鲁枢元、陈先德：《黄河文化丛书·黄河史》，郑州：郑州人民出版社，2001年，第6页。

第一节 黄河流域甘肃段概况

黄河流域甘肃段的范围北至祁连山余脉乌鞘岭向东北延伸的昌岭山、大格达南山、黄草塬山一线以南，南至巴颜喀拉山、秦岭山脉北麓以北，西至青藏高原东缘甘青两省交界处，东至甘陕两省交界处的子午岭以西。主要包括黄河干流及大夏河、洮河、湟水、庄浪河、祖厉河、渭河、泾河等7条主要支流水系，流域面积14.5万平方千米。行政区划包括临夏回族自治州、兰州市、白银市、定西市、天水市、平凉市、庆阳市的全部和武威市天祝县及甘南藏族自治州除迭部、舟曲两县以外的市县，流域涉及9个市州的57个县区（图一）。

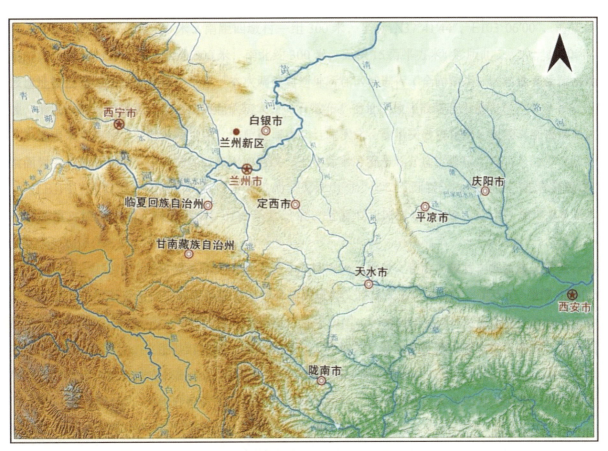

图一 黄河流域甘肃段及各水系示意图

一、黄河干流

黄河干流在甘肃省境内两进两出，分为不连续的上下两段，上段河长 433 千米，下段河长 480 千米，全长 913 千米，流域 56695 平方千米。上段由青海省久治县进入省境甘南藏族自治州玛曲县，在玛曲县境内从南、东、北三面绕阿尼玛卿山，形成著名的"九曲黄河"的第一个弯曲，后回流至青海省河南蒙古族自治县，此段河长 433 千米。黄河在玛曲县入境水资源量 85.6 亿立方米，出境水资源量 150 亿立方米，该段是黄河重要的水源涵养区和补给区。下段由青海省循化撒拉族自治县积石峡流入甘肃临夏回族自治州积石山保安族东乡族撒拉族自治县大河家，流经 49 千米后汇入刘家峡水库，银川河、大夏河、洮河在库区南岸的临夏县、东乡县、永靖县汇入黄河。干流出库后在西固区达川乡岔路村入兰州市境，湟水在永靖县焦家村、西固区达川镇交界处注入黄河，庄浪河经河口镇汇入。其后，向东流经安宁区、七里河、城关区，在城关区东入桑园峡流进榆中县，后向北流入皋兰县境，宛川河在榆中县境南岸汇入黄河。黄河在皋兰县境内自东南向西北流经小峡后入什川盆地，出盆地后向东北流入大峡，大峡为白银区和榆中县的界河。出大峡后，入青城一水川盆地，向东北流经乌金峡后入靖远县。在靖远县自西南向东北流，入宁夏中卫市沙坡头区。该段河长 480 千米，入境水资源量 210.9 亿立方米，出境水资源量 297 亿立方米。

二、大夏河

大夏河史称漓水，是黄河上游右岸的一级支流，发源于甘南藏族自治州夏河县西南部甘青交界处的大不勒赫卡山，由西南向东北流经甘南藏族自治州夏河县，于县境曲奥乡土门关出境入临夏回族自治州临夏县。自西南向东北经临夏县、临夏市、东乡族自治县，在东乡族自治县河滩镇北汇入刘家峡水库。大夏河干流全长 203 千米，流域面积 7154 平方千米。

三、洮河

洮河是黄河上游右岸的一级支流，甘肃省第三大河，发源于甘南藏族自治州碌曲县西南的西倾山北麓与其支脉李恰如山南麓的代富桑草原。初分南北两源，北源称代富桑雄曲，以李恰如山水源为主，南源出于西倾山北麓，称恰青河，两源汇合东流经李恰如牧场附近又汇入野马滩河折向北流后才称为洮河。自发源流经甘南藏族自治州碌曲、合作、卓尼、临潭四县后，于卓尼县纳浪乡咀背后村出境入定西市岷县西寨镇冷地村。经西寨、清水、十里、岷阳四镇自西向东流，至茶埠镇折向西北流，于维新镇占旗西北出境再入临潭、卓尼县境，穿白石山区的石门，出九甸峡与海甸峡后入临洮盆地向西北流，经广河、临洮和东乡族自治县，右有南川河、东峪河，左有三岔河、广通河汇入，于永靖县鹰鸽咀下注入刘家峡水库。全长 673 千米，流域面积 25527 平方千米。

四、湟水

湟水是黄河上游左岸一条大支流，发源于青海省海晏县大通山南麓的包呼图山，流经大通—达坂山与拉脊山之间的纵谷，至湟源县汇入药水河，在湟中县汇入水峡河，到西宁市有北川河、南川河与沙塘川分别自南北流入，之后经平安、互助、乐都、民和，大通河在民和享堂汇入。入甘肃境后，向东南流经兰州市红古区、青海省民和县和甘肃省临夏回族自治州永靖县，于兰州市西固区达川镇西南和永靖县焦家村之间注入黄河。甘肃境内河长 73 千米，流域面积 1302 平方千米。

五、庄浪河

庄浪河是黄河北岸的一级支流，发源于青海省门源县与武威市天祝藏族自治县交界的冷龙岭，流经天祝藏族自治县、兰州市永登县，于兰州市西固区河口镇河口村东汇入黄河，全长 254 千米，流域面积 4007 平方千米。

六、祖厉河

祖厉河是会宁县境内最大的河流，祖河和厉河在会宁县城汇合后始称祖厉河，向北流经河畔镇东岸有苦水河汇入，经郭城驿镇西岸有关川河汇入。祖厉流经靖远县南部，在红咀子注入黄河，全长 224 千米，流域面积 10653 平方千米。祖河发源于会宁县党家岘乡砖井村，西流至县城与厉河相汇，河长 33 千米，流域面积 413 平方千米。厉河发源于会宁县南的华家岭，河长 36 千米，流域面积 570 平方千米。

七、渭河

渭河是黄河最大的支流，发源于甘肃省定西市渭源县鸟鼠山南的豁豁山，至渭源县清源镇东北汇入源出鸟鼠山的禹河后，始称渭河。东流至陇西县后有咸河在北岸汇入，科羊河、菜子河在南岸汇入，榜沙河、山丹河和大南河在武山县南岸汇入；经甘谷县有散渡河在北岸汇入；至天水市麦积区有葫芦河、牛头河在北岸汇入，颍川河、东柯河在南岸汇入，于天水市牛背村出甘肃省境入陕西省宝鸡市陈仓区。渭河在甘肃境内河长 360 千米，流域面积 26000 平方千米。

八、泾河

泾河是渭河的一级支流、黄河的二级支流，发源于宁夏回族自治区泾源县六盘山东麓老龙潭，东北流出崆峒峡入甘肃省境平凉市。颉河、小路河、大路河、潘杨涧河在平凉市崆峒区北岸汇入，四十里铺河、涧沟河在南岸汇入。经泾川县，北岸有洪河汇入，南岸有汭河汇入，东流至泾川县与庆阳市宁县交界处蒲河从北岸汇入后，折向东南流。在宁县政平村北岸有马莲河、疙拉沟汇入，后入正宁县，于正宁县周家乡车家沟村西南出省境入陕西省长武县。泾河在甘肃省境内长 177 千米，流域面积 31000 平方千米。马莲河是泾河的最大支流，古称湟涧，汉代称泥水，北魏后称马岭河，唐代因两大支流马岭水（环江）和白马水（柔远河）在庆城南汇合，称马莲河，自环江和柔远河汇合后，由北向南流，合水县东岸有瓦岗川汇入，西岸有盖家川汇入，至宁县东岸有城北河汇入，于宁县政平村汇入泾河。马莲河全长 374.8 千米，庆城以下长 110 千米，是庆阳市第一大河，流域面积 19086 平方千米。

第二节 黄河流域甘肃段文化遗产概况

黄河流域甘肃段是中华文明和中华民族的重要发祥地，地处东西方文化交流的咽喉要道，是中原地区联系西北乃至中西亚的咽喉和纽带，也是中原农耕文明和北方游牧文明的交会地。自古以来，各民族在此交往、交流、交融，创造了灿烂悠久的文化。灿若星河的不可移动文物资源，见证了人类起源、文明起源、早期国家起源、中华民族多元一体格局形成、东西文明交流互鉴的历程和中国共产党百年奋斗历史征程，蕴含着传承弘扬中华优秀传统文化、坚定中华民族文化自信和实现中华民族伟大复兴的精神力量，支撑和承载着黄河流域甘肃段特色历史文化，具有极为重要的历史价值和时代价值。

一、遗产数量

全国第三次文物普查及长城资源调查结果显示，甘肃省现有各类不可移动文物资源 16895 处（不含长城），长城 3654 千米。黄河流域甘肃段共有不可移动文物 11908 处，长城 1108 千米（战国秦长城 409 千米、汉长城 117 千米、明长城 582 千米），分别占全省总量的 70.5%、30.3%。

不可移动文物中，现有世界文化遗产 2 处，全国重点文物保护单位 89 处（含长城），省级文物保护单位 342 处，市（县）级文物保护单位 1347 处，一般文物单位 10130 处。

另外，有以文物资源为核心的国家级历史文化名城 1 座、名镇 6 座、名村 5 座，省级历史文化名城 7 座、名镇 5 座、名村 5 座。

二、分布情况

黄河流域甘肃段不可移动文物资源集中分布于黄河干流及洮河、大夏河、湟水、庄浪河、祖厉河、渭河、泾河等 7 条主要支流水系流经的行政区域，包括甘南藏族自治州、临夏回族自治州、武威市、兰州市、白银市、定西市、天水市、平凉市、庆阳市 9 个市（州）的 57 个县（市、区）。

各流域不可移动文物资源的分布数量，泾河流域最多，湟水流域最少，依次为泾河流域 5004 处、渭河流域 3195 处、黄河干流 1794 处、洮河流域 823 处、祖厉河流域 603 处、庄浪河流域 349 处、大夏河流域 114 处、湟水流域 26 处。

　　各市州不可移动文物资源的分布，依次为庆阳市 3490 处、平凉市 2257 处、天水市 1781 处、定西市 1165 处、白银市 1064 处、兰州市 861 处、临夏回族自治州 776 处、甘南藏族自治州 379 处、武威市天祝县 125 处（图二）。

　　（一）泾河流域的庆阳、平凉 2 市 13 个县（市、区）共有不可移动文物资源 5004 处。庆阳市西峰区、庆城县、华池县、宁县、镇原县、合水县、正宁县、环县 8 个县（区）共有 3490 处，其中全国重点文物保护单位有南佐遗址、石家及遇村遗址、秦直道遗址庆阳段、北石窟寺、东华池塔、环县塔、凝寿寺塔、兴隆山古建筑群、山城堡战役旧址、南梁陕甘边区革命政府旧址等，省级文物保护单位有巨家塬遗址、刘家岔遗址、楼房子遗址、程家川遗址、瓦岗川遗址、九站遗址等。平凉市崆峒区、华亭市、泾川县、灵台县、崇信县 5 个县（市、区）共有 1514 处，其中全国重点文物保护单位有牛角沟遗址、西山遗址、桥村遗址、南石窟寺、土母宫石窟、崆峒山古建筑群、延恩寺塔等，省级文物保护单位有寺山遗址、苏家台遗址、安塬坪遗址、齐家岭遗址、鲁家原遗址等。

　　（二）渭河流域的定西、天水、平凉 3 市 13 个县（区）共有不可移动文物资源 3195 处。定西市渭源县、漳县、陇西县、通渭县共有 671 处，其中全国重点文物保护单位有战国秦长城（定西段）、霸陵桥、汪氏家族墓地、威远楼、榜罗镇会议旧址等，省级文物保护单位有朱家庄北遗址、石门遗址、温家坪遗址、吕家坪遗址、寺坪遗址等。天水市秦州区、麦积区、甘谷县、武山县、秦安县、清水县、张家川回族自治县 7 个县（区）共有 1781 处，其中全国重点文物保护单位有狼叫岖遗址、大地湾遗址、马家塬遗址、毛家坪遗址、放马滩墓群、麦积山石窟、伏羲庙、胡氏古民居建筑等，省级文物保护单位有西山坪遗址、柴家坪遗址、寺咀坪遗址、灰地儿遗址、石岭下遗址、付家门遗址等。平凉市静宁县、庄浪县共有 743 处，全国重点文物保护单位有成纪古城、静宁文庙、云崖寺和陈家洞石窟，省级文物保护单位有柳家遗址、庙儿坪遗址、徐家碾遗址、窦家坪遗址等。

　　（三）黄河干流的甘南藏族自治州、临夏回族自治州、兰州市、白银市 4 市（州）15 个县（区）

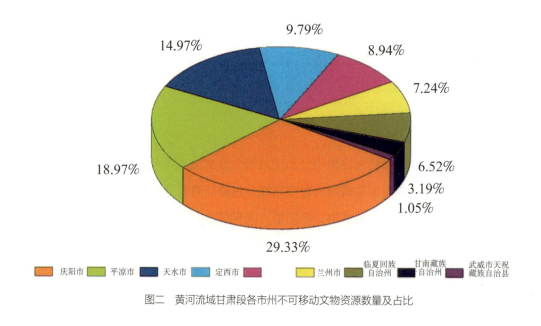

图二　黄河流域甘肃段各市州不可移动文物资源数量及占比

共有不可移动文物资源 1794 处。甘南州玛曲县共有 30 处，省级保单位有察干外香寺。临夏回族自治州积石山保安族东乡族撒拉族自治县、临夏县、东乡族自治县、永靖县 4 个县有 502 处，其中全国重点文物保护单位有新庄坪遗址、林家遗址、炳灵寺石窟、明长城永靖段等，省级文物保护单位有下王家遗址、崔家庄遗址、唐汪遗址、三坪遗址等。兰州市西固区、安宁区、七里河区、城关区、皋兰县、榆中县 5 个县（区）共有 621 处，其中全国重点文物保护单位有明长城、明肃王墓、金天观、五泉山建筑群、青城古民居、兰州黄河铁桥、八路军兰州办事处旧址等，省级文物保护单位有西坡瓡遗址、曹家咀遗址、二十里铺大坪遗址、红山大坪遗址、茅道岭坪遗址、山城台遗址、郭家湾遗址、红寺遗址等。白银市白银区、靖远县、平川区、景泰县 4 县（区）共有 641 处，其中全国重点文物保护单位有明长城白银段、永泰城址、小川磁窑遗址等，省级文物保护单位有柳州城遗址、鹯阴城遗址等。

（四）洮河流域的甘南藏族自治州、定西市、临夏回族自治州 3 个市（州）9 个县共有不可移动文物资源 823 处。甘南州碌曲县、合作市、临潭县、卓尼县 4 个县（市）共有 296 处，其中全国重点文物保护单位有磨沟遗址、洮州卫城、尕路田大房子等，省级文物保护单位有安果遗址、大族坪遗址、叶儿遗址等。定西市岷县、临洮县共有 314 处，其中全国重点文物保护单位有马家窑遗址、寺洼遗址、辛店遗址、战国秦长城，省级文物保护单位有寺门遗址、冯家坪遗址、山那树扎遗址、灰咀瓡遗址、大崇教寺、前川寺等。临夏回族自治州和政县、广河县、康乐县 3 县共有不可移动文物资源 213 处，其中全国重点文物保护单位有半山遗址、齐家坪遗址、边家林遗址等，省级文物保护单位有地巴坪遗址、西坪遗址、赵家遗址等。

（五）祖厉河流域的白银市会宁县、定西市安定区共有不可移动文物资源 603 处。会宁县共有 423 处，其中全国重点文物保护单位有牛门洞遗址、红军会师旧址，省级文物保护单位有窠粒台遗址、石石湾遗址、老人沟遗址、西宁城遗址、关川道堂、红堡子战斗遗址等。安定区共有 180 处，省级文物保护单位有朱家庄北遗址、堡子山遗址、石门遗址、高家门城遗址等。

（六）庄浪河流域武威市天祝藏族自治县、兰州市永登县共有不可移动文物资源 349 处。天祝藏族自治县有 135 处，其中全国重点文物保护单位有汉长城、明长城、天祝东大寺，省级文物保护单位有罗家湾遗址、岔口驿堡遗址、坪山小沟遗址、天堂寺等。永登县有 214 处，其中全国重点文物保护单位有汉长城、明长城、鲁土司衙门旧址、红城感恩寺等，省级文物保护单位有大沙沟遗址、杜家坪遗址、团庄遗址、蒋家坪遗址、李家坪遗址、汪家湾墓群等。

（七）大夏河流域甘南藏族自治州夏河县、临夏回族自治州临夏市共有不可移动文物资源 114 处。夏河县共有 53 处，其中全国重点文物保护单位有八角城遗址、拉卜楞寺，省级文物保护单位有桑科城址。临夏市有 61 处，其中全国重点文物保护单位有临夏东公馆与蝴蝶楼，省级文物保护单位有王坪遗址、罗家尕塬遗址、王竑墓等。

（八）湟水流域兰州市红古区共有不可移动文物资源 26 处，省级文物保护单位有红山大坪遗址、茅道岭坪遗址和山城台遗址。

三、文物类型

黄河流域甘肃段 11908 处不可移动文物资源的类别包括古遗址、古墓葬、古建筑、石窟寺及石刻、近现代重要史迹及代表性建筑等,涵盖了不可移动文物的全部类型。其中古遗址 7707 处,古墓葬 1328 处,古建筑 1070 处,石窟寺及石刻 414 处,近现代重要史迹及代表性建筑 1279 处,其他 110 处(图三)。

古遗址中,有聚落遗址 4352 处,军事设施遗址 1701 处,其他古遗址 775 处,城址 369 处,寺庙遗址 346 处,驿站古道遗址 33 处,窑址 31 处,窖藏址 27 处,矿冶遗址 14 处,桥梁码头遗址、祭祀遗址、古战场遗址各 12 处,洞穴遗址 10 处,水利设施 8 处,宫殿衙署址 4 处,水下遗址 1 处。其中,聚落遗址、军事设施遗址、其他古遗址、城址、寺庙遗址数量占古遗址总量的 98%,驿站古道、窑址、窖藏址占总量的 1%,矿冶、桥梁码头、祭祀、古战场、洞穴、水利设施、宫殿衙署、水下遗址占总量的 1%(图四)。

古墓葬中,有帝王陵寝 4 处,名人或贵族墓 147 处,普通墓葬 1137 处,其他古墓葬 40 处。

古建筑中,有宅第民居 396 处,寺观塔幢 258 处,坛庙祠堂 257 处,其他古建筑 47 处,店铺作坊 17 处,牌坊影壁 16 处,亭台楼阁 14 处,城垣城楼 12 处,堤坝渠堰 10 处,池塘井泉 10 处,宫殿府邸 6 处,衙署官邸 6 处,桥涵码头 9 处,学堂书院 7 处,驿站会馆 4 处,苑囿园林 1 处。其中,宅第民居、寺观塔幢、坛庙祠堂三者占总量的 85%,其他古建筑共占总量的 15%。

石窟寺及石刻中,有碑刻 194 处,石窟寺 141 处,摩崖石刻 28 处,石雕 24 处,其他石刻 15 处,岩画 12 处。

近现代重要史迹及代表性建筑中,有传统民居 255 处,宗教建筑 199 处,重要历史事件及重要

图三　黄河流域甘肃段不可移动文物各类型数量及占比

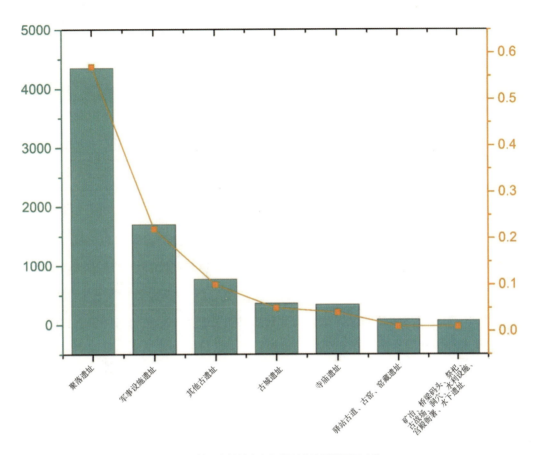

图四　黄河流域甘肃段各类型古遗址数量及占比

机构旧址 137 处，军事建筑及设施 134 处，名人墓 89 处，烈士墓及纪念设施 82 处，水利设施及附属物 81 处，工业建筑及附属物 64 处，其他近现代重要史迹及代表性建筑 63 处，典型风格建筑或构筑物 47 处，文化教育建筑及附属物 40 处，交通道路设施 37 处，名人故、旧居 36 处，金融商贸建筑 6 处，医疗卫生建筑 5 处，重要历史事件纪念地或纪念设施 4 处。

四、资源年代

黄河流域甘肃段 11908 处不可移动文物资源的时代涵盖了从旧石器时代至近现代各个时代。

古遗址中，化石点及旧石器时代遗址 41 处，新石器—青铜时代遗址 4017 处，周秦时期遗址 196 处，汉代、魏晋南北朝时期遗址 334 处，隋唐时期遗址 85 处，宋元明清时期遗址 3022 处，民国时期遗址 12 处（图五）。

古墓葬中，新石器—青铜时代墓葬 72 处，周秦时期墓葬 90 处，汉代、魏晋南北朝时期墓葬 1605 处，隋唐时期墓葬 95 处，宋辽金时期墓葬 206 处，元明清时期墓葬 390 处，中华民国时期墓葬 17 处，年代不详 42 处。

古建筑中，隋唐时期建筑 6 处，宋辽金时期建筑 46 处，元代建筑 7 处，明代建筑 171 处，清

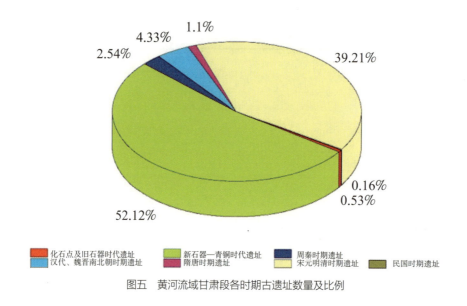

图五　黄河流域甘肃段各时期古遗址数量及比例

代建筑 1731 处，中华民国时期建筑 108 处，年代不详 23 处。另外，有 3 个时代的长城遗址，分别为战国秦长城、汉长城和明长城。

石窟寺及石刻中，秦汉时期 8 处，魏晋南北朝时期 42 处，隋唐时期 14 处，宋辽金时期 63 处，元代 8 处，明代 155 处，清代 395 处，民国时期 68 处，年代不详 40 处。

近现代重要史迹及代表性建筑中，清代 396 处，中华民国时期 1141 处，中华人民共和国时期 715 处，年代不详 10 处。

五、保护级别

甘肃全省现有全国重点文物保护单位 152 处，省级文物保护单位 532 处。其中，黄河流域甘肃段现有全国重点文物保护单位 89 处，省级文物保护单位 342 处，分别占甘肃省全国重点文物保护单位、省级文物保护单位总量的 59%、64%。另有市、县级文物保护单位 1347 处，一般文物点

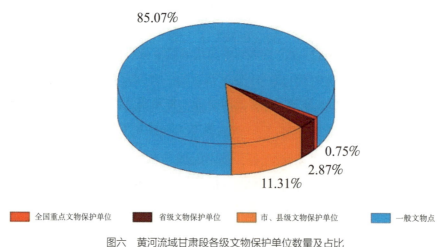

图六　黄河流域甘肃段各级文物保护单位数量及占比

10130 处（图六）。

全国重点文物保护单位中，有古遗址 25 处，古墓葬 3 处，古建筑 38 处，石窟寺及石刻 13 处，近现代重要史迹及代表性建筑 10 处。

甘肃省省级文物保护单位中，有古遗址 191 处，古墓葬 35 处，古建筑 65 处，石窟寺及石刻 19 处，近现代重要史迹及代表性建筑 20 处，其他 12 处。

市、县级文物保护单位中，有古遗址 763 处，古墓葬 137 处，古建筑 231 处，石窟寺及石刻 74 处，近现代重要史迹及代表性建筑 142 处。

甘南藏族自治州 379 处不可移动文物中，定级文物保护单位 197 处，登记文物点 182 处。定级文物保护单位中，全国重点文物保护单位 5 处，省级文物保护单位 18 处，市、县级文物保护单位 174 处。

临夏回族自治州 776 处不可移动文物中，定级文物保护单位 107 处，登记文物点 669 处。定级文物保护单位中，全国重点文物保护单位 7 处，省级文物保护单位 21 处，市、县级文物保护单位 79 处。

兰州市 861 处不可移动文物中，定级文物保护单位 159 处，登记文物点 702 处。定级文物保护单位中，全国重点文物保护单位 10 处，省级文物保护单位 40 处，市、县级文物保护单位 109 处。

武威市天祝藏族自治县 135 处不可移动文物中，定级文物保护单位 55 处，登记文物点 80 处。定级文物保护单位中，全国重点文物保护单位 1 处，省级文物保护单位 5 处，市、县级文物保护单位 49 处。

白银市 1064 处不可移动文物中，定级文物保护单位 244 处，登记文物点 820 处。定级文物保护单位中，全国重点文物保护单位 4 处，省级文物保护单位 29 处，市、县级文物保护单位 211 处。

定西市 1165 处不可移动文物中，定级文物保护单位 223 处，登记文物点 942 处。定级文物保护单位中，全国重点文物保护单位 7 处，省级文物保护单位 53 处，市、县级文物保护单位 163 处。

天水市 1781 处不可移动文物中，定级文物保护单位 301 处，登记文物点 1480 处。定级文物保护单位中，全国重点文物保护单位 20 处，省级文物保护单位 50 处，市、县级文物保护单位 231 处。

平凉市 2257 处不可移动文物中，定级文物保护单位 262 处，登记文物点 1995 处。定级文物保护单位中，全国重点文物保护单位 12 处，省级文物保护单位 64 处，市、县级文物保护单位 186 处。

庆阳市 3490 处不可移动文物中，定级文物保护单位 229 处，登记文物点 3261 处。定级文物保护单位中，全国重点文物保护单位 22 处，省级文物保护单位 62 处，市、县级文物保护单位 145 处。

第三节　黄河流域甘肃段史前考古发现与研究现状

　　经过近百年的考古调查及发掘，在黄河流域甘肃段黄河干流及其支流大夏河、湟水、洮河、庄浪河、祖厉河、渭河、泾河流域共发现新石器—青铜时代遗址 4017 处，其中发掘遗址百余处。通过以上工作，流域内新石器—青铜时代各文化面貌、内涵和分布范围已基本廓清，并构建起了黄河流域甘肃段新石器—青铜时代考古学文化序列。下面，我们将通过梳理各流域以往开展的史前考古工作，对黄河流域甘肃段史前考古工作做一介绍，同时，发现相关流域史前考古工作的不足和短板，为今后在黄河流域甘肃段开展考古工作和文化遗产保护提供资料支撑。

一、渭河流域

　　渭河上游是黄河流域甘肃段较早开展考古工作的地区，也是开展工作最多、取得成果最丰硕的区域。

　　1947 年，中央地质调查所委派裴文中先生赴西北，对渭河上游天水—陇西一线进行了调查，发现史前遗址 39 处。[①]

　　1956 年春，甘肃省文物管理委员会任步云、张仲生在秦安县杨家沟口清理白灰面房址 3 座，出土有石锛、石刀、石镞等石器和饰篮纹的泥质红陶、绳纹夹砂红陶及泥质素面陶片等。[②]

　　1956 年 10—12 月，甘肃文物管理委员会派任步云、郭德勇、张学正三人在渭河上游天水、甘谷两县开展文物普查工作，发现古代文化遗址 90 处，其中新石器时代遗址 78 处、周代遗址 3 处、汉代遗存 6 处、唐代遗存 1 处、宋代遗存 2 处。78 处新石器时代遗址中，仰韶文化 37 处、齐家文化 37 处、文化性质不明者 4 处。调查者认为，所发现仰韶文化遗址的内涵，接近于大夏河、洮河、兰州附近的"甘肃仰韶文化"中的马家窑期（或半山），但不完全一样，没有发现接近"甘肃仰韶文化"马厂期的遗迹或遗物。齐家文化基本上与大夏河、洮河、兰州附近的齐家文化遗存相同。[③]

---

① 裴文中：《甘肃史前考古报告》，《裴文中史前考古学论文集》，北京：文物出版社，1987 年，第 208—220 页。
② 任步云：《甘肃秦安县新石器时代居住遗址》，《考古》1958 年第 5 期。
③ 甘肃省文物管理委员会：《渭河上游天水、甘谷两县考古调查简报》，《考古通讯》1958 年第 5 期。

1957 年春季，甘肃文物管理委员会张学正、赵之群、郭德勇在渭河上游的渭源、陇西、武山三县开展调查工作，发现古代人类居住遗址 69 处，其中新石器时代遗址 61 处、周代遗址 8 处。61 处新石器时代遗址中，仰韶文化 16 处、甘肃仰韶文化 2 处、齐家文化 39 处、新遗存 4 处。他们指出，渭河上游与陕西毗邻的东部地区，仰韶文化遗址内含甘肃仰韶文化很轻微的混杂成分，在与洮河流域毗邻的西部地区的仰韶文化遗址内，含甘肃仰韶文化的混杂成分逐渐增多，是由于仰韶文化发展到后期，受甘肃仰韶文化的传播而影响的结果。齐家文化特征与洮河、大夏河流域的齐家文化一样，普遍有白灰面住室。在渭源寺坪遗址发现齐家文化堆积打破或叠压仰韶文化堆积的地层关系，进一步说明齐家文化晚于仰韶文化。[①]

1958 年 5 月开始，甘肃省文物管理委员会对渭河流域的文化遗址进行了重点复查，对渭河支流的南河、榜沙河、漳河进行了考古调查工作，发现新石器时代仰韶文化遗址 8 处、齐家文化遗址 13 处、寺洼文化墓地和周代遗址各 1 处。寺洼文化墓葬的发现，在渭河流域还是首次。[②]

1959 年 8 月，上海市博物馆马承源和甘肃省博物馆张学正、孙志祥考察了甘谷灰地儿遗址，采集了部分陶器标本，其中有 1 件陶屋模型，在以往调查中未见。通过调查，认为灰地儿属马家窑类型，但是它的某些器形和纹饰具有仰韶文化的元素。[③]

1961 年，甘肃省博物馆张学正、谢端琚等对武山石岭下、甘谷灰地儿遗址进行了一次比较仔细的复查。从地层与采集标本分析，认定两处遗址是具有独自特征的古文化遗存，与庙底沟、马家窑类型均有明显区别。[④]

1962 年，甘肃省博物馆文物工作队在石岭下发现典型的马家窑类型地层叠压，文化面貌更接近于庙底沟类型的文化遗存，后来在临洮马家窑、天水罗家沟亦有发现。其地层关系是居于下层庙底沟类型和上层马家窑类型之间，不仅证明了马家窑类型晚于庙底沟类型，而且证明了庙底沟类型通过石岭下类型发展为马家窑类型，三者具有前后承袭关系。[⑤]

1962 年，甘肃省博物馆任步云、负安志在庄浪县柳家村遗址清理墓葬两座。通过墓葬结构、形制和随葬器物，认为柳家村遗址并非过去认为的"安国式"遗存，当属寺洼文化。本次发掘，证明寺洼文化不仅仅分布在洮河流域，它的分布范围已达甘肃东部的渭河支流及泾河流域。寺洼文化在该地区的存在，很可能与殷、周文化有着异常亲近的关系。[⑥]

1978—1984 年，甘肃省博物馆文物工作队对秦安大地湾遗址进行了考古发掘，首次在黄河流

① 甘肃省文物管理委员会：《甘肃渭河上游渭源、陇西、武山三县考古调查简报》，《考古》1958 年第 7 期。
② 甘肃省博物馆：《甘肃渭河支流南河、榜沙河、漳河考古调查》，《考古》1959 年第 7 期。
③ 马承源：《甘肃灰地儿及青岗岔新石器时代遗址的调查》，《考古》1961 年第 7 期。
④ 谢端琚：《论石岭下类型的文化性质》，《文物》1981 年第 4 期。
⑤ 甘肃省博物馆、北京大学历史系考古专业连城考古发掘队：《从马家窑类型驳瓦西里耶夫的"中国文化西来说"》，《文物》1976 年第 3 期。
⑥ 甘肃省博物馆：《甘肃庄浪县柳家村寺洼墓葬》，《考古》1963 年第 1 期。

域甘肃段发现了早于仰韶文化的大地湾一期文化，并发现仰韶晚期、中期、早期、大地湾一期自上而下的地层叠压关系，不仅为仰韶文化半坡类型的起源提供了新的证据和资料，也为解决甘肃东部地区仰韶文化的分期等问题研究夯实了基础。①

1980 年 5 月至 7 月，中国社会科学院考古研究所泾渭工作队对葫芦河流域庄浪县徐家碾村狮子洼的寺洼文化墓地进行了发掘，共清理墓葬 104 座，为进一步了解和探讨寺洼文化面貌、埋葬制度以及它与辛店文化，特别是殷、周文化的关系提供了一批重要资料。②

1981—1990 年，中国社会科学院考古研究所甘肃工作队对天水师赵村和西山坪遗址进行了长达 10 年的发掘，首次在同一遗址发现了大地湾一期文化至齐家文化连续不断的各时期地层叠压关系，揭示了渭河上游史前文化从早到晚成系列的完整文化发展序列；新发现了师赵村一期文化，并在西山坪遗址发现大地湾一期文化在下，师赵村一期文化在上的地层叠压关系，从地层上解决了两者的相对年代，弥补了渭河流域史前文化发展序列中的重要一环。③

1981 年 9 月至 10 月，甘肃省博物馆大地湾发掘小组对秦安县王家阴洼遗址进行了发掘。王家阴洼遗址的仰韶文化遗存分为两类，第一类相当于仰韶早期的半坡类型，第二类接近仰韶文化较晚的宝鸡北首岭上层的遗存，为研究陇山两侧的仰韶文化的异同提供了一批珍贵的考古资料。④

1982、1983 年，甘肃省文物工作队、北京大学考古学系两次发掘了甘谷毛家坪遗址。其中，石岭下类型遗存为进一步认识石岭下类型的文化内涵提供了一批珍贵的实物资料。⑤

1987 年，甘肃省博物馆等对张家川回族自治县境内马鹿河、樊河、南川河、北川河、清水河流域进行了考古调查，发现仰韶文化遗址 25 处，齐家文化遗址 16 处。⑥

1990 年 8 月，北京大学考古系和甘肃省文物考古研究所对渭河支流葫芦河流域进行了 1 个月的考古学与地理学的综合考察。通过考察，确认该地区的考古学文化序列依次为：大地湾一期文化、仰韶文化（早、中、晚三期）、常山下层文化、马家窑文化（含马家窑、半山和马厂类型）、齐家文化、寺洼文化、周文化、春秋战国时期文化和汉代文化遗存。⑦

1991—1993 年，中国社会科学院考古研究所甘青工作队对武山傅家门史前文化遗址进行了发掘，不仅从地层上解决了石岭下类型、马家窑类型、齐家文化之间的先后关系，而且为探讨各文化

---

① 甘肃省博物馆文物工作队：《甘肃秦安大地湾遗址 1978 至 1982 年发掘的主要收获》，《文物》1983 年第 11 期。

② 中国社会科学院考古研究所泾渭工作队：《甘肃庄浪县徐家碾寺洼文化墓葬发掘纪要》，《考古》1982 年第 6 期。

③ 中国社会科学院考古研究所：《师赵村与西山坪》，北京：中国大百科全书出版社，1999 年，第 307—308 页。

④ 甘肃省博物馆大地湾发掘小组：《甘肃秦安王家阴洼仰韶文化遗址的发掘》，《考古与文物》1984 年第 2 期。

⑤ 甘肃省文物工作队、北京大学考古学系：《甘肃甘谷毛家坪遗址发掘报告》，《考古学报》1987 年第 3 期。

⑥ 张家川县文化局、张家川县文化馆：《甘肃张家川县原始文化遗址调查》，《考古》1991 年第 12 期。

⑦ 北京大学考古系、甘肃省文物考古研究所：《甘肃省葫芦河流域考古调查》，《考古》1992 年第 11 期。

内涵及其相互关系找到了重要依据。[①]

2005 年、2008 年，早期秦文化联合考古队对甘肃天水地区渭河支流牛头河流域进行考古调查。两次共调查各类遗址 117 处，其中含仰韶中期遗存的遗址 12 处，含仰韶晚期遗存的遗址 24 处，含龙山早期遗存的遗址 42 处，含龙山晚期遗存的遗址 41 处，基本摸清了这一地区的史前文化发展序列及分布范围。[②]

2014—2019 年，甘肃省文物考古研究所对漳县墩坪墓地进行发掘，发现寺洼时期墓葬 11 座，为漳河流域寺洼文化研究提供了一批新材料。[③] 同时，在漳河流域进行了大规模系统考古调查，发现仰韶时期—寺洼时期遗址 50 余处，对不同文化时期人类活动及聚落的形成有了一个全面的认识。

2016 年，早期秦文化联合考古队对渭河上游的天水市秦州区、麦积区进行了调查，共发现遗址 42 处。其中，以史前遗存为主的遗址有 33 处。[④]

经过多年的考古调查和发掘工作，渭河流域新石器—青铜时代诸文化的文化面貌、文化内涵和分布范围已基本廓清，在此基础上，构建起了从大地湾一期—师赵村一期—仰韶文化早期—仰韶文化中期—仰韶文化晚期 / 石岭下类型 / 大地湾四期文化 / 马家窑类型早期—常山下层文化—半山—马厂类型—齐家文化—寺洼文化 / 早期秦文化的发展序列。大地湾一期文化主要分布于葫芦河下游及附近的渭河干流，并向西扩张到了渭河上游的武山县境内。[⑤] 仰韶文化半坡类型主要分布于渭河上游的天水地区，另外，在牛头河流域的庄浪县也发现了半坡类型晚期遗存[⑥]，表明这一阶段仰韶文化早期开始从渭河干流向其支流葫芦河向外扩展。仰韶文化中期相当于庙底沟类型，主要遗址除分布于葫芦河下游及附近的渭河干流，在牛头河流域和葫芦河上游也发现该时期遗存[⑦]，向西已经发展到洮河流域和湟水流域。仰韶文化晚期或石岭下类型主要分布于渭河上游地区，向西也扩张至洮河流域和湟水流域。渭河流域的马家窑类型主要分布在渭河上游地区。常山下层文化在渭河流域除大地湾五期遗存外，在牛头河流域也有分布。[⑧] 齐家文化遗址主要分布在渭河上游。寺洼文化主要分布于渭河支流葫芦河及牛头河流域。

① 中国社会科学院考古研究所甘青工作队：《甘肃武山傅家门史前文化遗址发掘简报》，《考古》1995 年第 4 期。
② 早期秦文化联合考古队：《牛头河流域考古调查》，《国家博物馆馆刊》2010 年第 3 期。
③ 甘肃省文物考古研究所：《甘肃重要考古发现（2000~2019）》，北京：文物出版社，2020 年，第 270 页。
④ 甘肃省文物考古研究所、天水市文物保护和考古研究中心：《渭河上游天水段考古调查报告》，北京：文物出版社，2022 年。
⑤ 毛瑞林：《武山县西汉坪新石器时代、战国与汉代遗址》，《中国考古学年鉴 2001》，北京：文物出版社，2002 年。
⑥ 北京大学考古系、甘肃省文物考古研究所：《甘肃省葫芦河流域考古调查》，《考古》1992 年第 11 期。
⑦ 早期秦文化联合考古队：《牛头河流域考古调查》，《国家博物馆馆刊》2010 年第 3 期。
⑧ 早期秦文化联合考古队：《牛头河流域考古调查》，《国家博物馆馆刊》2010 年第 3 期。

二、泾河流域

泾河流域是黄河流域甘肃段较早开展考古工作的区域。

1957 年 4 月，在庆阳西峰镇后官寨乡南佐社发现一处新石器时代遗址，采集到大量陶片，认为是一处仰韶文化遗址。[①]

1958 年，在泾河流域进行文物普查时，于平凉安国镇发现一座损毁的古墓葬，清理出土和征集遗物共 20 余件。通过与合水石桥遗址遗存对比，认为它是晚于齐家文化的一种新的文化遗存，据此，划分出了"安国式"遗存。[②]

1977 年 8 月，庆阳地区博物馆与正宁县文化馆进行田野考古调查时，在正宁县周家乡宫家川村称为"东坪"的台地上发现了宫家川遗址，并在当地征集到陶器 52 件，认为宫家川遗址应属于中原仰韶文化半坡类型和庙底沟类型两者兼存或介于两者之间的一种古文化遗存。此时，庆阳地区经过十多年的田野考古调查，已发现古文化遗址 184 处，其中属于单纯的仰韶文化遗址和含仰韶文化遗存的遗址有 121 处。[③]

1978 年秋，甘肃省博物馆考古队对灵台县桥村遗址进行了小范围试掘，从陶器的器形纹饰上看，与陕西客省庄第二期文化有许多相似之处。尤其是陕西岐山双庵龙山文化遗址出土的陶器与桥村出土的器形、陶色、纹饰更为接近，说明甘肃陇东的齐家文化与陕西龙山文化的关系是密切的，为我们进一步探讨它们之间的相互关系提供了新的资料。[④]

1979 年，中国社会科学院考古研究所泾渭工作队调查了常山遗址，并对此进行了发掘。常山下层文化的资料是这次发掘的主要收获。在此之前，陇东地区和宁夏回族自治区发现的该类遗存一直被视为齐家文化。通过本次发掘，表明常山下层文化与齐家文化存在密切的关系，同时又与客省庄第二期文化中某些陶器有相似之处，但三者文化性质是不同的。据此说明，常山下层文化是继仰韶文化之后的一种原始文化。[⑤]

1981 年 10 月，庆阳地区博物馆对宁县阳坬遗址进行了试掘，发现窑洞式建筑和葫芦形的套间房址，窑洞式建筑在庆阳地区还见于合水县曹家沟、牛头山仰韶文化遗址和镇原常山下层文化。发掘者认为，阳坬遗址的文化特点与仰韶文化半坡期有部分相似之处，推断该遗址大体相当或稍晚于半坡晚期类型，或者是半坡晚期类型向某一个文化类型发展的过渡阶段。[⑥]

1983 年，庆阳地区博物馆对宁县董庄遗址进行了试掘，发掘者将董庄遗存分为三期：一期为

① 倪思贤：《庆阳发现新石器时代遗址》，《文物参考资料》1959 年第 1 期。

② 甘肃省博物馆：《甘肃古文化遗存》，《考古学报》1960 年 2 期。

③ 庆阳地区博物馆、正宁县文化馆：《甘肃正宁县宫家川新石器时代遗址调查记》，《考古与文物》1988 年第 1 期。

④ 甘肃省博物馆考古队：《甘肃灵台桥村齐家文化遗址试掘简报》，《考古与文物》1980 年第 3 期。

⑤ 中国社会科学院考古研究所径渭工作队：《陇东镇原常山遗址发掘简报》，《考古》1981 年第 3 期。

⑥ 庆阳地区博物馆：《甘肃省宁县阳坬遗址试掘简报》，《考古》1983 年第 10 期。

半坡类型遗存，二期为庙底沟类型遗存，三期为阳坬亚类遗存，并指出，董庄遗址以仰韶文化半坡类型为主，其相对年代大体与陕西临潼姜寨一期相当。该遗址的发掘，进一步揭示了泾河上游地区仰韶文化，特别是半坡类型的基本面貌，为区域内仰韶文化分期提供了重要依据。[①]

1984年春，庆阳地区博物馆与正宁、宁县、合水及庆阳等4县博物（文化）馆共同组成了考古调查组，共发现新石器时代遗址21处，对其中的合水县孟桥遗址和正宁县吴家坡遗址进行了局部试掘。通过调查和试掘，他们认为，地处泾河流域上游庆阳地区的新石器时代文化包括仰韶文化和齐家文化两种。仰韶文化的基本面貌和陕西关中地区同类遗存大体一致，尤其是早期的半坡类型及中期的庙底沟类型。齐家文化与以甘肃洮河流域的广河齐家坪、永靖大何庄及河西武威皇娘娘台等遗址为代表的典型齐家文化有较大的差异，而与灵台桥村遗址H4为代表的齐家文化基本相同，与陕西客省庄二期文化关系亦较密切。[②]

1984年5—6月，中国社会科学院考古研究所泾渭工作队和甘肃省文物工作队联合对九站遗址进行了发掘，首次发现了寺洼文化的房址、灰坑、水槽等遗迹，为寺洼文化的研究提供了新材料。另外，发现寺洼文化、先周、西周中期偏早、西周晚期和东周的地层关系以及各时期遗物，对探讨寺洼文化与周文化的关系具有重要意义。[③]

1986年，崇信县普查和复查古文化遗址21处，其中含仰韶文化遗存的遗址15处，含齐家文化遗存的遗址6处。仰韶文化遗存包括半坡类型和庙底沟类型，齐家文化包含陇东地区齐家文化元素，并和关中地区的龙山文化关系密切，且具有自身的地方特色。[④]

2013年，中国社科院考古研究所对泾河支流达溪河流域进行了一次考古调查，共确认仰韶至西周时期遗址214处，其中仰韶时期遗址73处、龙山时期遗址153处。调查认为，各时期遗址数量方面差异较大，仰韶中晚期时庙底沟类型开始扩张到本地区，龙山时代达溪河流域发展达到了顶点。[⑤]

2017年以来，甘肃省文物考古研究所与北京大学联合开展了桥村遗址考古调查与发掘，发现的距今4000年左右的大型夯土台基，揭示了陇东地区龙山时代晚期的聚落布局特征。该遗址的发掘，推动了甘肃东部地区龙山时代考古学文化序列的完善，为探索齐家文化的来源等重大学术问题提供了重要资料。

2019年7月，甘肃省文物考古研究所与北京大学考古文博学院以桥村遗址为中心开展了黑河

---

① 甘肃庆阳地区博物馆：《甘肃宁县董庄新石器时代遗址试掘简报》，《史前研究》1987年第4期。
② 李红雄、陈瑞琳、寇正勤：《甘肃庆阳地区南四县新石器时代文化遗址调查与试掘简报》，《考古与文物》1988年第3期。
③ 北京大学考古学系、甘肃省文物考古研究所：《甘肃合水九站遗址发掘报告》，《考古学研究（三）》，北京：科学出版社，1997年，第300—446页。
④ 陶荣：《甘肃崇信古文化遗址调查》，《考古》1995年第1期。
⑤ 中国社会科学院考古研究所：《2013年达溪河流域考古调查报告》，北京：科学出版社，《西部考古》（第12辑），2017年，第29—70页。

流域考古调查。此次调查旨在摸清该地区史前文化的面貌，尤其是仰韶至龙山文化时期聚落的垂直空间布局以及植物遗存反映的生业经济的变化。本次调查复查遗址 31 处，包括仰韶文化、龙山文化和周文化。通过调查，初步掌握了黑河流域新石器时代至西周时期遗址的布局特征和文化面貌。[①]

2020 年，甘肃省文物考古研究所在马莲河流域古峪沟调查，发现仰韶、常山下层文化遗址 4 处。

泾河流域开展的一系列考古调查、发掘和研究工作，基本厘清了流域内新石器—青铜时代各文化的面貌、文化内涵和分布范围，建立起了该流域从仰韶文化早期—仰韶文化中期—仰韶文化晚期—常山下层文化—齐家文化—寺洼文化/周文化的发展序列。仰韶文化早期分布范围主要为泾河的支流马莲河下游、泔河流域、达溪河流域等。仰韶文化中期庙底沟类型分布范围基本和仰韶文化早期一致。仰韶文化晚期在仰韶文化早中期分布范围的基础上，向北扩展至泾河的支流马莲河上游地区，向西扩张至泾河干流上游的平凉市。常山下层文化是在泾河流域仰韶文化晚期的基础上受到关中西部案板三期西进影响的结果，[②] 根据以往调查，其分布范围为泾河干流及其支流蒲河、黑河、马莲河、泔河等流域，另外，在泾河上游的宁夏固原也有较多分布。齐家文化在泾河干流及其支流蒲河中下游地区及泔河、黑河、达溪河流域等均有发现，但大部分研究认为该流域发现的齐家文化面貌与洮河流域存在明显差别。寺洼文化在泾河流域分布较广，在泾河干流及其诸支流均有发现。

三、洮河—大夏河流域

洮河—大夏河流域的考古工作始于 20 世纪 20 年代。1923—1924 年，瑞典学者安特生在洮河流域进行考察和试掘，在洮河下游的临洮、广河两县发现了马家窑、齐家坪、辛店、寺洼等史前文化遗址，并对以上遗址进行了试掘。通过调查与试掘，他在 1925 年出版的《甘肃考古记》中把甘肃古文化分为齐家、仰韶、马厂、辛店、寺洼、沙井六期。[③] 虽然安特生的文化分期与文化起源论受材料和时代的限制有一定的误判，但初步建立了此区域的史前考古学文化序列，为该区域乃至甘青地区史前考古学文化谱系的建立奠定了一定基础。

1944—1945 年，西北科学考察团在甘肃省进行考古调查及发掘。1945 年 4 月，夏鼐对临洮寺洼山遗址进行了发掘，并在《临洮寺洼山发掘记》一文中，首次把甘肃仰韶文化命名为马家窑类型。同时，对寺洼文化与马家窑文化、齐家文化、辛店文化的关系进行了探讨，指出辛店和寺洼是同一时代的两种文化。[④] 同年 5 月，夏鼐在宁定县（今广河县）瓦罐咀阳洼湾墓地发掘两座齐家文化墓葬，在二号墓内除随葬一组典型的齐家文化陶器外，墓葬填土中还发现马家窑文化（甘肃仰韶文化）彩

---

① 调查资料正在整理中。

② 王辉：《甘青地区新石器——青铜时代考古学文化的谱系与格局》，《考古学研究》（九），北京：文物出版社，2012 年，第 221 页。

③ 安特生著，乐森璕译：《甘肃考古记》，《地质专报》，农商部地质调查所印行，甲种第五号，1925 年。

④ 夏鼐：《临洮寺洼山发掘记》，《考古学论文集》，北京：科学出版社，1961 年，第 11—45 页。

陶片两件，从层位上解决了齐家文化与马家窑文化的相对年代关系，即马家窑类型文化要早于齐家文化，纠正了安特生"六期"中齐家期早于仰韶期的错误。[①]

1947年6—10月，裴文中在洮河流域、大夏河流域的临洮、临夏、宁定（今广河县）等地调查，复查史前文化遗址8处，新发现15处，并在临洮瓦家坪遗址首次发现了齐家文化白灰面房址。[②]此次调查，不仅充实了洮河流域、大夏河流域史前文化遗址数量，还进一步揭示了此区域的史前文化面貌。

1956年5月，黄河水库考古工作队在刘家峡水库及附近的黄河、洮河、大夏河流域进行了考古调查工作，共发现古代遗址（包括墓葬）176处，时代包括甘肃仰韶文化47处、齐家文化65处、唐汪文化1处、辛店文化79处、寺洼文化1处、疑似卡约文化遗址2处。[③]此次调查，获取的资料对进一步认识甘肃远古文化的性质及其年代具有重要的作用。

1957年7—10月，甘肃省文物管理委员会在临洮、临夏沿洮河、大夏河进行了考古调查，调查仰韶文化遗址1处、甘肃仰韶文化遗址12处（包括马家窑期和马厂期）、齐家文化遗址23处、寺洼文化遗址6处、辛店文化遗址1处，并在瓦家坪遗址发现马家窑文化叠压仰韶文化、齐家文化叠压马家窑文化的地层，解决了三者的相对年代关系。同时，指出寺洼文化和辛店文化都是代替了齐家文化，而在不同地区同时存在的两个部落文化。[④]

1958年10—11月，黄河水库考古工作队对1956年调查发现的永靖县张家咀遗址进行了发掘，1959年4—7月，对张家咀遗址进行了第二次发掘。发现了辛店文化层叠压齐家文化层的地层关系，为齐家文化早于辛店文化提供了直接证据。同时，在辛店文化层中发现东乡"唐汪氏陶器"，从地层上证明了张家咀辛店文化与"唐汪氏陶器"属于同一文化系统。[⑤]

1959年4月，黄河水库考古工作队甘肃分队对临夏范家村马家窑类型遗址进行了试掘。发现马家窑类型窖穴3个，出土大量陶片和石斧、石刀、石纺轮、骨锥、骨针等。[⑥]

1959年4月，黄河水库考古工作队甘肃分队对黄河上游盐锅峡与八盘峡进行了调查，共发现古文化遗址28处，部分遗址包含两种文化遗存，其中马家窑文化马厂类型17处，齐家文化8处，辛店文化9处。此次调查，填补了刘家峡至八盘峡间史前各时期考古学文化的空白。[⑦]

1959年5月—1960年5月，黄河水库考古队甘肃分队对大何庄遗址和秦魏家遗址进行了发掘。

---

① 夏鼐：《齐家期墓葬的新发现及其年代的改订》，《中国考古学报》，第三册，第101—108页。
② 裴文中：《甘肃史前考古报告》，《裴文中史前考古学论文集》，北京：文物出版社，1987年，第229—250页。
③ 安志敏：《甘肃远古文化及其有关的几个问题》，《考古通讯》1956年第6期。
④ 甘肃省文物管理委员会：《甘肃临洮、临夏两县考古调查简报》，《考古》1958年第9期。
⑤ 黄河水库考古队甘肃分队：《甘肃永靖县张家咀遗址发掘简报》，《考古》1959年第4期；中国社会科学院考古研究所甘肃工作队：《甘肃永靖张家咀与姬家川遗址的发掘》，《考古学报》1980年第2期。
⑥ 黄河水库考古工作队甘肃分队：《临夏范家村马家窑类型遗址试掘》，《考古》1961年第5期。
⑦ 黄河水库考古队甘肃分队：《黄河上游盐锅峡与八盘峡考古调查记》，《考古》1965年第7期。

此次发掘，获得了一大批齐家文化遗存资料，这里也发现了红铜器，进一步证明了齐家文化已进入铜石并用时期。大何庄遗址和秦魏家遗址的发掘，对揭示齐家文化的面貌发挥了极大的作用。[1]

1959 年 8—12 月，中国社会科学院考古研究所甘肃工作队对大夏河西岸永靖莲花台辛店文化遗址进行了发掘，为进一步认识辛店文化面貌提供了一批重要资料。[2]

1960 年 6—7 月，中国社会科学院考古研究所甘肃工作队对永靖县姬家川遗址进行了发掘。首次提出了辛店文化张家咀类型、姬家川类型的概念，并把甘肃西南几个古文化按相对年代排序为：马家窑类型—半山类型—马厂类型—齐家文化—辛店文化张家咀类型—姬家川类型—寺洼文化。[3]

1960 年 9—11 月，黄河水库考古队甘肃分队对临夏马家湾遗址进行了发掘，首次发现了马厂期半地穴式房子。[4]

1973 年，甘肃省博物馆文物工作队和广河县文化馆联合对广河地巴坪遗址进行了两次调查和发掘。地巴坪遗址是半山类型遗址大面积科学发掘的第一次。本次发掘，为进一步否认安特生半山"住地""葬地"说提供了新的证据。[5]

1973—1974 年，甘肃省博物馆文物工作队在广河县排子坪乡齐家坪遗址进行发掘，共发现齐家文化墓葬 117 座、房址 2 座，还有灰坑等，出土 1000 余件随葬器物，并出土了珍贵的齐家文化铜镜、铜斧等遗物。[6]

1977 年 4 月—1978 年 7 月，甘肃省文物工作队、临夏回族自治州文化局和东乡族自治县文化馆联合对东乡林家遗址进行了三次发掘，从地层上初步搞清了林家遗址马家窑类型遗存早、中、晚三个阶段的堆积关系。该遗址出土的青铜刀是我国目前发现时代最早的青铜器。该遗址的发掘为全面认识和进一步研究马家窑类型的内涵、性质提供了重要资料。[7]

1980 年 8 月—1981 年 1 月，甘南藏族自治州文化馆和卓尼县文化馆在临潭、卓尼两县沿洮河进行了一次考古调查，发现新石器时代、青铜时代文化遗址 45 处，包含仰韶文化庙底沟、马家窑、半山、马厂、齐家、辛店、寺洼各时期文化遗存。[8]

1981 年 4 月，临夏回族自治州博物馆会同康乐县文化馆对边家林遗址进行了发掘。边家林墓

---

① 黄河水库考古队甘肃分队：《临夏大何庄、秦魏家两处齐家文化遗址发掘简报》，《考古》1960 年第 3 期；黄河水库考古队甘肃分队：《甘肃临夏大何庄汉墓的发掘》，《考古》1961 年第 3 期。

② 中国社会科学院考古研究所甘肃工作队：《甘肃永靖莲花台辛店文化遗址》，《考古》1980 年第 4 期。

③ 中国社会科学院考古研究所甘肃工作队：《甘肃永靖张家咀与姬家川遗址的发掘》，《考古学报》1980 年第 2 期。

④ 黄河水库考古队甘肃分队：《甘肃临夏马家湾遗址发掘简报》，《考古》1961 年第 1 期。

⑤ 甘肃省博物馆文物工作队：《广河地巴坪"半山类型"墓地》，《考古学报》1978 年第 2 期。

⑥ 报告正在整理中。

⑦ 甘肃省文物工作队、临夏回族自治州文化局、东乡族自治县文化馆：《甘肃东乡林家遗址发掘报告》，《考古学集刊》1984 年第 4 辑。

⑧ 李振翼：《洮河中上游（甘南部分）考古调查简报》，《文博》1992 年 5 期。

地出土器物既不同于马家窑类型，又区别于半山类型，但文化内涵既承袭了马家窑类型风格，也孕育了半山类型的特征，填补了从马家窑类型发展到半山类型的缺环，首次提出了马家窑类型—边家林类型—半山类型—马厂类型的发展序列。①

1982 年，岷县文化馆对洮河东岸的杏林遗址进行了考古调查，为研究马家窑类型、齐家文化、寺洼文化在洮河上游地区的分布、文化内涵提供了一批重要资料。②

1988 年，甘南藏族自治州博物馆对卓尼县洮河南岸的苴儿遗址进行了试掘，证明该遗址是寺洼文化范畴内的文化遗存，还有部分齐家文化晚期因素。③

1989 年 10 月，为深入研究"唐汪式"遗存的基本内涵，甘肃省文物考古研究所对东乡自治县唐汪川山神遗址进行了调查。从采集的标本来看，包括了辛店文化姬家川类型和张家咀类型遗存，并以辛店文化张家咀类型为主。④

1989 年 10 月，甘肃省博物馆对积石山县新庄坪遗址进行了全面调查。调查确认该遗址面积约30 万平方米，是一个完整的齐家文化遗址和墓葬区，其出土的陶器、石器及铜器等大量遗物，进一步丰富了我们对齐家文化面貌的基本认识。⑤

2007 年，甘肃省文物考古研究所为配合九甸峡水电站的修建，对寺下川遗址进行了发掘，发现齐家文化房址 3 座，为洮河流域齐家文化研究提供了新资料⑥。

2008 年，甘肃省文物考古研究所为配合九甸峡水电站的修建，对岷县坪上遗址进行发掘，发现了仰韶中期晚段、齐家文化和寺洼文化遗存，证实仰韶中期晚段已经到达洮河中上游流域，⑦且在洮河中上游的西岸二级台地上分布有较多的属于仰韶文化中、晚期的文化遗存，同时也分布有齐家文化的遗存，还见有更晚的寺洼文化遗存等。⑧

2008 年，甘肃省文物考古研究所对岷县占旗遗址进行发掘，在 M48 中同时出现了辛店文化陶器和寺洼文化陶器，说明了两者在某种程度上存在共时关系。同时，在该遗址早期地层中发现了齐家文化的腹耳壶和陶豆，说明了寺洼文化与齐家文化存在着传承关系。另外，出土器物上的牛头纹饰及相关青铜器，不仅证明了寺洼时期青铜文化的发达，而且表明寺洼文化应是一种游牧文化，很可能是羌文化的一个支系。⑨

① 临夏回族自治州博物馆：《甘肃康乐县边家林新石器时代墓地清理简报》，《文物》1992 年第 4 期。
② 甘肃岷县文化馆：《甘肃岷县杏林齐家文化遗址调查》，《考古》1985 年第 11 期。
③ 甘南藏族自治州博物馆：《甘肃卓尼苴儿遗址试掘简报》，《考古》1994 年第 1 期。
④ 张学正、水涛、韩翀飞：《辛店文化研究》，《考古学文化论集（三）》，北京：文物出版社，1993 年，第122—152 页。
⑤ 甘肃省博物馆：《甘肃积石山县新庄坪齐家文化遗址调查》，《考古》1996 年第 11 期。
⑥ 赵雪野、魏美丽：《甘肃卓尼县寺下川遗址发掘简报》，《考古与文物》2010 年第 2 期。
⑦ 甘肃省文物考古研究所：《甘肃省基本建设考古报告集》，北京：文物出版社，2020 年，第 1—22 页。
⑧ 甘肃省文物考古研究所：《甘肃省基本建设考古报告集》，北京：文物出版社，2020 年，第 56—65 页。
⑨ 甘肃省文物考古研究所：《甘肃岷县占旗寺洼文化遗址发掘简报》，《考古与文物》2012 年第 4 期。

2008—2012 年，甘肃省文物考古研究所与西北大学文化遗产学院合作，对临潭县陈旗磨沟遗址及墓群进行发掘，共清理墓葬 1720 座。墓葬包括齐家文化、过渡类型和寺洼文化 3 个时期，多人多次合葬现象是该墓地的最大特点，体现了以家庭血缘为纽带的埋葬习俗。此外，在墓葬区东西两侧的聚落区发掘出仰韶文化晚期至马家窑类型早期遗存。此次发掘，为认识仰韶文化、马家窑类型和齐家文化在洮河上游地区的分布、文化内涵、演变及互动关系提供了重要资料。[①]

2012—2013 年，甘肃省文物考古研究所对岷县山那树扎遗址进行发掘，极大地丰富了洮河流域仰韶文化晚期至马家窑类型时期的考古资料，不仅为研究仰韶文化晚期与马家窑类型的关系及马家窑类型的来源等问题提供了新线索，也为研究洮河流域这一时期人类的生业模式与人地关系等问题提供了重要资料。[②]

2014 年以来，中国社会科学院考古研究所与甘肃省文物考古研究所合作，开展了"马家窑至寺洼文化时期聚落与社会研究"项目。2014—2017 年，对马家窑遗址进行了连续 4 年的发掘，确认了马家窑类型和齐家文化两个时期的遗存，揭示了其分布范围和布局规律。遗址中齐家文化遗存更为丰富，带壁灶的半地穴式白灰面房址、灰坑内埋葬人骨现象和竖穴土坑墓葬等现象的确认，进一步丰富了齐家文化的基本内涵。

2016 年至 2018 年，甘肃省文物考古研究所、北京大学考古文博学院与美国哈佛大学人类学系合作开展了"甘肃洮河流域新石器—青铜时代文化与社会之演进"项目，对洮河下游的广河县、康乐县新石器至青铜时代的遗址进行了系统考古调查，并开展了广河县齐家坪遗址两个年度的考古发掘。发掘工作验证了地磁探测技术在西北地区黄土高原地带应用的可靠性，发掘所获的陶片、石块、动物骨骼等遗物，为齐家文化时期聚落布局结构、手工业生产、动植物资源利用及社会等级观念等方面的研究提供了重要资料。[③]

2018—2020 年，中国社会科学院考古研究所与甘肃省文物考古研究所合作对寺洼遗址进行了 3 个年度的发掘，该遗址包含马家窑类型和寺洼文化两个时期遗存。其中马家窑类型聚落的发掘，为揭示马家窑类型时期聚落布局特征提供了重要资料，寺洼文化墓葬出土陶器等遗物为研究寺洼文化来源及早期特征提供了重要资料。

洮河—大夏河流域是甘肃乃至全国范围内较早进行考古和研究的区域，自安特生建立洮河流域

---

① 甘肃省文物考古研究所、西北大学文化遗产与考古学研究中心：《甘肃临潭县磨沟齐家文化墓地》，《考古》2009 年第 7 期；甘肃省文物考古研究所、西北大学丝绸之路文化遗产保护与考古学研究中心：《甘肃临潭磨沟墓地齐家文化墓葬 2009 年发掘简报》，《文物》2014 年第 6 期；甘肃省文物考古研究所：《甘肃重要考古发现（2000~2019）》，北京：文物出版社，2020 年，第 56—71 页。

② 甘肃省文物考古研究所：《甘肃重要考古发现（2000~2019）》，北京：文物出版社，2020 年，第 72—75 页。

③ Brunson K. RenLL, Zhao XC, et al. Zooarchaeology, Ancient mtDNA, and Radiocarbon Dating Provide New Evidence for The Emergence of Domestic Cattle and Caprines in The Tao River Valley of Gansu Province, Northwest China [J] . Journal of Archaeological Science: Reports, 2020, 31:102262；洪玲玉、吴浩森（A.Womack）、哈克（Y.Jaffe）等：《齐家坪：齐家文化典型遗址研究的新进展》，《考古与文物》2019 年第 3 期。

"六期说"以来，经过近一个世纪的考古调查发掘和研究，学界对洮河流域史前文化谱系及年代有了清晰认识，史前文化序列经历了仰韶文化中期—仰韶文化晚期—马家窑类型—半山类型—马厂类型—齐家文化—辛店/寺洼文化。同时，对各时期文化分布与演进、文化关系和交流传播过程也有了初步的认识。陇西黄土高原东部渭河流域仰韶中晚期文化向西传播，在仰韶中期偏晚阶段已经传播至洮河上游地区，之后马家窑文化也传播至洮河流域，亦扩张至洮河上游，甚至进一步向南传播至川西高原地区。青铜时代齐家文化中晚期主要分布在洮河流域，目前测年结果显示，齐家文化在洮河流域延续时间很长，齐家文化晚期该区域逐渐分化发展出辛店和寺洼文化。齐家文化之后，随着东西方文化交流加强，该地区成为连接中原和河西走廊、青藏高原东部的关键区域。

四、湟水—黄河干流兰州段

1944—1945年，西北科学考察团在兰州进行调查，夏鼐调查了高平、中山林、太平沟、十里店、西果园、土门后山、曹家咀、青岗岔等地，初步确认了马家窑、马厂和齐家遗存在兰州的分布，填补了兰州黄河南北两岸的史前文化空白。[1]

1947年，裴文中在兰州调查了十里店、四墩坪、满城、龚家湾、西果园、青岗岔、中山林等地，指出此区域彩陶文化与洮河流域、渭河上游皆有相似之处。[2]

1953—1955年，为配合宝兰铁路建设，甘肃省文物管理委员会对兰州城东黄河北岸的白道沟坪遗址进行了发掘，首次发现了马厂时期的陶窑和研磨颜料用的磨盘、调色碟等。[3]

1955年，甘肃省文物管理委员会清理了雁儿湾遗址。清理灰坑1座，出土陶片共1万余片，细泥陶画彩纹者几乎占全部陶片的一半，首次在马家窑遗存中发现白陶。[4]

1956年，甘肃省文物管理委员会在皋兰县石洞乡发现古墓群一处，并进行了清理发掘，出土马厂时期彩陶、骨珠、骨饰、石器等，并发现疑似石棺葬的石板。[5]

1956年8月，甘肃省文物管理委员会普查组在兰州市附近进行调查。在土门墩小坪、西柳沟大坪发现甘肃仰韶文化马家窑期遗址2处，在东岗镇、土门墩、范家坪、陈官营大坪发现马厂期遗址4处，在土门墩、牟家坪北部边沿、西柳沟大坪西北发现齐家文化遗址3处，另在牟家坪北部发现饰细条纹中间填三角齿纹的彩陶片。[6]

1959年5月，马承源对青岗岔遗址进行了调查，采集有陶片和残陶刀1件，认为青岗岔为半

---

① 夏鼐、吴良才：《兰州附近的史前遗存》，《中国考古学报》第五册，第63—100页。
② 裴文中：《甘肃史前考古报告》，《裴文中史前考古学论文集》，北京：文物出版社，1987年，第250—254页。
③ 甘肃省文物管理委员会：《兰州新石器时代的文化遗存》，《考古学报》1957年第1期。
④ 甘肃省文物管理委员会：《兰州新石器时代的文化遗存》，《考古学报》1957年第1期；严文明、张万仓：《雁儿湾和西坡坬》，《考古学文化论集》（三），北京：文物出版社，1993年，第12—31页。
⑤ 陈贤儒、郭德勇：《甘肃皋兰糜地岘新石器时代墓葬清理记》，《考古》1957年第1期。
⑥ 甘肃省文物管理委员会：《兰州市几处新石器时代遗址调查》，《考古》1959年第7期。

山类型遗址。[①]

1960 年 3 月，甘肃省博物馆对兰州市西果园西坡坬遗址进行了发掘。从出土彩陶纹饰看，该遗址应属马家窑类型。[②]

1963 年 10—11 月，北京大学历史系考古专业对兰州西果园青岗岔遗址进行了发掘，最大的收获是发现了半山类型的房址和窖穴等遗迹与墓葬共存，彻底批驳了过去安特生所谓"半山葬地"的错误说法。[③]

1966 年 9 月，甘肃省博物馆文物工作队在兰州市元代王保保城城址内发掘马家窑类型墓葬一座。通过此次发掘，从陶质、器形、施彩和纹饰等方面来看，与此前发掘的马家窑居住址出土的彩陶特征完全相同，否定了安特生"住地""葬地"彩陶区别的说法。[④]

1971 年 12 月，甘肃省博物馆文物工作队在湟水流域红古区红古山上发掘马厂类型墓葬两座。[⑤]

1971 年 12 月，甘肃省博物馆为进一步研究马家窑类型的年代问题，对兰州市西果园曹家咀遗址进行了一次小规模试掘。经过发掘，认识到曹家咀遗址是一处单纯的马家窑类型遗址，为建立本地区史前文化发展序列增加了新的证据。[⑥]

1974—1975 年间，甘肃省博物馆对永登县大通河流域的蒋家坪遗址进行了发掘，发现马厂类型的灰层和墓葬叠压或打破马家窑类型的地层关系，确定了两者的相对年代。[⑦]

1976 年 6—7 月，甘肃省博物馆对青岗岔遗址进行了第二次发掘，进一步否定了安特生"半山葬地"说。发掘者认为，青岗岔遗址的时代晚于地巴坪，属于半山类型晚期。[⑧]

1977 年—1978 年，甘肃省博物馆会同兰州市文化馆对湟水流域红古区土谷台墓地进行了发掘，清理半山至马厂时期墓葬 84 座[⑨]，该墓地经历了半山、半山—马厂过渡时期、马厂三个阶段。

1977 年 12 月，甘肃省博物馆、兰州市文化馆和七里河区文化馆对花寨子墓地进行了发掘。花寨子墓地出土的半山陶器在甘肃境内大通河、黄河、洮河、渭河流域都有分布，认为花寨子半山陶器代表了半山类型中的一个发展阶段。同时，根据遗址层位及叠压、打破关系，将墓地分为早、晚两期，并指出花寨子早期陶器接近马家窑类型，晚期向地巴坪式发展，因此花寨子半山墓葬属于半

---

① 马承源：《甘肃灰地儿及青岗岔新石器时代遗址的调查》，《考古》1961 年第 7 期。

② 甘肃省博物馆：《甘肃兰州西坡坬遗址发掘简报》，《考古》1960 年第 9 期。

③ 甘肃省博物馆：《甘肃兰州青岗岔遗址试掘简报》，《考古》1972 年第 3 期。

④ 甘肃省博物馆文物工作队：《兰州马家窑和马厂类型墓葬清理简报》，《文物》1975 年第 6 期。

⑤ 甘肃省博物馆文物工作队：《兰州马家窑和马厂类型墓葬清理简报》，《文物》1975 年第 6 期。

⑥ 甘肃省博物馆：《兰州曹家咀遗址的试掘》，《考古》1973 年第 3 期。

⑦ 张学正、张朋川、郭德勇：《谈马家窑、半山、马厂类型的分期和相互关系》，《中国考古学会第一次年会论文集》，北京：文物出版社，1979 年，第 774 页。

⑧ 甘肃省博物馆：《甘肃兰州青岗岔半山遗址第二次发掘》，《考古学集刊（二）》，北京：科学出版社，1982 年，第 10—17 页。

⑨ 甘肃省博物馆、红古区文化馆：《兰州土谷台半山—马厂类型墓地》，《考古学报》1983 年第 2 期。

山类型的早期。①

1981 年 4 月，在兰州市皋兰山营盘岭发现了一批陶器，兰州市城关区文化馆进行现场详细调查，认为营盘岭墓地早于地巴坪墓地，与花寨子墓地是同一时期的遗存。②

1982 年 8 月，在兰州红古区下海石发现一批陶器，甘肃省博物馆文物工作队随即前往调查，确定了该地为一处新石器时代马厂类型遗址。③

1983 年 4 月，在皋兰县阳洼窑庙梁发现马家窑类型墓葬，甘肃省博物馆文物工作队对墓地进行了勘探和清理，与红古土谷台、永昌鸳鸯池器物对比，确认该墓地属马厂类型晚期阶段。④

1987 年 3 月，在兰州市徐家山东大梁发现马厂类型陶器，甘肃省文物考古研究所进行抢救性发掘。兰州白道沟坪、糜地岘、蒋家坪、土谷台出土陶器中四大圈纹、蛙纹、螺旋纹、方格纹、锯齿纹等非常普遍，而在东大梁出土陶器中四大圈纹、蛙纹、螺旋纹已完全消失，锯齿纹也明显减少，学者据此认为马厂类型的陶器发展到东大梁时期已经是最晚阶段。⑤

2005 年，甘肃省文物考古研究所对红古下海石墓地进行了抢救性发掘，清理马厂类型土洞墓 33 座、清理灰坑 5 个，清理辛店文化石棺墓 1 座，⑥ 该墓地为马厂中晚期遗存。

湟水—黄河干流兰州段多年的考古工作表明，该区域经历了马家窑类型—半山类型—马厂类型—齐家文化—辛店文化的发展序列。随着陇西黄土高原东部马家窑文化不断向西扩张至河湟地区，该区域成为马家窑类型、半山类型、马厂类型分布的核心区域。东部齐家文化在齐家文化早中期扩张至河湟地区，河湟地区是齐家文化的核心分布区，该区域也是辛店文化分布的核心区域。

———————

① 甘肃省博物馆、兰州市文化馆、兰州市七里河区文化馆：《兰州花寨子"半山类型"墓葬》，《考古学报》1980 年第 2 期。

② 甘肃省博物馆文物工作队、兰州市城关区文化馆：《兰州皋兰山营盘岭出土半山类型陶器》，《考古与文物》1983 年第 6 期。

③ 甘肃省文物考古研究所：《甘肃海石湾下海石半山、马厂类型遗址调查简报》，《考古与文物》2004 年第 1 期。

④ 甘肃省文物考古研究所：《甘肃皋兰阳洼窑"马厂"墓葬清理简报》，《中原文物》1986 年第 4 期。

⑤ 甘肃省文物考古研究所：《兰州市徐家山东大梁马厂类型墓葬》，《考古与文物》1995 年第 3 期。

⑥ 甘肃省文物考古研究所：《兰州红古下海石——新石器时代遗址发掘简报》，北京：科学出版社，2008 年，第 1—180 页。

第二章 区域概况和工作情况

第一节 项目缘起

为全面贯彻落实习近平总书记在黄河流域生态保护和高质量发展座谈会、中央财经委员会第六次会议上的重要讲话精神，及在甘肃、陕西、山西、河南等沿黄省份视察时关于黄河流域生态保护和高质量发展有关重要论述精神，按照中共中央、国务院印发的《黄河流域生态保护和高质量发展规划纲要》和甘肃省委、省政府印发的《甘肃省黄河流域生态保护和高质量发展规划》中关于黄河文化遗产保护传承弘扬的部署，统筹推进甘肃省黄河文化保护传承弘扬工作，讲好黄河故事——甘肃篇，明确全省黄河文化遗产保护利用的方向，更好发挥黄河文化遗产在保护传承中华优秀传统文化，延续历史文脉，坚定文化自信，推动经济社会发展方面的作用，甘肃省文物局组织开展全省黄河文化遗产资源的考古调查工作。甘肃省文物考古研究所为服务国家和省上重大战略及文化需求，积极谋划开展黄河文化遗产考古调查项目，制订了《甘肃黄河文化遗产考古调查工作计划书》，经甘肃省文物局审核后呈报国家文物局。根据国家文物局的批复要求，甘肃省文物考古研究所结合甘肃黄河文化遗产数量、类型、时代、分布和以往考古工作实际，组织编制了《黄河文化遗产考古调查实施方案》，启动了黄河文化遗产考古调查工作。

2018年3月国家发展和改革委员会、住房城乡建设部联合印发的《兰州—西宁城市群发展规划》明确指出，兰州—西宁城市群应实施更加积极主动的开放合作战略，深度融入"一带一路"建设。兰西城市群作为我国向西开放的重要支点，支撑西北地区发展的重要增长极以及沟通西北西南、连接欧亚大陆的重要枢纽，发展意义极为重要。甘青两省地处黄河上游地区，不论是地理格局还是历史文化发展，都具有一定的历史渊源和文化相似性，从史前时代开始便存在文化交流和互动，在考古学文化性质上存在一致性。本次调查黄河干流及支流史前文化遗存，为落实兰州—西宁城市群积极主动的开放合作战略，推动深化文物保护利用改革，加强文化遗产保护利用传承，推动黄河上游文物事业高质量发展提供了考古支撑，对完善兰州—西宁城市群史前文化面貌，在更大尺度上进行遗址规划保护和开发利用，具有极大现实价值。

通过对黄河流域甘肃段渭河流域、泾河流域、洮河—大夏河流域和湟水—黄河干流兰州段以往史前考古工作进行梳理后发现，黄河干流及其支流考古工作开展不均，不同流域和地区的研究程度也表现出较大的差异。其中渭河流域和洮河流域史前考古工作开展较早，对流域内各文化的属性与分布、序列与演进、时代与分期、交流与互动等相关研究比较深入。黄河上游的湟水流域也是较早开展考古工作的区域，特别是湟水下游的青海东北部进行了大规模的调查和发掘，流域内新石器—青铜时代各文化内涵、时代特征和文化序列已基本清晰。然而，黄河左近的庄浪河流域、黄河干流白银段及其支流祖厉河流域开展的考古工作较少，只是配合基本建设做了少量调查和发掘，且相关工作比较零碎，区域内新石器—青铜时代各文化的面貌、分布范围和时代特征有待进一步认识。因此，本次黄河文化遗产考古调查将重点区域确定为未开展过区域系统考古调查的庄浪河流域、黄河干流白银段及其支流祖厉河流域。通过本次区域系统考古调查，以期对以上区域新石器—青铜时代各文化的文化属性、时代特征、分布规律、文化序列和生业环境等有进一步的认识，弥补黄河流域甘肃段区域系统考古调查的不足和缺环，为构建完整的黄河流域甘肃段新石器—青铜时代考古学文化发展序列和全面认识史前文化奠定基础。

另外，甘青交界的湟水下游地区、庄浪河流域和黄河干流白银段及其支流祖厉河是陇西黄土高原新石器—青铜时代各文化通往青藏高原和河西走廊的关键地区，是早期东西方文化交流的核心区域，也是历史时期丝绸之路的必经之地。本次调查，将以上流域确定为调查区域，并将青海省民和县、河西走廊东端的武威市古浪县纳入调查范围，以期通过调查和与青藏高原东北部地区、河西走廊东部同时期文化的对比研究，进一步认识陇西黄土高原与青藏高原东北部和河西走廊之间的文化交流和人群扩散。黄河干流白银段及其支流祖厉河流域也是连接甘肃中部和宁夏南部的关键区域，通过对上述区域进行调查，进一步认识甘肃中部与宁夏南部新石器—青铜时代各文化的关系，也是本次调查的重要目标。

基于以上背景，确定了对湟水流域的青海省民和县、兰州市红古区，庄浪河流域的永登县，黄河干流白银段靖远县、平川区、景泰县，祖厉河流域会宁县，河西走廊东端武威市古浪县进行实地调查。以上地区除古浪县外，全部位于黄河流域，在地理界线上处于积石峡—马衔山—华家岭一线以北的黄河左岸邻近地区，故将调查区域统称为黄河左近地区。

第二节　自然地理环境

一、地形地貌

甘肃黄河左近地区西起甘青交接处的青藏高原东北缘，北至祁连山余脉乌鞘岭—昌灵山—大格达南山—黄草塙山一线以南，东至屈吴山一线以西，南至小积石山—马衔山—华家岭一线以北。横峙其中的乌鞘岭—毛毛山—寿鹿山—哈斯山一线将该区域分为南北两部分，南部属陇西黄土高原，北部属陇西黄土高原北部边缘向内蒙古高原的过渡地带。本次调查的兰州市红古区、永登县，白银市会宁县、靖远县和平川区位于陇西黄土高原西部。黄土及黄土状物质是构成本区地表最为广泛的堆积物，据钻孔资料显示，兰州市西津村黄土厚约416米，兰州城北的九州台黄土厚335米，会宁的白草塬黄土厚280米，靖远县曹舰乡黑在沟的黄土剖面厚约505米。[1]区内地势较高，呈波状起伏，黄土塬、梁、峁与河谷交错的黄土岭谷是区内主要地貌特征，大部分海拔在1100~2600米之间，主要有祖厉河黄土岭谷区、黄河谷地及皋兰北山黄土梁、峁、沟壑区和山间盆地。其中，各河谷在河漫滩以上，一般有三级阶地断续出现，第一级阶地为川地，二、三级阶地为坪地与梁地，这里是滋养我省史前文化的主要区域。本区内海拔最高的是山地，有全部由基岩构成的石质山地，亦有下部是基岩、上部覆盖黄土的土石山地。通常，石质山地高而陡峭，土石山地低而和缓。主要山地有渭河、祖厉河分水岭华家岭（海拔2457米），榆中县与临洮县间的马衔山（海拔3671米），陇西黄土高原北部的哈斯山（海拔3017米），哈斯山与屈吴山之间的黄家洼山（海拔2265米）。陇西黄土高原北部边缘向内蒙古高原的过渡地带的景泰县、古浪县，由于地处青藏高原、内蒙古高原、黄土高原的交会地带，境内以山地、丘陵为主，地势整体南高北低，海拔大部分在1500~2000米之间，南部以山地为主，中部为绿洲平原，北部为荒漠区。南部山地为横峙的乌鞘岭—毛毛山（海拔2700米）—寿鹿山（海拔3321米）一线，纵峙的昌灵山（海拔2954米）为两县的县境分界线，也是甘肃省内流区和外流区的分界线，以西为河西走廊，以东为黄河流域。

---

① 甘肃省地方史志编纂委员会：《甘肃省志·自然地理志》，兰州：甘肃文化出版社，2018年，第100页。

二、气候水文

黄河左近的陇西黄土高原深居内陆，距海洋较远，为冬干夏雨的温带大陆性季风气候，主要气候特征为气温年较差和日较差均较大，日照时间长，太阳辐射强，降雨量偏少，属半湿润偏干旱和半干旱区。区内山峦起伏，沟壑纵横，盆谷相连，特殊的地形地貌对本区气温影响较明显，总体分布规律是南热北凉、盆地河谷暖、山地高原冷。全区年平均气温为 6℃ ~9℃，温度最低的 1 月平均温度 −10℃ ~−6℃，温度最高的 7 月平均温度为 22℃ ~25℃，具有冬无严寒，夏无酷暑的特点。气温年较差 23℃ ~32℃，日较差 10℃ ~20℃，无霜期 160~180 天。区内日照时间较长，太阳辐射较强，年日照数为 2100~2800 小时。本区受南部秦岭、东部陇山的影响，来自东南暖湿气流的影响明显减弱，整体降雨量偏少，且呈明显由南向北减少的趋势。兰州、会宁一线年平均降水量为 250~450 毫米，皋兰县、永登县北部年降水量为 250 毫米左右。白银市南部的会宁县华家岭南北麓，年降水量为 300~450 毫米；北部的景泰县、靖远县、平川区等是陇西黄土高原降雨最少的地方，年降水量为 200 毫米左右。区域内降水量在时间上整体表现为夏秋季降雨多、春冬季降雨少的特点，降雨主要集中在 7—9 月，年降水量在 200~500 毫米。区内的地表径流主要为黄河干流及其支流湟水、庄浪河、宛川河和祖厉河，黄河干流流经本次调查的白银市靖远县、平川区和景泰县，湟水流经红古区，庄浪河流经武威市天祝县和永登县，祖厉河流经会宁县和靖远县南部。

三、植被土壤

黄河左近地区位于中纬度，又处于青藏高寒区、西北干旱半干旱区、东部季风区边缘地带，境内高原、山地连绵起伏。受此影响，植被和土壤分布表现出明显的纬度地带性和垂直地带性。兰州、会宁一线以北，毛毛山、寿鹿山、哈思山一线以南，屈吴山以西的陇西黄土高原中北部，气候干旱，年降水量少，属荒漠草原，植被为旱生、强旱生草本植物及半灌木、小灌木，如盐爪爪、红砂、短花针茅、驴驴蒿等。由于降水量自南向北逐渐减少，南部以灰钙土为主，北部以淡灰钙土为主，它是温带干草原向河西内陆荒漠过渡的类型，也是甘肃省旱地农业与灌溉农业的过渡地带。毛毛山、寿鹿山、哈思山一线以北、腾格里沙漠以南的景泰县境内，是黄河流域甘肃段的最北端，这里气候干燥，降水量少，属荒漠带。植被为旱生或超旱生的荒漠类型，植被稀疏，仅生长耐旱、深根的小半灌木。本区为灰漠土地带，南部与灰钙土地带相连，由于西南部被祁连山东段延伸的山岭阻隔，西北部受沙漠侵袭，呈现不连续状态，向河西走廊灰棕漠土地带过渡。[1]

---

① 甘肃省地方史志编纂委员会：《甘肃省志·自然地理志》，兰州：甘肃文化出版社，2018 年 10 月，第 368 页。

第三节　调查工作概况

一、调查范围与对象

本次调查的范围包括湟水下游的青海省民和县、兰州市红古区，庄浪河流域的永登县，黄河干流的白银市靖远县、平川区和景泰县，祖厉河流域的会宁县。另外，还包括河西走廊东端、乌鞘岭北麓的武威市古浪县。

通过梳理第三次全国文物普查资料，首先复查已知的古遗址、古墓葬，对其所处的地形地貌水文特征有一个整体认识，结合 DEM 数据对已知遗址进行地理分布空间分析，判读各区域遗址的分布特点，结合遗址所处的坡度、坡向、离河距离、地形起伏度等参数反演遗址可能存在的区域，对可能存在遗址分布的区域进行重点调查。

二、调查方法与目的

（一）调查方法

在资料收集整理、文献梳理基础上，对未开展过区域系统考古调查的兰州市红古区、永登县，白银市会宁县、靖远县、平川区、景泰县，武威市古浪县进行实地调查。实地调查采用区域系统考古调查的方法，除对已知古遗址、古墓葬进行复查外，重点判读已知遗址地形地貌特征和分布特征，运用现有空间信息技术手段，利用 DEM、地表覆盖数据、卫星遥感影像等进行室内分析，圈定疑似区域，为田野考察规划调查路线和选取调查区域做好准备。野外调查利用 GPS 和高清影像等，采用一般与重点相结合的方式，对疑似区域进行实地踏查，实现对调查区域的全覆盖。重点踏查可能存在遗址的河流、较大沟谷两侧台地和距离河流较近的低山丘陵缓坡上。在踏查过程中，除采集地表典型陶片外，重点对发现的文化层及遗迹单位进行测绘、拍照和土样采集，采集地层和遗迹单位中的陶片、人骨、动物骨骼、炭屑等。

调查期间采用旋翼无人机，对调查遗址进行航空摄影，从而和卫星影像形成不同空间尺度的影像叠加，为相关研究提供更多地理信息。

野外采集土样采用浮选法获取炭化植物遗存和动物遗存，在实验室进行动植物种属鉴定，选择可靠地层和单位出土的当年生炭化植物遗存进行碳 -14 测年。

（二）调查目的

摸清黄河左近地区不同流域史前文化的基本面貌，厘清文化发展序列和时空分布特征，为整体认识黄河流域甘肃段史前文化面貌，构建完善史前文化发展序列提供基础资料。

通过实地调查，进一步摸清以武威市古浪县为代表的河西走廊东段、以白银市为代表的陇西黄土高原西部和青藏高原东北缘各区域史前遗址的空间分布特征、文化面貌差异及相互关系，通过判读地形地貌，为认识黄河流域陇西黄土高原地区人群和文化南上青藏高原和西进河西走廊的传播路径提供重要的线索。

通过动植物遗存的鉴定、动物骨骼和人骨稳定碳氮同位素分析和碳 -14 测年，确定各遗址的绝对年代，在此基础上结合典型器物构建不同区域内的考古学文化序列，认识调查区域内先民的生业模式和摄食结构，同时采集环境样品开展环境考古工作，认识不同区域史前先民对地理环境的适应过程，推动区域性考古调查研究的深度和广度。

借助地理信息系统，对调查范围内的地形地貌进行分析，筛选出古遗址、古墓葬分布的疑似区域，进行实地踏勘，旨在发现一批新的古遗址、古墓葬，充实黄河文化遗产数量的同时，为区域性考古调查中地理信息系统的使用积累经验，同时对已知古遗址、古墓葬进行调查，弥补第三次全国文物普查资料存在的疏漏和不足。

三、调查经过

黄河文化遗产考古调查项目的实地调查工作自 2021 年 4 月 20 日启动，至 2021 年 9 月 12 日结束，前后历时近 5 个月，分为前期准备和实地调查两个阶段。

（一）前期准备

2021 年 4 月 20 日至 2021 年 6 月 16 日，对青海省民和县，兰州市红古区、永登县，白银市靖远县、平川区、会宁县、景泰县，武威市古浪县全国第三次文物普查资料和相关区域考古调查、发掘、研究资料进行了汇总、梳理和分析，确定了调查范围，明确了调查任务，制订了调查线路。根据调查任务，结合甘肃省文物考古研究所专业技术人员学历背景，组建了包括田野考古、文物保护、环境考古、地理信息、文化遗产保护等专业技术人员的调查组，成员包括甘肃省文物考古研究所张鹏、曾宗龙、齐洋、冯维伟、周懋、沈磊、王俏、李万荣、朱元璋，兰州大学张山佳博士。同时，与青海省文物考古研究所签订了合作协议，确定联合开展湟水下游青海省民和县和兰州市红古区的调查。青海省文物考古研究所调查组成员包括杜伟、甄强、尕藏吉、秦岩和张德荣。

（二）实地调查

2021 年 6 月 17 日至 2021 年 7 月 4 日，甘肃省文物考古研究所调查组与青海省文物考古研究所调查组联合对青海省民和县、兰州市红古区已知遗址及墓葬进行了复查，并对可能分布文化遗存的湟水、大通河两岸台地及境内低山丘陵缓坡山地进行了踏查。在红古区新发现古遗址 4 处，古墓葬 1 处。

2021 年 7 月 7 日至 2021 年 9 月 12 日，甘肃省文物考古研究所调查组独立对兰州市永登县，白银市会宁县、靖远县、平川区、景泰县，武威市古浪县进行了调查（彩版一，1、2、3）。

2021 年 7 月 7 日至 7 月 14 日，对永登县境内已知古遗址、古墓葬进行了复查，并对可能分布文化遗存的庄浪河两岸台地及流域内低山丘陵缓坡山地进行了踏查。在永登县调查期间，复查已知古遗址、古墓葬共 24 处，新发现古遗址 9 处。

2021 年 7 月 30 日至 8 月 15 日，对会宁县境内已知古遗址、古墓葬进行了复查，并对可能分布文化遗存的祖厉河两岸台地及境内低山丘陵缓坡山地进行了踏查。在会宁县调查期间，复查已知古遗址、古墓葬 52 处，新发现古遗址 3 处。

2021 年 8 月 16 日至 8 月 27 日，对靖远县、平川区境内已知古遗址、古墓葬进行了复查，并对可能分布文化遗存的黄河干流两岸台地及哈斯山南北麓、屈吴山山前缓坡地带进行了踏查。在靖远调查期间，复查已知古遗址、古墓葬 38 处，新发现古遗址 5 处。在平川区新发现古遗址 1 处。

2021 年 8 月 27 日至 8 月 30 日，对景泰县境内已知的古遗址、古墓葬进行了复查，并对可能分布文化遗存的寿鹿山山前缓坡地带进行了踏查。在景泰调查期间，复查已知古遗址 3 处，新发现古遗址 1 处。

2021 年 9 月 1 日至 12 日，对武威市古浪县境内已知的古遗址、古墓葬进行了复查，并对可能分布文化遗存的古浪河、大靖河两岸台地进行了踏查。在古浪调查期间，复查已知古遗址 23 处，新发现古遗址 5 处。

四、资料整理和报告编写

本次仅整理兰州市红古区、永登县，白银市靖远县、平川区、会宁县、景泰县和武威市古浪县调查所获资料。

（一）资料整理

2021 年 10 月至 2021 年 12 月，沈磊、王俏负责完成了采集陶片、石器的清洗和陶片的分类、整理、拼接工作，并完成了永登县境内采集陶片的线图绘制。周懋负责完成了采集土样的浮选，并对浮选出的炭化植物种子进行了筛分、鉴定。

2022 年 1 月至 2022 年 5 月，沈磊、王俏、周懋负责完成了所有陶片、石器标本的线图绘制工作，吉林大学李楠、中央民族大学马倩倩、云南大学汪江涛同学参与了部分标本的线图绘制。周懋负责完成了炭化植物遗存浮选、鉴定、统计和报告撰写。张鹏负责完成了调查区县自然地理概况、历史沿革等相关文献的收集、整理。曾宗龙负责完成了黄河文化遗产不可移动文物资源的筛选、分类、统计和部分器物标本的描述。黄河流域甘肃段史前考古调查、发掘文献的收集、梳理由杨谊时、曾宗龙、张鹏共同完成。兰州大学仇梦晗完成了标本的拍照工作。兰州大学西部教育重点实验室碳 -14 年代学实验室张山佳博士和曹辉辉工程师完成了碳 -14 年代的检测。

2022年6月，杨谊时对标本线图进行了审核，沈磊、周懋、王俏进行了修改完善，并由周懋、张鹏完成了图版制作。杨谊时、曾宗龙、沈磊完成了标本的文字描述工作（彩版一，4）。

（二）报告编写

在进行基础资料整理的过程中，报告的编写工作也同步推进，大致可以分为四个阶段：

第一阶段，2022年1—6月，主要工作包括：（1）完成了报告大纲的编写；对黄河文化遗产保护相关政策背景资料、黄河流域甘肃段区位及水系资料、黄河文化遗产基础资料和史前考古调查发掘资料进行了汇总分析，完成了报告第一章绪论和第二章黄河左近地区考古调查概况的编写；（2）通过与周边地区同时代典型器物对比分析，完成了调查遗址采集标本文化性质的分析和确认，以上工作由曾宗龙、沈磊负责完成。（3）完成了调查区县的地理位置、历史沿革、考古工作概况、遗址简介、相关遗迹单位的文字描述和各县区区位图及遗址位置示意图的制作，此项工作由张鹏负责完成。

第二阶段，2022年7月，主要工作包括：（1）完成了《报告》第四章结语的撰写，以上工作由陈国科、杨谊时、曾宗龙、沈磊、张鹏共同完成；（2）对《报告》进行了整合，完成了各类图表的校对、编号，形成了报告初稿。

第三阶段，2022年8月上旬，杨谊时、曾宗龙、沈磊、周懋对初稿进行了校对和修改，樊青青参加了图表的校对修改工作。8月下旬，陈国科对稿件进行了第二次修改完善。

第四阶段，根据出版社的意见对稿件进行校对修改。

2021年10月—2022年8月，资料整理前后耗时近1年，参加报告整理编写的人员合理分工，齐心协力，确保了报告的顺利完成。

第四节　报告体例和相关说明

一、报告体例

本报告共分四章：

第一章为绪论。分别介绍了黄河文化遗产保护的政策背景；黄河流域甘肃段的地理范围、包含的行政区划、黄河干流及各支流水系概况；黄河文化遗产的数量、分布情况、文物类型、资源年代、保护级别和保护情况；回顾了渭河流域、泾河流域、洮河—大夏河流域、湟水—黄河干流兰州段史前考古工作及研究现状。

第二章为区域概况和工作情况。分别介绍了调查项目的缘起；黄河左近地区的地理范围、地形地貌、气候水文和植被土壤；本次调查范围与对象、调查方法与目的、调查经过、资料整理及报告编写；报告体例及相关说明。

第三章为考古调查。分别对红古区、永登县、靖远县—平川区、会宁县、景泰县、古浪县的地理位置、自然环境、历史沿革、考古工作概况作了简要介绍，重点对每个县（区）本次调查的遗址、墓葬基本情况和调查发现的遗迹、遗物、碳 –14 年代植物遗存作了详细描述，充分利用文字、数据、线图和照片客观公布了发现的遗物资料。

第四章为结语。从黄河左近地区考古学文化发展序列、考古学文化年代、遗址空间分布特征、文化传播交流与互动和古环境及生业模式研究五个方面对本次调查的收获进行了总结，并提出了黄河文化遗产保护研究利用的相关建议。

报告后附本次调查的遗址登记表。

二、相关说明

（一）调查区说明

本次调查范围在行政区划上包括兰州市红古区、永登县，白银市靖远县、平川区、会宁县、景泰县和武威市古浪县。从地理区划上看，除古浪县位于内流区的石羊河流域外，其他区域均属外流区的黄河流域，从黄河各大支流分水岭区分，本次调查区域全部位于黄河支流分水岭小积石山—马衔山—华家岭一线以西以北的黄河流域。因此，报告将本次调查的区域统称为黄河左近地区，主要包括黄河干流及其支流湟水、庄浪河、祖厉河流经的行政区域。另外，需要说明的是，本次调查将黄河流域外的古浪县纳入调查区，主要是其地理位置是连接陇西黄土高原和河西走廊的关键区域，为进一步认识黄河左近与河西走廊之间史前文化之间的关系，故将古浪县纳入调查范围。

（二）文化时代说明

本次调查区域，遗址文化面貌和性质的确定主要根据采集陶片的器形特征、纹饰及典型器物组合来判断。然而由于部分遗址采集陶片标本较小，无可辨器形和典型纹饰，时代难以判断，为了更清楚认识遗址的文化面貌和文化性质，我们结合了第三次全国文物普查不可移动文物登记表中所附的陶片标本照片，同时与周边已发掘遗址典型器物对比来确认遗址的文化性质和时代，结合碳-14年代来确定遗址的时代。另外，为了便于论述，报告中采用马家窑类型、半山类型、马厂类型表示整个调查区马家窑文化的发展阶段。

（三）遗址命名说明

为方便读者查阅，本次复查遗址命名与第三次全国文物普查不可移动文物登记表中遗址命名保持一致，只是将其中定位偏移较大和定位不准确的遗址，重新按照遗址中心进行了定位。新发现遗址以遗址所在的最小地名来命名，例如红古区新发现的金砂台遗址位于金砂台上，故命名为金砂台遗址。对于"三普"登记表中将同一遗址按方位命名为不同区域的遗址，我们重新认定了遗址的分布范围和文化性质并重新命名，例如永登县的杨家营遗址一区、杨家营遗址二区，我们分别重新命名为杨家营遗址、杨家营下营遗址。

（四）绘图说明

本次调查采集陶片较多，在资料整理过程中只筛选了具有典型性且能全面反映遗址文化性质和文化面貌的遗物进行了线图绘制和描述。遗物主要选择陶器口沿、器底、彩陶、饰典型纹饰的陶片，对能复原的口沿、器形都绘制了复原图，对饰有内外彩的彩陶片内外壁均进行了绘制。部分遗址虽采集了陶片，但无可辨器形和典型纹饰，未进行线图绘制和描述，仅根据陶片陶质陶色推定了遗址的文化性质。

（五）标本编号说明

由于本次调查除地表采集遗物外，还采集了部分灰坑和典型剖面的陶片，为区分地表采集和相关遗迹单位采集陶片，在采集遗物编号时，调查遗址用遗址首字母表示，例如会宁老人沟遗址用"L"表示。地表采集陶片，用"B"表示，灰坑用"H"表示，剖面用"P"表示，坑用"K"表示，例如红山大坪遗址地表采集陶片编号"HB:P1"，红山大坪坑2内采集陶片编号"HK2:P1"，红山大坪剖面2采集陶片编号"HP2:P1"。

（六）线图饰彩说明

遗物线图中，为便于读者辨识，红黑复彩中的红彩用暗红色表示，部分红黑复彩或黑彩上间饰白彩，白彩统一用灰色表示。

（七）附表说明

报告最后附本次调查过程中所有复查和新发现遗址的相关信息，其中遗址面积是本次调查重新测量的遗址面积，部分遗址与第三次文物普查登记的面积存在较大的差别。同时，本次调查确定的部分遗址文化性质与"三普"确定的文化性质也存在较大的差别，造成上述认识分歧的原因可能是本次调查与"三普"调查过程中采集到的陶片及组合不一致所致。另外，复查过程中未发现陶片的遗址，遗址文化性质全部认定为不明。

为便于讨论，本报告中采用"马家窑类型""半山类型"和"马厂类型"表述，相当于目前学者认为的"马家窑文化""半山文化"和"马厂文化"或"马家窑时期""半山时期"和"马厂时期"。

第三章　考古调查

第一节　红古区考古调查

一、地理位置

兰州市红古区位于甘肃省中部，地理位置为东经 102°50′~102°54′ 和北纬 36°19′~36°21′。东接兰州市西固区，南与青海省民和回族自治县及甘肃省永靖县隔湟水相望，西临大通河，北与兰州市永登县接壤，东西长 53.7 千米，南北最宽处 24 千米，最窄处 3.3 千米，总面积约 567.66 平方千米（图七）。

二、自然环境

红古区地处黄河支流湟水下游，地势西北高，东南低，海拔在 1592 ~2462 米之间。域内有两条主要河流，大通河经红古区西部注入湟水；湟水由西北向东南顺势而下汇入黄河。境内地貌分为河川谷地、黄土台地和黄土山梁三类，河谷地貌主要分布在湟水北岸、大通河东岸，地势平坦，农业、工业、居住区多集中于此；黄土台地分布在河谷和山梁地之间，由于多年雨水冲刷，被沟谷分割为大小不等的黄土台地，从 20 世纪 60 年代后陆续被开发为农场；向外扩展为山梁地区，这里山峦起伏、沟壑纵横、土壤贫瘠、人口稀少。红古地区属温带半干旱大陆性季风气候，气候干燥，降水偏少，昼夜温差大，日照充足，依湟水、大通河之便利，为工农业发展提供了优越的条件。

三、历史沿革

目前考古调查、发掘显示，该区域经历了马家窑—半山—马厂—齐家—辛店文化时期。西汉武帝元狩六年（前 117 年），在永登县河桥镇一带设浩亹县，辖今窑街一带；汉宣帝神爵二年（前 60 年），设金城郡允街县，辖今红古大部分地区。十六国北魏时，红古区西部属鄯州，东部属广武郡广武县。唐广德元年（763 年）后，被吐蕃占领。北宋政和六年（1116 年），属震武军。元属庄浪州。明属庄浪卫，明洪武三年（1370 年），元宗室脱欢降明，被安置在连城；永乐元年（1403 年），授其子庄浪卫百户；永乐二十一年（1423 年），赐其姓鲁，鲁土司辖红古大部分地区；后世降清后，仍世袭。1932 年，甘肃省废除鲁土司，红古大部属永登县，张家寺以东属皋兰县。1949 年 8 月 26 日，皋兰县解放，9 月 3 日永登县解放，所辖红古之地随之解放。1960 年 4 月 27 日，甘肃省

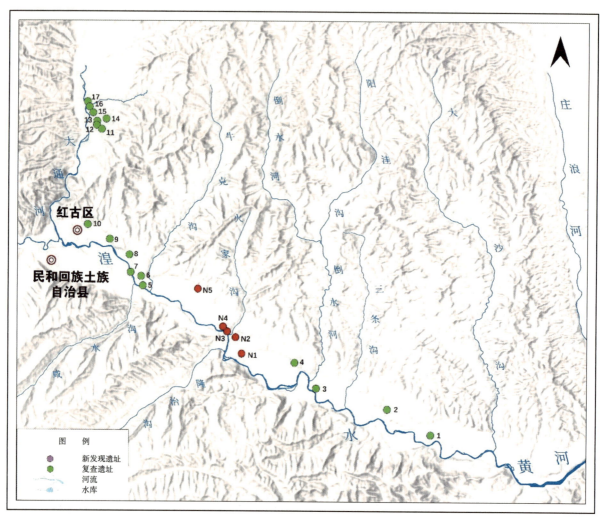

图七　红古区调查史前遗址位置示意图

1. 土谷台墓群 2. 平安台遗址 3. 河咀台遗址 4. 张家台遗址 5. 普格台遗址 6. 马家台遗址 7. 金湾遗址 8. 山城台遗址 9. 王家台遗址 10. 二台南遗址 11. 猫儿坪遗址 12. 老鼠坪遗址 13. 管地坪遗址 14. 茅道岭坪遗址 15. 红山大板坪遗址 16. 杨家坪遗址 17. 红山大坪遗址;N1. 转嘴子遗址 N2. 新庄台遗址 N3. 金砂台墓群 N4. 金砂台遗址 N5. 八家村砖厂遗址

人民委员会决定，成立兰州市红古区，县级建制。

四、考古工作概况

1971 年 12 月，兰州铁路局五七干校工人及学员在兰州西部的红古山上兴修水利、大造梯田时发现古墓葬多处。甘肃省博物馆文物工作组队进行了发掘，共发掘马厂文化墓葬两座。[①] 这是红古区进行的第一次正式考古发掘，为湟水流域马厂文化的研究提供了一批通过科学考古发掘的重要

---

① 甘肃省博物馆文物工作队：《兰州马家窑和马厂类型墓葬清理简报》，《文物》1975 年第 6 期。

资料。

1977 年秋，兰州市城建局农场在红古平安社西约 2000 米的土谷台上进行农田建设时，发现彩陶器。甘肃省博物馆随即进行了调查，确认了一处新石器时代墓葬群，并对墓地进行了钻探，钻探面积近 2 万平方米。1977 年 10—11 月，1978 年 5—6 月甘肃省博物馆文物队会同兰州市文化馆对墓群进行了两个阶段的发掘，清理半山至马厂时期墓葬 84 座，出土陶器多达 574 件，另有大量生产工具、装饰品等。[①] 此次发掘，为湟水流域半山文化、马厂文化研究提供了一批极为重要的资料。

2005 年，甘肃省文物考古研究所对海石湾城区下海石墓地进行了抢救性发掘，清理马厂类型土洞墓 33 座，清理灰坑 5 个，清理辛店文化石棺墓 1 座，出土海贝、井盐及陶器、石器、骨器400 余件（组），该遗址的发掘为马厂中晚期研究提供了一批重要的资料。[②]

2008 年，因铁路建设甘肃省文物考古研究所对金湾遗址进行了局部发掘，出土了大量的石器、骨器、陶片，确认遗址文化性质为马家窑类型、马厂类型和辛店文化。[③]

2008 年，为配合兰新铁路客运二线建设，甘肃省文物考古研究所对下旋子遗址进行了发掘，发掘面积 450 平方米，清理灰坑 7 个、灶址 2 处、墓葬 4 座。其中，墓葬为辛店文化时期，其他遗存均属马家窑类型。[④]

五、调查情况

本次调查，前期通过第三次全国文物普查不可移动文物资料梳理和遥感影像判读，确认红古区境内遗址多分布在湟水北岸和大通河河谷两侧的台地上，并在湟水北岸发现多处疑似遗址区。因此，将调查重点区域确定在湟水北岸和大通河河谷地带。在红古区实地调查期间，复查已知遗址17 处，新发现遗址 5 处。现将调查情况介绍如下。

（一）红山大坪遗址

红山大坪遗址位于红古区窑街街道红山村北侧，红山咀沙沟与民门公路交会处东北侧，大通河东岸的红山大坪台地上。东北与马军坪、乐山坪相连，东南隔红山咀沙沟与杨家坪相望。遗址主要分布于台地西侧边缘，西距大通河约 320 米，垂直高差约 35 米，坐标：N 36°27′22″，E 102°52′19″，海拔 1864 米。遗址分布范围东西约 350 米，南北约 600 米，面积约 21 万平方米（彩版二，1）。1963 年，被公布为省级文物保护单位。本次调查对遗址所在台地进行了全面踏查，台面平坦开阔，东高西低，中东部种植经济林，西、北部及台地边缘地带种植玉米等农作物，部分耕地已荒芜。地表散落有较多陶片，可见多处盗坑，发现剖面 2 处，编号剖面 1、剖面 2，扰坑 2 处，编号 K1、K2。

---

① 甘肃省博物馆、红古区文化馆：《兰州土谷台半山——马厂文化墓地》，《考古学报》1983 年第 2 期。

② 甘肃省文物考古研究所：《兰州红古下海石——新石器时代遗址发掘报告》，北京：科学出版社，2008 年，第 1—180 页。

③ 见第三次全国文物普查不可移动文物登记表。

④ 甘肃省文物考古研究所：《甘肃省基本建设考古报告集（一）》，北京：文物出版社，2020 年，第 23—38 页。

剖面 1 可分为上下两层。①层为表土，土质致密，黄褐色，厚 1 米，夹杂大量植物根系；②层为文化层堆积，距地表 1 米，土质疏松，灰褐色，堆积厚约 2.3 米，包含有少量陶片、骨骼等。陶片以夹砂红陶为主，少量泥质、夹砂橙黄陶和夹砂红褐陶，素面为主，少量饰绳纹、刻划纹。②层采集土样一份（彩版二，2）。

剖面 2 可分为上下两层。①层为扰土层，土质疏松，黄色，厚 0.3 米，夹杂大量植物根系；②层为文化层堆积，距地表约 0.3 米，土质疏松，黄色，厚约 1.5 米，未到底。包含大量陶片和少量石器、骨骼。陶片以夹砂红褐陶为主，泥质橙黄陶、红陶次之，少量夹砂红陶、橙黄陶。纹饰以绳纹、附加堆纹和刻划纹为主，部分彩陶，少量素面。夹砂陶器表较粗糙，饰绳纹和附加堆纹。泥质陶器表数打磨光滑，饰黑彩。采集标本可辨器形有盆、侈口罐等。②层采集土样一份（彩版二，3）。

K1 剖面可分为三层。①层为表土，土质致密，黄色，厚 0.3 米，夹杂少量植物根系。②为文化层堆积，距地表 0.3 米。土质疏松，灰褐色，厚度约 0.4 米，堆积包含大量炭屑、少量植物根系；③层为文化层堆积，土质疏松，灰褐色，厚约 1 米，未到底。包含红烧土块、少量陶片、石器和骨骼。采集泥质橙黄陶、红陶和夹砂红褐陶片，素面为主，少量彩陶，部分饰绳纹。采集石器 1 件。②、③层采集土样各一份。

K2 采集大量陶片。以泥质橙黄陶为主，泥质红陶次之，少量夹砂红陶、橙黄陶和红褐陶。纹饰以彩陶为主，少量饰绳纹和刻划纹。采集标本可辨器形有壶、盆、侈口罐等。

地表采集陶片以泥质橙黄陶为主，夹砂红褐陶、红陶次之，少量泥质红陶和夹砂橙黄陶。以素面为主，部分饰绳纹、刻划纹和附加堆纹，少量彩陶。泥质陶器表大部分打磨光滑，饰黑彩。可辨器形有侈口罐、壶、瓶、盆等。另采集到少量石器。

（1）陶器

HB:P1　侈口罐口沿。夹细砂红陶，质地坚硬，火候均匀。侈口，折沿，圆唇，圆肩。器表打磨光滑。肩部饰黑彩横条带纹一周，下接黑彩弧边三角纹、弧条带纹和斜行复线窄条带纹。内壁不平，有抹痕。口径 22、高 6、胎厚 0.5~1.1 厘米（图八，1）。

HB:P2　侈口罐口沿。泥质橙黄陶，质地坚硬，火候均匀。侈口，折沿，圆唇，圆肩。素面，口沿内饰黑彩宽带纹一周。口径 10.4、高 3.7、胎厚 0.3~0.4 厘米（图八，2）。

HB:P3　侈口罐口沿。夹粗砂橙黄陶，可见石英等羼和料，质地坚硬，火候均匀。侈口，圆唇，束颈，圆肩。内外壁较粗糙。器表通体饰绳纹，颈肩之间饰附加堆纹一周。口径 25、高 6.3、胎厚 0.8~1.5 厘米（图八，3）。

HB:P4　盆口沿。泥质橙黄陶，质地坚硬，火候均匀。敛口，卷沿，圆唇，圆弧腹。口沿外、腹部饰黑彩横条带纹各一周，间饰黑彩水波纹，口沿上饰黑彩弧边三角纹，内壁饰连续黑彩弧边三角纹一周，下部饰平行黑彩窄条带纹三周。高 6.6、宽 6.8、胎厚 0.5~0.7 厘米（图八，4）。

HB:P5　盆口沿。泥质橙黄陶，质地坚硬，火候均匀。敛口，卷沿，圆唇，圆弧腹。器表局部可见黑彩，纹饰不明。内壁不平，有指窝痕和抹痕。口径 26.8、高 5.3、胎厚 0.5~1 厘米（图八，5）。

HB:P6　壶口沿。泥质橙黄陶，质地坚硬，火候均匀。敞口，卷沿，尖唇，高领。口沿上饰黑彩条带纹一周，领部饰黑彩宽带纹一周，口沿内饰黑彩宽、窄条带纹各一周。内壁不平，有指窝痕。口径 16.2、高 5.1、胎厚 0.4~0.8 厘米（图八，6）。

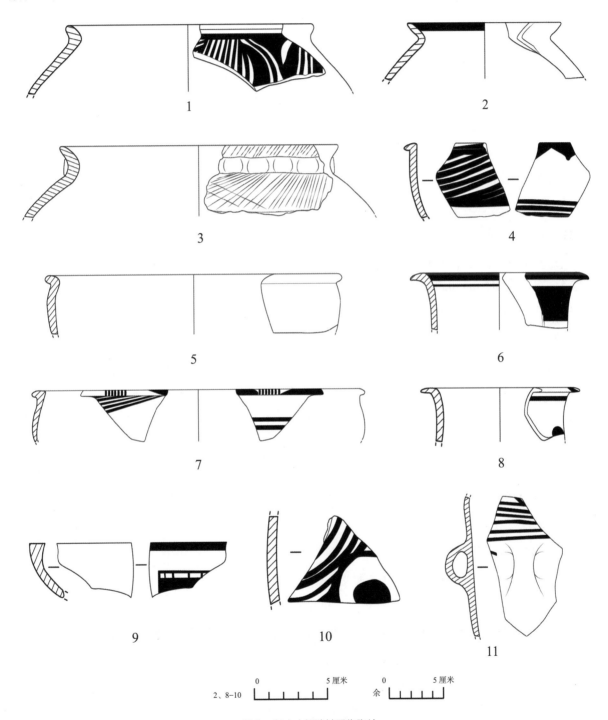

图八　红山大坪遗址采集陶片

1-3. 侈口罐口沿（HB:P1、HB:P2、HB:P3），4、5、7、9. 盆口沿（HB:P4、HB:P5、HB:P7、HB:P9），6、8. 壶口沿（HB:P6、HB:P8），10. 彩陶片（HB:P10），11. 瓶腹部（HB:P11）

HB:P7　盆口沿。泥质橙黄陶，质地坚硬，火候均匀。敛口，卷沿，圆唇，圆弧腹，下腹内收。口沿上饰黑彩平行短线纹和连续弧边三角纹，腹部饰平行黑彩窄条带纹两周，口沿内饰黑彩水波纹。口径30.1、高4.6、胎厚0.4~1.2厘米（图八，7）。

HB:P8　壶口沿。泥质红陶，质地坚硬，火候均匀。侈口，卷沿，尖唇，高领。口沿上饰黑彩窄条带纹和黑彩弧边三角纹，领部饰黑彩窄条带纹一周，下接黑彩圆点纹一周。口沿内有轮修痕迹。口径11、高3.5、胎厚0.4~0.5厘米（图八，8）。

HB:P9　盆口沿。泥质橙黄陶，质地坚硬，火候均匀。敛口，平沿，斜弧腹。内外壁打磨光滑，饰紫红色陶衣。口沿上饰黑彩，内壁饰黑彩宽带纹一周，宽、窄条带纹各一道，间饰黑彩短线纹。高3.7、宽5.3、胎厚0.5~1.1厘米（图八，9）。

HB:P10　彩陶片。泥质橙黄陶，质地坚硬，火候不均，陶胎有灰色夹芯。器表打磨光滑，饰黑彩水波纹和黑彩圆点纹。内壁不平，有泥条盘筑痕和抹痕。高5.9、宽7.7、胎厚0.6~0.7厘米（图八，10）。

HB:P11　瓶腹部。泥质橙黄陶，质地坚硬，火候均匀。斜直腹微弧，腹中偏下有环形耳。器表不平，打磨光滑。上腹饰平行黑彩窄条带纹六道，下腹素面。内壁不平，有指窝痕和交错抹痕。高12.5、宽7、胎厚0.4~0.5厘米（图八，11）。

HP2:P12　侈口罐口沿。夹粗砂红陶，可见石英等羼和料，质地坚硬，火候均匀。侈口，卷沿，圆唇，圆肩。器表未打磨，有指窝痕。口沿上饰刻划纹一周，口沿下饰附加堆纹一周，肩部饰交错刻划纹。内壁不平，有泥条盘筑痕和抹痕。口径41.2、高6.5、胎厚0.7~1.5厘米（图九，1）。

HP2:P13　侈口罐口沿。夹粗砂红陶，可见石英等羼和料，质地坚硬，火候均匀。器表有烟炱。侈口，折沿，圆唇，溜肩。器表未打磨，较粗糙。口沿上饰刻划纹一周，肩部饰交错刻划纹。内壁不平，有指窝痕和抹痕。口径18、高7.4、胎厚0.7~0.9厘米（图九，2）。

HK2:P14　彩陶片。泥质红陶，质地坚硬，火候均匀。器表打磨光滑，饰平行复线黑彩弧带纹，间饰白彩弧带纹。内壁饰黑彩，磨损脱落严重，纹饰不明。高5.5、宽3.5、胎厚0.3厘米（图九，3；彩版三，1）。

HP2:P15　盆口沿。泥质橙黄陶，质地坚硬，火候均匀。敞口，折沿，圆唇，斜弧腹。素面，内外壁抹光。口径25、高4.5、胎厚0.7厘米（图九，4）。

HP2:P16　侈口罐口沿。夹粗砂红褐陶，可见石英等羼和料，烧结度不高，质地疏松。局部有烟炱。侈口，圆唇，束颈，圆肩。口沿上饰刻划纹一周，颈肩之间饰附加堆纹一周，肩部饰斜行附加堆纹一道。内壁不平，有指窝痕和抹痕。高6、宽8.4、胎厚0.5~0.6厘米（图九，5）。

HP2:P17　彩陶片。泥质橙黄陶，质地坚硬，火候均匀。器表打磨光滑，饰黑彩宽弧带纹两周，下接黑彩网格纹。内壁不平，有指窝痕和抹痕。高4.3、宽4.3、胎厚0.3~0.4厘米（图九，6）。

HP2:P18　盆口沿。泥质橙黄陶，质地坚硬，火候均匀。微敛口，平沿，圆唇，鼓腹，下腹弧收。内外壁打磨光滑。口沿外饰黑彩宽带纹两周，间饰白彩，下接黑彩宽、窄弧带纹，口沿内饰黑

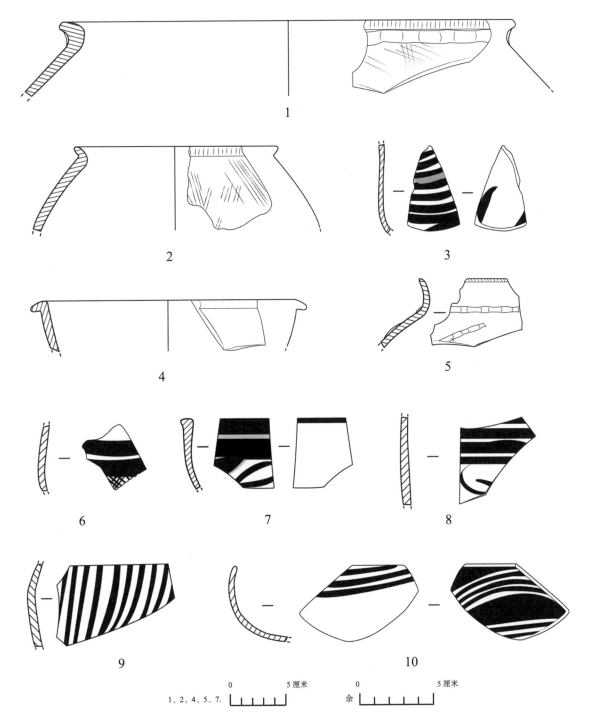

图九　红山大坪遗址采集陶片

1、2、5.侈口罐口沿（HP2∶P12、HP2∶P13、HP2∶P16），3、6、8、9.彩陶片（HK2∶P14、HP2∶P17、HP2∶P19、HP2∶P20），
4、7.盆口沿（HP2∶P15、HP2∶P18），10.圜底钵口沿（HP2∶P21）

彩窄条带纹一周。高6.2、宽5.3、胎厚0.4~1.1厘米（图九，7）。

　　HP2∶P19　彩陶片。泥质橙黄陶，质地坚硬，火候均匀。器表打磨光滑，饰平行黑彩横条带纹
四道，下接黑彩勾形纹。内壁不平，有指窝痕和抹痕。高5.7、宽5.3、胎厚0.4~0.5厘米（图九，8；

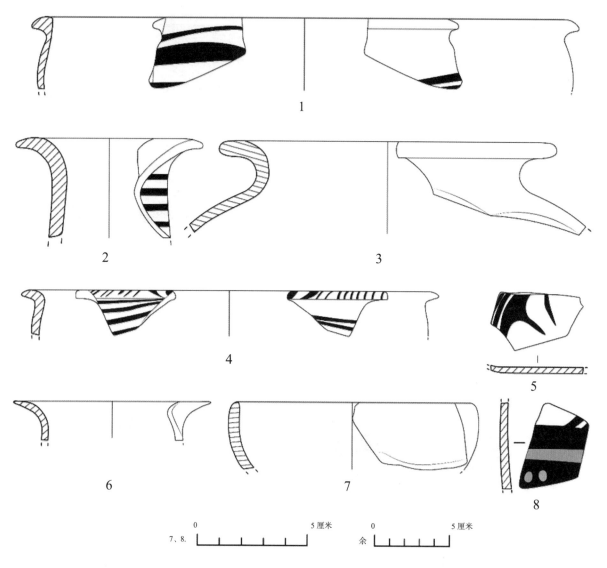

图一〇　红山大坪遗址采集陶片

1、4. 盆口沿（HK2:P22、HK2:P25），2、6. 壶口沿（HK2:P23、HK2:P27），3. 侈口罐口沿（HK2:P24），5. 器底（HK2:P26），7. 钵口沿（HP2:P28），8. 彩陶片（HP2:P29）

彩版三，2）。

　　HP2:P20　彩陶片。泥质橙黄陶，质地坚硬，火候均匀。器表打磨光滑，饰斜行黑彩复线窄条带纹。内壁不平，有泥条盘筑痕和抹痕。高 5.4、宽 8、胎厚 0.3~0.5 厘米（图九，9；彩版三，3）。

　　HP2:P21　圜底钵口沿。泥质砖红陶，质地坚硬，火候均匀。敛口，圆唇，圆弧腹，圜底。内外壁打磨光滑。器表饰平行黑彩窄弧带纹三道，口沿内饰黑彩弧边三角纹、水波纹和宽弧带纹。高 5、宽 8.1、胎厚 0.3~0.4 厘米（图九，10）。

　　HK2:P22　盆口沿。泥质橙黄陶，质地坚硬，火候均匀。器表有烟炱。直口微敛，卷沿，圆唇，圆弧腹。内外壁打磨光滑。腹部饰斜行黑彩窄条带纹两道，内壁饰斜行黑彩宽、窄条带纹三道。口径 37.2、高 4.8、胎厚 0.3~0.5 厘米（图一〇，1）。

　　HK2:P23　壶口沿。泥质橙黄陶，质地坚硬，火候不均，陶胎有灰色夹芯。侈口，卷沿，圆唇，直领。器表打磨光滑，领部饰平行黑彩窄条带纹四周。内壁有轮修痕。口径 12.8、高 6.6、胎厚 0.4~0.5 厘米（图一〇，2）。

　　HK2:P24　侈口罐口沿。泥质橙黄陶，质地坚硬，火候均匀。侈口，卷沿，圆唇，束颈，圆肩。素面，器表打磨光滑，口沿内外有轮修痕。口径 22.9、高 6、胎厚 0.6~1 厘米（图一〇，3；彩版三，4）。

　　HK2:P25　盆口沿。泥质橙黄陶，质地坚硬，火候均匀。直口微敛，卷斜沿，尖唇，弧腹。内外壁打磨光滑。腹部饰斜行黑彩弧带纹两道，口沿上饰黑彩短线纹一周，间饰弧边三角纹，口沿内饰黑彩水波纹。口径 28.5、高 3、胎厚 0.5~0.6 厘米（图一〇，4）。

　　HK2:P26　器底。泥质砖红陶，质地坚硬，火候均匀。平底。内外壁打磨光滑。底内饰平行黑彩弧带纹一周，内接弧边三角纹一周。残径 6.5、底厚 0.3~0.4 厘米（图一〇，5）。

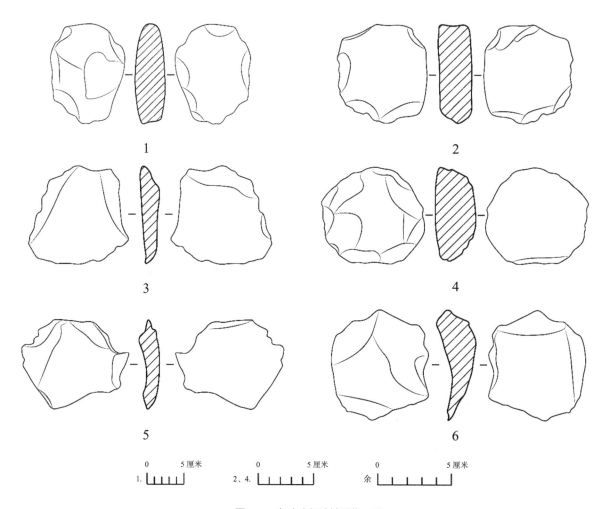

图一一　红山大坪遗址采集石器

1、4. 盘状器（HB:1、HB:4），2. 砍砸器（HB:2），3、5、6. 石片（HB:3、HB:5、HB:6）

HK2:P27　壶口沿。泥质橙黄陶,质地坚硬,火候均匀。敞口,宽平沿,尖唇,高领。素面,器表打磨光滑,口沿内外有轮修痕。口径13.5、高2.6、胎厚0.4厘米(图一〇,6)。

HP2:P28　钵口沿。泥质橙黄陶,质地坚硬,火候均匀。敛口,圆唇,鼓腹,下腹弧收。素面,内外壁打磨光滑。口径10.2、高3、胎厚0.5厘米(图一〇,7)。

HP2:P29　彩陶片。泥质橙黄陶,质地坚硬,火候均匀。器表打磨光滑,饰平行黑彩宽带纹两道,间饰白彩横条带纹和圆点纹,宽带纹上接斜行黑彩窄条带纹两道。内壁有抹痕。高3.7、宽3.1、胎厚0.4厘米(图一〇,8)。

(2)石器

HB:1　盘状器。青灰色,砾石打制成型,平面近椭圆形。两面均保留自然砾石面,刃部两面打制,保留有打制疤痕。长13.4、宽10、厚4.1厘米(图一一,1)。

HB:2　砍砸器。灰色,平面近长方形。两端修整,刃部双面打制,两端有片疤。长8.7、宽8.1、厚3厘米(图一一,2)。

HB:3　石片。青灰色,砾石剥片,平面近方形。多疤台面,一侧刃部较薄。长6.5、宽7、厚1.3厘米(图一一,3)。

HB:4　盘状器。灰白色,砾石打制成型,平面近圆形。一面为自然砾石面,另一面单面加工,刃部边缘有片疤。长8.5、宽9.4、厚3.8厘米(图一一,4)。

HB:5　石片。黑灰色,砾石剥片,平面呈不规则形。多疤台面,一侧刃部较薄。长6、宽7.4、厚1.3厘米(图一一,5)。

HB:6　石片。青绿色,砾石剥片,平面呈不规则形。台面明显,刃部较薄。长7.4、宽6.7、厚2.5厘米(图一一,6)。

根据采集标本器形特征和纹饰,并结合周边地区同时代典型器物比较判断,该遗址文化性质为马家窑类型。在剖面2②层挑选粟13粒测年,测年结果经校正为4836—4625 BP(2Sigma,95.4%),拟合结果为4800—4600 BP(图一二)。剖面2采集典型马家窑类型时期彩陶壶、罐、盆等,部分绳纹罐器形和纹饰为典型马家窑类型晚期遗存,证实测年结果与剖面文化性质一致。

在红山大坪遗址剖面1、剖面2、K1采集到浮选土样4份,共计41升。经鉴定,共出土炭化植物13个种属,共计1626粒,其中农作物1058粒,占出土炭化植物遗存的65.07%,包括无壳粟、带壳粟、不成熟粟、无壳黍、带壳黍,以及粟黍碎块;杂草种子533粒,占出土炭化植物遗存的32.78%,大多为禾本科杂草,主要包括禾本科、黍亚科、狗尾草属、野稷,其次为藜科杂草,包括猪毛菜属、藜属和地肤属,还包括豆科、菊科蒿属、蔷薇科、蓼科;另有未知炭化种子碎块35粒,占出土炭化植物遗存的2.15%(图一三,图一四)。结合遗址文化性质和剖面测年结果判断,出土植物遗存为马家窑类型时期。

(二)普格台遗址

普格台遗址位于红古区红古镇王家口村西北磨石沟与兰青铁路交会处东南侧的普格台上,西邻

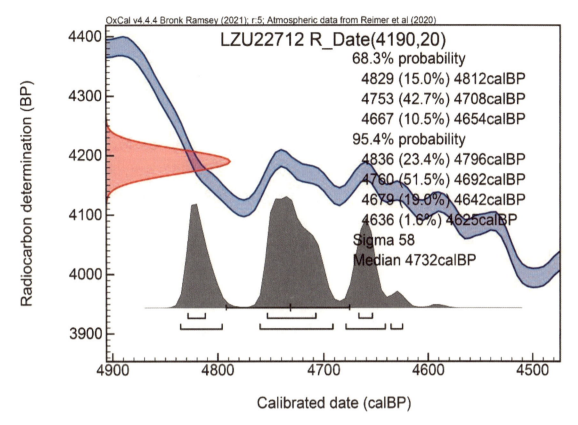

图一二 红山大坪遗址剖面 2 ②层出土粟年代校正曲线

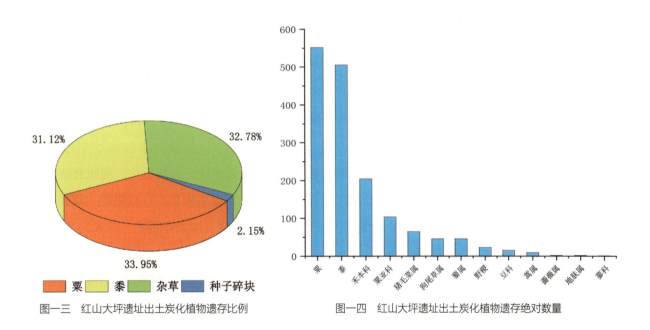

图一三 红山大坪遗址出土炭化植物遗存比例　　　　图一四 红山大坪遗址出土炭化植物遗存绝对数量

磨石沟，北接马家台，东为牛克沟，南距湟水约 200 米，垂直高差约 60 米。遗址分布于台地南缘，坐标：N36°17′50″，E102°55′54″，海拔 1745 米。遗址分布范围东西约 800 米，南北约 500 米，面积约 40 万平方米（彩版三，5）。2001 年被公布为县级文物保护单位。本次调查对遗址所在台地进行了全面踏查，台地平面近三角形，南缘突出，地势平坦，地表种植果树、小麦、玉米、蔬菜等，仅留少量荒地。地表散落有较多陶片，发现剖面2处，编号剖面1、剖面2。

剖面1为人工断面，位于台地西南缘，可分为上下两层。①层为表土，土质疏松，黄色，夹杂大量植物根系，厚约0.6米；②层为文化层堆积，土质疏松，灰色，包含陶片、石料与动物骨骼等，厚度约0.6米，未到底。陶片以泥质和夹砂橙黄陶为主，少量夹砂红陶、红褐陶和灰陶，以素面为主，个别饰绳纹。采集标本可辨器形有双耳罐。②层采集土样一份（彩版四，1）。

剖面2为自然垮塌断面，位于台地西北，可分为上下两层。①层为表土，较致密，黄色，夹杂植物根系，厚约0.6米；②层为文化层堆积，土质致密，灰色，开口距地表约0.6米，堆积厚0.4~0.6米，包含有较多陶片和少量动物骨骼。陶片以夹砂橙黄陶、红陶为主，泥质橙黄陶次之，少量夹砂红褐陶，以素面为主，少量彩陶，个别饰绳纹和篮纹。采集标本可辨器形有盆、壶。②层采集土样一份（彩版四，2）。

地表采集陶片以泥质、夹砂橙黄陶为主，夹砂红褐陶、灰陶次之，少量泥质红陶、灰陶和夹砂红陶，以素面为主，部分彩陶，少量饰篮纹、刻划纹、绳纹和戳印纹。采集标本可辨器形有双耳罐、侈口罐、壶、盆等。

（1）陶器

PB:P1　侈口罐口沿。夹粗砂橙黄陶，可见石英等羼和料，烧结度不高，质地疏松。侈口，圆唇，矮直领，溜肩。口沿外有凸棱一周，素面。口径11.2、高3.5、胎厚0.3~0.5厘米（图一五，1）。

PB:P2　双耳罐口沿。夹细砂灰陶，可见石英等羼和料，烧结度不高，质地疏松。侈口，圆唇，束颈，圆肩。口肩部有桥形耳，口耳平齐。素面，内外壁抹光。高7.6、宽6.4、胎厚0.5~0.7厘米（图一五，2）。

PP1:P3　双耳罐口沿。夹细砂灰陶，质地坚硬，火候均匀。器表有烟炱。侈口，圆唇，束颈，圆肩。口肩部有桥形耳，耳略低于口沿。素面，器表打磨光滑，内壁不平，有抹痕。高3.9、宽3.9、胎厚0.4厘米（图一五，3）。

PB:P4　双耳罐口沿。夹粗砂红陶，可见石英等羼和料，质地坚硬，火候不均，陶胎有灰色夹芯。侈口，圆唇，束颈，圆肩。口肩部有桥形耳，耳略低于口沿。器表未打磨，较粗糙。颈肩之间饰附加堆纹一周，耳面饰竖向戳印纹。内壁不平，有指窝痕和抹痕。器表有烟炱。高4.2、宽4.9、胎厚0.5厘米（图一五，4；彩版四，3）。

PB:P5　侈口罐口沿。夹粗砂红陶，可见石英等羼和料，质地坚硬，火候均匀。侈口，折沿，圆唇，溜肩。口沿上饰戳印纹一周，口沿下饰附加堆纹一周，肩部饰绳纹。内壁不平，有指窝痕和抹痕。口径31.7、高7.3、胎厚0.8~1.3厘米（图一五，5；彩版四，4）。

PB:P6　篮纹陶片。泥质红陶，质地坚硬，火候均匀。器表饰竖篮纹。内壁不平，有指窝痕和抹痕。高7.3、宽4.5、胎厚0.4厘米（图一五，6）。

PB:P7　盆口沿。泥质灰陶，质地坚硬，火候均匀。敞口，宽平沿，方唇，斜弧腹。内外壁打磨光滑，素面。口径 20.2、高 3.6、胎厚 0.5~0.7 厘米（图一五，7）。

　　PB:P8　壶口沿。泥质灰陶，质地坚硬，火候均匀。侈口，卷沿，圆唇，直领。器表打磨光滑，口沿内外有轮修痕。领部饰黑彩宽带纹一周。口径 14、高 3.5、胎厚 0.5 厘米（图一五，8）。

　　PB:P9　侈口罐口沿。夹细砂灰陶，质地坚硬，火候均匀。侈口，尖唇，矮直领，溜肩。领肩

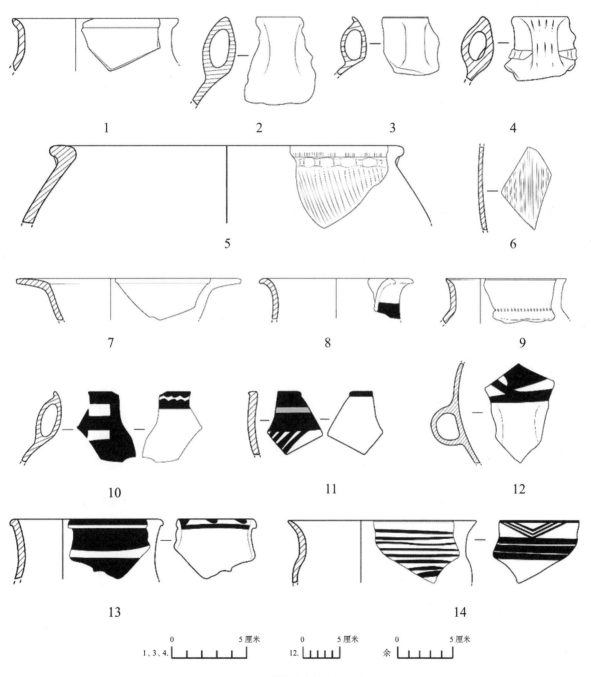

图一五　普格台遗址采集陶片

1、5、9. 侈口罐口沿（PB:P1、PB:P5、PB:P9），2、3、4、10. 双耳罐口沿（PB:P2、PP1:P3、PB:P4、PB:P10），6. 篮纹陶片（PB:P6），7、11、14. 盆口沿（PB:P7、PP2:P11、PB:P14），8、13. 壶口沿（PB:P8、PP2:P13），12 腹耳罐腹部（PB:P12）

之间饰戳印圆点纹一周。口径 11、高 3.9、胎厚 0.5 厘米（图一五，9）。

PB:P10 双耳罐口沿。泥质橙黄陶，质地坚硬，火候均匀。侈口，圆唇，束颈，圆肩，鼓腹。口肩之间有桥形耳，耳略低于口沿。器表打磨光滑，施紫红色陶衣。口沿外、肩部各饰黑彩宽带纹一周，耳两侧饰竖向黑彩宽带纹，耳面饰黑彩宽带纹一道。口沿内饰内缘呈水波状黑彩宽、窄条带纹各一周，上部较窄，下部较宽。内壁不平，有指窝痕和抹痕。高 6.2、宽 5.3、胎厚 0.4 厘米（图一五，10）。

PP2:P11 盆口沿。泥质橙黄陶，质地坚硬，火候均匀。直口微敛，平沿，圆唇，斜弧腹。内外壁打磨光滑，饰平行黑彩宽带纹两周，间饰白彩窄条带纹一周，黑彩宽带纹下接斜行黑彩窄弧带纹四道，口沿内饰黑彩窄条带纹一周。高 5.6、宽 5、胎厚 0.5~0.7 厘米（图一五，11）。

PB:P12 腹耳罐腹部。夹细砂橙黄陶，质地坚硬，火候不均，陶胎有红、灰色分层。鼓腹，下腹弧收，腹中偏下有环形耳。上腹施紫红色陶衣，饰黑彩弧带纹和横条带纹，下腹素面。内壁不平，有指窝痕和交错抹痕。高 13.1、宽 9.4、胎厚 0.5 厘米（图一五，12）。

PP2:P13 壶口沿。泥质橙黄陶，质地坚硬，火候不均，陶胎局部有灰色夹芯。侈口，卷沿，圆唇，高领微束。器表打磨光滑。领部饰平行黑彩宽带纹两周，口沿上饰黑彩窄条带纹和弧边三角纹，口沿内饰黑彩窄条带纹一周。口径 13.8、高 5.3、胎厚 0.6~0.7 厘米（图一五，13；彩版四，5）。

PB:P14 盆口沿。夹细砂红陶，质地坚硬，火候均匀。敞口，尖唇，高颈微束，鼓腹。内外壁打磨光滑，施紫红色陶衣。领部饰平行复线黑彩窄条带纹八道，口沿内饰黑彩窄条带纹一周，下接复线黑彩折线纹和平行窄条带纹三周。口径 17、高 5.5、胎厚 0.3~0.6 厘米（图一五，14）。

（2）石器

PB:1 石片。青灰色，多疤台面，平面近舌形。一侧有刃，刃部较薄。长 3.7、宽 4.3、厚 1 厘米（图一六，1）。

PB:2 盘状器。青灰色，砾石打制成型，平面近圆形。两面保留有砾石面，刃部单面打制。长 7.9、宽 6.8、厚 1.8 厘米（图一六，2；彩版四，6）。

PB:3 刮削器。青灰色，单面打制，平面近方形。一面保留有砾石面，侧面有打制疤痕，刃部较薄。长 7.5、宽 6.9、厚 3.1 厘米（图一六，3）。

PB:4 石片。青灰色，砾石剥片，平面近三角形。一侧有刃，较薄。长 6.6、宽 6.2、厚 2.1 厘米（图一六，4）。

PB:5 盘状器。青灰色，砾石打制成型，平面近圆形。一面为砾石面，另一面有打击疤痕。一侧较平，其他侧面刃部单面打制。长 9.9、宽 9.3、厚 3.5 厘米（图一六，5；彩版五，1）。

PB:6 石片。青灰色，砾石剥片，平面近椭圆形。一侧有刃，较薄。长 9.6、宽 8.2、厚 1.8 厘米（图一六，6）。

PB:7 盘状器。青灰色，砾石打制成型，平面近圆形。两面保留有砾石面，刃部单面打制。长 10、宽 10.9、厚 4 厘米（图一六，7）。

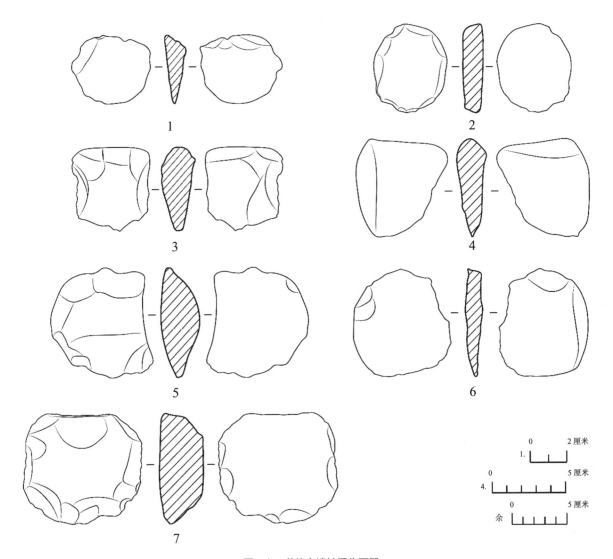

图一六 普格台遗址采集石器
1、4、6.石片（PB:1、PB:4、PB:6），2、5、7.盘状器（PB:2、PB:5、PB:7），3.刮削器（PB:3）

　　根据采集标本器形特征和纹饰，并结合周边地区同时代典型器物比较判断，遗址文化性质主体为马厂类型和齐家文化，存在零星的马家窑类型时期遗存。在剖面2②层挑选粟14粒测年，测年结果经校正为4140—3931 BP（2Sigma，95.4%），拟合结果为4100—3900 BP（图一七）。剖面2采集到马厂类型和齐家文化陶器，彩陶壶、瓮、盆是典型马厂晚期遗存，还有少量的齐家文化篮纹陶片，证实测年结果与剖面文化性质一致，表明该遗址马厂晚期与齐家早中期共存。

　　普格台遗址剖面1、剖面2采集浮选土样2份，共计17升。经鉴定，共出土10个种属572粒炭化植物种子，其中农作物376粒，占出土炭化植物遗存的65.73%，包括无壳粟、带壳粟、不成熟粟、无壳黍及粟黍碎块；杂草种子181粒，占出土炭化植物遗存的31.64%，以禾本科杂草为主，包括狗尾草属、禾本科、黍亚科、野稷，其次为藜科杂草，即藜属和猪毛菜属，还有豆科、菊科蒿属和未知炭化种子；另有少量未知种子碎块15粒，占出土炭化植物遗存的2.63%（图一八，图

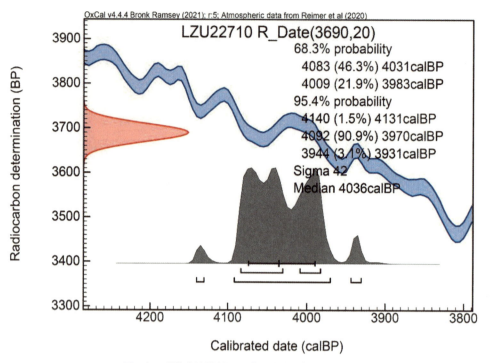

图一七 普格台遗址剖面 2 ②层出土粟年代校正曲线

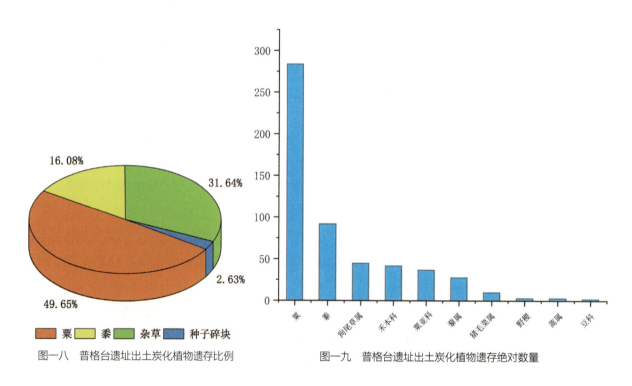

图一八 普格台遗址出土炭化植物遗存比例　　　　图一九 普格台遗址出土炭化植物遗存绝对数量

一九）。结合遗址文化性质和剖面测年结果判断，出土植物遗存为马厂晚期和齐家文化时期。

（三）马家台遗址

马家台遗址位于红古区红古镇下旋子村东南约 1800 米的马家台上。台地西临磨石沟，沟内有季节性溪流，东南与普格台相连，东邻牛克沟，北为桌子山，南距湟水约 900 米，垂直高差约 120

米。遗址分布于台地东南缘，坐标:N36°18′19″，E102°55′47″，海拔 1841 米。遗址分布范围东西约 200 米，南北约 120 米，面积约 24 万平方米（彩版五，3）。2001 年，该遗址被公布为县级文物保护单位。本次调查对遗址所在台地进行了全面踏查，台地平面呈梭状，遗址区附近有现代墓地，北部开垦为农田，种植果树。地表散落有较多陶片，发现剖面 1 处，编号剖面 1。

剖面 1 为人工断面，位于台地东缘。文化层堆积暴露，底部距地表约 2.7 米。文化层中包含有陶片、石块和动物骨骼等（彩版五，2）。陶片以泥质橙黄陶为主，夹砂橙黄陶次之，少量夹砂红陶。以素面为主，部分饰篮纹，少量饰绳纹。采集标本可辨器形有高领罐、盆。

地表采集陶片以泥质橙黄陶为主，夹砂橙黄陶次之，少量夹砂红陶、灰陶、红褐陶和泥质红陶。以素面为主，部分饰篮纹，少量饰绳纹、篦点纹和彩陶。采集标本可辨器形有高领罐、双耳罐、盆、折肩罐等。另采集到少量石器。

（1）陶器

MB:P1 高领罐口沿。泥质橙黄陶，质地坚硬，火候均匀。敞口，圆唇，高领。素面，器表打磨光滑。口径 16.4、高 5、胎厚 0.5 厘米（图二〇，1）。

MB:P2 盆口沿。夹粗砂红陶，可见石英等羼和料，烧结度不高，质地疏松。敞口，圆唇，斜弧腹。口沿外有凸棱一周。素面，器表粗糙。内壁有指窝痕和抹痕。口径 16.8、高 4.3、胎厚 0.6~0.8 厘米（图二〇，2）。

MP1:P3 盆口沿。夹粗砂红陶，可见石英等羼和料，烧结度不高，质地疏松。敞口，圆唇，斜弧腹。口沿外有凸棱一周。素面，器表粗糙。内壁不平，有指窝痕和抹痕。口径 20、高 4.8、胎厚 0.5~0.8 厘米（图二〇，3）。

MB:P4 双耳罐口沿。泥质橙黄陶，质地坚硬，火候均匀。侈口，尖唇，束颈，圆肩。口肩部有桥形耳，耳略低于口沿。素面，器表打磨光滑。器表有烟炱。高 5.9、宽 7.3、胎厚 0.4~0.5 厘米（图二〇，4）。

MB:P5 折肩罐肩腹部。夹粗砂红陶，可见石英等羼和料，质地坚硬，火候均匀。折肩，鼓腹，下腹斜收，肩腹间有折棱。肩部素面，打磨光滑，腹部饰斜篮纹。内壁不平，有指窝痕。高 4.5、宽 7.1、胎厚 0.4~0.6 厘米（图二〇，5）。

MP1:P6 高领罐口沿。夹细砂红陶，质地坚硬，火候均匀。敞口，圆唇，高领微束，圆肩。素面。器表打磨光滑。口径 22、高 12.7、胎厚 0.5 厘米（图二〇，6）。

MB:P7 篮纹陶片。泥质橙黄陶，质地坚硬，火候均匀。器表饰竖篮纹。内壁不平，有指窝痕。高 7、宽 10.9、胎厚 0.6 厘米（图二〇，7）。

MB:P8 篦点纹陶片。夹细砂橙黄陶，质地坚硬，火候均匀。器表饰篦点纹。内壁不平，有指窝痕和抹痕。高 5.6、宽 5.7、胎厚 0.7 厘米（图二〇，8）。

MB:P9 腹耳罐腹部。泥质橙黄陶，质地坚硬，火候均匀。斜弧腹，下腹弧收。腹中偏下有环形耳，耳面饰竖向附加堆纹一道。器表打磨光滑，饰黑彩宽条带纹下接垂弧纹。内壁不平，有泥条

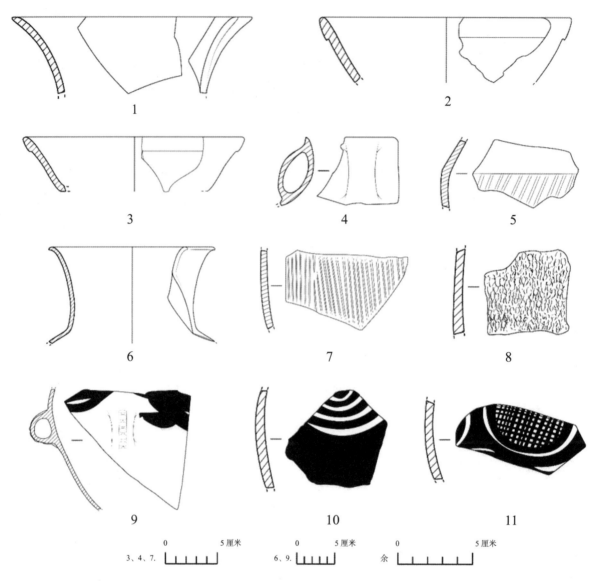

图二〇　马家台遗址采集陶片

1、6.高领罐口沿（MB：P1、MP1：P6），2、3.盆口沿（MB：P2、MP1：P3），4.双耳罐口沿（MB：P4），5.折肩罐肩腹部（MB：P5），7.篮纹陶片（MB：P7），8.篦点纹陶片（MB：P8），9.腹耳罐腹部（MB：P9），10、11.彩陶片（MB：P10、MB：P11）

盘筑痕和交错抹痕。高 15.8、宽 17、胎厚 0.5~0.7 厘米（图二〇，9）。

　　MB：P10　彩陶片。夹细砂红陶，质地坚硬，火候均匀。器表打磨光滑，饰红黑复彩同心圆纹。外侧为较宽的黑彩、红彩圆圈纹各一个，红彩内接黑彩圆圈纹四个，中心填黑彩圆点。内壁不平，有泥条盘筑痕和抹痕。高 6.4、宽 6.8、胎厚 0.6 厘米（图二〇，10）。

　　MB：P11　彩陶片。夹细砂橙黄陶，质地坚硬，火候均匀。器表打磨光滑，饰黑彩圆圈网格纹，圆圈间饰黑彩弧边三角纹。内壁不平，有泥条盘筑痕和抹痕。高 4.6、宽 8.7、胎厚 0.5~0.6 厘米（图二〇，11）。

（2）石器

MB:1 石片。青灰色，砾石剥片，平面近舌形。台面不甚明显，一侧刃部较薄。长 4.1、宽 5.8、厚 0.8 厘米（图二一，1）。

MB:2 石片。青绿色，砾石剥片，平面近舌形，多疤台面。长 5.4、宽 4.5、厚 1 厘米（图二一，2）。

MB:3 盘状器。黑灰色，砾石打制成型，平面近圆形，两面保留有自然砾石面。刃部双面打制，不甚明显。长 7.2、宽 8.5、厚 2 厘米（图二一，3）。

MB:4 盘状器。青灰色，砾石打制成型，平面近圆形，一面保留自然砾石面，一面保留打制疤痕。刃部双面打制，一侧较平。长 8.2、宽 7、厚 2.7 厘米（图二一，4）。

MB:5 盘状器。灰白色，砾石打制成型，平面近圆形。两面保留平坦的自然砾石面，刃部双面打制。长 11.5、宽 10.3、厚 5.2 厘米（图二一，5）。

根据采集标本器形特征和纹饰，并结合周边地区同时代典型器物比较判断，遗址文化性质为马厂类型和齐家文化。从部分红黑复彩陶片和四大圈纹陶片判断，可早至马厂早期。在剖面 1 挑选 8 粒粟测年，测年结果经校正为 4084—3902 BP（2Sigma，95.4%），拟合结果为 4100—3900 BP（图二二）。剖面采集陶片以素面陶为主，部分饰篮纹，少量饰绳纹，主要为高领罐和盆等，与地表采集器形纹饰一致，证实测年结果与剖面文化性质一致，表明该遗址马厂晚期与齐家早中期共存。

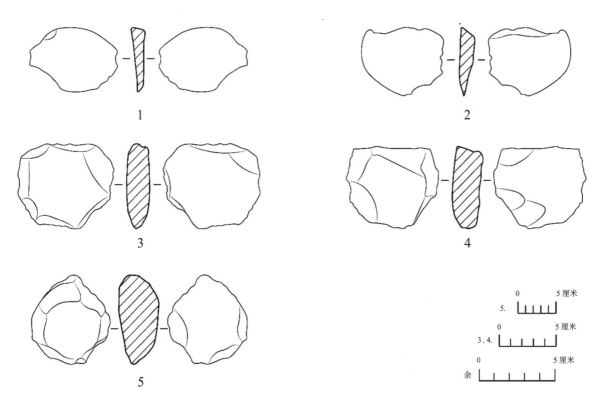

1

2

3

4

5

图二一 马家台遗址采集石器

1、2. 石片（MB:1、MB:2），3、4、5. 盘状器（MB:3、MB:4、MB:5）

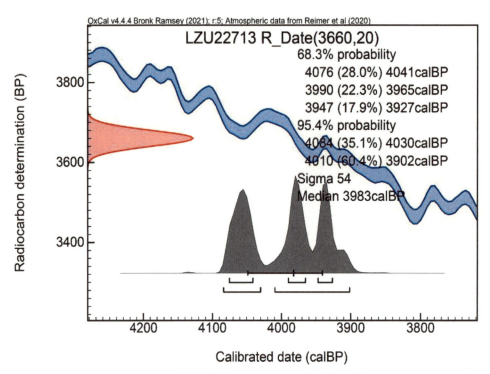

图二二　马家台遗址剖面 1 文化层出土粟年代校正曲线

　　马家台遗址剖面 1 采集浮选土样 2 份，共计 20 升。经鉴定，共出土 10 个种属 1599 粒炭化植物种子，其中农作物 1267 粒，占出土炭化植物遗存的 79.23%，包括无壳粟、带壳粟、不成熟粟、无壳黍及粟黍碎块；杂草种子 302 粒，占出土炭化植物遗存的 18.89%，以禾本科与藜科杂草为主，包括黍亚科、野稷、狗尾草属、禾本科，以及藜科的地肤属和猪毛菜属，还有豆科、菊科蒿属和未知炭化种子；另有种子碎块 30 粒，占出土炭化植物遗存的 1.88%（图二三，图二四）。结合遗址文化性质和剖面测年结果判断，出土植物遗存为马厂晚期和齐家文化时期。

　　（四）平安台遗址

　　平安台遗址位于红古区平安镇平安村西北 300 米处的平安台上，西邻直楞沟，与格楞台相望。遗址分布于台地西南缘，南距湟水约 600 米，相对高差约 120 米。坐标：N36°11′21″，E103°11′56″，海拔 1744 米。遗址分布范围东西约 100 米，南北约 300 米，面积约 3 万平方米（彩版六，1）。2001 年，该遗址被公布为县级文物保护单位。本次调查对遗址所在台地进行了全面踏查，台地平面呈不规则形，平坦开阔，除台地边缘保留少量原始地貌外，大部分被开垦为农田。台地边缘地表散落有较多陶片，发现盗坑一处，编号 K1。

　　K1 位于遗址东南缘一处斜坡状断面上，开口距地表 2.3、宽 0.8、深 0.6 米。盗坑剖面上部扰动严重，包含少量陶片，有夹砂白陶、红陶和泥质橙黄陶。文化层堆积土质较致密，黄褐色，包含炭屑、陶片和骨骼。在下部文化层堆积采集土样一份（彩版六，2）。

　　地表采集陶片以夹砂红陶为主，泥质橙黄陶次之，少量夹砂红褐陶、白陶和灰陶。以素面为

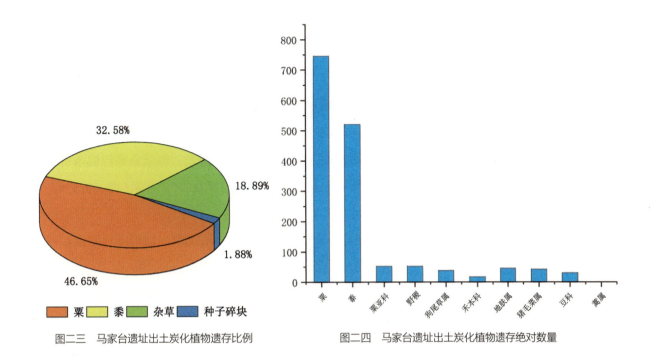

图二三 马家台遗址出土炭化植物遗存比例　　　　图二四 马家台遗址出土炭化植物遗存绝对数量

主，部分彩陶，少量饰附加堆纹、刻划纹和绳纹。采集标本可辨器形有盆、钵、侈口罐等。

PB:P1　侈口罐口沿。夹粗砂红陶，可见石英等羼和料，烧结度不高，质地疏松。侈口，折沿，方唇，溜肩。唇部饰刻划纹一周，肩部饰绳纹。内壁不平，有指窝痕和抹痕。器表有烟炱。口径 26、高 4.3、胎厚 0.7~0.9 厘米（图二五，1）。

PB:P2　侈口罐口沿，夹细砂白陶，可见石英等羼和料，烧结度不高，质地疏松。侈口，折沿，方唇，圆肩。唇部及唇下饰绳纹一周。内壁不平，有较多凹窝和抹痕。高 5、宽 6.5、胎厚 0.5~0.6 厘米（图二五，2）。

PB:P3　彩陶片。上部泥质橙黄陶，下部夹砂橙黄陶，质地坚硬，火候不均，陶胎有红、灰色分层。泥质部分打磨光滑，饰黑彩横条带纹。夹砂部分较粗糙，饰附加堆纹。内壁不平，有指窝痕和交错抹痕。高 5.6、宽 5.1、胎厚 0.5~0.6 厘米（图二五，3）。

PK1:P4　侈口罐口沿。夹砂白陶，可见石英等羼和料，烧结度不高，质地疏松。侈口，卷沿，方唇，圆肩。唇部饰斜绳纹一周，肩部素面。内壁不平，有指窝痕和抹痕。器表有烟炱。口径 26、高 3.8、胎厚 0.2~0.4 厘米（图二五，4；彩版六，3）。

PB:P5　彩陶片。泥质橙黄陶，质地坚硬，火候均匀。器表打磨光滑。器表饰黑彩水波纹，内壁饰黑彩水波纹、弧带纹，弧带纹间饰细线网格纹。高 4、宽 7.8、胎厚 0.3 厘米（图二五，5；彩版六，4、5）。

PB:P6　盆口沿。泥质橙黄陶，质地坚硬，火候均匀。敛口，折沿，圆唇，斜弧腹。内外壁打磨光滑。口沿上饰黑彩圆点纹和弧边三角纹，口沿内饰黑彩弧带纹。高 2.9、宽 5、胎厚 0.3 厘米（图二五，6）。

PB:P7　彩陶片。泥质橙黄陶，质地坚硬，火候不均，陶胎有红、灰分层。器表打磨光滑，饰黑彩圆点纹、弧边三角纹和平行细线纹。内壁不平，有泥条盘筑痕和交错抹痕。高4.1、宽6.7、胎厚0.4~0.5厘米（图二五，7；彩版七，1）。

PB:P8　钵口沿。泥质橙黄陶，质地坚硬，火候均匀。敛口，圆唇，弧腹。内外壁打磨光滑。器表饰黑彩弧带纹。高2.2、宽3.8、胎厚0.4~0.5厘米（图二五，8）。

PK1:P9　彩陶片。泥质橙黄陶，质地坚硬，火候均匀。器表打磨光，饰黑彩平行横条带纹四道，间饰细线网格纹。内壁不平，有较深刮抹痕。高3、宽5.6、胎厚0.3~0.5厘米（图二五，9；彩版七，2）。

PB:P10　彩陶片。泥质橙黄陶，质地坚硬，火候均匀。器表打磨光滑，饰黑彩水波纹。内壁不平，有泥条盘筑痕和交错抹痕。高5.6、宽3.9、胎厚0.4~0.5厘米（图二五，10）。

PB:P11　器底。夹粗砂红褐陶，可见石英等羼和料，烧结度不高，质地疏松。斜弧腹，近底部

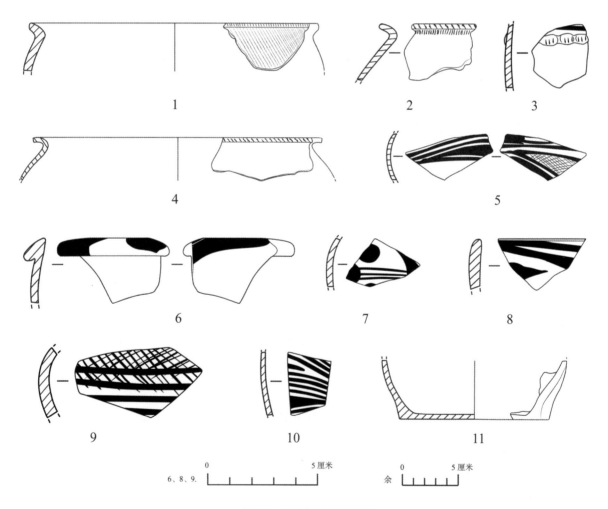

图二五　平安台遗址采集陶片

1、2、4.侈口罐口沿（PB:P1、PB:P2、PK1:P4），3、5、7、9、10.彩陶片（PB:P3、PB:P5、PB:P7、PK1:P9、PB:P10），6.盆口沿（PB:P6），8.钵口沿（PB:P8），11.器底（PB:P11）

内收，平底。腹部饰绳纹。内壁不平，有指窝痕和抹痕。器表有烟炱。残高 5.2、底径 13.2、胎厚 0.4~1.5、底厚 0.4 厘米（图二五，11）。

根据采集标本器形特征和纹饰，并结合周边地区同时代典型器物比较判断，遗址文化性质为马家窑类型。采集陶器器形和纹饰与红山大坪遗址同类器物一致，结合红山大坪遗址的测年结果判断，该遗址年代为 4800—4600 BP，为马家窑类型晚期遗存。

平安台遗址 K1 采集浮选土样 2 份，共计 17.5 升，其中 1 份未发现炭化植物遗存。经鉴定，共出土 7 个种属 104 粒炭化植物种子，其中农作物 64 粒，包括无壳粟、无壳黍和粟黍碎块，占出土炭化植物遗存的 61.54%；杂草种子 38 粒，占出土炭化植物遗存的 36.54%，主要为禾本科杂草，包括黍亚科、禾本科和狗尾草属，还有藜属、豆科和未知炭化种子；另有未知种子碎块 2 粒，占出土炭化植物遗存的 1.92%（图二六，图二七）。结合遗址文化性质判断，出土植物遗存为马家窑类型时期。

（五）山城台遗址

山城台遗址位于红古区红古镇旋子村以北，磨石沟与 109 国道交会处北侧的山城台上。台地东邻磨石沟，沟内有季节性溪流，西北接李家台。该台地为李家台向东南延伸出的不规则带状地带，地表起伏较大。遗址主要分布于台地中南部和李家台东南缘，南距湟水 500~800 米，垂直高差约 100 米，坐标：N36°19′26″，E102°55′01″，海拔 1859 米。遗址分布范围东西约 200 米，南北约 750 米，面积约 15 万平方米（彩版七，3）。1981 年，该遗址被甘肃省人民政府公布为省级文物保护单位。本次调查对遗址所在台地进行了全面踏查，遗址周边为荒地，植被稀少。遗址区地表散落有较多陶片，发现剖面 1 处，编号剖面 1；坑 1 处，编号 K1。

剖面 1 位于台地东北缘一斜坡状断面上，分为上下两层。①层为扰土，厚约 0.6 米，土质疏

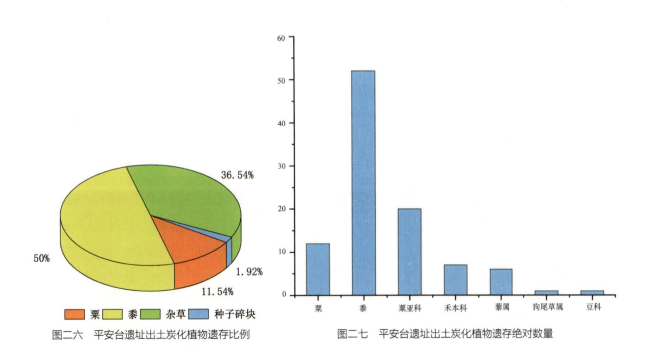

图二六　平安台遗址出土炭化植物遗存比例　　　　图二七　平安台遗址出土炭化植物遗存绝对数量

松，黄土，夹杂有植物根系；②层为文化层堆积，厚 0.2~0.5 米，土质致密，灰色，包含陶片、石块、红烧土块和动物骨骼等。陶片以夹砂橙黄陶、红褐陶为主，少量夹砂红陶，均为素面。②层采集土样一份（彩版八，1）。

K1 位于剖面 1 东侧约 5 米处，采集少量陶片，以夹砂橙黄陶为主，少量夹砂红褐陶，均为素面。

地表采集陶片以夹砂橙黄陶、红褐陶为主，少量夹砂红陶、灰陶和泥质橙黄陶，个别泥质红陶，以素面为主，部分彩陶，少量饰附加堆纹、戳印纹和绳纹。采集标本可辨器形有壶、侈口罐、盆。

（1）陶器

SB:P1　壶口沿。夹细砂橙黄陶，质地坚硬，火候均匀。侈口，尖唇，直领，圆肩。器表打磨光滑，施紫红色陶衣。领部饰黑彩折带纹，领肩之间饰黑彩宽带纹一周。内壁不平，有泥条盘筑痕、指窝痕和抹痕。高 6.5、宽 8.8、胎厚 0.5~0.6 厘米（图二八，1）。

SB:P2　彩陶片。夹细砂橙黄陶，质地坚硬，火候均匀。器表打磨光滑，饰黑彩宽折带纹和蛙肢纹。内壁不平，有斜向抹痕。高 8.1、宽 7.5、胎厚 0.5~0.7 厘米（图二八，2）。

SB:P3　彩陶片。夹细砂红陶，质地坚硬，火候均匀。器表打磨光滑，施黄色陶衣，饰黑彩宽折带纹、横条带纹和垂弧纹。内壁不平，有指窝痕和抹痕。高 11.2、宽 12、胎厚 0.6~0.9 厘米（图二八，3）。

SB:P4　壶口沿。夹细砂红陶，质地坚硬，火候均匀。侈口，尖唇，矮领。器表打磨光滑，施紫红色陶衣。器表饰黑彩宽条带纹两周，间饰黑彩窄条带纹一周，下方黑彩宽带内填矩形纹和圆点纹。口沿内饰水波状黑彩宽、窄条带纹各一周。口径 9.6、高 3.3、胎厚 0.4~0.5 厘米（图二八，4）。

SB:P5　彩陶片。夹细砂橙黄陶，质地坚硬，火候均匀。器表打磨光滑，施紫红色陶衣，饰黑彩宽折带纹和平行条带纹。高 6.7、宽 4.1、胎厚 0.5 厘米（图二八，5）。

SB:P6　彩陶片。泥质橙黄陶，质地坚硬，火候均匀。器表打磨光滑，施紫红色陶衣，饰黑彩宽折带纹和蛙肢纹。内壁不平，有交错抹痕。高 6.2、宽 7.5、胎厚 0.3~0.5 厘米（图二八，6）。

SB:P7　壶口沿。泥质红陶，质地坚硬，火候不均，陶胎有灰色夹芯。敞口，圆唇，高领。器表施紫红色陶衣，饰黑彩，磨损剥落严重，纹饰不明。内壁饰黑彩，磨损脱落严重，纹饰不明。口径 15.4、高 5.4、胎厚 0.6 厘米（图二八，7）。

SB:P8　壶口沿。夹粗砂橙黄陶，可见石英等羼和料，质地坚硬，火候均匀。侈口，尖唇，高领，圆肩。素面，内外壁较粗糙，内壁有泥条盘筑痕和抹痕。口径 18、高 6.6、胎厚 0.4~0.6 厘米（图二八，8）。

SB:P9　侈口罐口沿。夹细砂橙黄陶，质地坚硬，火候均匀。侈口，尖唇，高领微束，圆肩。口沿外有对称的鸡冠錾，领肩之间饰戳印圆点纹一周。内壁不平，有泥条盘筑痕和抹痕。器表有烟炱。口径 12.6、高 4.3、胎厚 0.4~0.5 厘米（图二八，9）。

SB:P10 盆口沿。夹细砂橙黄陶，质地坚硬，火候均匀。敞口，斜沿，圆唇，斜弧腹。内外壁打磨光滑，施紫红色陶衣。器表饰黑彩宽、窄条带纹各一周，口沿上饰连续弧边三角纹一周，内壁饰斜行复线黑彩条带纹。口径 32.8、高 4.2、胎厚 0.6~1 厘米（图二八，10）。

根据采集标本器形特征和纹饰，并结合周边地区同时代典型器物比较判断，遗址文化性质为马厂类型。在剖面 1 ②层挑选粟 12 粒测年，测年结果经校正为 4148—3984 BP（2Sigma，95.4%），拟合结果为 4100—4000 BP（图二九）。剖面 1 采集陶片为马厂时期夹砂橙黄陶和红褐陶片，为典

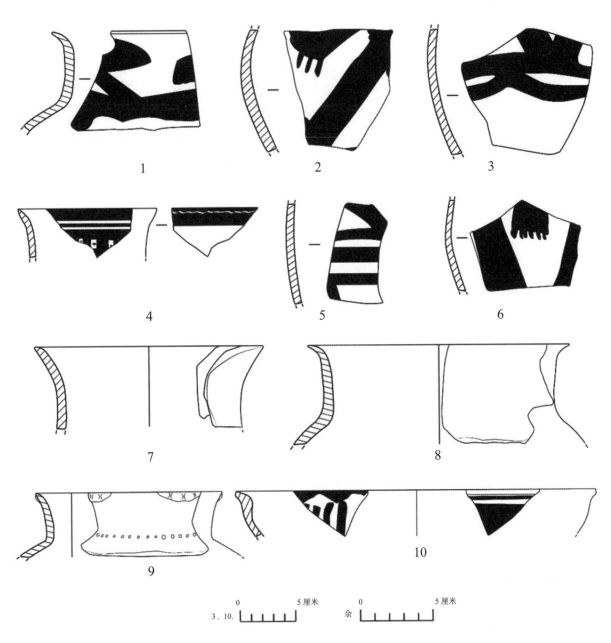

图二八 山城台遗址采集陶片

1、4、7、8.壶口沿（SB:P1、SB:P4、SB:P7、SB:P8），2、3、5、6.彩陶片（SB:P2、SB:P3、SB:P5、SB:P6），9.侈口罐口沿（SB:P9），10.盆口沿（SB:P10）

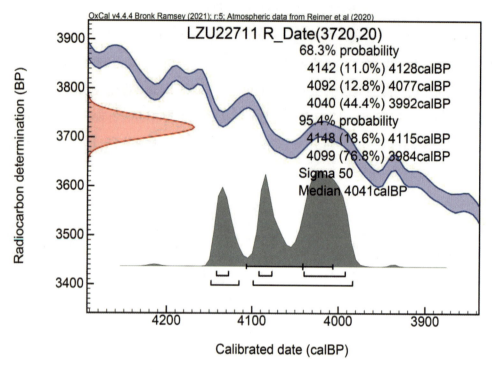

图二九　山城台遗址剖面1②层出土粟年代校正曲线

型马厂晚期遗存，地表采集陶片全部为马厂类型，证实测年结果与剖面及遗址的文化性质一致。

　　山城台遗址剖面1采集浮选土样2份，共计27升。经鉴定，共出土7个种属123粒炭化植物种子，其中农作物75粒，占出土炭化植物遗存的60.97%，包括无壳粟、带壳粟、无壳黍以及粟黍碎块；杂草种子35粒，占出土炭化植物遗存的28.46%，主要为藜科和禾本科杂草，包括猪毛

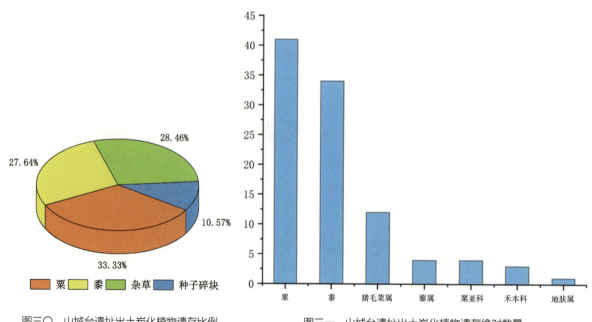

图三○　山城台遗址出土炭化植物遗存比例　　　　　图三一　山城台遗址出土炭化植物遗存绝对数量

菜属、藜属、地肤属，还有黍亚科和未知炭化种子；另有未知种子碎块 13 粒，占出土炭化植物遗存的 10.57%（图三〇，图三一）。结合遗址文化性质和剖面测年结果判断，出土植物遗存为马厂晚期。

（六）红大板坪遗址

红大板坪遗址位于红古区窑街街道劣质煤热电公司东侧，克深沟与后大路交会处东北侧的红大板坪台地上。台地南隔克深沟与管地坪相望，北邻小黄沟，东为红地窝山。遗址分布于台地西、南边缘地带，西距大通河约 300 米，垂直高差约 35 米，坐标:N36°26′47″，E102°52′40″，海拔 1863 米。遗址分布范围东西约 700 米，南北约 600 米，面积约 40 万平方米（彩版八，3）。1981 年，该遗址被甘肃省人民政府公布为省级文物保护单位。本次调查对遗址所在台地进行了全面踏查，台地上大多耕地已荒芜，杂草丛生，地表散落有较多陶片，发现灰坑 1 处，编号 H1。

H1 开口距地表 1 米，堆积厚约 1.1 米，剖面呈筒状。土质较致密，灰色，包含炭屑、植物根系和动物骨骼等。采集土样一份（彩版八，2）。

地表采集陶片以夹砂红陶为主，夹砂红褐陶次之，少量泥质橙黄陶和夹砂橙黄陶、灰陶，以素面为主，部分彩陶，个别饰绳纹，少量饰刻划纹和附加堆纹。采集标本可辨器形有双耳罐、腹耳罐。

HB:P1　彩陶片。泥质红陶，质地坚硬，火候均匀。器表打磨光滑，施紫红色陶衣，饰横向黑彩宽带纹一道、窄条带纹四道。高 3.9、宽 2.5、胎厚 0.3~0.4 厘米（图三二，1）。

HB:P2　彩陶片。泥质橙黄陶，质地坚硬，火候均匀。器表打磨光滑，饰平行黑彩窄弧带纹五道，下接红彩宽弧带纹一道。高 3.1、宽 3.2、胎厚 0.4 厘米（图三二，2）。

HB:P3　腹耳罐腹部。夹粗砂橙黄陶，可见石英等羼和料，烧结度不高，质地疏松。弧腹，腹中偏下有环形耳。器表素面，较粗糙，耳面饰细绳纹。内壁不平，有抹痕。局部有烟炱。高 8.3、宽 9.5、胎厚 1.2 厘米（图三二，3）。

HB:P4　双耳罐口沿。夹粗砂红陶，可见石英等羼和料，质地坚硬，火候均匀。侈口，圆唇，束颈，圆肩。口肩部有环形耳，口耳平齐。唇部刻划凹槽一周，肩部饰锯齿状附加堆纹，呈三角形，耳面上部饰横向锯齿状附加堆纹一条。内壁较粗糙，有指窝痕和抹痕。口径 10.4、高 6.9、胎厚 0.7 厘米（图三二，4；彩版九，1）。

HB:P5　绳纹陶片。夹粗砂橙黄陶，可见石英等羼和料，质地坚硬，火候均匀。弧腹，腹部有耳。器表饰绳纹和附加堆纹。内壁不平，有抹痕。高 6、宽 8.6、胎厚 1.2 厘米（图三二，5）。

HB:P6　器底。夹粗砂红褐陶，质地坚硬，火候均匀。斜弧腹，平底。腹部、底部饰交错细绳纹。内壁不平，有指窝痕和抹痕。器表有烟炱。残高 3.8、底径 12.4、胎厚 0.5~1、底厚 1 厘米（图三二，6）。

根据采集标本器形特征和纹饰，并结合周边地区同时代典型器物比较判断，遗址文化性质为马家窑类型和半山类型。部分彩陶片纹饰与红山大坪遗址同类器物纹饰一致，结合红山大坪遗址的测

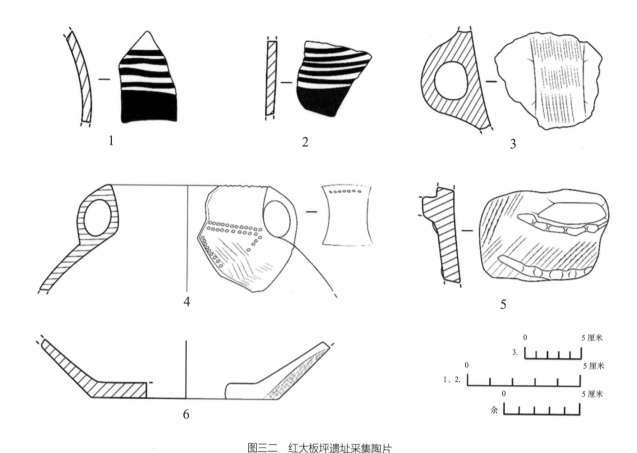

图三二　红大板坪遗址采集陶片

1、2.彩陶片（HB:P1、HB:P2），3.腹耳罐腹部（HB:P3），4.双耳罐口沿（HB:P4），5.绳纹陶片（HB:P5），6.器底（HB:P6）

年结果判断，该遗址马家窑类型晚期遗存年代为4800—4600 BP。

红大板坪遗址 H1 剖面采集浮选土样 1 份，共计 10 升。经鉴定，共出土 9 个种属 85 粒炭化植物种子，其中农作物 45 粒，占出土炭化植物遗存的 52.94%，包括无壳粟、带壳粟、不成熟粟、无壳黍和粟黍碎块；杂草种子 35 粒，占出土炭化植物遗存的 41.18%，以禾本科杂草为主，包括黍亚科、禾本科、狗尾草属，还有藜属、地肤属、豆科、菊科蒿属和未知炭化种子；另有未知种子碎块 5 粒，占出土炭化植物的 5.88%（图三三，图三四）。结合遗址文化性质判断，出土植物遗存为马家窑类型时期。

（七）管地坪遗址

管地坪遗址位于红古区窑街街道大砂村东侧，纳愣沟与后大路交会处东北侧的管地坪台地，西侧东西向冲沟将台地分为南北两部分。台地东依茅道岭，南隔纳愣沟与老鼠坪相望，北隔克深沟与红大板坪相望。遗址分布于台地西南边缘地带，西距大通河约 1100 米，垂直高差约 40 米，坐标：N36°26′21″，E102°52′55″，海拔 1858 米。遗址分布范围东西约 320 米，南北约 400 米，面积约 12.8 万平方米（彩版九，2）。本次调查对遗址所在台地进行了全面踏查，整个台地均已开垦为农田，台缘处发现较多盗坑，周围散落少量陶片。

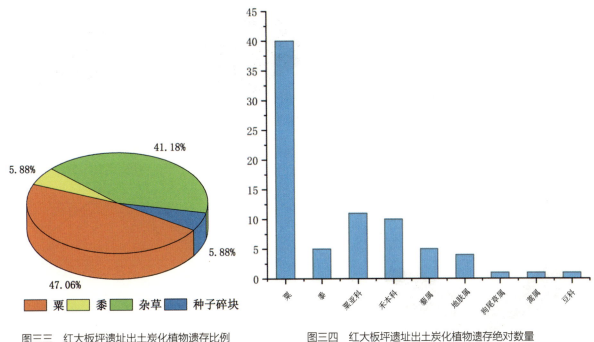

图三三　红大板坪遗址出土炭化植物遗存比例　　　　图三四　红大板坪遗址出土炭化植物遗存绝对数量

　　地表采集陶片以夹砂橙黄陶和泥质橙黄陶为主，夹砂红陶、红褐陶次之，少量泥质红陶，以素面为主，部分彩陶，少量饰绳纹。采集标本可辨器形有双耳罐、侈口罐等。

　　GB:P1　双耳罐口沿。夹粗砂橙黄陶，可见石英等羼和料，质地坚硬，火候不均，陶胎有灰色夹芯。侈口，圆唇，束颈，溜肩。口肩之间有桥形耳，耳略低于口沿。内外壁较粗糙。耳下饰附加堆纹一道。器表有烟炱。口径9、高5.2、胎厚0.5~0.6厘米（图三五，1）。

　　GB:P2　彩陶片。夹砂橙黄陶，质地坚硬，火候均匀。器表打磨光滑，饰平行黑彩横条带纹间饰黑彩折带纹，下接红彩、黑彩横条带纹各一周。内壁不平，有指窝痕和抹痕。高5.1、宽7.3、胎厚0.5厘米（图三五，2）。

　　GB:P3　彩陶片。泥质红陶，质地坚硬，火候均匀。器表打磨光滑，饰黑彩圆圈纹一个，内填黑彩细线网格纹，圈外为黑彩折线纹。内壁不平，有泥条盘筑痕和抹痕。高3.2、宽4.7、胎厚0.3厘米（图三五，3）。

　　GB:P4　侈口罐口沿。夹粗砂橙黄陶，质地坚硬，火候均匀侈口，圆唇，束颈。素面，内外壁较粗糙。器表有烟炱。口径8、高3、胎厚0.5厘米（图三五，4）。

　　GB:P5　侈口罐口沿。夹细砂橙黄陶，质地坚硬，火候均匀。侈口，圆唇，束颈，圆肩。素面，内壁不平。口径12、高6.7、胎厚0.4~0.6厘米（图三五，5）。

　　GB:P6　彩陶片。泥质橙黄陶，质地坚硬，火候均匀。器表打磨光滑，饰黑彩宽折带纹。内壁打磨光滑，施紫红色陶衣，饰斜行黑彩平行弧带纹。高7.8、宽5.4、胎厚0.3~0.5厘米（图三五，6）。

　　根据采集标本器形特征和纹饰，并结合周边地区同时代典型器物比较判断，遗址文化性质为马

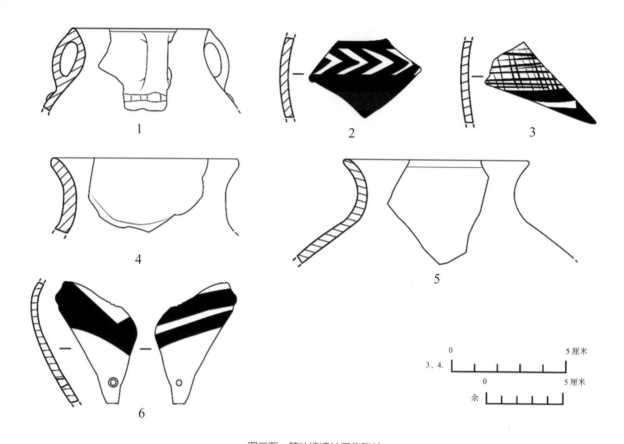

图三五　管地坪遗址采集陶片
1. 双耳罐口沿（GB:P1），2、3、6. 彩陶片（GB:P2、GB:P3、GB:P6），4、5. 侈口罐口沿（GB:P4、GB:P5）

厂类型。采集陶器器形和纹饰与山城台遗址同类器物一致，结合山城台遗址的测年结果判断，该遗址年代为4100—4000 BP，主要为马厂类型晚期遗存，个别遗存可早到马厂类型早期。

（八）金湾遗址

金湾遗址位于红古区红古镇旋子村东南约1400米的台地上，南侧紧邻109国道，兰青铁路从中穿过，背靠马家台。台地呈东南—西北向，南北狭长，东西较窄。遗址分布于台地西缘，南距湟水100米，垂直高差约20米，坐标：N36°18′32″，E102°55′06″，海拔1731米。遗址分布范围东西约60米，南北约100米，面积6000平方米（彩版九，3）。本次调查对遗址所在台地进行了全面踏查，发现遗址区扰动严重，仅在地表散落有少量陶片。

地表采集陶片以泥质橙黄陶为主，少量夹砂红陶、红褐陶，以素面为主，部分彩陶，少量饰绳纹和刻划纹。采集标本可辨器形有侈口罐。

JB:P1　侈口罐口沿。夹粗砂红陶，可见石英等羼和料，烧结度不高，质地疏松。侈口，折沿，圆唇，溜肩。内外壁较粗糙。唇部、肩部饰绳纹。口径23.5、高4、胎厚0.5~0.7厘米（图三六，1）。

JB:P2　彩陶片。泥质橙黄陶，质地坚硬，火候均匀。器表打磨光滑，饰平行黑彩条带纹四道。内壁不平，有泥条盘筑痕和抹痕。高3.5、宽6.2、胎厚0.3~0.5厘米（图三六，2；彩版九，4）。

JB:P3　侈口罐口沿。夹粗砂红陶，可见石英等羼和料，烧结度不高，质地疏松。侈口，折沿，圆唇，圆肩。唇部饰绳纹一周，沿下饰较薄的附加堆纹一周，肩部饰绳纹。内壁不平，有指窝痕和抹痕。口径 18、高 3.6、胎厚 0.3~0.6 厘米（图三六，3）。

JB:P4　彩陶片。泥质橙黄陶，质地坚硬，火候均匀。器表打磨光滑。器表素面，内壁饰平行黑彩弧带纹六道。高 3.4、宽 4、胎厚 0.3~0.6 厘米（图三六，4；彩版九，5）。

根据本次采集标本器形特征和纹饰，并结合周边地区同时代典型器物比较判断，遗址文化性质为马家窑类型。采集陶器器形和纹饰与红山大坪遗址同类器物一致，结合红山大坪遗址的测年结果判断，该遗址马家窑类型时期遗存年代为 4800—4600 BP，为马家窑类型晚期遗存。

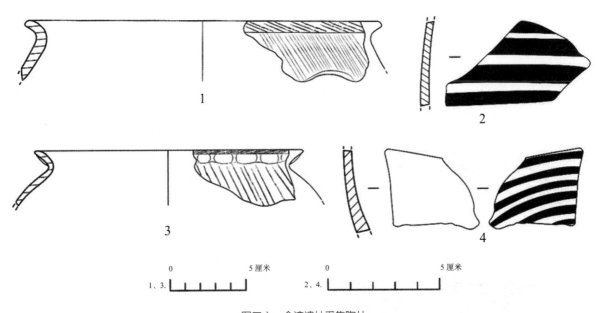

图三六　金湾遗址采集陶片
1、3. 侈口罐口沿（JB:P1、JB:P3），2、4. 彩陶片（JB:P2、JB:P4）

（九）二台南遗址

二台南遗址位于红古区海石湾镇北环路中石油加油站北侧山坡上。坡地较陡，东部被开发为公园，西部修筑护坡，旁边有导水渠穿过。遗址分布于坡底，南距湟水约 1800 米，垂直高差约 110 米，坐标：N36°21′01″，E102°52′18″，海拔 1887 米。遗址分布范围东西约 600 米，南北约 60 米，面积约 3.6 万平方米（彩版一〇，1）。本次调查对遗址所在台地进行了全面踏查，发现遗址区后期因泥石流、取土扰动破坏严重，仅在台地南缘缓坡上散落有较多陶片。

地表采集陶片以夹砂红陶、红褐陶为主，夹砂橙黄陶次之，还有少量泥质红陶、橙黄陶和夹砂灰陶。以素面为主，部分饰绳纹，少量彩陶和篮纹陶片。采集标本可辨器形有壶、折肩罐。

EB:P1　彩陶片。夹粗砂橙黄陶，质地坚硬，火候均匀。器表饰平行黑彩弧带纹两道，下接红彩宽带纹一道。内壁不平，有指窝痕和抹痕。高 3、宽 4.2、胎厚 0.2~0.5 厘米（图三七，1）。

EB:P2　篮纹陶片。泥质红陶，质地坚硬，火候均匀。器表饰竖篮纹。内壁不平，有指窝痕。高4.2、宽3.5、胎厚0.4~0.6厘米（图三七，2）。

EB:P3　折肩罐肩腹部。泥质橙黄陶，质地坚硬，火候均匀。折肩，鼓腹，下腹斜收，肩腹间有明显折棱。肩部素面，打磨光滑，腹部饰竖篮纹。内壁不平，有刮抹痕。高5.2、宽3.8、胎厚0.4~0.7厘米（图三七，3）。

EB:P4　壶口沿。泥质橙黄陶，质地坚硬，火候均匀。侈口，尖唇，束颈，圆肩。器表打磨光滑，颈部饰黑彩横"人"字纹，颈肩之间饰黑彩宽带纹一周，口沿内饰黑彩窄条带纹一周，下接复线黑彩垂弧纹。口径12.4、高4.4、胎厚0.3~0.8厘米（图三七，4）。

根据采集标本器形特征和纹饰，并结合周边地区同时代典型器物比较判断，遗址文化性质为马厂类型和齐家文化。采集陶器器形和纹饰与普格台遗址马厂类型时期和齐家文化时期同类器物一致，马厂晚期和齐家文化时期遗存共存，结合普格台遗址测年结果判断，该遗址年代为4100—3900 BP。

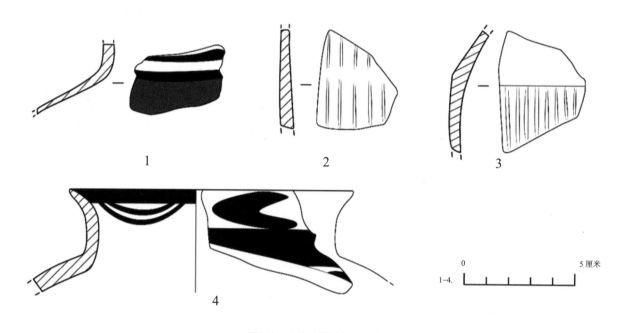

图三七　二台南遗址采集陶片

1.彩陶片（EB:P1），2.篮纹陶片（EB:P2），3.折肩罐肩腹部（EB:P3），4.壶口沿（EB:P4）

（一○）杨家坪遗址

杨家坪遗址位于红古区窑街街道红山村东北，红山咀沙沟与民门公路交会处东侧杨家坪台地上。台地北隔红山咀沙沟与红山大坪相望，南隔小黄沟与红大板坪相望。遗址分布于台地西侧前缘，西距大通河约700米，垂直高差约30米，坐标：N36°27′06″，E102°52′26″，海拔1840米。遗址分布范围东西约200米，南北约300米，面积约6万平方米（彩版一○，2）。2001年，该遗址被公布为县级文物保护单位。本次调查对遗址所在台地进行了全面踏查，台地地势东高西低，平坦开阔，台面后期大部分被平整为梯田，仅剩台缘保留原始地貌。在西南台缘发现部分盗坑，周边散落较多陶片。

地表采集陶片以夹砂橙黄陶、红陶为主，泥质橙黄陶和夹砂红褐陶次之，还有少量泥质红陶和夹砂灰陶。采集标本可辨器形有盆。

YB:P1　盆口沿。夹砂橙黄陶，可见石英等羼和料，质地坚硬，火候均匀。敞口，圆唇，圆弧腹。素面，内壁不平，有指窝痕和抹痕。器表有烟炱。高4.2、宽5、胎厚0.3~0.5厘米（图三八，1）。

YB:P2　彩陶片。泥质橙黄陶，质地坚硬，火候均匀。器表打磨光滑，饰黑彩宽带纹一周，下接黑彩垂弧纹。内壁不平，有泥条盘筑痕、指窝痕和抹痕。高6.5、宽6.5、胎厚0.4~0.6厘米（图三八，2）。

YB:P3　彩陶片。泥质橙黄陶，质地坚硬，火候不均，陶胎有灰色夹芯。器表打磨光滑，饰黑、红彩宽弧带纹各一周，下接内缘带锯齿的黑彩宽弧带纹一周。内壁不平，有刻划痕和抹痕。高4.7、宽3.7、胎厚0.4~0.5厘米（图三八，3）。

YB:P4　彩陶片。泥质橙黄陶，质地坚硬，火候均匀。器表打磨光滑，饰红彩窄带纹、内缘带

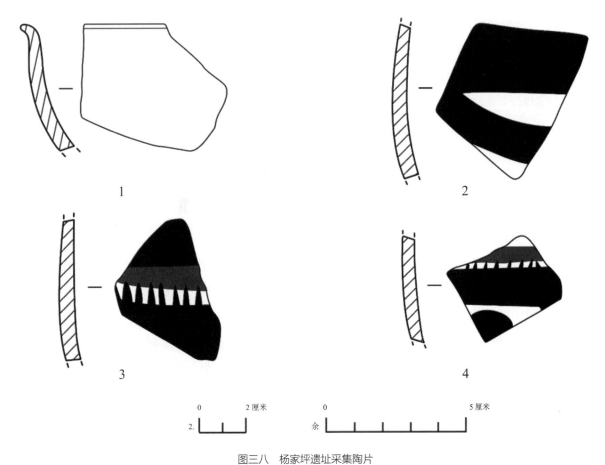

图三八　杨家坪遗址采集陶片

1. 盆口沿（YB:P1），2-4.彩陶片（YB:P2、YB:P3、YB:P4）

锯齿的黑彩宽带纹各一道，下接黑彩圆点纹。内壁不平，有泥条盘筑痕和抹痕。高 3.6、宽 4、胎厚 0.5 厘米（图三八，4）。

根据采集标本器形特征和纹饰，并结合周边地区同时代典型器物比较判断，遗址文化性质为半山类型和马厂类型。从红黑复彩锯齿纹的锯齿退化为短线判断，半山时期遗存可晚至半山晚期。采集马厂类型陶器器形和纹饰与山城台遗址同类器物一致，结合山城台遗址测年结果判断，该遗址马厂时期遗存年代为 4100—4000 BP。

（一一）转嘴子遗址

转嘴子遗址是本次调查新发现的一处遗址，位于红古区红古镇转嘴子村西北 400 米处的新庄台上。台地东南角突出，形似鸟喙，地势平坦开阔，东、西分别与罗金台、金砂台隔沟相望。遗址分布于台地东南边缘地带，南距湟水河约 1200 米，垂直高差约 60 米，坐标：N36°14′17″，E103°02′26″，海拔 1731 米。遗址分布范围东西约 160 米，南北约 140 米，面积约 2.2 万平方米（彩版一一，1）。本次调查对遗址所在台地进行了全面踏查，台面大部分被平整为耕地，仅台地边缘保留部分原始地貌。在台地东南缘发现少量彩陶片，另发现大量汉代布纹筒瓦、青砖和两处汉代遗迹。

地表采集陶片以夹砂红陶为主，夹砂橙黄陶次之，还有少量泥质红陶、橙黄陶和夹砂灰陶。以素面为主，部分彩陶，个别饰绳纹。采集标本可辨器形有双耳罐、壶、腹耳罐。另采集石器一件。

汉代遗迹，平面近圆形，呈丘状，局部有夯层，底径约 12 米，高 4.5 米，东西向并列分布，间距 10 米。周边散落较多砖瓦，其中筒瓦为泥质灰陶，外侧饰粗绳纹，内侧为布纹。

（1）陶器

ZB:P1　双耳罐口沿。夹细砂灰陶，质地坚硬，火候均匀。侈口，尖唇，束颈，圆肩。口肩部有桥形耳，耳略低于口沿。素面，内外壁较粗糙。局部有烟炱。口径 11.6、高 3.8、胎厚 0.3~0.6 厘米（图三九，1）。

ZB:P2　壶口沿。夹细砂灰陶，质地坚硬，火候均匀。侈口，圆唇，矮领。口沿外有凸棱一周。素面，内外壁粗糙。局部有烟炱。口径 11.2、高 3.5、胎厚 0.4~0.6 厘米（图三九，2）。

ZB:P3　腹耳罐腹部。泥质橙黄陶，质地坚硬，火候不均，陶胎有红、灰色分层。鼓腹，下腹弧收。腹中偏下有耳，已残。器表打磨光滑，施紫红色陶衣，饰斜行黑彩宽带纹，下接垂弧纹。内壁不平，有泥条盘筑痕和抹痕。高 7.5、宽 10.4、胎厚 0.6~1.1 厘米（图三九，3）。

（2）石器

ZB:1　盘状器。青灰色，砾石打制，平面近圆形。两面均保留自然砾石面，刃部双面打制，局部保留打制疤痕。长 11.2、宽 12.3、厚 4 厘米（图三九，4）。

根据采集标本器形特征和纹饰，并结合周边地区同时代典型器物比较判断，遗址文化性质为马厂类型。采集陶器器形和纹饰与山城台遗址同类器物一致，结合山城台遗址测年结果判断，该遗址年代为 4100—4000 BP。

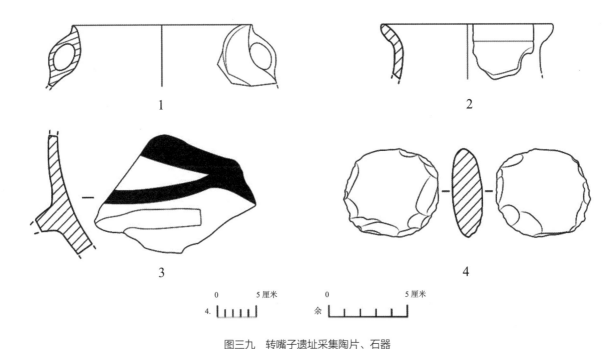

图三九 转嘴子遗址采集陶片、石器

1. 双耳罐口沿（ZB:P1），2. 壶口沿（ZB:P2），3. 腹耳罐腹部（ZB:P3），4. 盘状器（ZB:1）

（一二）张家台遗址

张家台遗址位于红古区花庄镇青土坡村北侧的张家台上。台地东北侧为虎狼沟，沟内有季节性溪流，西隔宝山沟与宝山台相望，北距摩天岭约3000米，东南距湟水河约1200米，垂直高差约125米。遗址分布于台地南缘，坐标：N36°13′44″，E103°06′00″，海拔1780米。遗址分布范围东西约100米，南北约400米，面积约4万平方米（彩版一一，2）。本次调查对遗址所在台地进行了全面踏查，台地地势平坦，平面呈不规则形，东南突出。台面大部分被平整为耕地，地表散落少量陶片。

地表采集陶片有泥质橙黄陶、红陶和夹砂红陶、红褐陶。以素面为主，个别饰篮纹。采集标本可辨器形有侈口罐。另采集少量石器。

（1）陶器

ZB:P1 侈口罐口沿。夹细砂橙黄陶，质地坚硬，火候均匀。侈口，尖唇，束颈，溜肩。口沿外饰花边形附加堆纹一周。器表有烟炱。口径9.4、高3.8、胎厚0.3~0.6厘米（图四〇，1）。

ZB:P2 篮纹陶片。泥质红陶，质地坚硬，火候均匀。内外壁较粗糙。器表饰斜篮纹，内壁有指窝痕和抹痕。高4、宽6、胎厚0.5厘米（图四〇，2）。

（2）石器

ZB:1 盘状器。青绿色，砾石打制，平面近长方形。两面打制较平，有片疤，刃部双面打制，一侧较平。长10.5、宽8.9、厚4.9厘米（图四〇，3）。

ZB:2 盘状器。青绿色，砾石打制成型，平面近半圆形。两面有砾石面，刃部双面打制，一侧

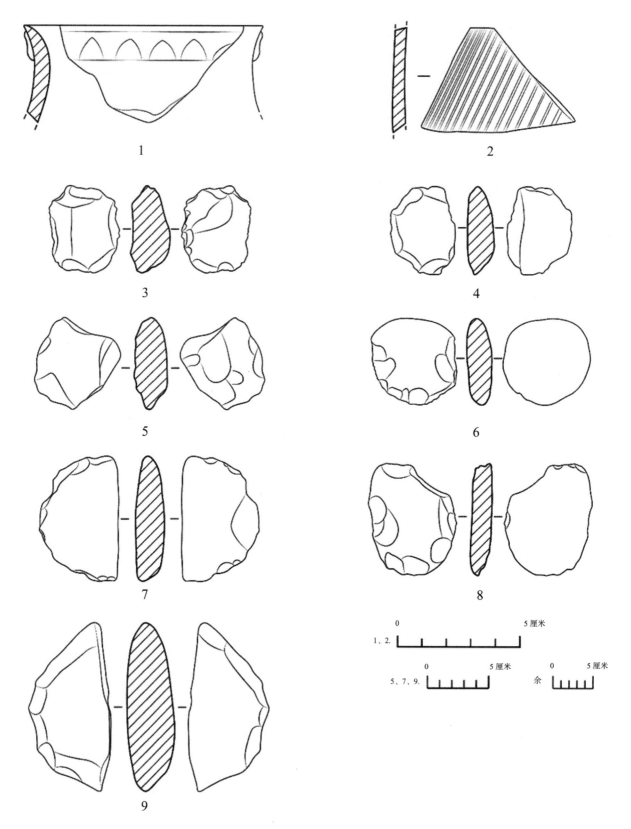

图四〇 张家台遗址采集陶片、石器

1.侈口罐口沿（ZB:P1），2.篮纹陶片（ZB:P2），3、4、6-9.盘状器（ZB:1、ZB:2、ZB:4-ZB:7），5.砍砸器（ZB:3）

较平。长 10.6、宽 8、厚 3.2 厘米（图四〇，4）。

ZB:3 砍砸器。青绿色，砾石剥片，较厚，平面呈不规则形。两面加工，一侧较平，其他侧面刃部双面打制。长 7.3、宽 6.9、厚 2.7 厘米（图四〇，5）。

ZB:4 盘状器。青灰色，砾石打制，平面近圆形。两面保留有砾石自然面，刃部单面打制，边缘保留有疤痕。长 10.6、宽 10.1、厚 2.8 厘米（图四〇，6）。

ZB:5 盘状器。青灰色，砾石打制成型，仅存一半，平面近半圆形。两面有砾石面，刃部双面打制。长 10.1、宽 6.5、厚 2.3 厘米（图四〇，7）。

ZB:6 盘状器。青灰色，砾石打制成型，平面近椭圆形。两面有砾石自然面，较薄，刃部单面打制。长 13.5、宽 10.9、厚 2.6 厘米（图四〇，8。）

ZB:7 盘状器。灰白色，砾石打制成型，残存一半，平面近半圆形。两面保留有砾石面，刃部双面打制，有明显片疤。长 13.6、宽 6.8、厚 3.8 厘米（图四〇，9；彩版一一，3）。

根据采集标本器形特征和纹饰，并结合周边地区同时代典型器物比较判断，遗址文化性质为齐家文化。采集陶器器形和纹饰与马家台和普格台遗址齐家文化时期同类器物一致，结合两个遗址的测年结果判断，该遗址年代下限不晚于 3900 BP。

（一三）河咀台遗址

河咀台遗址位于红古区花庄镇河咀村以北的河咀台台地上。西北约 600 米处为河咀台烽火台遗址，北接摩天岭，距山根约 7000 米，东侧为桥儿沟，南侧紧邻京藏高速公路，距湟水约 400 米，垂直高差约 65 米。遗址分布于台地南缘突出部位，坐标:N36°12′28″，E103°07′17″，海拔 1710 米。遗址分布范围东西约 1000 米，南北约 150 米，面积约 15 万平方米（彩版一二，1）。2001 年，被公布为县级文物保护单位。本次调查对遗址所在台地进行了全面踏查，台地平面呈不规则形，地势平坦开阔，大部分被平整为耕地。仅台缘保留部分原始地貌，地表散落少量陶片。

地表采集陶片以夹砂红陶为主，个别泥质红陶、橙黄陶。以素面为主，个别彩陶。

HB:P1 器底。夹砂红陶，可见石英等羼和料，质地坚硬，火候均匀。斜弧腹，近底处内收，平底。素面，器表施暗红色陶衣。残高 5、底径 17、胎厚 1.1、底厚 1.2 厘米（图四一，1）。

HB:P2 彩陶片。夹砂橙黄陶，质地坚硬，火候均匀。器表打磨光滑，施暗红色陶衣，饰黑彩弧带纹下接勾形纹。高 3.1、宽 3、胎厚 0.5 厘米（图四一，2）。

根据采集标本器形特征和纹饰，并结合周边地区同时代典型器物比较判断，遗址文化性质为辛店文化。

（一四）老鼠坪遗址

老鼠坪遗址位于红古区窑街街道上街村东窑街路与后大路交会处东北侧的老鼠坪台地上。北隔纳愣沟与管地坪相望，南临獐儿沟，与猫儿坪相望，东北为茅道岭，西距大通河约 1000 米，垂直高差约 50 米。遗址分布于台地西侧，坐标:N36°26′09″，E102°52′54″，海拔 1866 米。遗址分布范围东西约 200 米，南北约 400 米，面积约 8 万平方米（彩版一二，2）。2003 年，该遗址被公布为

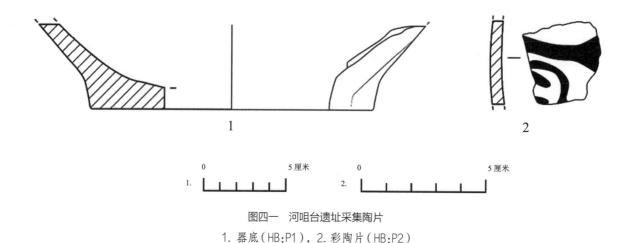

图四一　河咀台遗址采集陶片
1. 器底（HB:P1），2. 彩陶片（HB:P2）

县级文物保护单位。本次调查对遗址所在台地进行了全面踏查，台地地势平坦开阔，台面大部分被平整为农田，多数已弃耕荒芜。台缘附近有多处盗坑，周围散落少量陶片。其中，三处盗坑内发现人骨，推测可能为墓葬。

地表采集陶片以夹砂橙黄陶、灰陶为主，少量夹砂红陶。以素面为主，部分饰绳纹，少量彩陶。采集标本可辨器形有罐。

LB:P1　罐口沿。夹细砂红陶，质地坚硬，火候不均。器表局部呈青灰色，陶胎有红、灰色分层。直口微敛，尖唇，直领。口沿外饰花边形附加堆纹一周，领部饰竖向细绳纹。内壁不平，有指窝痕。口径 14.2、高 6.3、胎厚 0.3~0.6 厘米（图四二，1）。

LB:P2　腹耳罐腹部。夹细砂橙黄陶，质地坚硬，火候均匀。鼓腹，下腹弧收。近腹中有环形耳，耳较宽。上腹打磨光滑，施紫红色陶衣，饰黑彩宽折带纹，下腹素面。内壁不平，有竖向抹痕。高 17.8、宽 10.7、胎厚 0.7~1 厘米（图四二，2）。

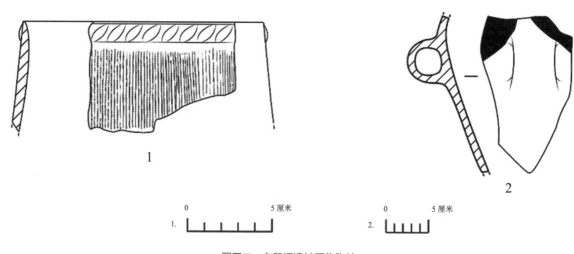

图四二　老鼠坪遗址采集陶片
1. 罐口沿（LB:P1），2. 腹耳罐腹部（LB:P2）

根据采集标本器形特征和纹饰判断，并结合周边地区同时代典型器物比较判断，遗址文化性质为马厂类型和辛店文化。采集马厂类型陶器器形和纹饰与山城台遗址同类器物一致，结合山城台遗址测年结果判断，该遗址马厂时期遗存年代为 4100—4000 BP。

（一五）金砂台遗址

金砂台遗址是本次调查新发现的一处遗址，位于红古区新庄村东北侧金砂台上。西距红古村约 500 米，北侧为现代水泥路，东侧与金砂台墓群隔沟相望，南临 109 国道，距湟水约 200 米，垂直高差约 100 米。遗址分布于台地南缘，坐标：N36°15′41″，E103°01′13″，海拔 1805 米。遗址分布范围南北约 150 米，东西约 90 米，面积约 1.4 万平方米（彩版一三，1）。本次调查对遗址所在台地进行了全面踏查，周围地表受雨水侵蚀严重，保留台面较小，地表散落少量陶片，周围有现代墓葬分布。

地表采集陶片以泥质橙黄陶为主，夹砂红陶次之，少量泥质红陶和夹砂红褐陶、灰陶。以素面为主，篮纹次之，少量饰篦点纹和绳纹。采集标本可辨器形有侈口罐、折肩罐。

JB:P1　侈口罐口沿。泥质红陶，质地坚硬，火候均匀。侈口，圆唇，高领微束。素面，内外壁打磨光滑。口径 9.6、高 3.7、胎厚 0.3~0.5 厘米（图四三，1）。

JB:P2　折肩罐肩腹部。夹细砂橙黄陶，质地坚硬，火候均匀。折肩，鼓腹，下腹斜收，肩腹间有明显折棱。肩部素面，打磨光滑，腹部饰竖篮纹。内壁不平，有指窝痕和抹痕。高 3.9、宽 6、胎厚 0.4~0.7 厘米（图四三，2）。

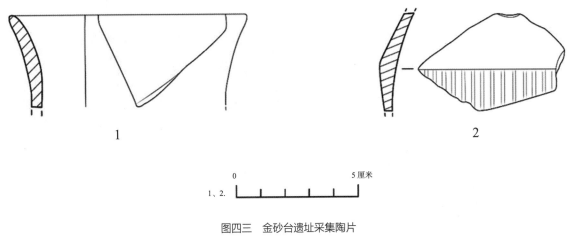

图四三　金砂台遗址采集陶片
1. 侈口罐口沿（JB:P1），2. 折肩罐肩腹部（JB:P2）

根据采集标本器形特征和纹饰，并结合周边地区同时代典型器物比较判断，遗址文化性质为齐家文化。采集陶器器形和纹饰与马家台和普格台遗址齐家文化同类器物一致，结合两个遗址的测年结果判断，该遗址年代下限不晚于 3900 BP。

（一六）新庄台遗址

新庄台遗址是本次调查新发现的一处遗址，位于红古区红古镇新庄村北侧的新庄台台地上，西、北有水泥路穿过遗址，西南距湟水约 800 米。遗址分布于台地西侧南缘，坐标：N36°15′08″，E103°02′02″，海拔 1743 米。遗址分布范围东西约 150 米，南北约 100 米，面积近 1.5 万平方米（彩版一三，2）。本次调查对遗址所在台地进行了全面踏查，台地地势平坦开阔，台面大部分被平整为耕地。在遗址中部果园内发现盗坑一处，编号 K1。

K1 平面为长方形，残长 1.5、宽 0.8、深 0.5 米。盗坑周围散落少量陶片，以泥质橙黄陶为主，少量夹砂红陶、白陶。部分彩陶，少量饰刻划纹。采集标本可辨器形为陶刀。

另外，在调查过程中，当地村民捐赠腹耳彩陶壶一件。据捐赠者讲，该器物是在修建民宅时出土的，出土地点位于 K1 东北 150 米处。

XC:1　穿孔陶刀。泥质橙黄陶陶片磨制，残存部分平面近长方形。刀刃由胎壁向外磨制，弧刃。刀面一侧有穿孔，已残，系由内壁向外单面钻成。器表有平行黑彩条带纹。长 4.5、宽 5、厚 0.2~0.3 厘米（图四四，1）。

XC:2　彩陶壶。泥质橙黄陶，质地坚硬，火候不均，陶胎有红、灰色分层。口沿残缺，束颈，圆肩，圆鼓腹，下腹弧收，小平底，最大腹径位于上腹。腹中偏下有对称的环形耳。颈部、肩部、上腹施紫红色陶衣，颈部饰竖向黑彩折带纹一周，肩腹部饰平行黑彩宽、窄条带纹四周，间饰黑彩三角纹、斜行复线细线纹和黑彩折带纹，下部饰黑彩垂弧纹一周，下腹素面。内壁不平，有指

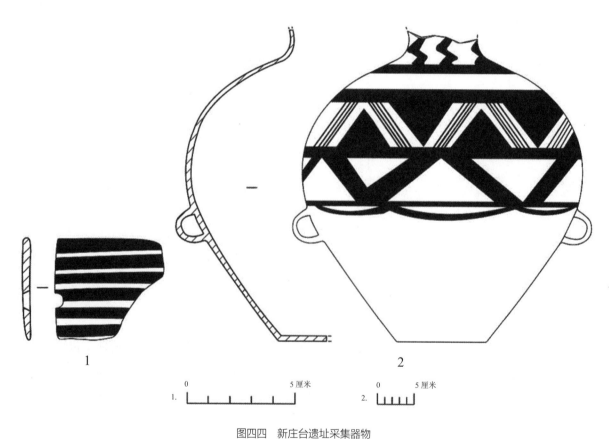

图四四　新庄台遗址采集器物
1. 单孔陶刀（XC:1），2. 彩陶壶（XC:2）

窝痕和抹痕。最大腹径38、残高41.5、底径12.2、胎厚0.5~0.8、底厚0.7厘米（图四四，2；彩版一四，1）。

根据采集标本器形特征和纹饰，并结合周边地区同时代典型器物比较判断，遗址文化性质为马家窑类型和马厂类型。彩陶壶与红古下海石和土谷台典型马厂彩陶壶形制、纹饰一致。采集穿孔陶刀与红山大坪马家窑陶盆纹饰一致，结合红山大坪遗址测年结果判断，该遗址马家窑类型时期遗存年代为4800—4600 BP。采集的马厂时期彩陶壶与山城台同类器物残片纹饰比较，该遗址马厂类型年代可能略早，年代下限可能早于4100 BP。

（一七）八家村砖厂遗址

八家村砖厂遗址为本次调查新发现的一处遗址，位于红古镇八家村东侧一处东西向山梁上。西邻喇嘛沟与八家村砖厂，北靠台地，东北距撒金台1000米，南距湟水约2500米，垂直高差约60米，坐标：N36°17′39″，E102°59′34″，海拔1763米。遗址所在山梁东西长150米，南北宽20—70米，面积约6000平方米（彩版一四，2）。本次调查对整个山梁顶部进行了全面踏查，在梁顶西侧发现盗坑十余座，部分坑内有石板。盗坑旁散落较多石板和少量陶片。另在南侧100米处台地上发现少量盗坑，周围亦散落有石板和少量陶片。

地表采集陶片以夹砂红陶、红褐陶为主，少量泥质红陶；以素面为主，个别彩陶，少量饰绳纹。根据采集陶片的陶质陶色，并与周边地区考古发现其他遗址出土器物对比，推测遗址的文化性质可能属马厂类型、齐家文化和辛店文化。另外，根据盗坑内及盗坑旁所见石板，结合目前考古发现红古地区半山时期墓葬流行石板封门，推测该遗址可能还存在半山时期墓葬。

（一八）金砂台墓群

金砂台墓群是本次调查新发现的一处墓葬，位于新庄村东北侧金砂台台地上。台地南部被南北向冲沟分割为东、西两部分，东侧坡地突出且坡度较缓，地势较西侧低。墓群分布于东侧台地，东为现代水泥路，西侧为冲沟，南邻109国道与青海民和回族土族自治县下川口垣遗址隔河相望，西距湟水约200米，垂直高差约65米，坐标：N36°15′26″，E103°01′29″，海拔1755米。墓群分布范围南北约130米，东西约100米，面积近1.3万平方米（彩版一四，3）。本次调查对遗址所在台地进行了全面踏查，台地周围地表遭雨水侵蚀严重，保留台面较小。在台面发现数座盗坑，盗坑周围散落有较多红砂岩石板和少量夹砂灰陶片，推测该遗址可能为墓地。采集标本较小，器形不可辨。从目前湟水流域发现石板或石板墓大多为半山时期墓葬推测，该遗址可能为半山时期墓地。

本次在湟水流域红古区共调查史前时期遗址22处，其中复查遗址17处，新发现遗址5处。大部分遗址采集到典型遗物标本，且部分遗址存在不同文化时期的遗存。通过采集标本与邻近地区调查和发掘出土典型器物比较，确认包含马家窑类型遗存的遗址6处、半山类型遗存的遗址4处、马厂类型遗存的遗址10处、齐家文化遗存的遗址6处、辛店文化遗存的遗址3处。对红山大坪、马家台、普格台和山城台遗址测年，测年结果与剖面采集遗物文化性质一致，该区域马家窑类型时期年代为4800—4600 BP，为马家窑类型晚期遗存；马厂类型时期年代主要为4100—4000 BP，主要为马厂中晚期遗存，个别遗址可早到马厂类型早期，年代早于 4100 BP；大部分遗址齐家文化与马厂晚期遗存共存，为齐家文化早中期遗存，齐家文化遗存年代不晚于 3900 BP 前后。本次调查及其初步研究，为构建湟水流域史前文化谱系和文化发展序列补充了材料，构建了湟水流域红古区境内马家窑类型—半山类型—马厂类型—齐家文化—辛店文化的考古学文化发展序列。

需要说明的是，为便于读者查阅，我们将本次调查采集陶片较小或未采集到陶片的土谷台墓群、王家台（彩版一五，1）、猫儿坪（彩版一五，2）和茅道岭坪所属的考古学文化等信息归入附表四（黄河左近地区史前考古调查遗址登记表），在此不再赘述。

第二节　永登县考古调查

一、地理位置

永登县位于甘肃省中部，兰州市西北部，地理位置为东经 102°36′~103°46′ 和北纬 36°12′~37°00′。东接甘肃省皋兰县和景泰县，南邻兰州市的红古区和西固区，西靠青海省民和回族土族自治县，北连武威市天祝藏族自治县，总面积约 5780 平方千米（图四五）。

二、自然环境

永登县地处青藏高原东北部和黄土高原西部过渡地带，地势西北高，东南低，西部山地、中东部黄土丘陵在域内交错分布，大通河和庄浪河呈西北—东南向从县境西部、中部穿过，形成大通河谷地和庄浪河谷地。庄浪河发源于青海省门源县与甘肃省天祝县交界的马牙山脉冷龙岭南麓的青峰岭；上游流经天祝藏族自治县，称金强河；中、下游纵贯永登县，称庄浪河，经武胜驿镇、中堡镇、永登县城关镇及柳树镇、大同镇、龙泉寺乡、红城镇、苦水镇等，至兰州市西固区河口汇入黄河。

庄浪河流域地处西北内陆，地势高，属温带大陆性气候，气候干燥。庄浪河的水主要来自上游降水和冰雪融水。庄浪河在永登境内长约 95 千米，可分为富强堡峡谷段、永登宽河谷段、野狐城—苦水段和周家庄—河口峡谷段。宽河谷段河谷宽阔，两岸阶地发育，是永登县村镇集中所在。平坦河谷阶地、充沛的水源保障造就了此区域人口稠密、农业发达、文化繁荣的景象。河谷地带两侧向外扩展依次是黄土台塬区、黄土丘陵区，受现代侵蚀影响，此区内沟壑密布，地形破碎，水土流失严重。

三、历史沿革

西汉元狩二年（前 121 年），汉武帝开辟河西，在此筑令居塞。元鼎二年（前 115 年）建令居县。汉昭帝始元六年（前 81 年），置金城郡，领 13 县，永登分属其中的令居、枝阳、允街、浩亹 4 县。东汉末年，废枝阳县。西晋末年，复建枝阳县，并于建兴四年（316 年）分令居、枝阳二县又

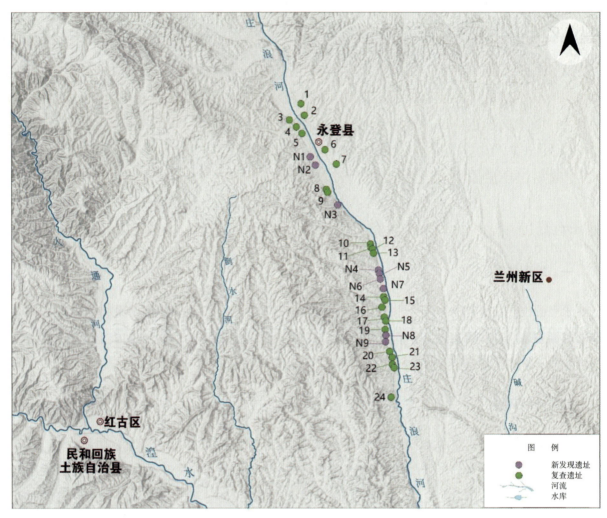

图四五　永登县调查史前遗址位置示意图

1. 塘土湾遗址 2. 汪家湾墓群 3. 翻山岭遗址 4. 邢家湾遗址 5. 大沙沟遗址 6. 东坪遗址 7. 雷家坪遗址 8. 玉山子遗址 9. 石碑湾遗址 10. 小红沟口遗址 11. 贾家场遗址 12. 徐家槽沟遗址 13. 贾家场11社遗址 14. 俞家营遗址 15. 上山沟遗址 16. 李家坪遗址 17. 杨家营遗址 18. 杨家营下营遗址 19. 柴家坪遗址 20. 孙家湾大坪遗址 21. 庙儿坪遗址 22. 薛家坪遗址 23. 凤凰山遗址 24. 野泉遗址；N1. 白家湾遗址 N2. 高家湾遗址 N3. 山岺村遗址 N4. 保家湾遗址 N5. 保家湾中庄遗址 N6. 沙沟沿遗址 N7. 石咀子遗址 N8. 高场遗址 N9. 葛家湾遗址

立永登县，后合三县立广武郡。此为"永登"一名之始，取意五谷丰登。北魏设广武县；隋改允吾县，后又为会宁县；唐初设广武县，乾元二年（759年）改为金城县，归陇右道兰州辖。安史之乱后，被吐蕃占领。北宋景德年间（1004—1007年），为西夏占据，属西凉府；神宗时，收复此地，并于大通河岸筑城以抵御西夏；徽宗政和六年（1116年），于今之连城建镇武城，后改镇武军，辖今永登部分地区。元世祖至元元年（1264年），置庄浪县。明洪武五年（1372年），改县为卫。清康熙年间，改卫为所；雍正三年（1725年），裁所置平番县，隶属凉州府。1914年，归河西道；1913年，改属甘凉道；1927年废道，归兰山行政区；1928年改为永登县，由甘肃省政府直辖。1949年9月3日，永登县解放，县人民政府成立，先后归武威、张掖、定西专区管辖；1958年，撤县设区，属兰州市；1963 年，改属武威专区；1970 年，复归兰州市至今。

四、考古工作概况

永登县考古工作开展较早，1948 年裴文中先生被中国地质调查所派往甘肃、青海进行考古和地质调查，期间于永登县城东南 2 千米的阶地发现三个居住址，采集有史前时期石器和陶器。另在遗址区一处断崖上发现灰色绳纹陶片，并推测可能属于安特生划分的沙井期和辛店期；在长城沿线发现两处遗址，对其中一处进行了小规模发掘，在耕土下的灰层中出土石片、兽骨、彩陶片等遗物，认为该遗址属于安特生划分的马家窑期和马厂期。① 1949 年以后，甘肃省博物馆、北京大学等单位也曾在永登县开展过考古工作，经正式发掘的仅有蒋家坪遗址 1 处，该遗址位于大通河谷地的河岸台地上。1974—1975 年间，甘肃省博物馆对蒋家坪遗址进行了正式发掘，发现马厂类型的灰层和墓葬叠压或打破马家窑类型的地层关系，确定了两者的相对年代。② 出土的陶器、石器、骨器、角器和铜刀，为马家窑类型和马厂类型的研究提供了重要材料。1985 年，永登县河桥乡乐山坪遗址遭到破坏，1986 年兰州市博物馆收集到该遗址出土的陶器 380 余件，后经调查确认，乐山坪是一处马厂早期到中期的墓地。③ 1986 年 11 月，河西史前考古调查队考察了永登县博物馆，对大沙沟遗址、乐山大坪遗址进行了调查。④ 1990 年 3—4 月，在永登县大通河谷地的河桥镇团庄、长阳山出土一批器物，从器形、纹饰判断，两处遗址为半山类型、马厂类型墓地。⑤

五、本次调查情况

本次调查，前期通过第三次全国文物普查不可移动文物资料梳理和遥感影像判读，确认永登县境内遗址多分布在庄浪河和大通河河谷两侧的台地上，并在庄浪河沿岸发现多处疑似遗址区。因此，将调查区域确定在庄浪河干流和武胜驿镇西部宽谷地带。在永登县实地调查期间，复查已知遗址 24 处，新发现遗址 9 处。现将调查情况介绍如下。

（一）高场遗址

高场遗址是本次调查新发现的一处遗址，位于永登县红城镇河西村高场西侧、大沟口北侧台地上，北距柴家坪遗址约 650 米，东距庄浪河约 1000 米，相对高度约 60 米，坐标：N36°27′49″，E103°22′19″，海拔 1873 米。遗址分布范围东西约 250 米，南北约 200 米，面积 5 万平方米（彩版

① 裴文中：《中国西北甘肃走廊和青海地区的考古调查》，《裴文中史前考古学论文集》，北京：文物出版社，1987 年，第 257 页。
② 张学正、张朋川、郭德勇：《谈马家窑、半山、马厂类型的分期和相互关系》，《中国考古学会第一次年会论文集》，北京：文物出版社，1979 年，第 774 页。
③ 马德璞、曾爱、魏怀珩：《永登乐山坪出土一批新石器时代的陶器》，《史前研究》1988 年。
④ 甘肃省文物考古研究所、北京大学考古文博学院：《河西走廊史前考古调查报告》，北京：文物出版社，2011 年，第 28—47 页。
⑤ 苏裕民：《永登团庄、长阳被出土的一批新石器时代器物》，《考古与文物》1993 年第 2 期。

一六，1）。本次调查对遗址所在台地进行了全面踏查，台地受流水侵蚀，被分割成数块。在南北两块相邻台地上散落有较多陶片，多处断面暴露有文化层，发现灰坑3处，编号H1—H3，剖面1处，编号剖面1。

H1位于台地东侧斜坡上，开口距地表约0.25米，剖面厚约0.41米，包含大量炭屑、石块、动物骨骼和陶片。陶片有夹砂红陶、橙黄陶和泥质红陶。彩陶多为泥质红陶，素面以夹砂陶为主。灰坑下叠压疑似踩踏面，可能为房址。H1采集土样一份。

H2距地表约0.4米，厚约0.27米，土质疏松。包含少量炭屑及红烧土、动物骨骼、陶片。陶片以夹砂橙黄陶为主，夹砂红陶次之，个别夹砂灰陶；以素面为主，篮纹次之，少量饰绳纹。可辨器形有折肩罐。H2采集土样一份。

H3剖面厚度约0.3米，未到底，土质疏松，灰黑色，包含有动物骨骼和陶片。陶片以夹砂红陶为主，个别泥质橙黄陶、夹砂灰陶和夹砂白陶。可辨器形有折肩罐、侈口罐、高领罐。H3采集土样一份。

剖面1位于台地西北侧坡地上，分为上下两层：①层为表土，土质疏松，厚0.1米；②层为文化层堆积，土质较疏松，黄褐色，厚约0.3米，包含有炭屑、石块、动物骨骼和陶片。陶片以泥质、夹砂橙黄陶为主，个别夹砂红褐陶、白陶和灰陶；以篮纹为主，少量篦点纹。可辨器形有侈口罐。②层采集土样一份（彩版一六，2）。

地表采集陶片以泥质橙黄陶和夹砂橙黄陶为主，泥质红陶、夹砂红陶次之，少量夹砂灰陶；以篮纹为主，部分饰绳纹和篦点纹，少量彩陶和素面陶。采集标本可辨器形有侈口罐、深腹罐、高领折肩罐、盆等。另有少量石器。

（1）陶器

GH3:P1　高领罐口沿。泥质橙黄陶，质地坚硬，火候均匀。敞口，圆唇，高领微束。素面，器表打磨光滑，有指窝痕。内壁有轮修痕。口径18.8、高5.3、胎厚0.4厘米（图四六，1）。

GH3:P2　高领罐口沿。夹细砂白陶，烧结度不高，质地疏松。侈口，方唇，束颈，溜肩。颈下部饰竖向细绳纹一周。器表较粗糙，颈部有泥条盘筑痕和指窝痕，内壁有交错抹痕。局部有烟炱。口径21.4、高8.3、胎厚0.5~0.7厘米（图四六，2）。

GB:P3　盆口沿。泥质红陶，质地坚硬，火候不均，陶胎有灰色夹芯。敞口，宽平沿，方唇，唇上有凹槽，斜弧腹。腹部不平，有指窝痕和抹痕，饰竖篮纹。内壁打磨光滑。口径44、沿宽2.8、高4.5、胎厚0.7厘米（图四六，3）。

GB:P4　高领罐口沿。夹细砂橙黄陶，质地坚硬，火候不均，陶胎有红、灰色分层。敞口，方唇，高领。素面，器表打磨光滑，口沿内外有抹痕。口径18.5、高4.7、胎厚0.5厘米（图四六，4）。

GB:P5　侈口罐口沿。夹细砂橙黄陶，质地坚硬，火候均匀。侈口，方唇，唇上有凹槽，竖颈，溜肩。素面，内壁有抹痕。口径14.2、高4.9、胎厚0.6厘米（图四六，5）。

GB:P6　高领罐口沿。泥质橙黄陶，质地坚硬，火候均匀。敞口，圆唇，高领，素面。器表打磨光滑。口径 15.2、高 4.1、胎厚 0.4 厘米（图四六，6）。

GB:P7　深腹罐口沿。夹粗砂橙黄陶，质地坚硬，火候均匀。直口，方唇，筒状腹。口沿外有凸棱一周，通体篮纹。内壁不平，有指窝痕和抹痕。口径 18、高 3.8、胎厚 0.6 厘米（图四六，7）。

GH3:P8　侈口罐口沿。夹细砂灰陶，可见石英等羼和料，烧结度不高，质地疏松。侈口，方唇，束颈。口沿外饰花边形附加堆纹一周。口径 12.8、高 4.8、胎厚 0.4~0.6 厘米（图四六，8）。

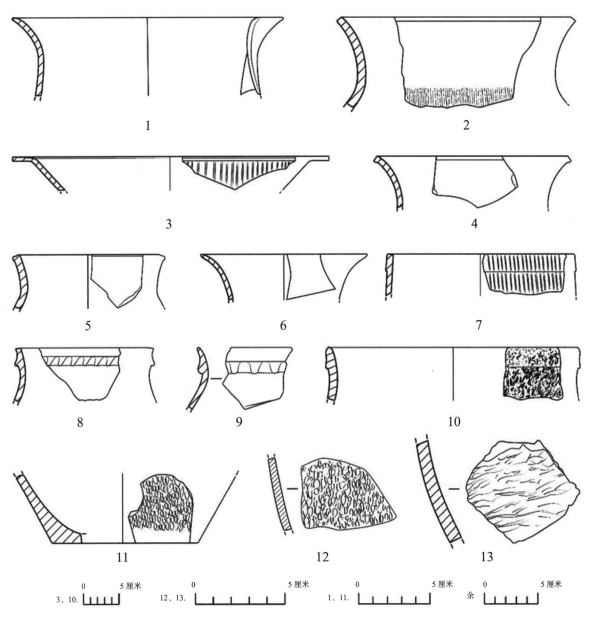

图四六　高场遗址采集陶片

1、2、4、6. 高领罐口沿（GH3:P1、GH3:P2、GB:P4、GB:P6），3. 盆口沿（GB:P3），5、8、9. 侈口罐口沿（GB:P5、GH3:P8、GP1:P9），7、10. 深腹罐口沿（GB:P7、GB:P10），11. 器底（GB:P11），12、13. 篦点纹陶片（GB:P12 、GP1:P13）

GP1:P9　侈口罐口沿。夹细砂白陶，质地坚硬，火候均匀。器表有烟炱。侈口，圆唇，束颈，口沿外饰花边形附加堆纹一周。高5.6、宽6.4、胎厚0.3~0.4厘米（图四六，9）。

GB:P10　深腹罐口沿。夹粗砂红陶，可见石英等羼和料，质地坚硬，火候均匀。直口微侈，圆唇，筒状腹。口沿外有凸棱一周，通体饰篦点纹。内壁平整，有抹痕。口径35、高7.2、胎厚1~1.2厘米（图四六，10）。

GB:P11　器底。夹粗砂红褐陶，可见石英等羼和料，质地坚硬，火候均匀。斜直腹，平底。腹部饰篦点纹。局部有烟炱。残高4.5、底径10.2、胎厚0.5~1.3、底厚0.6厘米（图四六，11）。

GB:P12　篦点纹陶片。夹细砂橙黄陶，质地坚硬，火候均匀。器表饰篦点纹。内壁不平，有抹痕。高4、宽5.3、胎厚0.5厘米（图四六，12）。

GP1:P13　篦点纹陶片。夹细砂红褐陶，质地坚硬，火候均匀。器表饰篦点纹。内壁不平，有指窝痕和抹痕。高5.6、宽6.4、胎厚0.7~0.8厘米（图四六，13）。

GB:P14　彩陶片。泥质橙黄陶，质地坚硬，火候不均，陶胎有红、灰色分层。器表打磨光滑，饰黑彩菱形网格纹。内壁不平，有抹痕。高2.3、宽3.3、胎厚0.3~0.4厘米（图四七，1）。

GB:P15　彩陶片。泥质红陶，质地坚硬，火候均匀。器表打磨光滑，施紫红色陶衣，饰黑彩窄条带纹四周，下接黑彩宽条带纹一周。高4.6、宽4.3、胎厚0.4厘米（图四七，2）。

GB:P16　彩陶片。泥质红陶，质地坚硬，火候均匀。器表打磨光滑，施紫红色陶衣，饰平行黑彩窄条带纹三道、宽条带纹一道，下接黑彩折带纹。内壁不平，有抹痕。高3.7、残宽2.5、胎厚0.4厘米（图四七，3）。

GH1:P17　彩陶片。夹细砂红陶，质地坚硬，火候均匀，器表打磨光滑，施紫红色陶衣。饰斜行黑彩宽带纹、菱格纹、平行细线纹和黑彩宽带纹。内壁不平，有抹痕。高6.5、宽9.7、胎厚0.3~0.4厘米（图四七，4；彩版一六，3）。

GH1:P18　彩陶片。夹细砂红陶，质地坚硬，火候均匀。器表打磨光滑，施紫红色陶衣，饰黑彩宽条带纹上接黑彩折带纹。内壁不平，有泥条盘筑痕、指窝痕和抹痕。高4.2、宽6.8、胎厚0.4厘米（图四七，5）。

GB:P19　彩陶片。泥质橙黄陶，质地坚硬，火候均匀。器表打磨光滑，饰黑彩宽条带纹三周，内壁不平，有指窝痕和抹痕。高5.3、宽6.2、胎厚0.4厘米（图四七，6）。

GB:P20　腹耳罐腹部。泥质橙黄陶，质地坚硬，火候均匀。斜弧腹，腹上部有环形耳，腹部有一穿孔，系由器表向内壁单面钻形成。器表饰篮纹。高7.9、宽10、胎厚0.4~0.7厘米（图四七，7）。

GB:P21　折肩罐肩腹部。夹细砂橙黄陶，质地坚硬，火候均匀。折肩，鼓腹，下腹斜收，肩腹间有明显折棱。肩部打磨光滑，腹部饰斜篮纹。内壁不平，有指窝痕和抹痕。高9、宽11.4、胎厚0.5~0.8厘米（图四七，8）。

GH3:P22　折肩罐肩腹部。泥质红陶，质地坚硬，火候均匀。折肩，鼓腹，下腹斜收，肩腹间

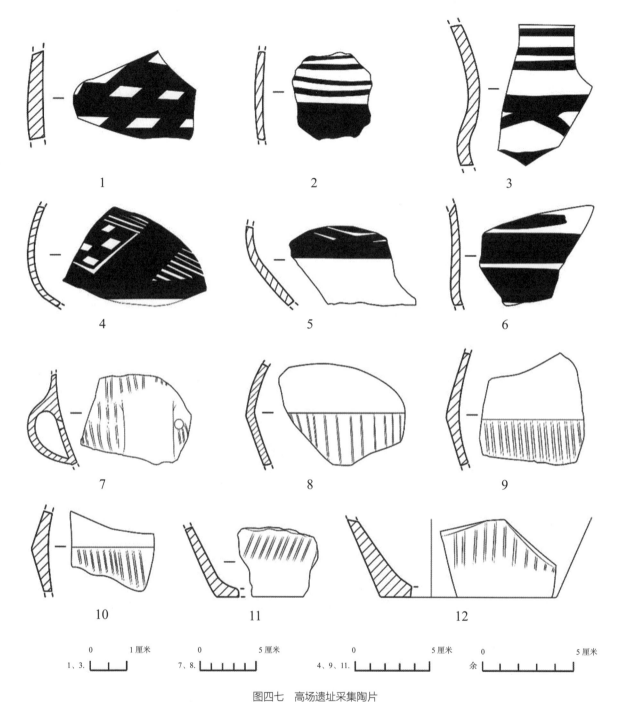

图四七　高场遗址采集陶片

1-6.彩陶片（GB:P14-GB:P16、GH1:P17、GH1:P18、GB:P19），7.腹耳罐腹部（GB:P20），8-10.折肩罐肩腹部（GB:P21、GH3:P22、GH2:P23），11、12.器底（GP1:P24、GB:P25）

有明显折棱。肩部素面，打磨光滑，腹部饰斜篮纹。内壁不平，有指窝痕和抹痕。高7.4、宽7.2、胎厚0.4~0.8厘米（图四七，9）。

　　GH2:P23　折肩罐肩腹部。夹细砂灰陶，质地坚硬，火候均匀。折肩，鼓腹，下腹斜收，肩腹间有明显折棱。肩部素面，打磨光滑，腹部饰斜篮纹。内壁不平，有指窝痕。局部有烟炱。高4.2、宽 4.5、胎厚 0.4~0.8 厘米（图四七，10；彩版一七，1）。

GP1:P24　器底。夹细砂灰陶，质地坚硬，火候均匀。斜直腹，平底。腹部饰斜篮纹。内壁不平，有指窝痕和抹痕。局部有烟炱。残高 4.6、胎厚 0.5~0.9、底厚 0.6 厘米（图四七，11）。

GB:P25　器底。泥质红陶，质地坚硬，火候均匀。斜直腹，平底。腹部饰斜篮纹。内壁不平，局部可见指窝痕和抹痕。残高 4.1、底径 9.6、胎厚 0.6~1.4、底厚 0.5 厘米（图四七，12）。

（2）石器

GB:1 刮削器。青灰色，砾石剥片，平面呈不规则形。台面明显，两面有剥制片疤，侧面有刃。长 4.5、宽 3.1、厚 1.6 厘米（图四八，1）。

GB:2 刮削器。青灰色，砾石剥片，平面呈不规则形。两面有剥制片疤，台面明显，刃部双面打制。长 4.1、宽 5、厚 1.8 厘米（图四八，2）。

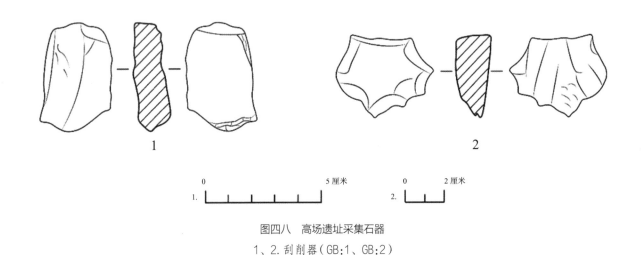

图四八　高场遗址采集石器
1、2. 刮削器（GB:1、GB:2）

根据采集标本器形特征和纹饰，并结合周边地区同时代典型器物比较判断，遗址文化性质为马厂类型和齐家文化。在 H1、H2、H3 和剖面 1 ②层分别挑选粟测年，H1 测年结果经校正为 4084—3902 BP（2Sigma，95.4%），H2 测年结果经校正为 4084—3902 BP（2Sigma，95.4%），H3 测年结果经校正为 3984—3849 BP，剖面 1 测年结果经校正为 4071—3875 BP（2Sigma，95.4%），拟合结果为 4100—3900 BP（图四九）。其中 H1 采集陶片多为齐家文化夹砂橙黄陶、红陶和泥质红陶，部分为马厂类型彩陶片，HI 测年结果上限可早到马厂晚期，下限晚到齐家文化中期。H2、H3、剖面 1 采集主要为齐家高领罐、折肩罐、侈口罐和盆，大部分饰绳纹和篮纹，测年结果主要集中在 4100—3900 BP。证实测年结果与灰坑及遗址的文化性质一致。

高场遗址剖面 1、H1、H2、H3 采集浮选土样 4 份，共计 60.5 升。经鉴定，共出土 12 个种属 741 粒炭化植物种子，其中农作物 551 粒，占出土炭化植物遗存的 74.36%，包括无壳粟、带壳粟、不成熟粟、无壳黍、带壳黍、不成熟黍及粟黍碎块；杂草种子 138 粒，占出土炭化植物遗存的 18.62%，以禾本科为主，包括狗尾草属、黍亚科、禾本科、稗、野稷，其次为藜科杂草，包括藜属

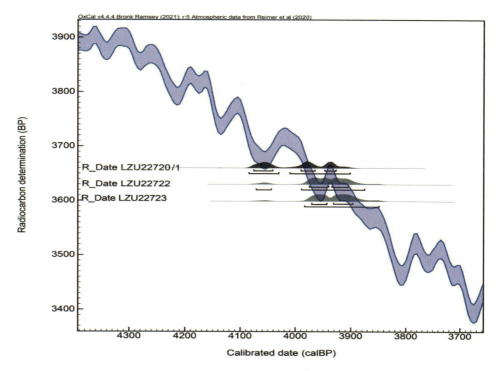

图四九　高场遗址不同遗迹单位出土粟年代校正曲线

和地肤属、菊科蒿属、豆科、锦葵科和未知炭化种子；另有种子碎块 52 粒，占出土炭化植物遗存存的 7.02%（图五〇，图五一）。结合遗址文化性质和剖面、灰坑测年结果判断，出土植物遗存为马厂晚期和齐家文化时期。

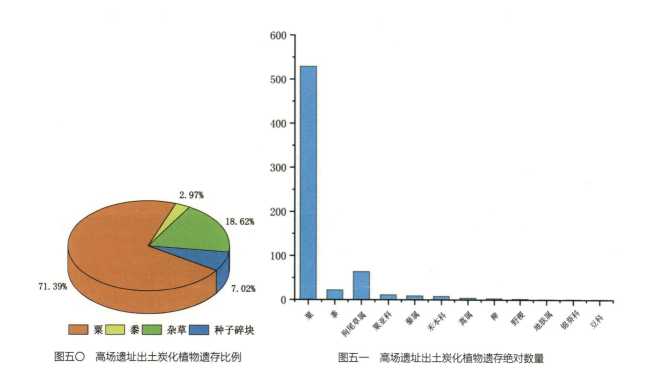

图五〇　高场遗址出土炭化植物遗存比例　　　　图五一　高场遗址出土炭化植物遗存绝对数量

（二）石咀子遗址

石咀子遗址是本次调查新发现的一处遗址，位于永登县大同镇保家湾村石咀子南侧的台地上。南距俞家营遗址约1000米，东距庄浪河约350米，相对高度约20米。坐标:N36°31′46″，E103°22′7″，海拔1880米。遗址分布范围东西约250米，南北约250米，面积约6.2万平方米（彩版一七，2）。本次调查对遗址所在台地进行了全面踏查，台地受流水侵蚀，四周有大小不一的沟壑多条，地表略有起伏。台面大部分早期开垦为梯田，现已退耕荒芜。在台地前缘顶部和坡面上有大量盗坑，周边散落有较多陶片。

地表采集陶片以泥质橙黄陶、红陶为主，夹砂橙黄陶、红陶次之，部分夹砂红褐陶，少量夹砂白陶；以素面为主，彩陶次之，部分饰绳纹、刻划纹，少量附加堆纹、戳印纹。夹砂橙黄陶、红陶大部分饰绳纹。采集标本可辨器形有盆、壶、钵、侈口罐、双耳罐等。

SB:P1　盆口沿。泥质红陶，质地坚硬，火候不均，陶胎有灰色夹芯。敛口，窄斜沿，圆唇，斜弧腹。内外壁打磨光滑。口沿上饰黑彩，其上加饰白彩短斜线纹。器表饰斜行黑彩条带纹。内壁饰黑彩宽弧带纹，间饰白彩。高4.1、宽3.2、胎厚0.3~0.8厘米（图五二，1）。

SB:P2　钵口沿。泥质橙黄陶，质地坚硬，火候均匀。近直口，圆唇，圆弧腹。内外壁打磨光滑。器表饰斜行黑彩复线弧带纹，口沿内饰黑彩横条带纹一周，下接黑彩网格纹和窄弧带纹。高3.7、宽2.7、胎厚0.3~0.4厘米（图五二，2）。

SB:P3　壶口沿。泥质橙黄陶，质地坚硬，火候均匀。侈口，斜沿，圆唇，高领。器表打磨光滑。口沿、领部饰黑彩宽条带纹，口沿内饰弧边三角纹一周。口径7.8、高4、胎厚0.4~0.5厘米（图五二，3）。

SB:P4　侈口罐口沿。夹粗砂橙黄陶，可见石英等羼和料，质地坚硬，火候均匀。侈口，卷沿，圆唇，溜肩。器表较粗糙，饰附加堆纹，大部分脱落。内壁不平，有指窝痕和抹痕。高4.9、宽7.5、胎厚0.4~0.8厘米（图五二，4）。

SB:P5　壶口沿。泥质橙黄陶，质地坚硬，火候不均，陶胎有灰色夹芯。敞口，圆唇，高领。器表打磨光滑，有抹痕。领部饰黑彩宽条带纹一周。口径12.8、高3.7、胎厚0.5厘米（图五二，5）。

SB:P6　侈口罐口沿。泥质橙黄陶，质地坚硬，火候均匀。侈口，尖唇，束颈，溜肩。素面，器表打磨光滑，内壁有抹痕。口径15、高5.8、胎厚0.3~0.4厘米（图五二，6）。

SB:P7　高领罐口沿。泥质橙黄陶，质地坚硬，火候均匀。侈口，圆唇，高领。素面，器表打磨光滑，内壁有抹痕。口径17、高4.6、胎厚0.3~0.7厘米（图五二，7）。

SB:P8　侈口罐口沿。夹粗砂红褐陶，可见石英等羼和料，质地坚硬，火候均匀。侈口，折沿，方唇，溜肩。器表较粗糙，饰附加堆纹。内壁不平，有抹痕。口径13.9、高4.6、胎厚0.3~0.8厘米（图五二，8）。

SB:P9　侈口罐口沿。夹粗砂红陶，可见石英等羼和料，质地坚硬，火候均匀。侈口，圆唇，

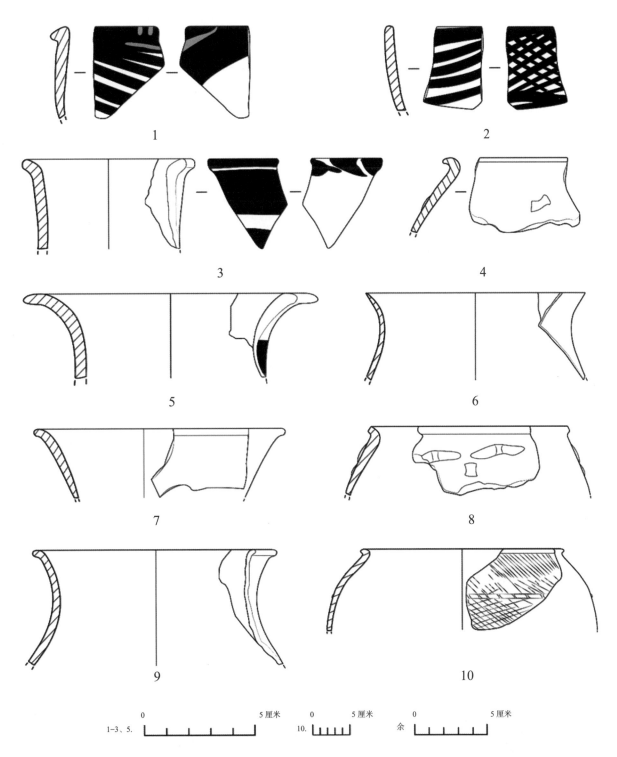

图五二　石咀子遗址采集陶片

1.盆口沿（SB:P1），2.钵口沿（SB:P2），3.壶口沿（SB:P3），4、6、8、9.侈口罐口沿（SB:P4、SB:P6、SB:P8、SB:P9），5.壶口沿（SB:P5），7.高领罐口沿（SB:P7），10.大口罐口沿（SB:P10）

束颈，溜肩。素面，内外壁较粗糙。口径16.6、高7.6、胎厚0.3~0.5厘米（图五二，9）。

SB:P10　大口罐口沿。夹粗砂橙黄陶，质地坚硬，火候均匀。敛口，卷沿，圆唇，鼓腹。器表饰绳纹和附加堆纹一周。内壁不平，有指窝痕和抹痕。口径27.5、高10.7、胎厚0.5~0.9厘米（图五二，10）。

SB:P11　罐口沿。夹粗砂红陶，可见石英等羼和料，质地坚硬，火候均匀。直口微侈，平沿，圆唇，束颈，广肩。素面，内外壁较粗糙，内壁有抹痕。口径19.2、高5.6、胎厚0.6~1厘米（图五三，1）。

SB:P12　钵腹部。泥质橙黄陶，质地坚硬，火候均匀。内外壁打磨光滑，器表饰复线黑彩弧带纹下接黑彩横条带纹一周，内壁饰横、竖黑彩宽带纹。高4.7、宽9.6、胎厚0.5厘米（图五三，2）。

SB:P13　双耳罐口沿。夹粗砂红陶，可见石英等羼和料，质地坚硬，火候均匀。侈口，圆唇，束颈，溜肩，鼓腹，下腹弧收。口肩部有双耳，口耳平齐。耳上口沿刻划凹槽三道。器表较粗糙。内壁不平，有泥条盘筑痕、指窝痕和抹痕。局部有烟炱。口径11、高7.2、胎厚0.2~0.5厘米（图五三，3）。

SB:P14　彩陶片。泥质橙黄陶，质地坚硬，火候不均，陶胎有灰色夹芯。器表打磨光滑，饰黑彩宽带纹、黑彩圆点纹、平行窄条带纹，黑彩圆点上间饰白彩圆点纹。内壁不平，有指窝痕和抹痕。高2.2、宽6.7、胎厚0.5~0.6厘米（图五三，4）。

SB:P15　彩陶片。泥质红陶，质地坚硬，火候不均，陶胎有灰色夹芯。内外壁打磨光滑。器表饰黑彩横条带纹，内壁饰黑彩折带纹下接横条带纹。高3.2、宽4.5、胎厚0.4厘米（图五三，5）。

SB:P16　彩陶片。泥质橙黄陶，质地坚硬，火候不均，陶胎有灰色夹芯。器表打磨光滑，饰黑彩弧边三角纹和竖向黑彩条带纹三道。高4.2、宽5.4、胎厚0.6厘米（图五三，6）。

SB:P17　彩陶片。泥质红陶，质地坚硬，火候均匀。器表打磨光滑，饰黑彩网格纹和黑彩宽带纹。内壁不平，有泥条盘筑痕和抹痕。高4、宽5.8、胎厚0.5厘米（图五三，7）。

SB:P18　彩陶片。泥质橙黄陶，质地坚硬，火候均匀。器表打磨光滑，饰黑彩宽带纹和平行黑彩细条带纹。内壁不平，有抹痕。高2.6、宽4.1、胎厚0.4厘米（图五三，8）。

SB:P19　壶腹部。上腹为泥质橙黄陶，质地坚硬，火候不均，陶胎有灰色夹芯。下腹为夹粗砂红褐陶，质地坚硬，火候不均，器表局部泛青，陶胎有红、灰色分层，可见颗粒较大的石英等羼和料。鼓腹，下腹弧收。最大腹径处饰附加堆纹一周。上腹器表打磨光滑，饰黑彩宽带纹一周，上接黑彩宽、窄弧带纹。下腹内外壁粗糙，有指窝痕。高17.6、宽20.4、胎厚0.5~0.9厘米（图五三，9）。

SB:P20　彩陶片。泥质红陶，质地坚硬，火候不均，陶胎局部有灰色夹芯。器表打磨光滑，饰黑彩宽弧带纹四周，间饰黑彩窄弧带纹六周。内壁不平，有泥条盘筑痕、指窝痕和抹痕。高6.1、宽7.6、胎厚0.5~0.6厘米（图五三，10）。

根据采集标本器形特征和纹饰，遗址文化性质为马家窑类型、马厂类型和齐家文化。采集的马

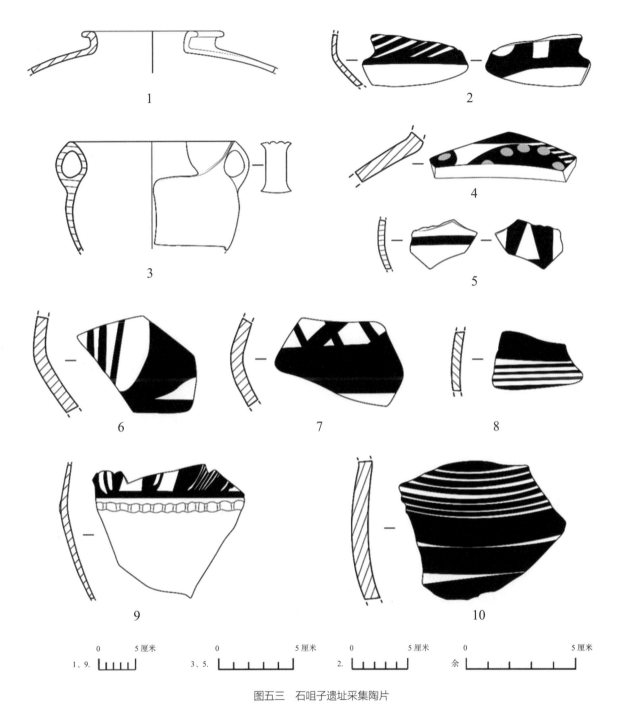

图五三　石咀子遗址采集陶片

1. 罐口沿（SB:P11），2. 钵腹部（SB:P12），3. 双耳罐口沿（SB:P13），4-8、10. 彩陶片（SB:P14-SB:P18、SB:P20），
9. 壶腹部（SB:P19）

家窑类型时期陶器与石碑湾同类器物的器形纹饰一致，结合石碑湾遗址测年结果判断，该遗址马家窑类型时期遗存年代为4800—4600 BP。采集的马厂类型和齐家文化共存时期的陶器与高场遗址一致，出土同类器物形制纹饰一致，结合高场遗址测年结果判断，该遗址马厂—齐家文化时期遗存年代为4100—3900 BP。

（三）庙儿坪遗址

庙儿坪遗址位于永登县红城镇凤山村小槽西约 400 米，小槽沙沟口北侧的台地顶部。北距孙家湾大坪遗址约 900 米，东距庄浪河约 730 米，垂直高差约 50 米，坐标：N36°25′57″，E103°22′57″，海拔 1832 米。分布范围东西约 200 米，南北约 250 米，面积约 5 万平方米（彩版一七，5）。1985年 8 月，该遗址被公布为县级文物保护单位。本次调查对整个台地进行了全面踏查，台地周边多为退耕后的荒地，地表植被稀疏。小槽沙沟呈西北—东南向从遗址南侧流过。台地上散落有较多陶片，发现灰坑 1 处，编号 H1；剖面 2 处，编号剖面 1、剖面 2。

H1 位于台地西南缘人工断面上，距地表约 0.56 米，厚 0.3~0.6 米，包含少量陶片、兽骨。陶片以夹砂橙黄陶为主，泥质红陶次之，少量泥质橙黄陶和夹砂红陶、灰陶。以素面为主，个别彩陶，部分饰绳纹和附加堆纹。采集标本可辨器形有双耳盆、腹耳罐。采集土样一份（彩版一七，3）。

剖面 1 位于 H1 东侧约 5 米处，距地表约 0.67 米，厚约 0.5 米，包含少量陶片、兽骨。陶片有夹砂红陶、红褐陶和白陶。以素面为主，极少数饰刻划纹和绳纹。采集标本较小，无可辨器形。采集土样一份（彩版一七，4）。

剖面 2 位于剖面 1 东侧约 5 米处，距地表约 0.5 米，厚约 0.6 米。根据剖面 1 和剖面 2 层位关系判断，二者属同一文化层。采集土样一份（彩版一八，1）。

地表采集陶片以夹砂红陶、橙黄陶为主，泥质橙黄陶次之，少量夹砂红褐陶、灰陶和泥质灰陶；以素面为主，彩陶次之，部分饰绳纹和附加堆纹，少量饰戳印纹和刻划纹。本次采集标本可辨器形有双耳罐、侈口罐、盆、腹耳罐、壶等。

MB:P1　侈口罐口沿。夹粗砂红褐陶，可见石英等羼和料，质地坚硬，火候均匀。侈口，斜沿、方唇，矮领，溜肩。器表较粗糙，领肩之间饰附加堆纹一周。口径 32、高 5.4、胎厚 0.7~0.9厘米（图五四，1）。

MB:P2　罐口沿。夹细砂灰陶，质地坚硬，火候均匀。侈口，圆唇，高领，溜肩。素面，内壁不平，有指窝痕和抹痕。口径 14.6、高 3.8、胎厚 0.6~0.7 厘米（图五四，2）。

MB:P3　盆口沿。泥质橙黄陶，质地坚硬，火候均匀。敞口，斜沿，圆唇器表抹光，内壁有抹痕。口沿外饰黑彩弧带纹，口沿内饰黑彩宽条带纹一周，下接复线黑彩弧带纹。口径 21、高 3.2、胎厚 0.4~0.5 厘米（图五四，3；彩版一八，2）。

MH1:P4　双耳盆口沿。夹细砂橙黄陶，可见石英等羼和料，质地坚硬，火候不均，陶胎有灰色夹芯。侈口，尖唇，鼓腹，下腹弧收。口腹间有耳，口耳平齐。素面，器表较粗糙。内壁不平，有指窝痕。高 6、宽 7.1、胎厚 0.3~0.6 厘米（图五四，4）。

MB:P5　彩陶盆口沿。泥质橙黄陶，质地坚硬，火候均匀。侈口，卷沿，尖唇，斜弧腹。卷沿上饰黑彩短线纹一周。口沿内饰黑彩横条带纹一周，下接斜行黑红复彩宽、窄弧带纹。腹部饰黑彩宽条带纹一周，下接黑彩垂弧纹。口径 15.6、高 4.5、胎厚 0.3~0.5 厘米（图五四，5）。

MB:P6　侈口罐口沿。夹粗砂橙黄陶，可见石英等羼和料，烧结度不高，质地疏松。侈口，圆唇，束颈，广肩。肩上部饰附加堆纹一周。口径12.2、高4.4、宽9.5、胎厚0.6~0.7厘米（图五四，6）。

MB：P7　双耳罐口沿。夹细砂红陶，质地坚硬，火候均匀。微敛口，方唇，高领，圆肩。口肩部有桥形耳，口耳平齐，耳面中部有乳突两个。口沿外压印折棱一周，器表饰竖向细绳纹。口径

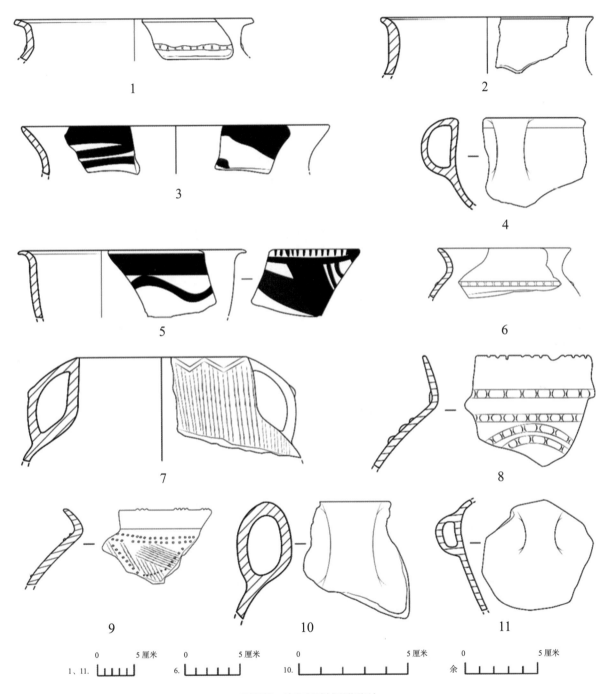

图五四　庙儿坪遗址采集陶片

1、6、8、9.侈口罐口沿（MB：P1、MB：P6、MB：P8、MB：P9），2.罐口沿（MB：P2），3.盆口沿（MB：P3），4.双耳盆口沿（MH1：P4），5.彩陶盆口沿（MB：P5），7、10.双耳罐口沿（MB：P7、MB：P10），11.腹耳罐腹部（MH1：P11）

11.6、高 6.7、胎厚 0.5~0.9 厘米（图五四，7）。

MB:P8　侈口罐口沿。夹粗砂灰陶，可见颗粒较大的白色石英等羼和料，质地坚硬，火候均匀。侈口，圆唇，斜领，圆肩。唇部刻划凹槽一周，领肩之间、肩部饰附加堆纹。高 7.4、宽 9、胎厚 0.4~0.5 厘米（图五四，8）。

MB:P9　侈口罐口沿。夹粗砂橙黄陶，可见石英等羼和料。侈口，圆唇，斜领，圆肩。唇部刻划凹槽一周。肩上部饰锯齿状附加堆纹两周，下部饰斜绳纹和锯齿状附加堆纹，附加堆纹呈三角形。高 5、宽 7.5、胎厚 0.5~0.6 厘米（图五四，9）。

MB:P10　双耳罐口沿。夹粗砂红褐陶，可见石英等羼和料，烧结度不高，质地疏松。侈口，圆唇，束颈，溜肩。口肩部有环形耳，口耳平齐。素面，内外壁较粗糙。局部有烟炱。高 5.2、宽 4.8、胎厚 0.4~0.5 厘米（图五四，10）。

MH1:P11　腹耳罐腹部。夹细砂红陶，烧结度不高，质地疏松。圆肩，鼓腹，下腹斜收。最大腹径处有环形耳。素面，内壁不平，有指窝痕和抹痕。局部有烟炱。高 14.7，宽 15.3、胎厚 0.7~0.9 厘米（图五四，11）。

MB:P12　彩陶片。泥质橙黄陶，质地坚硬，火候均匀。器表打磨光滑，上部饰黑彩宽弧带纹两周，下部饰黑彩宽弧带纹三周，间饰复线黑彩折带纹。高 4.9、宽 7、胎厚 0.3~0.7 厘米（图五五，1；彩版一八，3）。

MB:P13　彩陶片。泥质橙黄陶，质地坚硬，火候均匀。器表打磨光滑，饰黑彩宽条带纹，下接黑彩垂弧纹。内壁饰红彩斜条带纹和横向黑彩水波纹。高 4、宽 3.2、胎厚 0.3 厘米（图五五，2；彩版一八，4、5）。

MB:P14　彩陶片。泥质橙黄陶，质地坚硬，火候不均，陶胎有灰色夹芯。器表打磨光滑，饰黑彩重圈网格纹、黑彩圆点纹。内壁不平，有泥条盘筑痕和抹痕。高 3、宽 3、胎厚 0.3 厘米（图五五，3）。

MB:P15　壶口沿。泥质红陶，质地坚硬，火候均匀。侈口，尖唇，高领。器表打磨光滑，饰黑彩网格纹下接红彩宽带纹，口沿内饰黑彩窄条带纹、红彩宽带纹，下接复线黑彩弧带纹。高 3、宽 2.8、胎厚 0.3 厘米（图五五，4；彩版一八，6）。

MB:P16　彩陶片。泥质橙黄陶，质地坚硬，火候均匀。器表打磨光滑，饰红彩圆圈纹内填黑彩网格纹。内壁不平，有泥条盘筑痕、指窝痕和抹痕。高 4.2、宽 5.8、胎厚 0.4~0.5 厘米（图五五，5）。

MB:P17　篮纹陶片。夹砂橙黄陶，质地坚硬，火候均匀。器表饰竖篮纹。内壁不平，有抹痕。高 14、宽 9.4、胎厚 0.5~0.7 厘米（图五五，6）。

MB:P18　器底。夹粗砂橙黄陶，烧结度不高，质地疏松。斜直腹，近底处内收，平底。器表饰绳纹。内壁不平。残高 5.7、底径 10、胎厚 0.6~1.3、底厚 0.6 厘米（图五五，7）。

MB:P19　器底。夹细砂红陶，质地坚硬，火候不均，器表局部呈灰色，陶胎有红、灰色分层。

下腹弧收，小平底。器表饰细绳纹。内壁不平，有指窝痕。残高 4.2、底径 5、胎厚 0.4~0.5、底厚 0.5 厘米（图五五，8）。

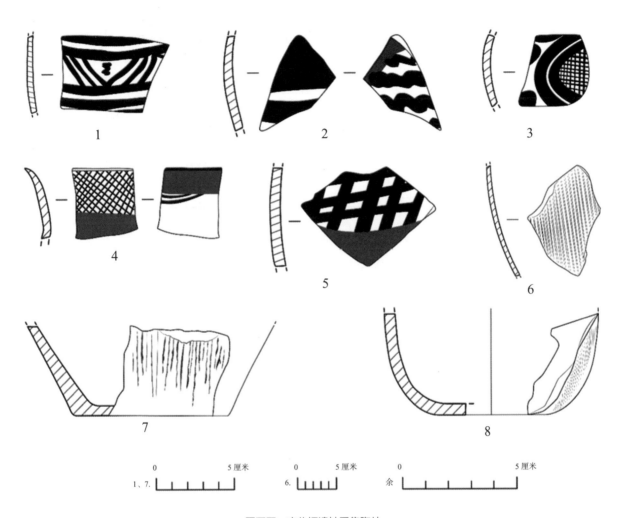

图五五　庙儿坪遗址采集陶片

1-3、5.彩陶片（MB:P12—MB:P14、MB:P16），4.壶口沿（MB:P15），6.篮纹陶片（MB:P17），7、8 器底（MB:P18、MB:P19）

　　根据采集标本器形特征和纹饰，并结合周边地区同时代典型器物比较判断，遗址文化性质为半山类型、马厂类型、齐家文化和辛店文化。在剖面 1 挑选粟 12 粒测年，测年结果经校正为 3681—3491 BP（2Sigma，95.4%），年代拟合结果为 3600—3500 BP（图五六）。剖面 1 采集有夹砂红陶、红褐陶，少量饰细绳纹和刻划纹，与地表采集个别辛店文化素面陶陶质陶色和纹饰一致，证实测年结果与剖面的文化性质一致。地表采集马厂时期彩陶和齐家文化篮纹陶片共存，与高场同类器物一致。结合高场遗址测年结果判断，该遗址马厂类型和齐家文化时期遗存年代为 4100—3900 BP。

　　在庙儿坪遗址剖面 1、剖面 2、H1 中采集浮选土样 3 份，共计 37 升。经鉴定，共出土 11 个种属 128 粒炭化植物种子，其中农作物 47 粒，占出土炭化植物遗存的 36.72%，包括无壳粟、带壳

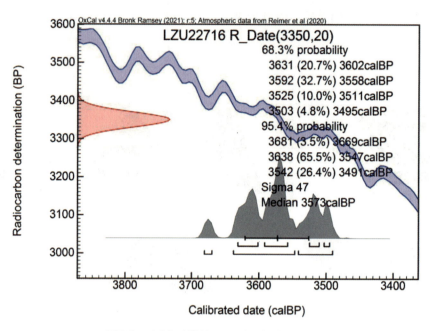

图五六　庙儿坪遗址剖面 1 出土粟年代校正曲线

粟、无壳黍及粟黍碎块；杂草种子 68 粒，占出土炭化植物遗存的 53.13%。杂草种子大多为禾本科，包括狗尾草属、黍亚科、禾本科；其次为藜科，包括藜属、猪毛菜属和地肤属；还有豆科、菊科蒿属、蔷薇科。另有种子碎块 13 粒，占出土炭化植物遗存的 10.16%（图五七，图五八）。结合遗址不同剖面文化性质和剖面测年结果判断，剖面 1 和剖面 2 出土植物遗存为辛店文化时期，H1 出土植物遗存为马厂类型和齐家文化时期。

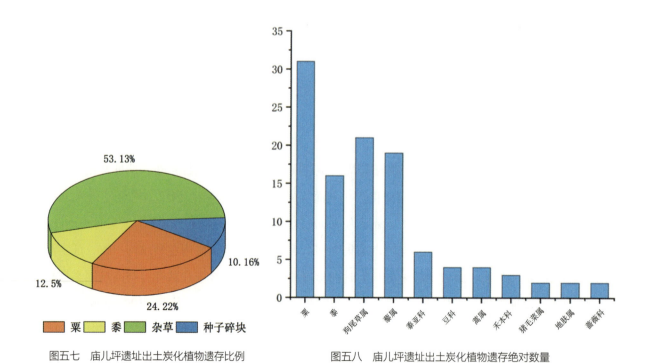

图五七　庙儿坪遗址出土炭化植物遗存比例　　　　　图五八　庙儿坪遗址出土炭化植物遗存绝对数量

（四）沙沟沿遗址

沙沟沿遗址是本次调查新发现的一处遗址，位于永登县大同镇沙沟庙和沙沟沿西侧，马拉车沙沟沟口南北两侧的台地上。北距保家湾中庄遗址约 900 米，东距庄浪河约 750 米，相对高度约 30 米，坐标：N36°32′35″，E103°21′48″，海拔 1918 米。遗址被季节性冲沟分为南北两区。北区南北约 200 米，东西约 100 米，面积约 2 万平方米；南区东西约 200 米，南北约 150 米，面积约 3 万平方米（彩版一九，1）。本次调查对遗址南北区所在台地进行了全面踏查，台地顶部略有起伏，整体较为平坦，北区海拔略低于南区。南北两区地表均散落有较多陶片。在北区发现剖面 1 处，编号剖面 1；灰坑 1 处，编号 H1。南区发现剖面 2 处，编号剖面 2、剖面 3；灰坑 1 处，编号 H2。

剖面 1 为人工挖掘的土坑坑壁，分为上下两层。①层为耕土层，土质致密，灰色，厚约 0.8 米。②层为文化层，灰色，土质较疏松，厚约 1.2 米，未到底，包含炭屑和陶片。陶片有泥质橙黄陶、夹砂红陶和红褐陶。有彩陶，部分饰附加堆纹。采集标本可辨器形有侈口罐。剖面②层采集土样一份（彩版一九，2）。

H1 开口于剖面 1①层下，打破剖面 1②层。厚约 0.6 米，可分为三层。①层土质较疏松，青灰色土，厚约 0.37 米。采集到少量陶片，有泥质橙黄陶、夹砂红褐陶，个别为彩陶，部分饰附加堆纹。采集标本较小，无可辨器形。②层土质较疏松，黄土，包含少量红烧土块，厚约 0.13 米。③层为较致密黄土，包含零星炭屑，厚约 0.1 米，未到底。①、②层采集土样各一份。

北区地表采集较多陶片，以泥质橙黄陶、红陶为主，夹砂红陶、灰陶次之，少量夹砂红褐陶和泥质灰陶；以素面为主，部分彩陶，个别饰篮纹、附加堆纹和绳纹。采集标本可辨器形有侈口罐、瓮等。另采集到少量石器。

（1）陶器

SB:P1　侈口罐口沿。夹细砂灰陶，质地坚硬，火候均匀。侈口，圆唇，束颈，溜肩。口沿外饰花边形附加堆纹一周。内壁不平，有抹痕。口径 19、高 5.7、胎厚 0.5 厘米（图五九，1）。

SB:P2　侈口罐口沿。夹细砂红褐陶，质地坚硬，火候均匀。侈口，尖唇，束颈，溜肩。口沿外饰花边形附加堆纹一周。器表有烟炱。口径 15、高 3.7、胎厚 0.3~0.9 厘米（图五九，2）。

SB:P3　瓮口沿。泥质橙黄陶，质地坚硬，火候均匀。直口，方唇，筒状腹。口沿外饰凸棱一周，腹部饰绳纹。内壁不平，有指窝痕和抹痕。口径 20.7、高 2.7、胎厚 0.6~1 厘米（图五九，3）。

SP1:P4　侈口罐口沿。夹粗砂红褐陶，可见石英等羼和料，质地坚硬，火候均匀。侈口，卷沿，圆唇，溜肩，鼓腹。沿下饰附加堆纹一周。口径 19.6、高 5.6、胎厚 0.6 厘米（图五九，4）。

SB:P5　彩陶片。泥质红陶，质地坚硬，火候均匀。器表打磨光滑。器表饰黑彩横条带纹两周，内壁饰黑彩宽弧带纹，下接窄弧带纹，间饰白彩弧带纹。高 2.7、宽 5、胎厚 0.3 厘米（图五九，5）。

SB:P6　彩陶片。泥质橙黄陶，质地坚硬，火候均匀。器表打磨光滑，施紫红色陶衣，器表饰黑彩宽带纹。内壁不平，有指窝痕和抹痕。高 3.5、宽 5.6、胎厚 0.3~0.4 厘米（图五九，6）。

SB:P7　彩陶片。泥质橙黄陶，质地坚硬，火候均匀。器表打磨光滑，饰黑彩窄弧带纹三周。

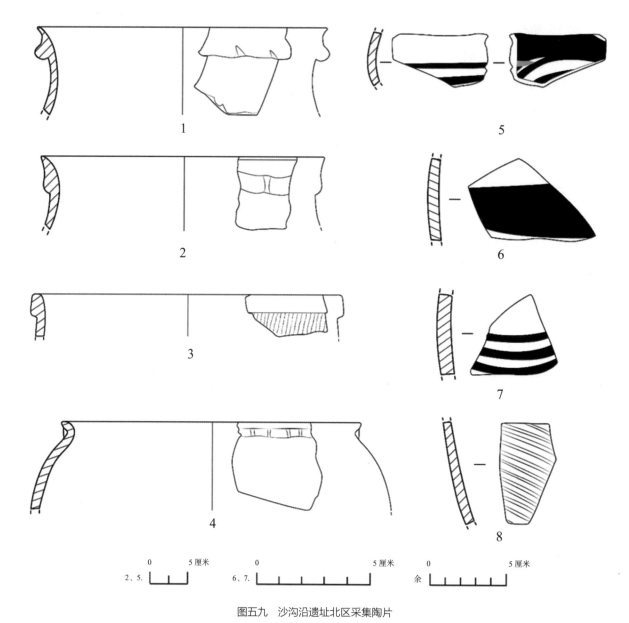

图五九 沙沟沿遗址北区采集陶片

1、2、4.侈口罐口沿（SB:P1、SB:P2、SP1:P4），3.瓮口沿（SB:P3），5-7.彩陶片（SB:P5-SB:P7），8.篮纹陶片（SB:P8）

内壁不平，有抹痕。高 3.5、宽 3.8、胎厚 0.6 厘米（图五九，7）。

　　SB:P8　篮纹陶片。泥质红陶，质地坚硬，火候均匀。器表饰斜篮纹。内壁不平，有指窝痕。高 6.4、宽 3.7、胎厚 0.5~0.6 厘米（图五九，8）。

　　南区地表采集陶片以泥质橙黄陶、夹砂橙黄陶为主，夹砂红陶次之，少量夹砂橙黄陶、红褐陶和灰陶。以绳纹为主，部分彩陶，少量饰附加堆纹和刻划纹。刻划纹多饰于绳纹之上。采集标本可辨器形有钵、盆、壶等。

　　剖面 2 为人工挖掘的土坑坑壁，可分为 3 层。①层为现代耕土层，土质较疏松，厚约 0.25 米。②层为文化层堆积，土质疏松，灰黑色，包含有炭屑，厚约 0.16 米，出土有动物骨骼和陶片。陶片以夹砂和泥质红陶为主，有少量彩陶。采集标本可辨器形有彩陶盆。③层疑似踩踏面，包含有炭屑，未清理到底。②、③层采集土样各一份（彩版一九，3）。

H2 开口于②层下，平面为近长方形，长约 0.6、宽约 0.35 米，土质疏松，灰黑色。采集土样一份。

剖面 3 位于剖面 2 东侧土坑坑壁上，分为上下 2 层。①层为扰土层，土质疏松，包含大量炭屑、植物根茎，厚约 0.44 米。包含少量陶片和白色石环一件。陶片以夹砂红褐陶为主，夹砂红陶次之，少量泥质橙黄陶。以素面为主，部分彩陶，少量饰附加堆纹。采集标本可辨器形有钵。②层土质较疏松，黄土，夹杂少量炭屑，厚约 0.19 米。②层下为生土，采集土样一份。

（1）陶器

SB:P1 彩陶钵口沿。泥质红陶，质地坚硬，火候均匀。敛口，圆唇，圆弧腹，下腹内收。内外壁打磨光滑。口沿外饰黑彩弧带纹下接黑彩勾形纹，内壁饰连续黑彩弧边三角纹。口径 15、高 3.4、胎厚 0.3~0.4 厘米（图六〇，1）。

SB:P2 彩陶盆口沿。泥质红陶，质地坚硬，火候不均，陶胎有灰色夹芯。直口微敛，斜沿，尖唇，斜弧腹。内外壁打磨光滑。口沿外饰黑彩横条带纹一周，下接黑彩斜条带纹四道，口沿内饰黑彩弧带纹。口径 16、高 4.1、胎厚 0.4~0.8 厘米（图六〇，2；彩版一九，4）。

SP3:P3 钵口沿。泥质橙黄陶，质地坚硬，火候不均，陶胎有灰色夹芯。微敛口，方唇，上腹斜直，下腹弧收。内外壁打磨光滑。器表饰斜行黑彩弧带纹四道，口沿内饰黑彩弧边三角纹。高 6、宽 6.3、胎厚 0.4~0.5 厘米（图六〇，3；彩版一九，5）。

SB:P4 彩陶片。泥质红陶，质地坚硬，火候不均，陶胎有灰色夹芯。器表打磨光滑，饰平行黑彩弧带纹四周，间饰白彩条带纹。内壁饰黑彩宽带折线纹，间饰白彩窄折线纹。高 4、宽 4.3、胎厚 0.3~0.5 厘米（图六〇，4）。

SH1:P5 彩陶片。泥质橙黄陶，质地坚硬，火候均匀。器表打磨光滑，饰黑彩宽条带纹下接黑彩水波纹。内壁不平，有抹痕。高 3.7、宽 4.5、胎厚 0.5~0.6 厘米（图六〇，5；彩版二〇，1）。

SB:P6 彩陶片。泥质橙黄陶，质地坚硬，火候均匀。器表打磨光滑，饰黑彩宽带纹、斜行窄条带纹，窄条带纹之上叠压白彩折线纹。内壁不平，有指窝痕和交错抹痕。高 4.8、宽 5.9、胎厚 0.4 厘米（图六〇，6；彩版二〇，2）。

SB:P7 壶口沿。泥质橙黄陶，质地坚硬，火候均匀。折沿，高直领。器表打磨光滑。内壁饰平行黑彩横条带纹五周。高 5.5、宽 3.2、胎厚 0.5 厘米（图六〇，7；彩版二〇，3）。

SB:P8 腹部残片。夹粗砂红褐陶，可见石英等羼和料，质地坚硬，火候不均，陶胎有红、灰色分层。器表较粗糙，器表饰附加堆纹两周，间饰刻划纹。内壁不平，有抹痕。高 5、宽 4.2、胎厚 0.6~0.8 厘米（图六〇，8）。

SB:P9 腹部残片。夹粗砂橙黄陶，可见石英等羼和料，质地坚硬，火候不均，陶胎有灰色夹芯。器表较粗糙，饰交错刻划纹和附加堆纹。内壁不平，有指窝痕和抹痕。高 6.4、宽 7.6、胎厚

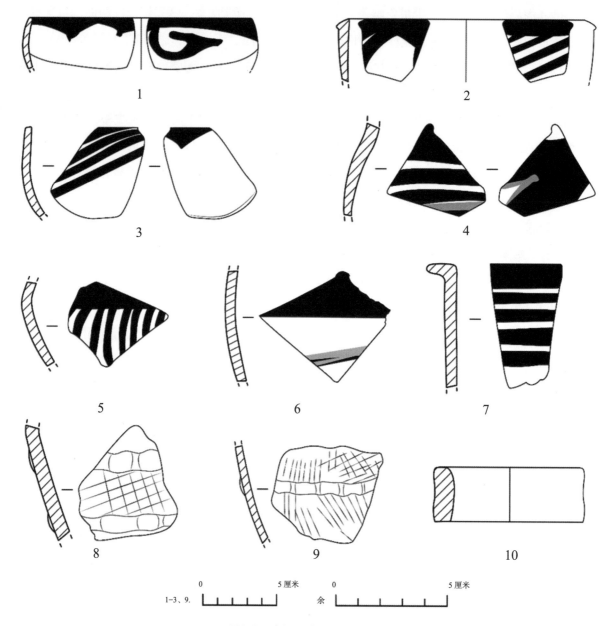

图六〇　沙沟沿遗址南区采集陶片

1.彩陶钵口沿（SB:P1），2.彩陶盆口沿（SB:P2），3.钵口沿（SP3:P3），4-6.彩陶片（SB:P4、SH1:P5、SB:P6），7.壶口沿（SB:P7），8、9.腹部残片（SB:P8、SB:P9），10.石环（SP3:1）

0.5厘米（图六〇，9；彩版二〇，4）。

　　SP3:1　石环。大理石质，白色。仅存局部，平面圆形，断面近圆角方形，中部内弧。通体磨光。直径6.8、高2.4、厚0.9厘米（图六〇，10）。

　　根据采集标本器形特征和纹饰，并结合周边地区同时代典型器物比较判断，遗址北区文化性质为马家窑类型、马厂类型和齐家文化，南区文化性质为马家窑类型。在H1②层、H2、剖面1②层和剖面2③层分别挑选粟或黍测年，北区H1②层测年结果经校正为3984—3849 BP（2Sigma，

95.4%），剖面 1 ②层测年结果经校正为 4071—3875 BP（2Sigma，95.4%），北区年代拟合结果为 4100—3850 BP。南区 H2 测年结果经校正为 4830—4617 BP，剖面 2 ③层测年结果经校正为 4840—4646 BP（2Sigma，95.4%），南区年代拟合结果为 4800—4600 BP（图六一）。南区 H2 和剖面 2 ③层采集少量马家窑类型时期泥质橙黄陶彩陶片和夹砂陶片，夹砂陶多饰附加堆纹多道，与南区地表采集同类器物一致，表明南区主要为马家窑类型时期遗存，证实南区测年结果与灰坑及遗址的文化性质一致。北区 H1 ②和剖面 1 ②层采集陶片主体为齐家文化时期夹砂或泥质红陶和橙黄陶，个别为马家窑或马厂时期的彩陶片，表明此区存在多个时期遗存，剖面 1 ②层年代上限可早到马厂晚期，下限至齐家文化中期，证实北区测年结果与灰坑及遗址的文化性质一致。

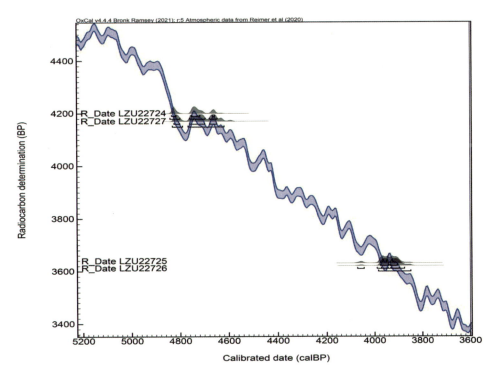

图六一　沙沟沿遗址不同遗迹单位出土粟、黍年代校正曲线

在沙沟沿遗址剖面 1、剖面 2、剖面 3 和 H1、H2 采集浮选土样 7 份，共计 91 升。经鉴定，共出土 10 个种属 506 粒炭化植物种子，其中农作物 425 粒，占出土炭化植物遗存的 83.99%，包括无壳粟、带壳粟、不成熟粟、无壳黍、带壳黍、不成熟黍及粟黍碎块。杂草种子 48 粒，占出土炭化植物遗存的 9.49%，主要为禾本科，包括黍亚科、禾本科、狗尾草属；其次为藜科，包括藜属和地肤属；还有菊科蒿属、蔷薇科、豆科和未知炭化种子。另有种子碎块 33 粒，占出土炭化植物遗存的 6.52%（图六二，图六三）。结合遗址不同区域文化性质和测年结果判断，南区 H2 和剖面 2 出土植物遗存为马家窑类型时期，北区 H1 和剖面 1 出土植物遗存为马厂类型和齐家文化时期。

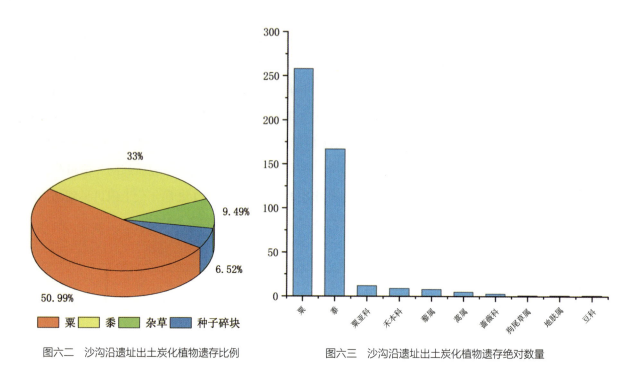

图六二　沙沟沿遗址出土炭化植物遗存比例　　　　图六三　沙沟沿遗址出土炭化植物遗存绝对数量

（五）葛家湾遗址

葛家湾遗址是本次调查新发现的一处遗址，位于永登县红城镇玉山村葛家湾西侧约 500 米的台地上。东南距玉山村 1200 米，南邻葛家湾沙沟，东距庄浪河约 1000 米，相对高度约 80 米，坐标：N36°27′16″，E103°22′15″，海拔 1883 米。遗址分布范围东西约 400 米，南北约 300 米，面积约 12 万平方米（彩版二○，5）。本次调查对遗址所在台地进行了全面踏查，台面地势平坦，中部有现代墓地分布，四周有大小不一的沟壑多条。台面散落有较多陶片，在台地西北边缘处发现灰坑 1 处，编号 H1。

H1 距地表约 0.4 米，剖面近长方形，长约 1.2 米，厚 0.2~0.4 米。灰层中包含少量陶片，有夹砂橙黄陶、灰陶，均为素面（彩版二一，4）。采集标本较小，无可辨器形。

地表采集陶片以夹砂红陶为主，夹砂橙黄陶次之，少量泥质红陶、橙黄陶和夹砂红褐陶、灰陶；以素面为主，彩陶次之，少量饰附加堆纹、凸棱纹和戳印纹。采集标本可辨器形有双耳罐、侈口罐、盆、壶等。

GB:P1　双耳罐口沿。泥质红陶，质地坚硬，火候均匀。侈口，圆唇，束颈，圆肩，鼓腹。口肩部有桥形耳，耳略低于口沿。器表打磨光滑，施紫红色陶衣。口沿外、肩部各饰黑彩横条带纹一周，中部饰黑彩棋盘格纹。耳两侧饰黑彩竖条带纹，黑彩脱落严重。口沿内饰两道内缘呈水波状的黑彩横条带纹，上部较窄，下部较宽。口径 11.4、高 6.7、胎厚 0.5 厘米（图六四，1）。

GB:P2　盆口沿。泥质红陶，质地坚硬，火候均匀。侈口，圆唇，高束颈，溜肩。器表打磨光滑，施紫红色陶衣。颈部饰平行黑彩条带纹六道。口沿上饰黑彩短斜线纹一周，下接"Z"字形黑彩折带纹。口径 17.4、高 5、胎厚 0.7 厘米（图六四，2）。

　　GB:P3 双耳盆口沿。泥质橙黄陶，质地坚硬，火候均匀。侈口，圆唇，束颈，圆鼓腹，下腹内收。口腹间有环形耳，口耳平齐。器表打磨光滑，口沿外、肩部、腹部各饰黑彩横条带纹一

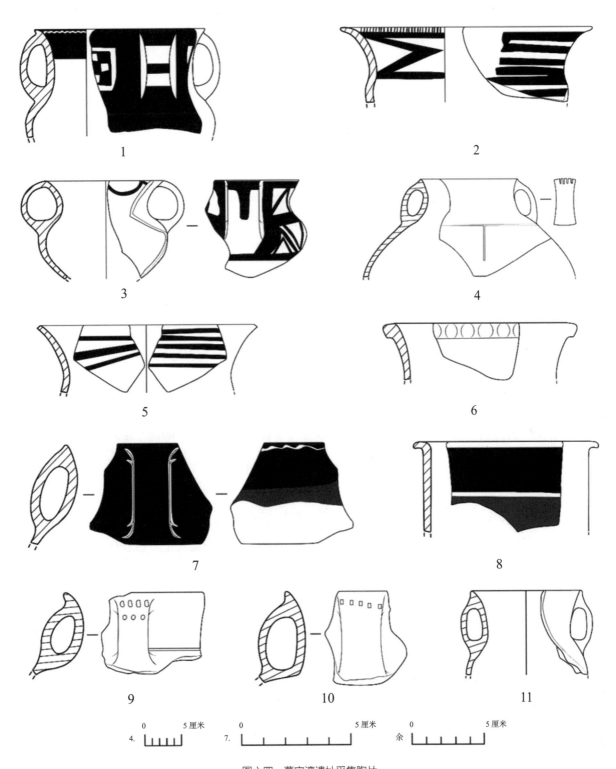

图六四　葛家湾遗址采集陶片

1、4、7、9-11.双耳罐口沿（GB:P1、GB:P4、GB:P7、GB:P9-GB:P11），2、5.盆口沿（GB:P2、GB:P5），3.双耳盆口沿（GB:P3），6.侈口罐口沿（GB:P6），8.壶口沿（GB:P8）

周，间饰黑彩折线纹。耳面饰黑彩"T"字形纹。口沿内饰黑彩垂弧纹一周。口径 8、高 6.8、胎厚 0.3~0.5 厘米（图六四，3；彩版二一，2）。

GB:P4　双耳罐口沿。夹粗砂橙黄陶，可见石英等羼和料，烧结度不高，质地疏松。侈口，圆唇，束颈，圆肩，鼓腹。口肩部有桥形耳，口耳平齐，耳上口沿刻划凹槽四道。器表抹光，饰"T"字形凸棱。内壁不平，有指窝痕和抹痕。局部有烟炱。口径 13.4、高 13、胎厚 0.7 厘米（图六四，4；彩版二一，3）。

GB:P5　盆口沿。夹细砂红陶，质地坚硬，火候均匀。侈口，方唇，高束颈，溜肩。内外壁打磨光滑，施紫红色陶衣。器表饰平行黑彩窄条带纹五道，内壁饰黑彩斜条带纹三道。口径 15、高 4.5、胎厚 0.4 厘米（图六四，5）。

GB:P6　侈口罐口沿。夹细砂红陶，质地坚硬，火候均匀。侈口，方唇，束颈，溜肩。口沿外饰花边形附加堆纹一周。内壁不平，有刮抹痕。口径 13.4、高 3.8、胎厚 0.4~1 厘米（图六四，6）。

GB:P7　双耳罐口沿。泥质红陶，质地坚硬，火候均匀。侈口，圆唇，束颈，圆肩。口肩部有桥形耳，耳略低于口沿。器表打磨光滑，施紫红色陶衣。口沿外、肩部各饰黑彩横条带纹一周，中间饰竖向黑彩宽、窄条带纹。口沿内饰两道内缘呈水波状纹的黑彩横条带纹，上窄下宽。高 4.5、宽 5.6、胎厚 0.3~0.4 厘米（图六四，7）。

GB:P8　壶口沿。泥质橙黄陶，质地坚硬，火候不均，陶胎有灰色夹芯。直口，卷沿，圆唇，高领。口沿下压印斜行短凸棱纹一周。领部饰黑红复彩宽带纹各一周，间饰白彩窄条带纹。内壁不平，有指窝痕和抹痕。口径 12.8、高 6、胎厚 0.5 厘米（图六四，8）。

GB:P9　双耳罐口沿。夹细砂红陶，质地坚硬，火候均匀。侈口，圆唇，束颈，圆肩。口肩部有桥形耳，耳略低于口沿，耳面上戳印纹凹窝两排。器表较粗糙，颈下部刻划凹弦纹一道。内壁不平，有泥条盘筑痕和抹痕。高 5.5、宽 7.2、胎厚 0.4~0.6 厘米（图六四，9）。

GB:P10　双耳罐口沿。夹粗砂橙黄陶，可见石英等羼和料，质地坚硬，火候均匀。侈口，圆唇，束颈，圆肩。口肩部有桥形耳，耳略低于口沿，耳面上戳印凹窝五个。器表抹光，内壁有指窝痕。高 6.3、宽 5.3、胎厚 0.5~0.7 厘米（图六四，10）。

GB:P11　双耳罐口沿。夹细砂灰陶。质地坚硬，火候均匀。侈口，圆唇，束颈，溜肩。口肩部有桥形耳，口耳平齐。素面，器表打磨光滑，内壁有泥条盘筑痕和抹痕。口径 7.6、高 5.6、胎厚 0.3~0.5 厘米（图六四，11）。

GB:P12　侈口罐口沿。夹粗砂红陶，可见石英等羼和料，质地坚硬，火候不均，口沿局部呈灰色。侈口，尖唇，高领微束。耳略低于口沿，残。耳上口沿处刻划凹槽三道。素面，器表有指窝痕和抹痕。口径 16.2、高 6.3、胎厚 0.4 厘米（图六五，1）。

GB:1　侈口罐。夹细砂红褐陶，质地坚硬，火候均匀。侈口，圆唇，束颈，溜肩，鼓腹，下腹弧收，平底。内外壁较粗糙，器表饰绳纹。器表有烟炱。口径 8.2、高 8.5、底径 8、胎厚 0.8、底厚 1.2 厘米（图六五，2；彩版二一，4）。

GB:P13 双耳罐口沿。夹细砂红陶，质地坚硬，火候均匀。侈口，尖唇，束颈，圆肩，鼓腹。口肩部有桥形耳，耳略低于口沿。器表打磨光滑，施紫红色陶衣。口沿外饰黑彩横条带纹，领部饰竖向黑彩宽、窄条带纹，肩腹部饰交错黑彩宽、窄条带纹。高10、宽10.5、胎厚0.6厘米（图六五，3）。

GB:P14 腹耳罐腹部。夹细砂红陶，可见石英等羼和料，质地坚硬，火候不均，陶胎有灰色夹芯。斜弧腹，腹中偏下有环形耳。器表抹光，饰黑彩横条带纹和垂弧纹。内壁不平，有指窝痕和抹痕。高8.4、宽9.5、胎厚0.6~0.7厘米（图六五，4）。

GB:P15 盆口沿。泥质橙黄陶，质地坚硬，火候不均，陶胎局部呈红、灰色分层。敞口，斜沿，尖唇，高束颈，溜肩，鼓腹，下腹弧收。器表打磨光滑，施褐色陶衣，饰平行黑彩横条带纹。口径18.4、高7.6、胎厚0.6厘米（图六五，5）。

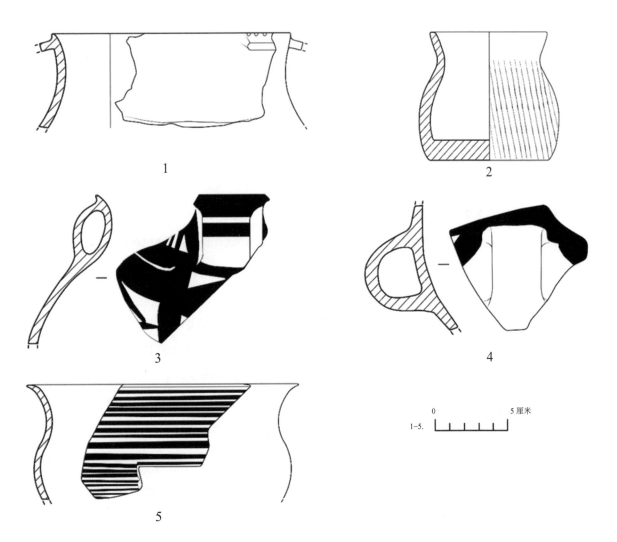

图六五 葛家湾遗址采集陶片

1.侈口罐口沿（GB:P12），2.侈口罐（GB:1），3.双耳罐口沿（GB:P13），4.腹耳罐腹部（GB:P14），5.盆口沿（GB:P15）

根据采集标本器形特征和纹饰，并结合周边地区同时代典型器物比较判断，遗址文化性质为马厂类型。采集的陶器与薛家坪采集陶器的器形纹饰一致，结合薛家坪遗址的测年结果判断，该遗址马厂类型遗存年代为 4200—4000 BP。

葛家湾遗址 H1 采集浮选土样 1 份，共计 10 升。经鉴定，共出土 85 粒炭化植物种子，其中农作物 63 粒，占出土炭化植物遗存的 74.12%，包括无壳粟、带壳粟、无壳黍及粟黍碎块；杂草种子仅有未知炭化种子 9 粒，占出土炭化植物遗存的 10.59%；另有少量种子碎块 13 粒，占出土炭化植物遗存的 15.29%（图六六，图六七）。结合遗址文化性质判断，出土植物遗存为马厂类型时期。

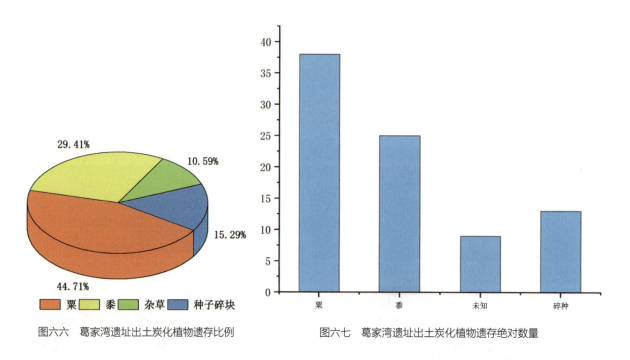

图六六　葛家湾遗址出土炭化植物遗存比例　　　　图六七　葛家湾遗址出土炭化植物遗存绝对数量

（六）汪家湾墓群

汪家湾墓群位于永登县中堡镇汪家湾村东北约 600 米处的山梁和山坳间，西南距明长城 60 米，距 312 国道沪霍线 200 米，北距东二干渠 400 米，西距庄浪河约 1200 米，相对高度约 40 米，坐标：N36°46′37.3″，E103°13′59″，海拔 2177 米。墓群分布范围东西约 300 米，南北约 300 米，面积约 9 万平方米（彩版二一，5）。本次调查对墓群所在区域进行了全面踏查，区内地势北高南低，东高西低，植被稀少。遗址盗掘严重，地表可见上百座盗坑，周边散落有较多陶片。从残存盗坑形制判断，主要包括竖穴土坑墓和洞室墓。

地表采集陶片以夹砂红陶为主，泥质橙黄陶、红陶次之，少量夹砂灰陶、橙黄陶；以素面为主，部分彩陶，少量饰附加堆纹、绳纹和刻划纹。附加堆纹全部饰于器物颈部或肩部。本次采集陶器标本可辨器形为高领罐、壶、侈口罐、双耳罐、腹耳罐等。

WB:P1　高领罐口沿。夹细砂灰陶，可见石英等羼和料，质地坚硬，火候不均，陶胎局部有红、灰色分层。敞口，圆唇，高领，溜肩。素面，内外壁抹光。口径 13.2、高 5.7、胎厚 0.5~0.6 厘米（图六八，1）。

WB:P2 高领罐口沿。泥质橙黄陶，质地坚硬，火候均匀。敞口，圆唇，高领。器表打磨光滑，素面。口径18.2、高4.6、胎厚0.6~0.7厘米（图六八，2）。

WB:P3 高领罐口沿。泥质橙黄陶，质地坚硬，火候均匀。敞口，圆唇，高领，溜肩。素面，器表打磨光滑，口沿内外有轮修痕，领部有密集的竖向刮抹痕。口径15.6、高6.9、胎厚0.3~0.5厘米（图六八，3）。

WB:P4 侈口罐口沿。夹粗砂红陶，可见石英等羼和料，质地坚硬，火候均匀。侈口，圆唇，束颈，圆肩。颈肩之间饰附加堆纹一周，器表较粗糙，有指窝痕和抹痕。内壁不平，有泥条盘筑痕和抹痕。口径16、高7、胎厚0.8~0.9厘米（图六八，4）。

WB:P5 侈口罐口沿。夹细砂橙黄陶，质地坚硬，火候均匀。侈口，圆唇，束颈，溜肩。肩部饰附加堆纹一周。内壁不平，有泥条盘筑痕和指窝痕。口径9、高4.5、胎厚0.6厘米（图六八，5）。

WB:P6 侈口罐口沿。夹粗砂灰陶，可见石英等羼和料，质地坚硬，火候均匀。侈口，圆唇，束颈。口沿外有凸棱一周，颈肩之间饰附加堆纹一周。内壁不平，有泥条盘筑痕和抹痕。口径12.5、高5.5、胎厚0.5~0.7厘米（图六八，6）。

WB:P7 壶口沿。泥质橙黄陶，质地坚硬，火候均匀。侈口，圆唇，高领微束，溜肩。器表打磨光滑，施紫红色陶衣。口沿外饰黑彩宽条带纹一周，下接黑彩折线纹。口沿内饰黑彩窄条带纹一周，下接黑彩折线纹。口径为11.8、高5.3、胎厚0.3~0.5厘米（图六八，7）。

WB:P8 侈口罐口沿。夹粗砂橙黄陶，可见石英等羼和料，烧结度不高，质地疏松。侈口，圆唇，束颈，圆肩。口沿外有凸棱一周。内外壁粗糙，内壁有指窝痕和抹痕。高6.5、宽9、胎厚0.7~0.8厘米（图六八，8）。

WB:P9 彩陶片。泥质橙黄陶，质地坚硬，火候均匀。器表打磨光滑，施紫红色陶衣，饰黑彩连珠纹。内壁不平，有泥条盘筑痕和抹痕。高2.8、宽5.7、胎厚0.4~0.6厘米（图六八，9）。

WB:P10 彩陶片。泥质橙黄陶，质地坚硬，火候均匀。器表打磨光滑，施紫红色陶衣，饰黑彩折带纹和网格纹，部分黑彩脱落。内壁不平，有指窝痕和抹痕。高12、宽12.7、胎厚0.5~0.7厘米（图六八，10）。

WB:P11 侈口罐口沿。夹细砂橙黄陶，烧结度不高，质地疏松。侈口，圆唇，束颈，圆肩。颈部饰附加堆纹一周。内壁不平，有泥条盘筑痕和抹痕。口径16.6、高6.4、胎厚0.6~0.7厘米（图六八，11）。

WB:P12 腹耳罐腹部。夹粗砂红陶，可见石英等羼和料，烧结度不高，质地疏松，火候不均，陶胎有红、灰色分层。鼓腹，下腹弧收，腹中偏下有环形耳。素面，器表粗糙。内壁不平，有抹痕。局部有烟炱。高9.3、宽13、胎厚0.5厘米（图六八，12）。

WB:P13 腹耳罐腹部。夹粗砂红陶，可见石英等羼和料，质地坚硬，火候均匀。斜腹微弧，腹部有环形耳。素面，器表粗糙。内壁不平，有指窝痕和竖向抹痕。高12.7、宽11.8、胎厚0.7~1

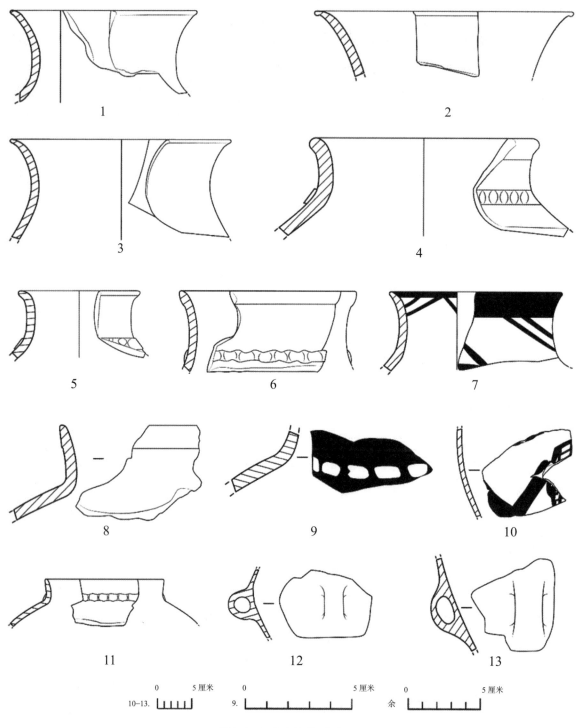

图六八　汪家湾墓群采集陶片

1-3.高领罐口沿（WB:P1-WB:P3），4-6、8、11.侈口罐口沿（WB:P4-WB:P6、WB:P8、WB:P11），7.壶口沿（WB:P7），9、10.彩陶片（WB:P9、WB:P10），12、13.腹耳罐腹部（WB:P12、WB:P13）

厘米（图六八，13）。

WB:P14　双耳罐口沿。夹粗砂红陶，可见石英等羼和料，烧结度不高，质地疏松，火候不均，器表呈红褐色。侈口，圆唇，束颈，圆肩。口肩部有桥形耳，耳略低于口沿。耳上部口沿刻划凹槽六道，肩部刻划折线纹。耳面上贴塑窄泥条，与耳同宽，其上刻划凹槽五道。内壁不平，有指窝痕和抹痕。高8.7、宽12、胎厚0.6~1.5厘米（图六九，1）。

WB:P15　腹耳罐腹部。夹细砂灰陶，质地坚硬，火候均匀。溜肩，斜腹微弧。近腹中有环形耳。素面，器表抹光，内壁不平，有指窝痕和抹痕。高11.4、宽7.5、胎厚0.5~1厘米（图六九，2）。

WB:P16　彩陶片。泥质橙黄陶，质地坚硬，火候均匀。腹部有耳痕。器表打磨光滑，饰黑彩宽条带纹下接黑彩垂弧纹。内壁不平，有泥条盘筑痕和抹痕。高5、宽9、胎厚0.5~0.6厘米（图六九，3）。

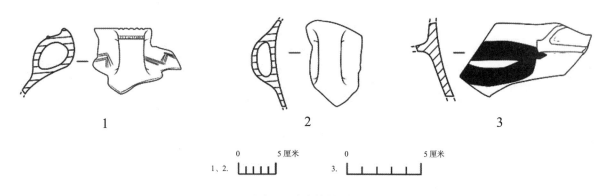

图六九　汪家湾墓群采集陶片
1.双耳罐口沿（WB:P14），2.腹耳罐腹部（WB:P15），3.彩陶片（WB:P16）

根据采集标本器形特征和纹饰，并结合周边地区同时代典型器物比较判断，遗址文化性质为马厂类型和齐家文化。采集陶片表明马厂类型和齐家文化时期遗存共存，与高场遗址一致，采集陶器的器形纹饰也一致。结合高场遗址的测年结果判断，该遗址马厂类型和齐家文化时期遗存年代为4100—3900 BP。

（七）上山沟遗址

上山沟遗址位于永登县龙泉寺镇费家营村西北，费家沙沟与杨达子沟之间的台地上。北距俞家营遗址约800米，东距庄浪河约700米，相对高度约30米，坐标：N36°30′48″，E103°22′18″，海拔1891米。遗址分布范围东西约450米，南北约400米，面积约18万平方米（彩版二二，1）。本次调查对整个台地进行了全面踏查，台地早年被平整为梯田，大部分已荒芜。区内有较多盗坑，周边散落较多陶片。

地表采集陶片以夹砂红陶、橙黄陶为主，泥质橙黄陶和夹砂红褐陶次之，有少量泥质红陶、灰陶；以素面为主，部分彩陶，少量饰附加堆纹、刻划纹和绳纹。采集标本可辨器形有盆、侈口罐、双耳罐等。

SB:P1　侈口罐口沿。夹粗砂红褐陶，可见石英等羼和料，质地坚硬，火候不均，陶胎有红、灰色分层。侈口，卷沿，圆唇，溜肩。器表粗糙，肩部饰附加堆纹一周。内壁不平，有抹痕。口径

19.4、高 6.4、胎厚 0.5~0.6 厘米（图七〇，1）。

SB:P2　侈口罐口沿。夹粗砂红褐陶，可见石英等羼和料，质地坚硬，火候不均，陶胎有灰色夹芯。侈口，卷沿，圆唇，溜肩。内外壁较粗糙，有指窝痕和抹痕。口肩之间、肩部各饰附加堆纹一周。高 10.6、宽 12.3、胎厚 0.6 厘米（图七〇，2）。

SB:P3　双耳罐口沿。泥质灰陶，质地坚硬，火候均匀。侈口，圆唇，束颈，圆肩。口肩部有桥形耳，耳略低于口沿。素面，器表打磨光滑。口径 8、高 6、胎厚 0.3~0.4 厘米（图七〇，3；彩版二二，2）。

SB:P4　侈口罐口沿。夹粗砂红陶，可见石英等羼和料，质地坚硬，火候均匀。侈口，折沿，圆唇，圆肩。器表未打磨，较粗糙。唇部刻划凹槽，肩部饰刻划的复线波状纹。内壁不平，有指窝痕和交错抹痕。口径 26.7、高 7.9、胎厚 0.7~1.2 厘米（图七〇，4）。

SB:P5　侈口罐口沿。夹粗砂红褐陶，可见石英等羼和料，质地坚硬，火候不均，陶胎有红、灰色分层。侈口，折沿，圆唇，溜肩。口沿外饰附加堆纹一周。口径 18.6、高 6、胎厚 0.6 厘米（图七〇，5）。

SB:P6　彩陶片。泥质橙黄陶，质地坚硬，火候均匀。器表打磨光滑，饰黑彩宽弧带纹一道，两侧饰宽窄不一的黑彩弧带纹。内壁不平，有抹痕。高 5.8、宽 5.2、胎厚 0.4 厘米（图七〇，6；彩版二二，3）。

SB:P7　侈口罐口沿。夹细砂红褐陶，质地坚硬，火候不均，陶胎局部有灰色夹芯。侈口，卷沿，圆唇，溜肩。器表饰交错刻划纹，口沿饰一周戳印文。内壁不平，有指窝痕和抹痕。口径 21.3、高 5.3、胎厚 0.5~0.7 厘米（图七〇，7）。

SB:P8　侈口罐口沿。夹粗砂红陶，可见石英等羼和料，质地坚硬，火候不均，陶胎局部有灰色夹芯。侈口，卷沿，圆唇，溜肩。素面，内外壁粗糙，有指窝痕和抹痕。口径 19、高 3.5、胎厚 0.5~0.8 厘米（图七〇，8）。

SB:P9　彩陶盆口沿。泥质红陶，质地坚硬，火候均匀。近敛口，方唇，弧腹。器表饰黑彩横条带纹，下接复线黑彩水波纹，口沿上饰黑彩波折纹，内壁饰斜行黑彩弧带纹、弧边三角纹。器表打磨光滑。高 2.7、宽 7.3、胎厚 0.5~0.7 厘米（图七〇，9；彩版二三，1）。

SB:P10　侈口罐口沿。夹粗砂红褐陶，可见石英等羼和料，烧结度不高，质地疏松。侈口，折沿，圆唇，溜肩。口沿外饰附加堆纹一周。内外壁较粗糙，有指窝痕和抹痕。口径 32、高 7.9、胎厚 0.5 厘米（图七〇，10）。

SB:P11　彩陶盆口沿。泥质橙黄陶，质地坚硬，火候均匀。近直口，折沿，圆唇，弧腹。器表饰黑彩横条带纹一周，下接黑彩复线水波纹，口沿上饰黑彩短斜线纹一周，口沿内饰间断黑彩弧边三角纹一周。内外壁打磨光滑。口径 19、残高 4.3、胎厚 0.3~0.5 厘米（图七〇，11；彩版二三，2）。

SB:P12　彩陶盆口沿。泥质橙黄陶，质地坚硬，火候均匀。敞口，方唇，高束颈，鼓腹，下腹内收。内外壁打磨光滑，施紫红色陶衣。颈部饰复线黑彩平行条带纹两组，间饰黑彩"×"形纹，腹部饰黑彩横条带纹一周，下接复线黑彩折带纹，口沿内饰平行黑彩短线纹，下接黑彩横条带纹两周，间饰连续的黑彩弧边菱形纹。口径 11.7、高 6、胎厚 0.2~0.4 厘米（图七〇，12；彩版二三，3）。

SB:P13　彩陶片。泥质橙黄陶，质地坚硬，火候均匀。器表打磨光滑，饰黑彩宽、窄条带纹各一道，窄条带纹下接斜行复线黑彩弧带纹。内壁不平，有泥条盘筑痕和抹痕。高 5.8、宽 5.6、胎厚

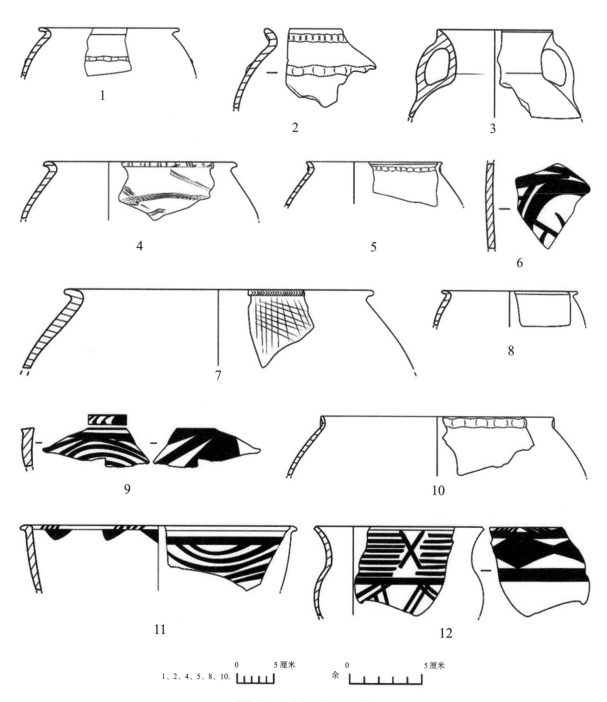

图七〇　上山沟遗址采集陶片

1、2、4、5、7、8、10.侈口罐口沿（SB:P1、SB:P2、SB:P4、SB:P5、SB:P7、SB:P8、SB:P10），3.双耳罐口沿（SB:P3），6.彩陶片（SB:P6），9、11、12.彩陶盆口沿（SB:P9、SB:P11、SB:P12）

0.4 厘米（图七一，1；彩版二三，4）。

SB:P14　彩陶片。泥质橙黄陶，质地坚硬，火候均匀。器表打磨光滑，饰黑彩矩形纹，内填黑彩网格纹和圆点纹。内壁不平，有较深抹痕。高 6.6、宽 8.4、胎厚 0.3 厘米（图七一，2；彩版二三，5）。

SB:P15　彩陶片。泥质橙黄陶，质地坚硬，火候不均，陶胎有灰色夹芯。内外壁打磨光滑，器表素面，内壁上下各饰黑彩宽条带纹一道，间饰复线黑彩窄条带纹。高 7.2、宽 7.1、胎厚 0.5 厘米（图七一，3；彩版二三，6）。

SB:P16　彩陶片。泥质橙黄陶，质地坚硬，火候不均，陶胎有灰色夹芯。器表打磨光滑，饰斜行复线黑彩条带纹。内壁不平，有泥条盘筑痕和抹痕。高 2.8、宽 5.3、胎厚 0.5~0.6 厘米（图七一，4）。

根据采集标本器形特征和纹饰，并结合周边地区同时代典型器物比较判断，遗址文化性质为马家窑类型和马厂类型。采集的马家窑类型时期陶器与石碑湾、沙沟沿遗址南区同类陶器的器形纹饰一致，结合石碑湾和沙沟沿遗址测年结果判断，该遗址马家窑类型时期遗存年代为 4800—4600 BP。采集的马厂文化时期陶器与薛家坪同类器物的形制纹饰一致，该遗址马厂类型时期遗存年代为 4200—4000 BP。

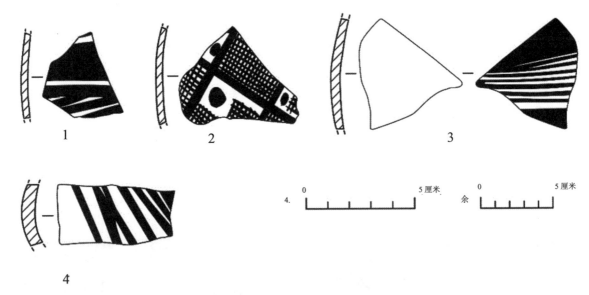

图七一　上山沟遗址采集陶片
1—4. 彩陶片（SB:P13—SB:P16）

（八）李家坪遗址

李家坪遗址位于永登县龙泉寺镇杨家营村铧尖子西侧约 200 米处，费家山沟南侧的台地上。北与上山沟遗址隔沟相望，相距约 800 米，东距庄浪河约 900 米，垂直高差约 40 米。坐标：N36°30′12″，E103°21′57″，海拔 1897 米。遗址分布范围东西约 700 米，南北约 800 米，面积约 56 万平方米（彩版二四，1）。1993 年，该遗址被公布为省级文物保护单位。本次调查对遗址所在台地进行了全面踏查，台面平坦开阔，周围边缘多沟壑，植被稀少。在中部发现较多长方形凹陷坑，并在地势较低处发现因平地遭破坏的墓葬一座，编号 M1（彩版二四，2）。

M1 位于遗址中部，在墓葬填土中采集有高领折肩罐和双耳罐各 1 件。

地表采集陶片以夹砂橙黄陶为主，泥质橙黄陶次之，少量泥质红陶和夹砂红陶、红褐陶、灰陶。以素面为主，部分彩陶，少量饰附加堆纹、绳纹和篮纹。采集标本可辨器形有壶、盆、侈口罐、折肩罐等。

LB:P1　壶口沿。夹细砂红陶，质地坚硬，火候不均，陶胎有红、灰色分层。侈口，斜沿，圆唇，直领，溜肩。领部饰黑彩横"人"字纹，领肩之间饰红彩宽带纹一周，口沿内饰黑彩短斜线纹、宽带纹各一周，下接交错复线黑彩垂弧纹。高 5.5、宽 6.8、胎厚 0.3~0.6 厘米（图七二，1；彩版二四，3；彩版二五，1）。

LB:P2　盆口沿。泥质橙黄陶，质地坚硬，火候不均，陶胎有灰色夹芯。敞口，圆唇，高颈。内外壁打磨光滑，施紫红色陶衣。器表饰复线黑彩平行横条带纹五道，下接黑彩宽带纹。口沿内饰黑彩宽带纹，下接斜行黑彩弧带纹两道，间饰横向黑彩短线纹。高 8、宽 4.3、胎厚 0.4~0.9 厘米（图七二，2）。

LB:P3　壶口沿。夹细砂橙黄陶，质地坚硬，火候均匀。敞口，斜沿，圆唇，高领。器表打磨光滑，施紫红色陶衣，素面，口沿内饰黑彩连珠纹一周。高 2.1、宽 3.7、胎厚 0.4 厘米（图七二，3）。

LB:P4　腹耳罐腹部。泥质橙黄陶，质地坚硬，火候均匀。弧腹，腹中偏下有耳，残。器表打磨光滑，施橙黄色陶衣，饰黑彩折带纹。内壁不平，有指窝痕和抹痕。高 4.6、宽 9.5、胎厚 0.6 厘米（图七二，4；彩版二五，2）。

LB:P5　彩陶片。泥质橙黄陶，质地坚硬，火候均匀。器表打磨光滑，饰黑红复彩圆圈网格纹，外圈黑彩略宽，内圈红彩稍窄，圈内为黑彩网格纹。内壁不平，有指窝痕和抹痕。高 4、宽 4.5、胎厚 0.5 厘米（图七二，5；彩版二五，3）。

LB:P6　侈口罐口沿。夹细砂橙黄陶，可见石英等羼和料，质地坚硬，火候不均，陶胎有灰色夹芯。侈口，折沿，方唇，束颈，圆肩。素面，器表较粗糙，沿下饰附加堆纹一周。高 4.2、宽 6.7、胎厚 0.4~0.7 厘米（图七二，6）。

LB:P7　侈口罐口沿。夹粗砂红褐陶，可见石英等羼和料，质地坚硬，火候均匀。侈口，圆唇。口沿外饰花边形附加堆纹一周。高 2.5、宽 5、胎厚 0.5~0.8 厘米（图七二，7）。

LB:P8　折肩罐腹部。夹细砂灰陶，质地坚硬，火候均匀。折肩，鼓腹，下腹斜收，肩腹间有折棱。肩部素面，打磨光滑，腹部饰竖篮纹。高 3.6、宽 5.1、胎厚 0.6~0.8 厘米（图七二，8）。

LB:P9　腹耳罐腹部。夹粗砂红陶，可见石英等羼和料，质地坚硬，火候均匀。斜弧腹，近腹中有环形耳。器表较粗糙，内壁不平，有指窝痕和抹痕。高 12、宽 8.4、胎厚 0.4~0.8 厘米（图七二，9）。

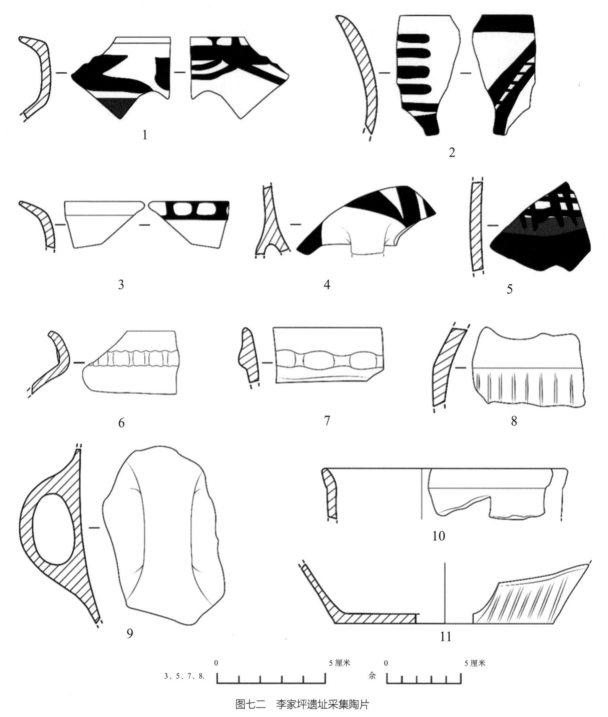

图七二　李家坪遗址采集陶片

1、3.壶口沿（LB:P1、LB:P3），2.盆口沿（LB:P2），4、9.腹耳罐腹部（LB:P4、LB:P9），5.彩陶片（LB:P5），
6、7、10.侈口罐口沿（LB:P6、LB:P7、LB:P10），8.折肩罐腹部（LB:P8），11.器底（LB:P11）

　　LB:P10　侈口罐口沿。夹细砂橙黄陶，可见石英等羼和料，质地坚硬，火候不均，陶胎有灰色夹芯。侈口，圆唇，直领。口沿外有凸棱一周。素面，内壁不平，有指窝痕和抹痕。口径17、高3.4、胎厚0.6~0.8厘米（图七二，10）。

LB:P11　器底。夹细砂橙黄陶，烧结度不高，质地疏松，火候不均，陶胎有灰色夹芯。斜直腹微弧，平底。器表未打磨，饰斜篮纹。内壁不平，有泥条盘筑痕和交错抹痕。残高4、底径15、胎厚0.5~1、底厚0.8厘米（图七二，11）。

LM1:1　双大耳罐。泥质红陶，质地坚硬，火候均匀。仅残存腹底部。斜直领，折腹，平底。口腹部有耳，残。素面，器表打磨光滑。内壁不平，有指窝痕。残高5.6、最大腹径8.1、底径4.2、胎厚0.3厘米（图七三，1）。

LM1:2　高领折肩罐。泥质红陶，质地坚硬，火候均匀。口沿残，高领，折肩，鼓腹，下腹斜收，平底。上腹近肩处有双耳。腹部、耳面饰横篮纹。残高31.4、最大腹径25.3、底径10.4、胎厚0.5~0.6厘米（图七三，2；彩版二五，4）。

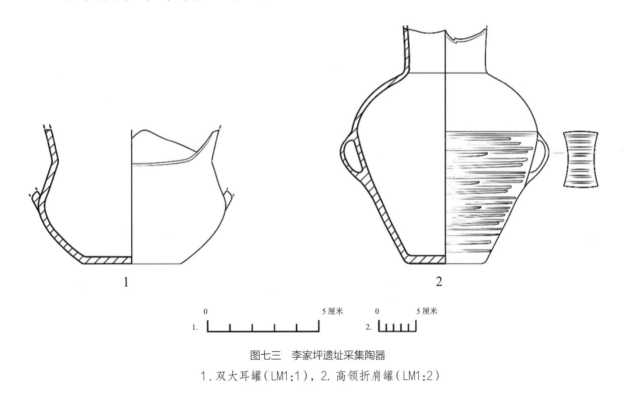

图七三　李家坪遗址采集陶器
1.双大耳罐（LM1:1），2.高领折肩罐（LM1:2）

根据采集标本器形特征和纹饰，并结合周边地区同时代典型器物比较判断，遗址文化性质为马厂类型和齐家文化。采集的马厂类型和齐家文化时期遗存共存，与高场遗址一致，出土同类器物的形制纹饰也一致，该遗址马厂类型和齐家文化时期遗存年代为4100—3900 BP。其中M1出土的双大耳罐和横篮纹高领罐早于地表所见齐家文化遗存，可能早于4000 BP。

（九）孙家湾大坪遗址

孙家湾大坪遗址位于永登县红城镇玉山村西约100米，山水沟沟口北侧的台地上。北距柴家坪遗址约3400米，东距庄浪河约800米，垂直高差约70米。坐标：N36°26′27″，E103°22′40″，海拔1862米。遗址分布范围东西约250米，南北约230米，面积约5万平方米（彩版二五，5）。本次调查对遗址所在台地进行了全面踏查，台地周边有大小不一的沟壑多条，台缘因雨水冲刷呈不规则形，植被稀少。地表散落有较多陶片，发现剖面1处，编号剖面1。

剖面1为遗址东北侧的人工断面，文化层距地表约1.1米，厚约0.1米，包含少量动物骨骼和陶片（彩版二六，1）。陶片多为夹砂灰陶，器表有烟炱。采集土样一份。

地表采集陶片以夹砂红陶为主，泥质橙黄陶次之，少量泥质红陶、夹砂橙黄陶、红褐陶和夹砂灰陶。以素面为主，彩陶次之，少量饰绳纹和附加堆纹。本次采集标本可辨器形有侈口罐、双耳罐、盆、壶等。

SB:P1　侈口罐口沿。夹细砂橙黄陶，质地坚硬，火候不均，陶胎局部有红、灰色分层。侈口，圆唇，束颈，溜肩。颈部素面，肩部饰附加堆纹一周。口径9.6、高3.2、胎厚0.4~0.5厘米（图七四，1）。

SB:P2　侈口罐口沿。夹细砂红陶，质地坚硬，火候不均，陶胎局部有红、灰色分层。侈口，圆唇，束颈，圆肩。颈肩之间饰凹弦纹一周，肩部饰刻划纹。器表有烟炱。口径16、高4.3、胎厚0.5厘米（图七四，2）。

SB:P3　壶口沿。泥质橙黄陶，质地坚硬，火候均匀。敞口，尖唇，束颈。器表打磨光滑，饰黑彩宽条带纹两周，间饰红彩窄条带纹一周。口沿内饰黑彩水波纹一周，下接红彩、黑彩窄条带纹各一周。口径11.7、高2.4、胎厚0.2~0.3厘米（图七四，3）。

SB:P4　侈口罐口沿。夹细砂红褐陶，质地坚硬，火候不均，陶胎有灰色夹芯。侈口，尖唇，束颈，圆肩。器表较粗糙，素面。内壁不平，有交错抹痕。口径17、高6.5、胎厚0.6~0.8厘米（图七四，4）。

SB:P5　盆口沿。泥质红陶，质地坚硬，火候均匀。敞口，圆唇，高颈。内外壁打磨光滑，施紫红色陶衣。器表饰复线黑彩平行条带纹六道，下接黑彩宽带纹两周。口沿内饰黑彩条带纹一周，下接黑彩宽折带纹。高6.4、宽7.2、胎厚0.6~0.7厘米（图七四，5；彩版二六，2）。

SB:P6　彩陶片。泥质橙黄陶，质地坚硬，火候均匀。器表打磨光滑，饰黑彩蛙肢纹。内壁不平，有抹痕。高3、宽3.5、胎厚0.3厘米（图七四，6）。

SB:P7　彩陶片。泥质橙黄陶，质地坚硬，火候均匀。器表打磨光滑，饰复线黑彩折带纹。内壁不平，有指窝痕和抹痕。高2.7、宽4、胎厚0.4厘米（图七四，7）。

SB:P8　彩陶片。泥质橙黄陶，质地坚硬，火候均匀。器表打磨光滑，饰黑彩宽弧带纹一道，内接黑彩窄弧带纹五道。内壁不平，有抹痕。高5.5、宽6.1、胎厚0.4厘米（图七四，8）。

SB:P9　彩陶片。泥质橙黄陶，质地坚硬，火候均匀。器表打磨光滑，饰黑彩宽带纹，下接黑彩垂弧纹。内壁不平，有抹痕。高4.4、宽6.4、胎厚0.5厘米（图七四，9）。

SB:P10　彩陶片。泥质橙黄陶，质地坚硬，火候均匀。器表打磨光滑，施紫红色陶衣，饰黑彩宽带纹，下接黑彩垂弧纹。内壁不平，有刮抹痕。高12、宽14.5、胎厚0.6厘米（图七四，10）。

SB:P11　双耳罐口沿。夹细砂灰陶，可见石英等羼和料，质地坚硬，火候均匀。侈口，圆唇，束颈，圆肩，鼓腹。口肩部有双耳，耳略低于口沿。器表打磨光滑，素面。口径8、高6.6、胎厚

0.4（图七四，11）。

SB:P12　双耳罐口沿。夹细砂灰陶，可见石英等羼和料，质地坚硬，火候均匀。侈口，圆唇，束颈，圆肩。口肩部有桥形耳，耳略低于口沿。器表打磨光滑，素面。高4.7、宽4.3、胎厚0.4~0.5厘米（图七四，12）。

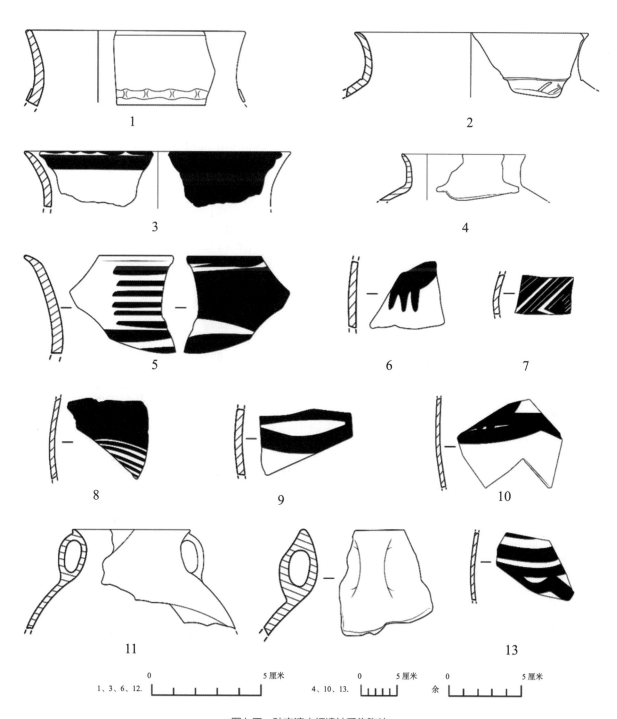

图七四　孙家湾大坪遗址采集陶片

1、2、4.侈口罐口沿（SB:P1、SB:P2、SB:P4），3.壶口沿（SB:P3），5.盆口沿（SB:P5），6-10、13.彩陶片（SB:P6–SB:P10、SB:P13），11、12.双耳罐口沿（SB:P11、SB:P12）

SB:P13 彩陶片。夹细砂红陶，质地坚硬，火候均匀。器表打磨光滑，饰黑彩宽弧带纹三道，下接黑彩宽折带纹。内壁不平，有指窝痕和抹痕。高 9.1、宽 10.6、胎厚 0.5 厘米（图七四，13）。

根据采集标本器形特征和纹饰，并结合周边地区同时代典型器物比较判断，遗址文化性质为马家窑类型和马厂类型。采集的马家窑类型时期彩陶片与石碑湾、沙沟沿遗址南区同类器物的形制纹饰一致，结合石碑湾和沙沟沿遗址测年结果判断，该遗址马家窑类型时期遗存年代为 4800—4600 BP。采集的马厂文化时期陶器与薛家坪、葛家湾同类器物形制纹饰一致，结合薛家坪遗址的测年结果判断，该遗址马厂类型时期遗存年代为 4200—4000 BP。

孙家湾大坪遗址剖面 1 采集浮选土样 1 份，共计 12 升。经鉴定共出土 12 粒炭化植物种子，其中农作物 1 粒，即带壳粟 1 粒，占出土炭化植物遗存的 8.33%；未知杂草炭化种子 1 粒，占出土炭化植物遗存的 8.33%；其余为种子碎块（图七五）。结合遗址文化性质及剖面出土遗物判断，出土植物遗存为马厂类型时期。

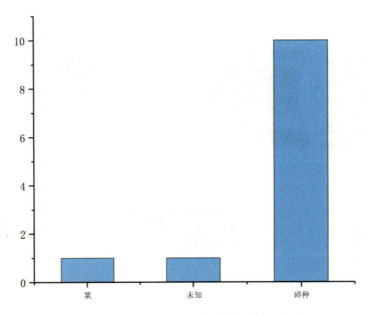

图七五　孙家湾大坪遗址出土炭化植物遗存绝对数量

（一〇）贾家场遗址

贾家场遗址位于永登县大同镇贾家场村西侧、贾家场沙沟南侧山梁上。南临徐家槽沟遗址，西连荒山，东距庄浪河约 850 米，相对高差约 50 米。遗址分布于黄土梁顶部和半山坡，坐标：N36°35′17″，E103°20′53″，海拔 1977 米。遗址分布范围东西约 100 米，南北约 80 米，面积约 8000平方米（彩版二六，5）。本次调查对遗址所在山梁进行了全面踏查，山梁呈西北—东南向，西北高，东南低，南北两侧山坡较陡峭，有大小不一的沟壑多条。山顶及山坡植被稀少。山梁上可见密集盗坑，周围散落有较多陶片。

盗坑旁采集陶片以夹砂橙黄陶为主，少量夹砂红陶、灰陶、红褐陶和泥质橙黄陶。纹饰以彩陶为主，素面陶次之，少量饰附加堆纹。采集标本可辨器形有盆、壶、侈口罐、尊等。

JB:P1　盆口沿。夹细砂红陶，可见石英等羼和料，质地坚硬，火候均匀。敞口，宽斜沿，圆唇，斜腹。外壁素面，内壁施紫红色陶衣。口径 29、高 5.3、胎厚 0.7~0.9 厘米（图七六，1）。

JB:P2　侈口罐口沿。夹细砂橙黄陶，质地坚硬，火候不均，陶胎有红、灰色分层。侈口，圆唇，直领。口沿外有凸棱一周，通体饰细绳纹。内外壁不平，有指窝痕和抹痕。局部有烟炱。口径 23.6、高 5.1、胎厚 0.6~0.8 厘米（图七六，2）。

JB:P3　侈口罐口沿。夹细砂橙黄陶，可见石英等羼和料，质地坚硬，火候不均，陶胎有红、灰色分层。侈口，尖唇，束颈，圆肩。素面。局部有烟炱。口径 16.2、高 4、胎厚 0.3 厘米（图七六，3）。

JB:P4　壶口沿。夹细砂橙黄陶，可见石英等羼和料，质地坚硬，火候不均，陶胎有红、灰色分层。侈口，圆唇，束颈。素面。口径 21.3、高 6.2、宽 7.2、胎厚 0.6 厘米（图七六，4）。

JB:P5　侈口罐口沿。夹细砂红陶，可见石英等羼和料，质地坚硬，火候不均，陶胎有红、灰色分层。侈口，圆唇，束颈。口沿外饰花边形附加堆纹一周。局部有烟炱。高 4.5、宽 6、胎厚 0.7 厘米（图七六，5）。

JB:P6　罐颈肩部。夹砂橙黄陶，烧结度不高，质地疏松，火候不均，陶胎有红、灰色分层。口沿残缺，束颈，圆肩。通体饰细绳纹，颈肩部饰附加堆纹一周。高 6.6、宽 8.6、胎厚 0.5~0.6 厘米（图七六，6）。

JB:P7　壶口沿。夹细砂灰陶，质地坚硬，火候不均，陶胎有红、灰色分层。侈口，圆唇，束颈，溜肩。素面，内外壁打磨光滑。口径 11、高 5、胎厚 0.6 厘米（图七六，7）。

JB:P8　罐肩部。夹粗砂红褐陶，可见石英等羼和料，烧结度不高，质地疏松。束颈、圆肩。肩上部饰附加堆纹一周。内壁不平，有指窝痕和抹痕。高 7.8、宽 18.5、胎厚 0.8 厘米（图七六，8）。

JB:P9　彩陶片。夹细砂橙黄陶，质地坚硬，火候均匀。器表打磨光滑，施紫红色陶衣，饰斜行黑彩宽带纹，下接黑彩横条带纹和垂弧纹。内壁不平，有竖向抹痕。高 21、宽 15、胎厚 0.6 厘米（图七六，9）。

JB:1　盆。夹砂红褐陶，质地坚硬，火候均匀。敞口，窄斜沿，圆唇，斜腹，平底。素面。口径 10.8、高 3.9、底径 5.4、胎厚 0.7 厘米（图七六，10；彩版二六，3）。

JB:P10　罐颈肩部。泥质红陶，质地坚硬，火候均匀。口沿残缺，束颈，圆肩。器表未打磨，施紫红色陶衣。颈部饰黑彩横"人"字纹，肩部饰黑彩联珠纹。内壁不平，有指窝痕和抹痕。高 4.5、宽 10.2、胎厚 0.4~ 0.6 厘米（图七六，11）。

JB:P11　尊口沿。夹细砂灰陶，质地坚硬，火候均匀。敞口，圆唇，高领，鼓腹，下腹内收。素面。内外壁打磨光滑。口径 18.6、高 8.7、胎厚 0.6 厘米（图七六，12）。

JB:2　腹耳罐。夹砂红褐陶，可见石英等羼和料，质地坚硬，火候均匀。口肩部残缺，鼓腹，下腹斜收，平底，腹中有环形耳。素面，内壁不平，有凹窝和交错抹痕。残高 25.5、最大腹径 27.5、底径 13.3、胎厚 0.5 厘米（图七六，13；彩版二六，4）。

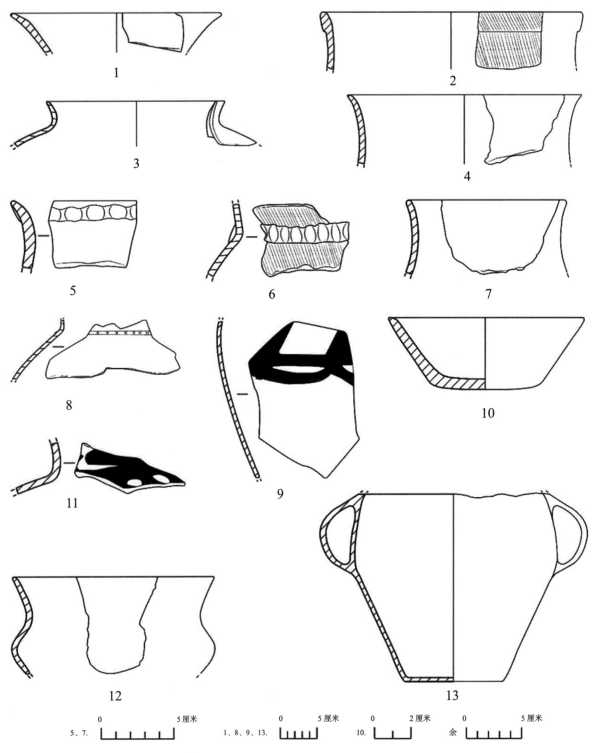

图七六　贾家场遗址采集陶片

1. 盆口沿（JB：P1），2、3、5. 侈口罐口沿（JB：P2、JB：P3、JB：P5），6、11. 罐颈肩部（JB：P6、JB：P10），4、7. 壶口沿（JB：P4、JB：P7），8. 罐肩部（JB：P8），9. 彩陶片（JB：P9），10. 盆（JB：1），12. 尊口沿（JB：P11），13. 腹耳罐（JB：2）

根据采集标本器形特征和纹饰，并结合周边地区同时代典型器物比较判断，遗址文化性质为马厂类型和齐家文化。采集的马厂类型和齐家文化时期遗存共存，与高场、李家坪遗址出土同类器物的形制纹饰一致，该遗址马厂类型和齐家文化时期遗存年代为 4100—3900 BP。

（一一）柴家坪遗址

柴家坪遗址位于永登县龙泉寺镇河西村苏家湾西侧 300 米，柴家坟墓沟南侧的台地上。北距杨家坪遗址约 1400 米，东距庄浪河约 700 米，垂直高差约 40 米。坐标：N36°28′17″，E103°22′15″，海拔 1871 米。遗址分布范围东西约 350 米，南北约 200 米，面积约 7 万平方米（彩版二七，1）。台地周边为荒坡，植被稀少，地表散落有较多陶片。

地表采集陶片以夹砂红陶、红褐陶为主，泥质橙黄陶次之，少量夹砂灰陶和泥质红陶。以素面为主，部分彩陶，少量饰绳纹、附加堆纹、戳印纹和刻划纹。本次采集标本可辨器形有双耳罐、双耳盆、侈口罐、钵、甑等。

CB:P1　侈口罐口沿。夹粗砂红陶，可见石英等羼和料，质地坚硬，火候均匀。侈口，圆唇，束颈，圆肩。口沿外、颈肩之间各饰附加堆纹一周。器表较粗糙。口径 10、高 3.5、胎厚 0.5~0.7 厘米（图七七，1）。

CB:P2　侈口罐口沿。夹粗砂橙黄陶，可见石英等羼和料，质地坚硬，火候不均，陶胎有灰色夹芯。侈口，圆唇，束颈，圆肩。肩部饰附加堆纹一周。器表粗糙，有泥条盘筑痕和指窝痕。口径 16、高 5.9、胎厚 0.7~0.9 厘米（图七七，2）。

CB:P3　双耳罐口沿。夹粗砂红陶，可见石英等羼和料，质地坚硬，火候均匀。侈口，圆唇，束颈，圆肩。口肩部有桥形耳，耳略低于口沿。耳上部戳印圆形凹窝三个，肩部饰刻划折线纹。内壁不平，有指窝痕和抹痕。局部有烟炱。高 5、宽 7.4、胎厚 0.5~0.7 厘米（图七七，3）。

CB:P4　侈口罐口沿。泥质红陶，质地坚硬，火候均匀。侈口，尖唇，高领微束，圆肩。器表打磨光滑。口沿外、肩部饰黑彩条带纹一周，间饰斜行黑彩水波纹。口沿内饰内缘呈水波状的黑彩条带纹两周，下接交错黑彩垂弧纹。口径 9、高 4.7、宽 7.8、胎厚 0.5 厘米（图七七，4；彩版二七，2、3）。

CB:P5　钵口沿。夹细砂红褐陶，可见石英等羼和料，质地坚硬，火候不均，陶胎局部有灰色夹芯。敛口，圆唇，鼓腹，下腹弧收。素面，内壁不平，有抹痕。器表有烟炱。口径 16、高 4.5、胎厚 0.5~0.7 厘米（图七七，5）。

CB:P6　双耳罐口沿。夹粗砂红陶，可见石英等羼和料，烧结度不高，质地疏松。侈口，圆唇，束颈，圆肩。口肩部有桥形耳，口耳平齐，耳上部戳印圆形凹窝五个。素面。局部有烟炱。口径 12.2、高 8.6、胎厚 0.4~0.7 厘米（图七七，6）。

CB:P7　彩陶片。泥质橙黄陶，质地坚硬，火候均匀。器表打磨光滑，饰复线黑彩回形纹。高 3.3、宽 4.2、胎厚 0.3 厘米（图七七，7）。

CB:P8　彩陶片。泥质橙黄陶，质地坚硬，火候均匀。器表打磨光滑，饰黑彩宽带纹，上下

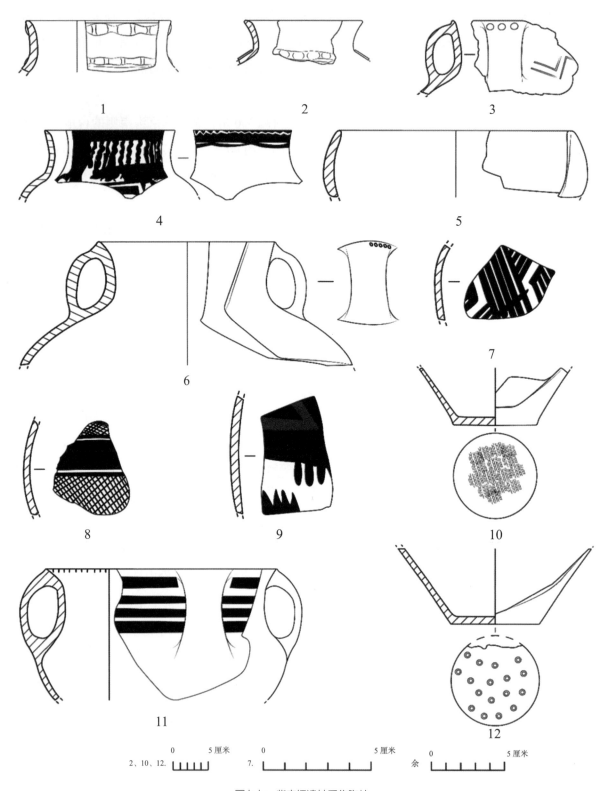

图七七　柴家坪遗址采集陶片

1、2、4.侈口罐口沿（CB:P1、CB:P2、CB:P4），3、6.双耳罐口沿（CB:P3、CB:P6），5.钵口沿（CB:P5），7—9.彩陶（CB:P7—CB:P9），10.器底（CB:P10），11.双耳盆口沿（CB:P11），12.甑底（CB:P12）

接黑彩窄条带纹和网格纹。内壁不平，有抹痕。高 6.3、宽 5.2、胎厚 0.4 厘米（图七七，8；彩版二七，4）。

CB:P9 彩陶片。泥质橙黄陶，质地坚硬，火候均匀。器表打磨光滑，饰黑红复彩折带纹、蛙肢纹。内壁不平，有抹痕。高 8、宽 5、胎厚 0.5~0.6 厘米（图七七，9）。

CB:P10 器底。夹粗砂红陶，可见石英等羼和料，烧结度不高，质地疏松。火候不均，陶胎局部有红、灰色分层。斜直腹，近底部微内凹，平底。腹部素面，底部压印席纹。内壁不平，有泥条盘筑痕和交错抹痕。残高 7.7、底径 11.5、胎厚 0.5~0.7、底厚 1 厘米（图七七，10）。

CB:P11 双耳盆口沿。泥质橙黄陶，质地坚硬，火候均匀。敞口，尖唇，束颈，鼓腹，下腹内收。口腹间有桥形耳，口耳平齐。内外壁抹光。颈部饰复线黑彩平行条带纹四道，口沿上饰黑彩短线纹一周。口沿内饰黑彩，脱落严重，纹饰不明。口径 16、高 8.7、胎厚 0.3~0.8 厘米（图七七，11）。

CB:P12 甑底。泥质橙黄陶，质地坚硬，火候均匀。斜腹，下腹内收，平底，底部均匀分布箅孔。素面。残高 10.1、底径 12、胎厚 0.5~1、底厚 1 厘米（图七七，12）。

根据采集标本器形特征和纹饰，并结合周边地区同时代典型器物比较判断，遗址文化性质为马厂类型和齐家文化。采集的马厂类型和齐家文化时期遗存共存，与高场、李家坪遗址出土同类器物的形制纹饰一致，该遗址马厂类型和齐家文化时期遗存年代为 4100—3900 BP。

（一二）薛家坪遗址

薛家坪遗址位于永登县红城镇凤山村薛家湾西约 300 米的薛家坪台地上。东距庄浪河约 900 米，垂直高差约 70 米，北距庙儿坪遗址约 1100 米。坐标：N36°25′21″，E103°22′57″，海拔 1848 米。遗址分布范围东西约 250 米，南北约 300 米，面积约 7.5 万平方米（彩版二八，1）。1985 年 8 月，该遗址被公布为县级文物保护单位。本次调查对遗址所在台地进行了全面踏查，台地受流水侵蚀，水土流失严重，周边多沟壑，顶部平坦，呈长条状，面积较小。地表散落有较多陶片，发现灰坑 2 处，编号 H1、H2；剖面 1 处，编号剖面 1。

H1 位于遗址南缘的现代取土坑坑壁上，距地表约 0.64 米，可分为 3 层。①层灰土，土质疏松，厚约 0.21 米，包含少量陶片、动物骨骼和石块。②层深灰色土，土质疏松，厚约 0.22 米，包含大量炭屑、少量陶片、动物骨骼和石块。陶片有夹砂红陶、红褐陶和白陶。以素面为主，个别饰附加堆纹、刻划纹。采集标本可辨器形有侈口罐、双耳罐。③层黄褐色土，土质较疏松，厚约 0.31 米，夹杂有炭屑。①、②、③层各采集土样一份（彩版二七，5）。

H2 位于 H1 北侧约 100 米处断面上，距地表约 0.2 米，堆积厚度约 0.45 米，未到底。包含大量炭屑及少量陶片、石块和动物骨骼。采集陶片较小，无可辨器形。采集土样一份（彩版二八，2）。

剖面 1 被 H1 打破，共三层。①层为现代耕土层，厚约 0.35 米；②层为文化层，黄褐色土，较致密，厚约 0.57 米，包含少量炭屑、动物骨骼和陶片；③层黄土，较致密，厚约 0.38 米，未到底。②、③层各采集土样一份。

地表采集陶片以泥质橙黄陶为主，夹砂红陶、橙黄陶次之，少量夹砂红褐陶和灰陶。以素面为主，部分彩陶，少量饰绳纹。采集标本可辨器形有盆、双耳罐、侈口罐、陶刀等。

XB:P1　盆口沿。泥质橙黄陶，质地坚硬，火候均匀。敞口，圆唇，高领。内外壁打磨光滑，施紫红色陶衣。器表饰黑彩复线弧带纹，下接黑彩宽带纹。口沿内饰黑彩宽带纹一周，下接交错复线黑彩弧带纹。口径25.8、高6、胎厚0.7~0.9厘米（图七八，1；彩版二八，3；彩版二九，1）。

XH1:P2　双耳罐口沿。夹细砂红陶，可见石英等羼和料，烧结度不高，质地疏松。侈口，圆唇，束颈，圆肩。口肩部有桥形耳，口耳平齐。耳上部口沿刻划凹槽六道，颈肩之间饰附加

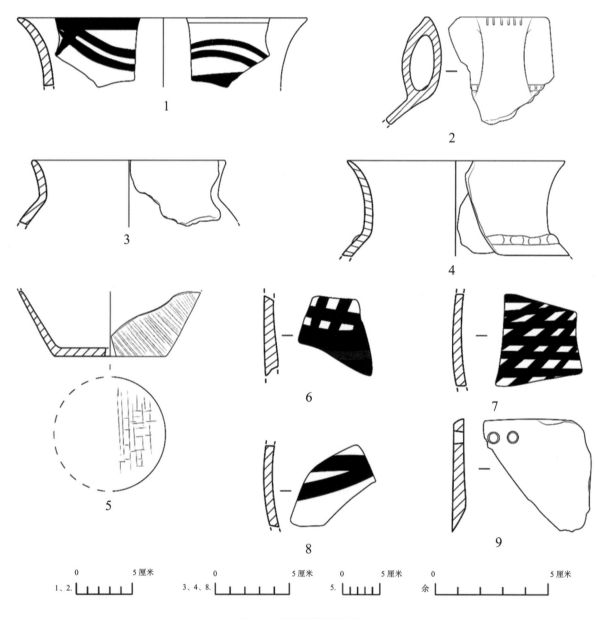

图七八　薛家坪遗址采集陶片

1.盆口沿（XB:P1），2.双耳罐口沿（XH1:P2），3、4.侈口罐口沿（XH1:P3、XH1:P4），5.器底（XB:P5），6-8.彩陶片（XB:P6-XB:P8），9.陶刀（XB:1）

堆纹一周。内壁不平,有泥条盘筑痕和抹痕。局部有烟炱。高9.3、宽9.4、胎厚0.9厘米(图七八,2)。

XH1:P3 侈口罐口沿。夹细砂白陶,烧结度不高,质地疏松。侈口,圆唇,束颈,溜肩。素面。口径13、高4.2、胎厚0.6厘米(图七八,3)。

XH1:P4 侈口罐口沿。夹细砂红褐陶,烧结度不高,质地疏松。侈口,尖唇,束颈,圆肩。肩部饰附加堆纹一周。器表有烟炱。口径14.5、高6.2、胎厚0.2~0.6厘米(图七八,4)。

XB:P5 器底。夹粗砂橙黄陶,烧结度不高,质地疏松。斜直腹,平底。腹部饰绳纹,底部压印席纹。局部有烟炱。残高8.5、底径15、胎厚0.5~1.2、底厚1.1厘米(图七八,5)。

XB:P6 彩陶片。泥质橙黄陶,质地坚硬,火候均匀。器表打磨光滑,饰黑红复彩圆圈网格纹,黑彩较宽,红彩稍窄。内壁不平,有抹痕。高3.4、宽3.2、胎厚0.4~0.6厘米(图七八,6)。

XB:P7 彩陶片。泥质红陶,质地坚硬,火候均匀。器表打磨光滑,饰黑彩网格纹。内壁不平,有指窝痕和抹痕。高4、宽3.7、胎厚0.3~0.4厘米(图七八,7)。

XB:P8 彩陶片。泥质橙黄陶,质地坚硬,火候均匀。器表打磨光滑,饰黑彩宽条带纹一周,下接黑彩垂弧纹。内壁不平,有刮抹痕。高5.3、宽5.7、胎厚0.5厘米(图七八,8)。

XB:1 陶刀。泥质红陶片磨制,残存部分近三角形。刀刃由胎壁向外磨制,弧刃。近刀背处有穿孔两个,系由器表向内壁单面钻成。长4.6、宽4.7、胎厚0.5~0.6厘米(图七八,9)。

根据采集标本器形特征和纹饰,并结合周边地区同时代典型器物比较判断,遗址文化性质为马厂类型。在H1③、H2分别挑选粟测年,H1③层测年结果经校正为4144—3976 BP(2Sigma,

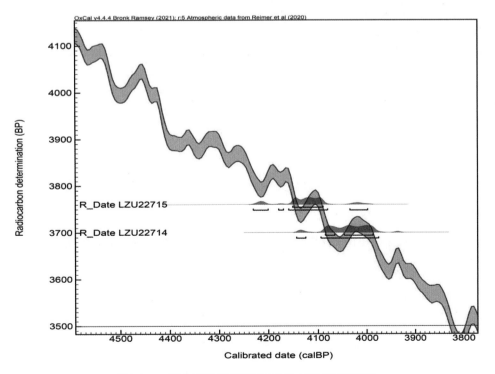

图七九 薛家坪遗址不同遗迹单位出土粟年代校正曲线

95.4%），H2 测年结果经校正为 4231—3998 BP（2Sigma，95.4%），年代拟合结果为 4200—4000 BP（图七九）。H1、H2 和剖面出土典型马厂时期彩陶片和夹砂红陶或红褐陶罐，与地表采集器物文化性质一致，证实测年结果与灰坑及遗址的文化性质一致。

在遗址剖面 1、H1、H2 采集浮选土样 6 份，共计 71 升。经鉴定共出土 8 个种属 376 粒炭化植物种子，其中农作物 292 粒，占出土炭化植物遗存的 77.66%，包括无壳粟、带壳粟、不成熟粟、无壳黍、带壳黍及粟黍种子；杂草种子 41 粒，占出土炭化植物遗存的 10.9%，大多为禾本科杂草，包括狗尾草属、禾本科、野稷、黍亚科，其次为藜科藜属，还有豆科及未知炭化种子；另有种子碎块 43 粒，占出土炭化植物遗存的 11.44%（图八〇、图八一）。结合遗址文化性质和测年结果判断，出土植物遗存为马厂中晚期遗存。

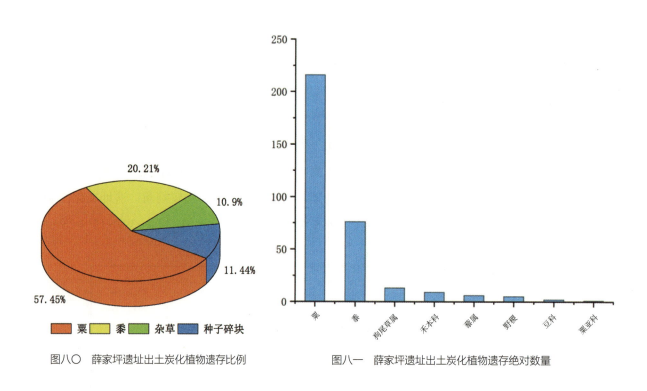

图八〇　薛家坪遗址出土炭化植物遗存比例　　　　图八一　薛家坪遗址出土炭化植物遗存绝对数量

（一三）石碑湾遗址

石碑湾遗址位于永登县柳树镇山岑村龙家湾社西南约 800 米处、沙沟北侧台地上，北侧紧邻玉山子遗址。台地下东侧为汉代龙家湾墓群与早期遗址重叠区。东距庄浪河约 900 米，相对高度约 80 米。坐标：N36°39′59″，E103°16′21″，海拔 2125 米。本次调查对遗址所在台地进行了全面踏查，台地侵蚀严重，仅残存狭长带状山梁，东西约 140 米，南北约 25 米，面积约 3500 平方米（彩版二九，5）。台地顶部散落有较多陶片，发现剖面 1 处，编号剖面 1；灰坑 1 处，编号 H1；盗坑 1 处，编号 K1。

剖面 1 位于台地顶部一处坑壁上，其中文化层厚约 0.75 米，未到底。堆积共 3 层。①层为现代耕土层；②层为较致密黄土层，包含少量炭屑、陶片和动物骨骼。陶片有泥质红陶和橙黄陶，无可辨器形；③层为较疏松黄褐色土层，夹杂灰土与红烧土块，包含少量陶片和动物骨骼。陶片较小，无可辨器形（彩版二九，2）。采集土样2份。

H1位于坑壁断面上，距地表0.3米，土质疏松，灰土夹杂较多草木灰，包含有少量陶片，个别为彩陶片，厚约0.25米。采集土样1份。

K1采集到少量陶片，有泥质橙黄陶和夹砂红陶，可辨器形有盆、侈口罐，另采集石刀1件。采集土样1份。

地表采集陶片以夹砂红陶、橙黄陶为主，泥质橙黄陶和夹砂红褐陶次之，少量夹砂灰陶。以素面为主，部分彩陶，少量饰绳纹、附加堆纹和刻划纹。采集标本可辨器形有壶、钵、侈口罐等。另采集到少量石器。

（1）陶器

SB:P1　壶口沿。泥质橙黄陶，质地坚硬，火候均匀。侈口，卷沿，圆唇，直颈。器表打磨光滑，领部饰黑彩宽带纹一周，下接黑彩弧线纹。内壁不平，有指窝痕。口径14、高3.8、胎厚0.5~0.6厘米（图八二，1）。

SB:P2　钵口沿。泥质橙黄陶，质地坚硬，火候均匀。敞口，圆唇，弧腹。内外壁打磨光滑，口沿内外饰黑彩。口径19.2、高2.9、胎厚0.5厘米（图八二，2）。

SB:P3　侈口罐口沿。夹细砂红褐陶，质地坚硬，火候不均，陶胎有灰色夹芯。侈口，折沿，圆唇，圆肩。器表较粗糙，口沿上饰戳印纹一周，肩部饰戳印纹和附加堆纹。内壁不平，有抹痕。口径23.2、高3.7、胎厚0.8厘米（图八二，3）。

SB:P4　侈口罐口沿。夹细砂橙黄陶，质地坚硬，火候不均，陶胎有灰色夹芯。侈口，尖唇，束颈，溜肩。颈肩之间饰附加堆纹一周。内外壁较粗糙，有指窝痕和抹痕。口径13、高3.4、胎厚0.7厘米（图八二，4）。

SK1:P5　盆口沿。泥质橙黄陶，质地坚硬，火候均匀。侈口，折沿，圆唇，斜弧腹。腹部偏上有一穿孔，系由外向内单面钻形成。口沿外饰黑彩窄条带纹一周，腹部饰黑彩贝形纹、宽窄弧带纹，口沿上饰黑彩短线纹一周。器表打磨光滑，内壁不平，有交错抹痕。口径14.6、高5.2、胎厚0.4~0.6厘米（图八二，5）。

SK1:P6　侈口罐口沿。夹粗砂红陶，可见石英等羼和料，烧结度不高，质地疏松。侈口，折沿，方唇，斜弧腹。腹部饰斜行附加堆纹。器表较粗糙。高6、宽6.4、胎厚0.4~0.6厘米（图八二，6）。

SB:P7　彩陶片。泥质橙黄陶，质地坚硬，火候均匀。器表打磨光滑，饰黑彩宽带纹两道。内壁不平，有泥条盘筑痕和抹痕。高4.8、宽6.9、胎厚0.5厘米（图八二，7）。

SB:P8　彩陶片。泥质橙黄陶，质地坚硬，火候均匀。器表打磨光滑，饰平行黑彩宽带纹四道。内壁不平，有交错抹痕。高4.1、宽5、胎厚0.5厘米（图八二，8）。

SP1②:P9　彩陶片。泥质橙黄陶，质地坚硬，火候均匀。器表打磨光滑，饰黑彩重圈网格纹，

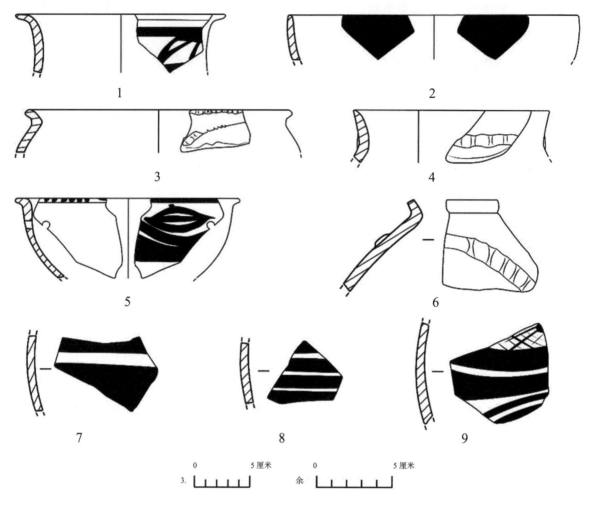

图八二　石碑湾遗址采集陶片

1.壶口沿（SB:P1），2.钵口沿（SB:P2），3、4、6.侈口罐口沿（SB:P3、SB:P4、SK1:P6），5.盆口沿（SK1:P5），7~9.彩陶片（SB:P7、SB:P8、SP1②:P9）

重圈外有黑彩弧带纹两道。内壁不平，有泥条盘筑痕和抹痕。高6.5、宽6.6、胎厚0.4~0.5厘米（图八二，9）。

（2）石器

SB:1　砍砸器。灰黑色，平面呈不规则形。两面有砾石自然面，侧面有打制疤痕。长11、宽7.5、厚4厘米（图八三，1）。

SK1:2　穿孔石刀。平面为圆角长方形，通体磨光，残存约1/2。直背，双面直刃，近刀背位置有钻孔，双面钻。长2.7、宽4.1、厚0.7厘米（图八三，2；彩版二九，3）。

SB:3　石叶。黑灰色，砾石剥片，长条形。台面明显，腹面可见打击点。长2.8、宽1.2、厚0.7厘米（图八三，3）。

SB:4　石片。深灰色，砾石剥片，平面呈不规则形，砾石台面，一侧刃部较薄。长3.3、宽5.2、厚1.3厘米（图八三，4）。

　　SB:5　石片。深灰色，砾石剥片，平面呈不规则形，砾石台面，一侧刃部较薄。长 3.4、宽 5.2、厚 0.9 厘米（图八三，5）。

　　根据采集标本器形特征和纹饰，并结合周边地区同时代典型器物比较判断，遗址文化性质为马家窑类型。在 H1 分别挑选黍 2 份测年，测年结果经校正分别为 4830—4617 BP 和 4830—4617 BP（2Sigma, 95.4%），拟合结果为 4800—4600 BP（图八四）。从 H1 和 K1 坑壁采集的泥质或夹砂陶片、

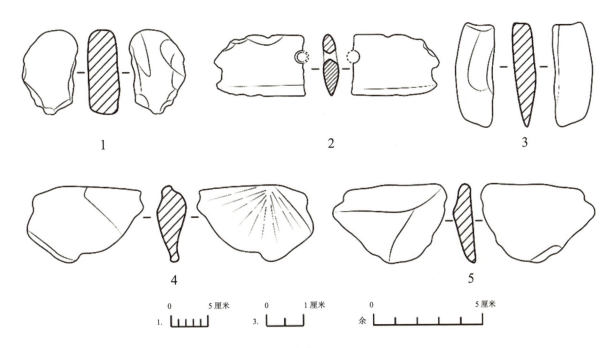

1　　　　　　　　2　　　　　　　　3

4　　　　　　　　　5

| 0 　5厘米   0 　1厘米   0 　　　　5厘米 |
| 1. ⊔⊔⊔⊔⊔   3. ⊔⊔   余 ⊔⊔⊔⊔⊔ |

图八三　石碑湾遗址采集石器

1. 砍砸器（SB:1），2. 穿孔石刀（SK1:2），3. 石叶（SB:3），4、5. 石片（SB:4、SB:5）

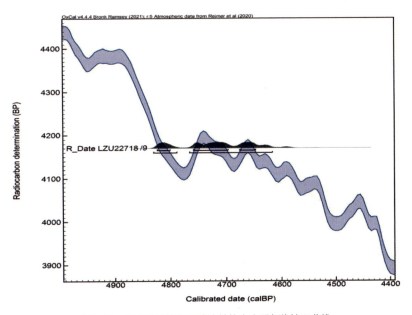

图八四　石碑湾遗址不同遗迹单位出土黍年代校正曲线

泥质橙黄陶片和少量的彩陶盆和罐与地表采集的盆、罐一致，为典型马家窑类型时期的遗物，证实测年结果与灰坑及遗址的文化性质一致。

在石碑湾遗址剖面1、H1、K1采集浮选土样4份，共计38.5升。经鉴定共出土5个种属123粒炭化植物种子，其中农作物76粒，占出土炭化植物遗存的61.79%，包括无壳粟、无壳黍、带壳黍及粟黍碎块；杂草种子25粒，占出土炭化植物遗存的20.33%，包括禾本科、豆科、藜属和未知炭化种子；还有种子碎块22粒，占出土炭化植物遗存的17.89%（图八五，图八六）。结合遗址文化性质和灰坑测年结果判断，出土植物遗存为马家窑类型时期。

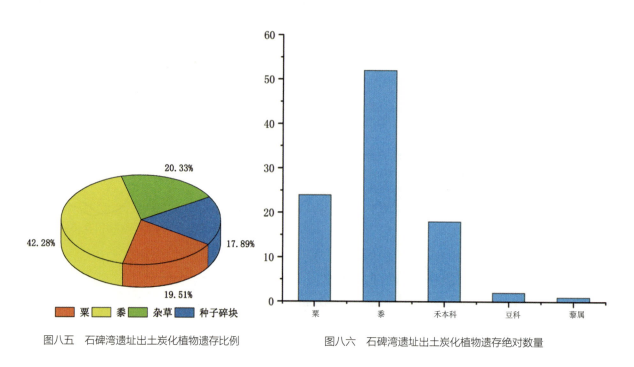

图八五　石碑湾遗址出土炭化植物遗存比例　　　　图八六　石碑湾遗址出土炭化植物遗存绝对数量

（一四）杨家营遗址

杨家营遗址（"三普"登记为杨家营遗址一区）位于永登县龙泉寺镇杨家营村西，营儿沙沟北侧台地上。北距李家坪遗址约1400米，东距庄浪河约900米，垂直高差约40米。坐标：N36°29′22″，E103°22′12″，海拔1879米。遗址分布范围东西约300米，南北约400米，面积约12万平方米（彩版三〇，1）。1993年，该遗址被公布为县级文物保护单位。本次调查对遗址区进行了全面踏查，台地周边荒芜，植被稀少。地表散落有较多陶片。

地表采集陶片以夹砂红陶、橙黄陶为主，泥质橙黄陶次之，少量夹砂红褐陶和泥质红陶。以素面为主，彩陶和绳纹次之，少量饰附加堆纹。采集标本可辨器形有侈口罐、双耳罐、陶刀等。

YB：P1　侈口罐口沿。夹粗砂红陶，可见石英等羼和料，质地坚硬，火候均匀。侈口，圆唇，束颈，圆肩。器表较粗糙。口沿外、颈肩部各饰附加堆纹一周。局部有烟炱。口径15、高4.5、胎厚0.7厘米（图八七，1）。

YB：P2　侈口罐口沿。夹粗砂橙黄陶，可见石英等羼和料，质地坚硬，火候不均，陶胎有红、灰色分层。口沿残缺，矮领，圆肩。领肩之间饰附加堆纹一周，肩部饰交错细绳纹。高5.9、宽10.8、胎厚0.5~0.6厘米（图八七，2）。

　　YB:P3　双耳罐口沿。夹粗砂红褐陶，可见石英等羼和料，质地坚硬，火候不均，陶胎有红、灰色分层。侈口，圆唇，束颈，圆肩。口肩部有耳，与口沿平齐。耳下部饰横向附加堆纹。器表较粗糙，内壁不平，有指窝痕和抹痕。局部有烟炱。高4.7、宽5.3、胎厚0.6~0.8厘米（图八七，3）。

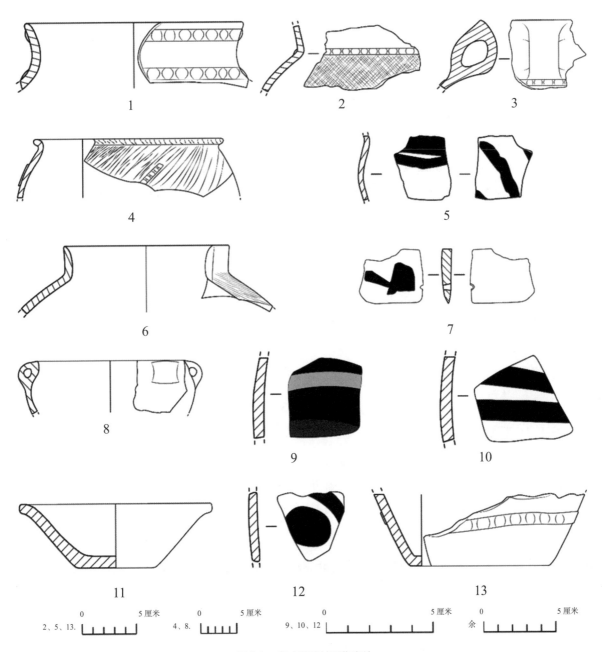

图八七　杨家营遗址采集陶片

1、2、4、6.侈口罐口沿（YB:P1、YB:P2、YB:P4、YB:P6），3.双耳罐口沿（YB:P3），5、9、10、12.彩陶片（YB:P5、YB:P8、YB:P9、YB:P10），7.穿孔陶刀（YB:1），8.双耳盆口沿（YB:P7），11.盆（YB:2），13.器底（YB:P11）

YB:P4　侈口罐口沿。夹粗砂红陶，可见石英等羼和料，质地坚硬，火候不均，陶胎局部有红、灰色分层。侈口，折沿，圆唇，溜肩。口沿饰绳纹，肩部饰绳纹和斜行附加堆纹。内壁不平，有指窝痕和抹痕。口径 26、高 7.9、胎厚 0.7 厘米（图八七，4；彩版二九，4）。

YB:P5　彩陶片。泥质橙黄陶，质地坚硬，火候均匀。器表饰黑彩宽带纹，下接黑彩垂弧纹，内壁饰斜行黑彩条带纹。内壁不平，有指窝痕和抹痕。高 5.8、宽 5.4、胎厚 0.4~0.6 厘米（图八七，5）。

YB:P6　侈口罐口沿。夹粗砂红陶，可见石英等羼和料，质地坚硬，火候不均。微侈口，尖唇，矮领，圆肩。肩部饰细绳纹。局部有烟炱。口径 11.4、高 4.5、胎厚 0.4~0.5 厘米（图八七，6）。

YB:1　穿孔陶刀。泥质橙黄陶片磨制，残存部分呈长方形。斜弧刃，双面磨制。中部有一穿孔，系由内壁向外单面钻成。器表残存黑彩。长 4.4、宽 3.7、厚 0.6~0.7 厘米（图八七，7）。

YB:P7　双耳盆口沿。夹细砂红陶，质地坚硬，火候均匀。敛口，方唇，鼓腹。器表饰黑彩，脱落严重，纹饰不明。内壁不平，有指窝痕。口径 20.3、高 6.9、胎厚 0.5~0.6 厘米（图八七，8）。

YB:P8　彩陶片。泥质橙黄陶，质地坚硬，火候均匀。器表打磨光滑，饰黑红复彩重圈纹，由外向内依次为黑彩、白彩、黑彩和红彩。内壁不平，有指窝痕和抹痕。高 3.5、宽 3.4、胎厚 0.3~0.4 厘米（图八七，9）。

YB:P9　彩陶片。夹细砂红陶，质地坚硬，火候不均，陶胎有红、灰色分层。器表打磨光滑，施紫红色陶衣，饰黑彩宽带纹两周。高 3.7、宽 4.5、胎厚 0.5~0.6 厘米（图八七，10）。

YB:2　盆。夹砂红褐陶，可见石英等羼和料，烧结度不高，质地疏松。敞口，斜沿，圆唇，斜直腹，平底。局部有烟炱。口径 13.3、高 4.4、底径 5.4、胎厚 0.7、底厚 0.8 厘米（图八七，11；彩版三〇，2）。

YB:P10　彩陶片。泥质红陶，质地坚硬，火候不均，陶胎有灰色夹芯。器表打磨光滑，饰黑彩圆点纹和弧带纹。内壁不平，有抹痕。高 3.2、宽 3.1、胎厚 0.4 厘米（图八七，12）。

YB:P11　器底。夹粗砂红褐陶，可见石英等羼和料，烧结度不高，质地疏松。局部有烟炱。斜直腹，平底。腹部饰附加堆纹一周。残高 6.6、底径 13、胎厚 0.8、底厚 0.9 厘米（图八七，13）。

根据采集标本器形特征和纹饰，并结合周边地区同时代典型器物比较判断，遗址文化性质为马家窑类型、半山类型和马厂类型。采集的马家窑类型的个别陶片与石碑湾和沙沟沿马家窑时期陶器的形制纹饰一致，结合石碑湾和沙沟沿遗址测年结果判断，该遗址马家窑类型时期遗存年代为4800—4600 BP。采集的马厂类型时期陶器与薛家坪同类器物的形制纹饰一致，结合薛家坪遗址的测年结果判断，该遗址马厂类型时期遗存年代为4200—4000 BP。

（一五）杨家营下营遗址

杨家营下营遗址（"三普"登记为杨家营遗址二区）位于永登县龙泉寺镇杨家营村下营西约200 米处的台地上。北距杨家营遗址约 650 米，东距庄浪河约 400 米，垂直高差约 35 米。坐标：N36°29′01″，E103°22′18″，海拔 1861 米。面积约 15.9 万平方米（彩版三一，1）。1993 年，该遗址被公布为县级文物保护单位。本次调查对遗址区进行了全面踏查，周边区域为荒山，区内植被稀少。地表散落有较多陶片。

　　地表采集陶片以夹砂红陶、橙黄陶为主，泥质橙黄陶次之，少量夹砂红褐陶和泥质红陶。以素面为主，彩陶和绳纹次之，少量饰附加堆纹。本次采集标本可辨器形有壶、罐、盆等。

　　YB:P1　侈口罐口沿。夹细砂红陶，质地坚硬，火候均匀。侈口，圆唇，束颈，圆肩。器表打磨光滑。颈部饰黑彩横"人"字纹、红彩宽带纹各一周，肩部饰内缘带锋利锯齿的黑彩宽带纹一周，口沿内自上而下依次为锯齿纹、红彩横条带纹和黑彩齿带纹。口径15.9、高3、胎厚0.5厘米（图八八，1）。

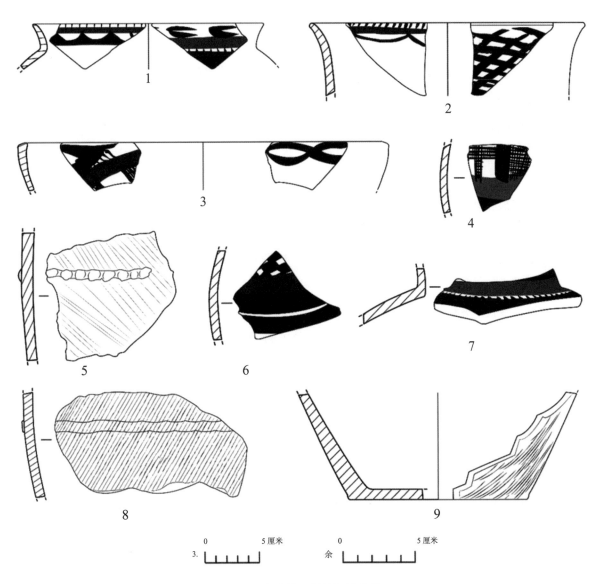

图八八　杨家营下营遗址采集陶片

1.侈口罐口沿（YB:P1），2.壶口沿（YB:P2），3.盆口沿（YB:P3），4、6.彩陶片（YB:P4、YB:P6），5.刻划纹陶片（YB:P5），7.壶领肩部（YB:P7），8.绳纹陶片（YB:P8），9.器底（YB:P9）

YB:P2　壶口沿。泥质橙黄陶，质地坚硬，火候均匀。侈口，圆唇，高领。器表打磨光滑，器表饰黑彩网格纹。口沿内自上而下饰竖向黑彩短线纹、红彩横条带纹和交错黑彩垂弧纹。口径19、高4.9、胎厚0.5~0.6厘米（图八八，2）。

YB:P3　盆口沿。泥质橙黄陶，质地坚硬，火候均匀。微敛口，圆唇，弧腹。口沿外饰交错的黑彩弧带纹，口沿内自上而下饰黑彩折带纹、锯齿纹、斜行红彩宽带纹和黑彩网格纹。口径33、高4.3、胎厚0.4~0.8厘米（图八八，3）。

YB:P4　彩陶片。泥质橙黄陶，质地坚硬，火候均匀。器表打磨光滑，饰黑红复彩圈圈网格纹，外圈为黑彩，内圈为红彩，圈内填黑彩宽条带纹和细条带组成的网格纹。内壁不平，有泥条盘筑痕和抹痕。高4.5、宽4.4、胎厚0.4~0.5厘米（图八八，4）。

YB:P5　刻划纹陶片。夹粗砂白陶，可见石英等羼和料，质地坚硬，火候均匀。器表饰刻划纹和附加堆纹。高8.6、宽8.8、胎厚0.6~0.8厘米（图八八，5）。

YB:P6　彩陶片。泥质橙黄陶，质地坚硬，火候均匀。器表打磨光滑，饰黑红复彩重圈菱格纹，外侧为两圈黑彩，内侧为一圈红彩，圈内填黑彩菱格纹。内壁不平，有泥条盘筑痕和抹痕。高5.9、宽7.3、胎厚0.4~0.5厘米（图八八，6）。

YB:P7　壶领肩部。泥质橙黄陶，质地坚硬，火候均匀。直领，圆肩。器表打磨光滑。领部饰黑彩宽带纹一周，领肩之间饰红彩宽带纹一周，肩部饰内缘带锯齿的黑彩宽带纹一周。内壁不平，有指窝痕和抹痕。残高3.7、宽10.3、胎厚0.5厘米（图八八，7）。

YB:P8　绳纹陶片。夹粗砂红褐陶，可见石英等羼和料，烧结度不高，质地疏松，火候不均，陶胎有红、灰色分层。器表饰斜绳纹和附加堆纹。内壁不平，有竖向抹痕。高7.1、宽13.3、胎厚0.6厘米（图八八，8）。

YB:P9　器底。夹粗砂红褐陶，可见石英等羼和料，质地坚硬，火候均匀。斜直腹，平底。腹部饰绳纹。内壁不平，有指窝痕和抹痕。残高7.2、底径12.4、胎厚0.7~1.4、底厚0.7厘米（图八八，9）。

根据采集标本器形特征和纹饰，并结合周边地区同时代典型器物比较判断，遗址文化性质为半山类型，个别遗存可能晚到马厂早期。

（一六）徐家槽沟遗址

徐家槽沟遗址位于永登县大同镇贾家场村徐家槽沟西北约1000米，大同第二砖厂西侧台地上。遗址南侧邻沟，西连荒山，与北侧贾家场遗址仅一沟之隔，相距200米，东距庄浪河约850米，相对高度约85米。坐标：N36°35′09″，E103°21′3″，海拔2011米。遗址分布范围东西约250米，南北约130米，面积约3.2万平方米（彩版三一，2）。本次调查对遗址所在台地进行了全面踏查，台地四周有大小不一的沟壑多条，台面略有起伏，植被稀少，近台缘处地表散落有较多陶片。

地表采集陶片以夹砂红陶、橙黄陶为主，泥质橙黄陶、夹砂红褐陶次之，少量夹砂灰陶和泥质红陶。以素面为主，部分彩陶，少量饰刻划纹和戳印纹。采集标本可辨器形有壶、双耳罐、侈口罐、彩陶盆等。

XB:P1　侈口罐口沿。夹细砂红褐陶，烧结度不高，质地疏松。侈口，圆唇，直领微束。口沿外有泥条堆塑的鸡冠鋬四个，鋬顶部饰戳印纹。器表有烟炱。口径 13.3、高 4、胎厚 0.5 厘米（图八九，1；彩版三〇，3）。

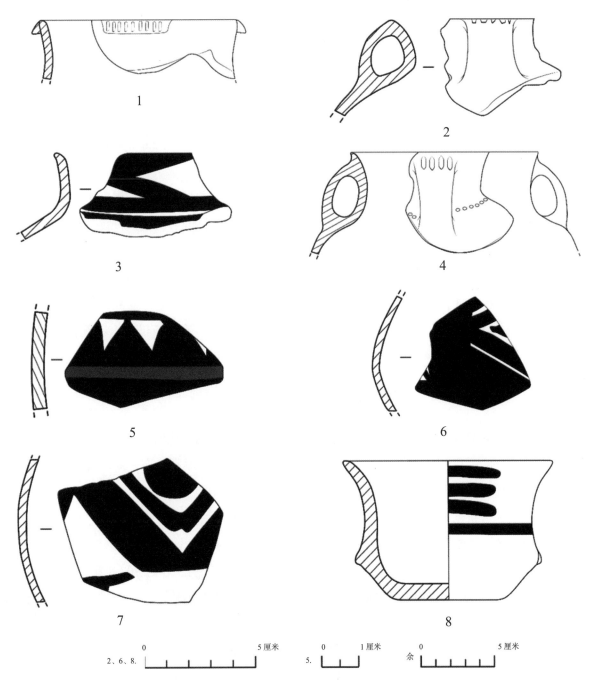

图八九　徐家槽沟遗址采集陶片

1.侈口罐口沿（XB:P1），2、4.双耳罐口沿（XB:P2、XB:P4），3.壶口沿（XB:P3），5-7.彩陶片（XB:P5-XB:P7），8.盆（XB:1）

XB:P2 双耳罐口沿。夹细砂橙黄陶,可见石英等羼和料,质地坚硬,火候均匀。侈口,圆唇,束颈,圆肩。口肩部有桥形耳,口耳平齐,耳面近口沿戳印凹槽五道。器表素面,较粗糙。内壁不平,有泥条盘筑痕和抹痕。器表有烟炱。高4.1、宽5.2、胎厚0.5~0.6厘米(图八九,2)。

XB:P3 壶口沿。夹细砂橙黄陶,烧结度不高,质地疏松。侈口,圆唇,矮领,圆肩。领部饰黑彩横"人"字纹一周,领肩之间饰黑彩宽带纹一周,肩部饰黑彩宽带纹一周。内壁不平,有抹痕。高5.7、宽10.3、胎厚0.5~0.6厘米(图八九,3;彩版三二,1)。

XB:P4 双耳罐口沿。夹粗砂红陶,可见石英等羼和料,质地坚硬,火候均匀。侈口,尖唇,束颈,圆肩。口肩间有桥形耳,耳略低于口沿。肩部饰戳印纹一周,耳面上部戳印凹窝。内壁不平,有指窝痕和抹痕。器表有烟炱。口径13、高6.7、胎厚0.5~0.6厘米(图八九,4)。

XB:P5 彩陶片。泥质橙黄陶,质地坚硬,火候均匀。器表打磨光滑,饰黑红复彩条带纹各一周,上接黑彩齿带纹和条带纹。内壁不平,有泥条盘筑痕和抹痕。高2.6、宽4.2、胎厚0.4厘米(图八九,5)。

XB:P6 彩陶片。泥质橙黄陶,质地坚硬,火候均匀。器表打磨光滑,饰黑彩折带纹,内接回纹。内壁不平,有指窝痕和抹痕。高4.8、宽5.3、胎厚0.3厘米(图八九,6;彩版三二,2)。

XB:P7 彩陶片。泥质橙黄陶,质地坚硬,火候均匀。器表打磨光滑,施紫红色陶衣,饰复线黑彩折带纹和圆点纹。内壁不平,有指窝痕和交错抹痕。高9.6、宽11.2、胎厚0.5~0.6厘米(图八九,7;彩版三三,1)。

XB:1 盆。泥质红陶,质地坚硬,火候均匀。敞口,圆唇,高领,鼓腹,下腹内收,平底。最大腹径下有对称的乳突。器表打磨光滑,饰紫红色陶衣。领部饰平行黑彩条带纹三道,下接黑彩条带纹一周。腹部素面。口径9.2、高6、底径4.8、胎厚0.6、底厚0.7厘米(图八九,8;彩版三三,2)。

根据采集标本器形特征和纹饰,并结合周边地区同时代典型器物比较判断,遗址文化性质为马厂类型。采集的马厂类型时期陶器与薛家坪、葛家湾同类器物的形制纹饰一致,结合薛家坪遗址的测年结果判断,该遗址马厂类型时期遗存年代为4200—4000 BP。

(一七)俞家营遗址

俞家营遗址位于永登县龙泉寺镇俞家营村西北300米处的台地上。北距徐家槽沟遗址约7500米,东距庄浪河约650米,相对高差约30米。坐标:N36°31′04″,E103°22′10″,海拔1904米。遗址分布范围东西约300米,南北约160米,面积约4.8万平方米(彩版三二,3)。本次调查对遗址所在台地进行了全面踏查,台地被自然冲沟分割为数块,地表大多后期平整。靠近河流一侧未经平整的台面上散落有较多陶片,远离河流向西延伸台面上陶片较少。

地表采集陶片以泥质橙黄陶为主,夹砂橙黄陶、红陶次之,少量夹砂红褐陶和泥质红陶、灰陶。以素面为主,部分彩陶和附加堆纹,少量饰刻划纹和绳纹。采集标本可辨器形有壶、侈口罐等。

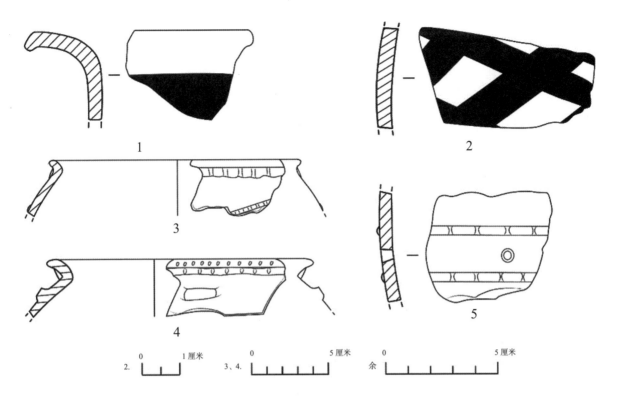

图九〇　俞家营遗址采集陶片

1.壶口沿（YB:P1），2.彩陶片（YB:P2），3、4.侈口罐口沿（YB:P3、YB:P4），5.附加堆纹陶片（YB:P5）

YB:P1　壶口沿。泥质橙黄陶，质地坚硬，火候不均，陶胎局部有灰色夹芯。敞口，宽斜沿，圆唇，直领。器表打磨光滑，领部饰黑彩宽带纹一周。内壁不平，有抹痕。高3.7、宽5.4、胎厚0.5~0.6厘米（图九〇，1）。

YB:P2　彩陶片。泥质橙黄陶，质地坚硬，火候均匀。器表打磨光滑，饰黑彩网格纹。内壁不平，有抹痕。高2.6、宽4.6、胎厚0.4厘米（图九〇，2）。

YB:P3　侈口罐口沿。夹粗砂橙黄陶，可见石英等羼和料，质地坚硬，火候均匀。侈口，折沿，圆唇，溜肩。卷沿下饰附加堆纹一周，肩部饰斜行附加堆纹一条。器表较粗糙，内壁不平，有指窝痕和抹痕。口径16.3、高3.6、胎厚0.5厘米（图九〇，3）。

YB:P4　侈口罐口沿。夹粗砂橙黄陶，可见石英等羼和料，质地坚硬，火候不均，陶胎有灰色夹芯。侈口，卷沿，圆唇，圆肩。肩部有耳，残。器表较粗糙，口沿饰戳印纹一周，口沿下饰附加堆纹一周。内壁不平，有指窝痕和抹痕。口径17、高3.7、胎厚0.4~0.8厘米（图九〇，4）。

YB:P5　附加堆纹陶片。夹粗砂橙黄陶，可见石英等羼和料，烧结度不高，质地疏松，火候不均，陶胎有红色夹芯。中部有一穿孔，系由器表向内单面钻成。器表较粗糙，饰平行附加堆纹两周。高4.6、宽5.4、胎厚0.5厘米（图九〇，5）。

根据采集标本器形特征和纹饰，并结合周边地区同时代典型器物比较判断，遗址文化性质为马家窑类型、半山类型和马厂类型。采集的马家窑类型的彩陶壶和夹砂侈口罐与石碑湾和沙沟沿马家窑时期器物的形制纹饰一致，结合石碑湾和沙沟沿遗址测年结果判断，该遗址马家窑类型时期遗存年代为4800—4600 BP。采集的马厂类型时期彩陶片与薛家坪、葛家湾同时期纹饰一致，结合薛家坪遗址的测年结果判断，该遗址马厂类型时期遗存年代为4200—4000 BP。

（一八）小红沟口遗址

小红沟口遗址位于永登县大同镇贾家场村西侧，小红沟口南侧台地上。遗址东距庄浪河约850米，相对高差约65米，坐标：N36°35′32″，E103°20′48″，海拔2032米。此处地势较高，山顶台面较小，东西约80米，南北约50米，面积4000平方米（彩版三三，3）。周边荒芜，植被稀少。"二普"将此处登记为贾家场遗址。第三次全国文物普查不可移动文物登记表中贾家场遗址的地理位置位于贾家场沙沟南侧山梁上。为了加以区分，故将此处重新命名为"小红沟口遗址"。《中国文物地图集（甘肃分册·下）》记录，1958年该遗址曾出土20多件彩陶器，纹样有平行线纹、网格纹，认为遗址文化性质为马厂文化。[①] 本次调查对遗址所在台地进行了全面踏查，地表发现少量陶片，并发现扰坑、剖面各一处，分别编号K1、剖面1。

剖面1位于台地南侧断面上，堆积可分为2层。①层为扰土层，厚0.9；②层为文化层，土质疏松，厚约0.26米，包含夹砂橙黄陶片，均素面。②层采集土样一份（彩版三四，1）。

K1位于台地中央，为现代扰坑，长1.25米，宽0.93米。坑东壁原生堆积可分为3层。①层为扰土层，厚0.7米；②层为文化层，包含红烧土颗粒，厚0.15米；③层疑似踩踏面，厚0.12米，未到底。②层采集土样一份（彩版三四，2）。

地表采集陶片以夹砂红陶、红褐陶为主，泥质橙黄陶次之，少量夹砂橙黄陶和灰陶。以素面为主，部分彩陶，个别饰绳纹。采集标本可辨器形有侈口罐、盆。

XB:P1　侈口罐口沿。夹细砂橙黄陶，质地坚硬，火候均匀。侈口，尖唇，束颈，圆肩。素面。器表有烟炱。口径12、高8、胎厚0.5~0.6厘米（图九一，1，彩版三五，1）。

XB:P2　盆口沿。泥质橙黄陶，质地坚硬，火候均匀。敞口，圆唇，高领。内外壁打磨光滑。器表饰黑彩弧带纹，口沿内饰黑彩宽带纹一周。口径23.8、高3.7、胎厚0.4~0.7厘米（图九一，2）。

XB:P3　器底。泥质红陶，质地坚硬，火候均匀。斜直腹，平底。素面，器表打磨光滑。内壁不平，有指窝痕和抹痕。高6.4、底径12、胎厚0.7~0.9、底厚0.6厘米（图九一，3）。

XB:1　侈口罐。夹砂红褐陶，质地疏松。侈口，圆唇、高领微束，圆肩，鼓腹，下腹弧收，平底。领肩之间饰附加堆纹一周。器表有烟炱。口径12.4、最大腹径26、底径10、高27、胎厚0.4~1.1厘米（图九一，4）。

XB:P4　器底。夹细砂红褐陶，质地坚硬，火候不均，陶胎有红、灰色分层。斜直腹，平底。腹部素面，底部压印席纹。残高4.4、底径13.6、胎厚0.7~0.9、底厚1.1厘米（图九一，5）。

根据采集标本器形特征和纹饰，结合1958年出土器物组合判断，遗址文化性质为马厂类型。

---

① 国家文物局：《中国文物地图集（甘肃分册·下）》，北京：测绘出版社，2011年。

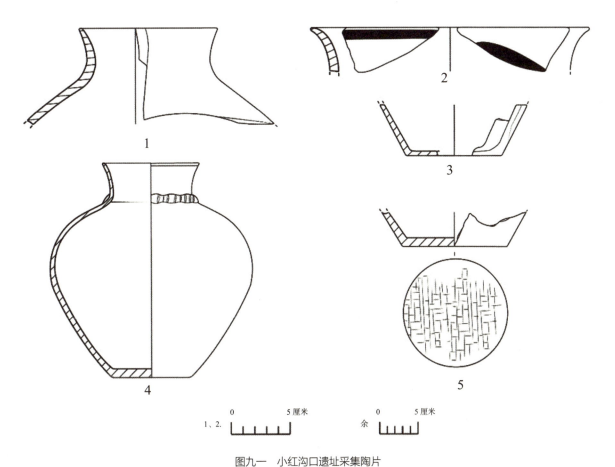

图九一　小红沟口遗址采集陶片

1. 侈口罐口沿（XB:P1），2. 盆口沿（XB:P2），3、5. 器底（XB:P3、XB:P4），4. 侈口罐（XB:1）

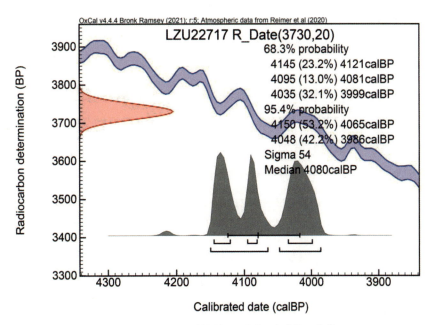

图九二　小红沟口遗址剖面 1 出土粟年代校正曲线

在剖面 1 ②层挑选粟 13 粒测年，测年结果经校正为 4150—3986 BP（2Sigma，95.4%），年代拟合结果为 4150—4000 BP（图九二）。剖面及 K1 坑壁采集夹砂或泥质橙黄片与地表采集的罐陶质陶色一致，地表采集个别彩陶，为典型马厂类型时期遗存，证实测年结果与遗址的文化性质一致。

小红沟口遗址剖面 1 和 K1 采集浮选土样 2 份，共计 29.5 升。经鉴定共出土 6 个种属 92 粒炭化植物种子，其中农作物 37 粒，占出土炭化植物遗存的 40.22%，包括无壳粟、带壳粟、无壳黍及粟黍碎块；杂草种子 48 粒，占出土炭化植物遗存的 52.17%，主要为禾本科和藜科杂草，包括禾本科、黍亚科，以及藜属和地肤属；另有种子碎块 7 粒，占出土炭化植物遗存的 7.61%（图九三，图九四）。结合遗址文化性质和测年结果判断，出土植物遗存为马厂类型时期。

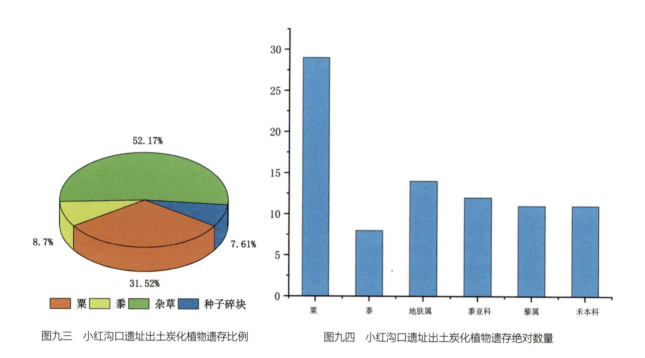

图九三　小红沟口遗址出土炭化植物遗存比例　　　　图九四　小红沟口遗址出土炭化植物遗存绝对数量

（一九）大沙沟遗址

大沙沟遗址位于永登县城关镇五渠村西北约 1400 米处的台地上。北临大沙沟，西依将军山，与大沙沟口遗址、将军山墓群紧邻，部分区域有重叠。东距庄浪河约 750 米，相对高差约 40 米。坐标：N36°44′58″，E103°13′42″，海拔 2153 米。遗址分布范围东西约 400 米，南北约 500 米，面积约 20 万平方米（彩版三四，3）。该遗址发现于 20 世纪 50 年代，1981 年被甘肃省人民政府公布为省级文物保护单位。本次调查对遗址所在台地进行了全面踏查，台面平坦开阔，因处于河流上游，海拔较高。遗址区内现为荒芜耕地，有一沟渠从遗址中部南北穿过。地表发现少量陶片，并在沟渠一侧的人工断崖上发现剖面 2 处，编号剖面 1、剖面 2。

剖面 1 位于沟渠东侧人工断面上，堆积可分为 3 层。①层为现代次生堆积，土质疏松，灰黑土，厚约 1.12 米；②层为文化层，土质致密，黄土，厚约 0.31 米，包含有少量陶片；③层为文化层，土质疏松，灰黑土，厚约 1.02 米，未到底。③层采集土样一份（彩版三五，2）。

剖面 2 位于沟渠西侧人工断面上，堆积可分为 3 层。①层为现代耕土层，土质疏松，黄土，厚约 0.9 米；②层为文化层，土质疏松，灰黑色，厚约 0.25 米，包含大量炭屑和少量陶片；③层为文化层，土质较致密，黄色，厚约 0.4 米，未到底。②、③层采集各采集土样一份（彩版三五，3）。

地表采集陶片以夹砂红陶为主，夹砂灰陶次之，少量泥质橙黄陶、红陶和夹砂红褐陶。以素面为主，少量彩陶，部分饰刻划纹和附加堆纹。本次采集陶器标本可辨器形有壶和盆。

DB:P1　壶口沿。泥质橙黄陶，质地坚硬，火候均匀。侈口，斜沿，圆唇，高直领。器表打磨光滑，通体饰黑彩，口沿内饰黑彩弧带纹。口径 12、高 3.4、胎厚 0.4~0.7 厘米（图九五，1）。

DB:P2　彩陶片。泥质橙黄陶，质地坚硬，火候均匀。器表打磨光滑，饰黑彩菱格纹。内壁不平，有泥条盘筑痕和抹痕。高 4.8、宽 3.6、胎厚 0.4 厘米（图九五，2）。

DB:P3　盆口沿。夹细砂红褐陶，质地坚硬，火候不均。敞口，窄斜沿，圆唇，斜弧腹。素面，内外壁粗糙，有指窝痕和抹痕。口径 23、高 4、胎厚 0.3~0.5 厘米（图九五，3）。

DB:P4　彩陶片。夹细砂红陶，质地坚硬，火候不均，陶胎有灰色夹芯。器表饰黑彩宽弧带纹，内填黑彩网格纹。内壁不平，有抹痕。高 3.6、宽 3.6、胎厚 0.7 厘米（图九五，4）。

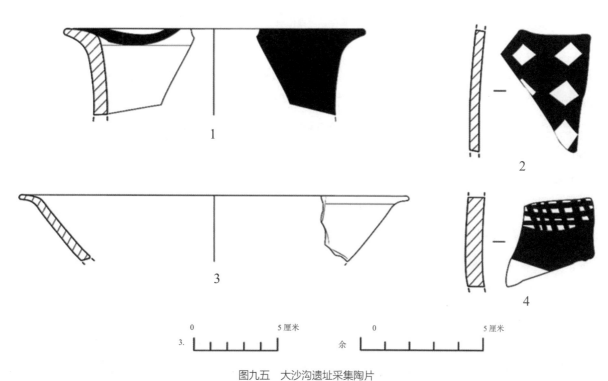

图九五　大沙沟遗址采集陶片
1. 壶口沿（DB:P1），2、4. 彩陶片（DB:P2、DB:P4），3. 盆口沿（DB:P3）

根据采集标本器形特征和纹饰，遗址文化性质为马厂类型，另据部分碎陶片判断可能存在齐家文化、辛店文化时期遗存。1986 年 11 月，河西史前考古调查队曾在该遗址调查，采集到刀、斧、砍砸器等石器和彩陶盆、双耳盆、双耳罐、瓮、甑、器盖等陶器，认为遗址文化性质为马厂类型，

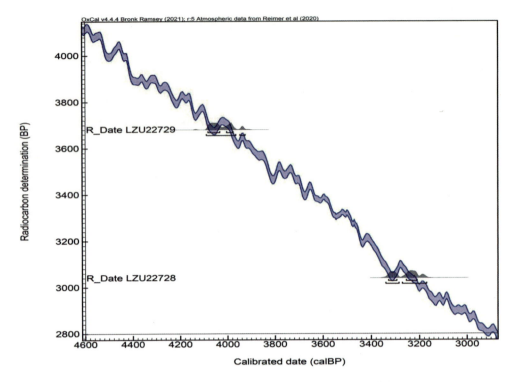

图九六　大沙沟遗址不同遗迹单位出土粟、黍年代校正曲线

并根据拍印篮纹陶片、甗推断遗址可能包含齐家文化遗存。[①] 2022 年，甘肃省文物考古研究所对该遗址进行了发掘，出土遗物表明该遗址主要为马厂时期遗存[②]。在剖面 1 ③层和剖面 2 的③层分别挑选粟或黍测年，剖面 1 ③层测年结果经校正为 3340—3170 BP（2Sigma，95.4%），年代拟合结果为 3300—3200 BP，剖面 2 ③层测年结果经校正为 4089—3926 BP（2Sigma，95.4%），年代拟合结果为 4100—3900 BP（图九六）。剖面 1 采集为夹砂红陶和橙黄陶，从陶质陶色判断为辛店文化遗存，同时该剖面土样浮选出土了大量的麦类作物遗存，说明时代晚到 4000 BP 以后。剖面 2 采集多为泥质橙黄陶和夹砂红陶，个别为彩陶，与地表采集陶片陶质陶色和纹饰一致，判断主要为马厂类型遗存，个别为齐家文化遗存，表明该遗址存在多个文化阶段的遗存。证实测年结果与遗址的文化性质一致。

大沙沟遗址剖面 1、剖面 2 采集浮选土样 4 份，共计 68 升。经鉴定共出土 9 个种属 271 粒炭化植物种子，其中农作物 220 粒，占出土炭化植物遗存的 81.18%，包括无壳粟、带壳粟、不成熟粟、无壳黍、带壳黍、大麦、麦类碎块和粟黍碎块。杂草种子 18 粒，占出土炭化植物遗存的 6.64%，大多为禾本科杂草，包括禾本科、黍亚科、狗尾草属；其次为藜科杂草，包括猪毛菜

---

① 甘肃省文物考古研究所、北京大学考古文博学院：《河西走廊史前考古调查报告》，北京：文物出版社，2011 年，第 30—41 页。

② 该遗址经发掘，主要为马厂类型时期的遗址区和汉代墓葬区，资料正在整理。

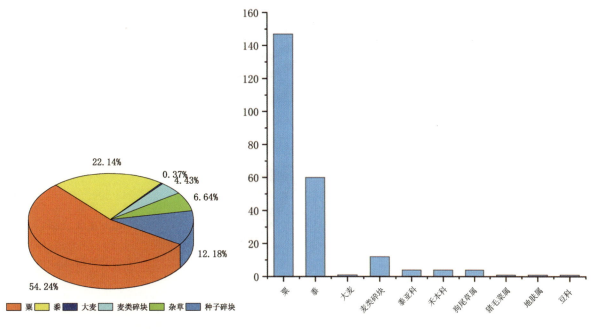

图九七 大沙沟遗址出土炭化植物遗存比例　　　　图九八 大沙沟遗址出土炭化植物遗存绝对数量

属、地肤属；还有豆科和未知炭化种子。另有种子碎块 33 粒，占出土炭化植物遗存的 12.18%（图
九七，图九八）。结合遗址不同剖面文化性质和测年结果判断，剖面 1 出土植物遗存为辛店文化时
期，剖面 2 为出土植物遗存为马厂类型晚期和齐家文化时期。

（二〇）雷家坪遗址

雷家坪遗址位于永登县柳树镇雷家坪村东约 800 米的长涧沟西侧台地上。北侧紧邻 341 国道，
东距庄浪河约 1600 米，相对高差约 50 米。坐标：N36°42′22″，E103°17′19″，海拔 2105 米。台地地
势较缓，东西约 100 米，南北约 100 米，面积约 1 万平方米（彩版三五，3）。该遗址发现于 1958
年。本次调查对遗址所在台地进行了全面踏查，台地地势较高处散落有较多陶片。

地表采集陶片以夹砂红陶、橙黄陶为主，少量夹砂红褐陶、灰陶和泥质红陶。以素面为主，部
分彩陶，个别饰附加堆纹。采集标本可辨器形有盆、侈口罐。

LB:P1　盆口沿。泥质橙黄陶，质地坚硬，火候均匀。敞口，圆唇，高领，鼓腹。内外壁打磨
光滑，施紫红色陶衣。器表饰平行黑彩条带纹两组，每组三道，下接黑彩窄条带纹和交错垂弧纹。
口沿及内壁饰黑彩宽带纹一周，下接交错垂弧纹。口径 15.2、高 6.8、胎厚 0.6 厘米（图九九，1；
彩版三六，1、2）。

LB:P2　彩陶片。夹细砂红陶，质地坚硬，火候均匀。器表施紫红色陶衣，饰黑彩宽、窄条带
纹各一周。内壁不平，有抹痕。高 3、宽 3.1、胎厚 0.4 厘米（图九九，2）。

LB:P3　侈口罐口沿。夹细砂灰陶，质地坚硬，火候均匀。侈口，尖唇，直领微束，溜肩。素
面，器表打磨光滑，内壁有抹痕。口径 14.2、高 4.3、胎厚 0.5 厘米（图九九，3）。

LB:P4　彩陶片。泥质红陶，质地坚硬，火候均匀。器表打磨光滑，饰黑彩弧带纹两周，内

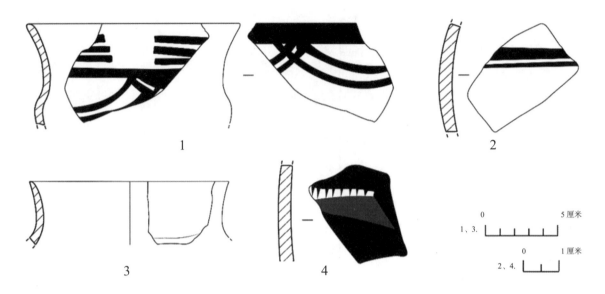

图九九　雷家坪遗址采集陶片

1. 盆口沿（LB:P1），2、4. 彩陶片（LB:P2、LB:P4），3. 侈口罐口沿（LB:P3）

侧弧带内缘带锯齿，中间夹红彩弧带纹。内壁不平，有指窝痕。高 2.7、宽 2.7、胎厚 0.3 厘米（图九九，4）。

根据采集标本器形特征和纹饰，并结合周边地区同时代典型器物比较判断，遗址文化性质为马厂类型。采集的马厂文化时期彩陶片与薛家坪、葛家湾同时期纹饰一致，结合薛家坪遗址的测年结果判断，该遗址马厂类型时期遗存年代为 4200—4000 BP。个别红黑复彩彩陶片饰锯齿纹，可早到马厂早期，年代可能早于 4200 BP。

（二）邢家湾遗址

邢家湾遗址位于永登县中堡镇邢家湾村西侧的山前台地上。东距庄浪河约 1000 米，相对高差约 30 米。坐标：N36°45′24″，E103°13′11″，海拔 2186 米。遗址分布范围东西约 170 米，南北约 50 米，面积约 8500 平方米（彩版三六，5）。本次调查对遗址所在台地进行了全面踏查，台地西高东低，台面呈东西向条带状，台缘南北两侧分布有冲沟。台地中东部为遗址主要分布区，因早期修筑梯田，破坏严重。西缘近山侧有现代墓葬分布。遗址区地表散落有少量陶片，在遗址北侧人工取土形成的断崖上发现墓葬一座，编号 M1。

M1 底部距地表 2 米，残长约 1.6 米。墓向为东西向。断面可见人骨，采集彩陶片 1 件（彩版三六，3）。

地表采集陶片以夹砂橙黄陶为主，夹砂红陶次之，少量泥质橙黄陶、红陶和夹砂红褐陶。以素面为主，彩陶次之。采集标本可辨器形有侈口罐。

XM1:P1　彩陶片。泥质橙黄陶，质地坚硬，火候不均，陶胎有灰色夹芯。器表打磨光滑，饰黑红复彩回形纹，内填黑彩细线网格纹，回形纹间饰圆点纹。内壁不平，有抹痕。高 1.5、宽 2.2、胎厚 0.3 厘米（图一〇〇，1）。

XB:P2　彩陶片。夹细砂红陶，质地坚硬，火候均匀。器表打磨光滑，饰黑红复彩圆圈纹两个，圆圈间饰黑彩弧带纹。内壁不平，有指窝痕和交错抹痕。高 10.7、宽 11、胎厚 0.6 厘米（图一〇〇，2）。

XB:P3　彩陶片。泥质橙黄陶，质地坚硬，火候不均，陶胎有灰色夹芯。器表打磨光滑，饰黑彩宽带回形纹。内壁不平，有指窝痕和抹痕。高 3.8、宽 2.3、胎厚 0.3~0.5 厘米。（图一〇〇，3）

XB:P4　侈口罐。泥质橙黄陶，质地坚硬，火候均匀。敞口，圆唇，束颈，圆肩，圆鼓腹。器表打磨光滑，口沿外饰黑彩窄条带纹一周。颈部饰交错黑彩折带纹一周。颈肩部饰红、黑彩条带纹各一周，下接红黑复彩圆圈网格纹四个，外圈黑彩，内圈红彩，圈内为黑彩网格纹。口沿内自上而下依次为黑彩短线纹、红彩条带纹、黑彩条带纹和黑彩交错弧带纹。内壁不平，有指窝痕和斜向抹痕。口径 21.2、高 15、胎厚 0.3~0.7 厘米（图一〇〇，4）。

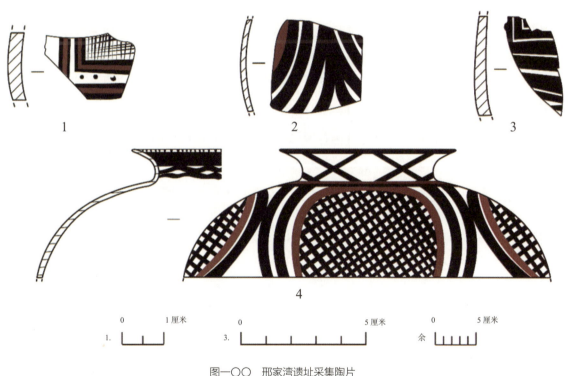

图一〇〇　邢家湾遗址采集陶片

1-3. 彩陶片（XM1:P1、XB:P2、XB:P3），4. 侈口罐（XB:P4）

根据采集标本器形特征和纹饰，与邻近地区土谷台中期同类器物器形纹饰相似，判断该遗址时代与土谷台中期时代相当，应为半山晚期至马厂早期。采集的彩陶片和彩陶壶大多为红黑复彩，与土谷台中期半山向马厂过渡时期遗存一致，早于薛家坪、葛家湾典型马厂中晚期遗存，该遗址马厂类型时期遗存年代不晚于 4200 BP。

（二二）保家湾遗址

保家湾遗址是本次调查新发现的一处遗址，位于永登县大同镇保家湾村西侧约 100 米的台地上，东距庄浪河约 700 米，相对高差约 30 米。坐标：N36°33′20″，E103°21′39″，海拔 1937 米。遗址分布范围东西约 80 米，南北约 100 米，面积 8000 平方米。遗址处于台地前缘，受流水侵蚀，顶部面积较小，四周坡度较大。本次调查对遗址所在台地进行了全面踏查。

地表采集较多陶片，以夹砂红陶、橙黄陶为主，少量泥质橙黄陶、红陶和夹砂灰陶。以素面为主，部分饰篮纹和绳纹、少量彩陶。采集标本可辨器形有折肩罐。

BB:P1 罐口沿。夹粗砂红陶，可见石英等羼和料，质地坚硬，火候不均，陶胎有灰色夹芯。直口，高领。口沿外有花边形附加堆纹一周。器表饰细绳纹。内壁不平，有指窝痕和抹痕。口径 19、高 5.7、胎厚 0.5 厘米（图一〇一，1）。

BB:P2 折肩罐肩腹部。泥质橙黄陶，质地坚硬，火候均匀。折肩，鼓腹，下腹弧收，肩腹间有折棱。肩部素面，打磨光滑。腹部饰竖篮纹。内壁不平，有轮修痕。高 4.7、宽 3.9、胎厚 0.4~0.6 厘米（图一〇一，2）。

BB:P3 彩陶片。泥质橙黄陶，质地坚硬，火候均匀。器表打磨光滑，饰平行黑彩宽带纹。内壁不平，有泥条盘筑痕和交错抹痕。高 3、宽 2.9、胎厚 0.2~0.3 厘米（图一〇一，3）。

BB:P4 彩陶片。泥质橙黄陶，质地坚硬，火候均匀。器表打磨光滑，饰黑彩宽带纹和短斜线纹。内壁不平，有抹痕。高 2.7、宽 3.1、胎厚 0.3~0.4 厘米（图一〇一，4）。

根据采集标本器形特征和纹饰，并结合周边地区同时代典型器物比较判断，遗址文化性质为马

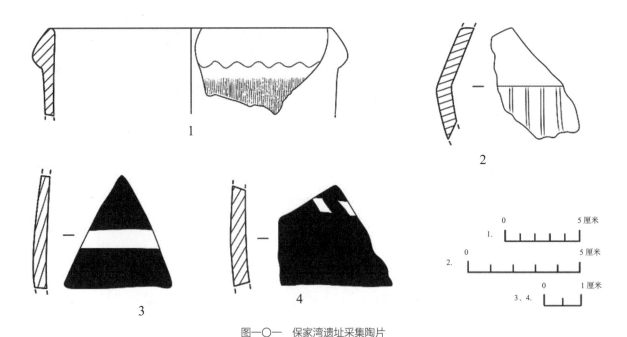

图一〇一 保家湾遗址采集陶片

1.罐口沿（BB:P1），2.折肩罐肩腹部（BB:P2），3、4.彩陶片（BB:P3、BB:P4）

厂类型、齐家文化和辛店文化。采集的马厂类型时期彩陶片与薛家坪器物的形制和纹饰一致，结合薛家坪遗址的测年结果判断，该遗址马厂类型时期遗存年代为 4200—4000 BP。采集的典型齐家文化篮纹陶片与高场遗址同类器物一致，齐家文化时期遗存年代为 4000—3900 BP。采集的辛店文化陶片与庙儿坪遗址双耳罐器形及细绳纹陶片一致，辛店文化时期遗存年代为 3500 BP 前后。

（二三）翻山岭遗址

翻山岭遗址（"三普"中登记为翻山岭北坡、翻山岭南坡遗址）位于永登县中堡镇寺湾西北约450 米、河湾西南约 600 米处的翻山岭水库大坝前端及北侧山梁上。北侧紧邻西二渠，东距庄浪河约 1000 米，相对高差约 40 米。坐标：N36°46′08.5″，E103°12′21.2″，海拔 2204 米。遗址东西约 100米，南北约 300 米，面积约 3 万平方米（彩版三七，1）。后期修建翻山岭水库，遗址破坏严重。本次调查对遗址所在台地和北侧山梁进行了全面踏查，台地发现少量陶片，在北侧山梁发现盗坑 1个，编号 K1。

K1 为长方形坑，东西宽 0.7 米，南北长 1.2 米。在 K1 旁地表采集到少量陶片，均为夹砂红陶，素面，无可辨器形。

地表采集陶片以夹砂橙黄陶、红陶为主，少量泥质橙黄陶、红陶和夹砂红褐陶。以素面为主，个别彩陶。采集标本可辨器形有侈口罐、腹耳罐。

FB:P1　侈口罐口沿。夹粗砂红陶，质地坚硬，火候不均，局部有灰色夹芯。侈口，高束颈。口腹间有宽板耳，口耳平齐。内外壁不平，通体施紫红色陶衣。高 9.2、宽 9.8、胎厚 0.8~0.9 厘米

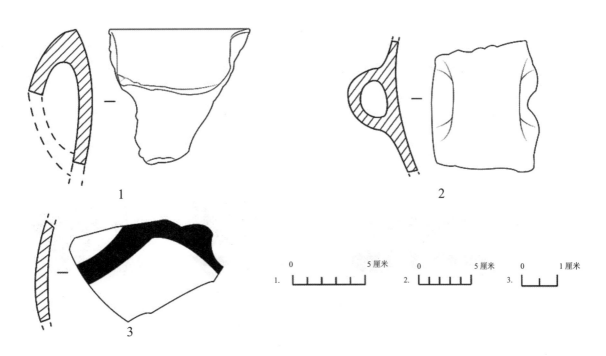

图一〇二　翻山岭遗址采集陶片

1.侈口罐口沿（FB:P1），2.腹耳罐腹部（FB:P2），3.彩陶片（FB:P3）

（图一〇二，1）。

FB:P2　腹耳罐腹部。夹粗砂红陶，可见石英等羼和料，质地坚硬，火候均匀。斜弧腹，腹中偏下有环形耳，耳较宽。素面，内外壁较粗糙。器表有烟炱。高 12、宽 10.1、胎厚 0.6~0.9 厘米（图一〇二，2）。

FB:P3　彩陶片。泥质橙黄陶，质地坚硬，火候均匀。器表饰黑彩垂弧纹，内壁不平，有泥条盘筑痕和抹痕。高 2.8、宽 4.3、胎厚 0.3 厘米（图一〇二，3）。

根据采集标本器形特征和纹饰，并结合周边地区同时代典型器物比较判断，遗址文化性质为马厂类型和辛店文化。采集的马厂类型时期彩陶片与薛家坪和葛家湾遗址器物的形制和纹饰一致，结合薛家坪遗址的测年结果判断，该遗址马厂类型时期遗存年代为 4200—4000 BP。采集到典型辛店文化时期双耳罐，结合庙儿坪遗址辛店文化遗存年代，判断该遗址辛店文化时期遗存年代为 3500 BP 前后。

（二四）凤凰山遗址

凤凰山遗址位于永登县红城镇凤山村西侧，凤山沙沟北侧的台地顶部。北距薛家坪遗址约 570 米，东距庄浪河约 830 米，垂直高差约 60 米，坐标：N36°25′04″，E103°23′07″，海拔 1837 米。遗址东西约 300 米，南北约 250 米，面积约 7.5 万平方米（彩版三七，2）。所在台地受雨水侵蚀，四周遍布冲沟，台地顶部较小。1985 年，该遗址被公布为县级文物保护单位。本次调查对遗址所在台地进行了全面踏查，地表散落有较多陶片。

地表采集陶片以夹砂橙黄陶、红陶为主，泥质橙黄陶次之，少量夹砂红褐陶和泥质红陶。以素面为主，部分彩陶，少量饰绳纹。采集标本可辨器形有罐、杯。

FB:P1　侈口罐口沿。泥质橙黄陶，质地坚硬，火候不均，陶胎有灰色夹芯。侈口，圆唇，束颈，圆肩。器表打磨光滑。颈部饰黑彩弧带纹一周，肩部饰红黑复彩宽带纹各一周。内壁不平，有抹痕。高 4.8、宽 10.7、胎厚 0.4~0.5 厘米（图一〇三，1）。

FB:P2　杯口沿。泥质橙黄陶，质地坚硬，火候均匀。侈口，尖唇，筒状腹。内外壁打磨光

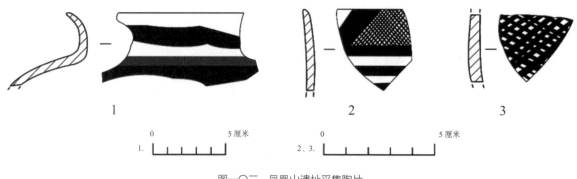

图一〇三　凤凰山遗址采集陶片
1. 侈口罐口沿（FB:P1），2. 杯口沿（FB:P2），3. 彩陶片（FB:P3）

滑，施紫红色陶衣，器表饰黑彩细线网格纹和横条带纹三周。高3.5、宽3.2、胎厚0.3厘米（图一〇三，2；彩版三六，4）。

FB:P3　彩陶片。泥质橙黄陶，质地坚硬，火候均匀。器表打磨光滑，饰黑彩菱形网格纹。内壁不平，有指窝痕和抹痕。高2.9、宽3.2、胎厚0.4~0.5厘米（图一〇三，3；彩版三八，1）。

根据采集标本器形特征和纹饰，并结合周边地区同时代典型器物比较判断，遗址文化性质为马厂类型。采集的马厂类型时期彩陶片与薛家坪同时期纹饰一致，结合薛家坪遗址的测年结果判断，该遗址马厂类型时期遗存年代为4200—4000 BP。

（二五）塘土湾遗址

塘土湾遗址位于永登县中堡镇塘土湾村东侧台地上，台地南窄北宽，平面呈三角形。西侧紧邻中堡镇初中，南侧为231乡道，北距塘土湾烽火台600米。坐标:N36°47′29″，E103°13′29″，海拔2223米。遗址分布范围东西约120米，南北约240米，面积约2.8万平方米（彩版三八，3）。本次调查对遗址所在台地进行了全面踏查，地表散落有较多陶片，在台地北侧发现较多盗坑，其中一盗坑中发现人骨，编号K1（彩版三八，2；彩版三九，1）。

K1平面呈长方形，长1.54米，宽0.6米，深1.9米。内有头骨两具，一大一小，推测可能为墓葬，疑为成人和小孩合葬墓。未发现其他遗物。

地表采集陶片以夹砂红陶为主，夹砂红褐陶次之，少量夹砂橙黄陶、灰陶和泥质橙黄陶。以素面为主，部分饰附加堆纹，少量彩陶。本次采集标本可辨器形有侈口罐。

TB:P1　侈口罐颈肩部。夹细砂红陶，质地坚硬，火候均匀。束颈，圆肩。颈肩之间饰附加堆纹一周。器表未打磨，较粗糙。高5.4、宽8、胎厚0.6~0.8厘米（图一〇四，1）。

TB:P2　彩陶片。夹细砂红陶，烧结度不高，质地疏松，火候不均，陶胎有灰色夹芯。器表饰黑彩网格纹，下接黑彩宽、窄条带纹各一周，黑彩脱落严重。高3.5、宽3.8、胎厚0.6厘米（图一〇四，2）。

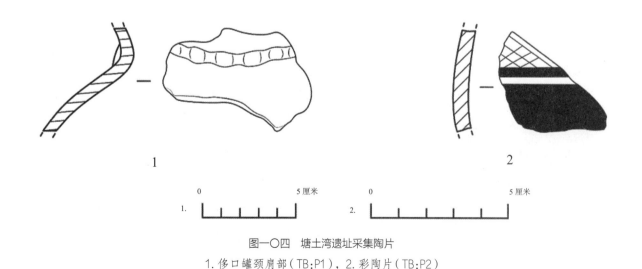

图一〇四　塘土湾遗址采集陶片

1. 侈口罐颈肩部（TB:P1），2. 彩陶片（TB:P2）

根据采集标本器形特征和纹饰，并结合周边地区同时代典型器物比较判断，遗址文化性质为马厂类型。采集的马厂类型时期彩陶片与薛家坪同时期纹饰一致，结合薛家坪遗址的测年结果判断，该遗址马厂类型时期遗存年代为4200—4000 BP。

（二六）保家湾中庄遗址

保家湾中庄遗址是本次调查新发现的一处遗址，位于永登县大同镇保家湾中庄西约200米处的台地上，北距保家湾遗址约500米，东距庄浪河约600米，相对高差约40米。坐标:N36°33'03"，E103°21'43"，海拔1930米。本次调查对遗址所在台地进行了全面踏查，台地侵蚀严重，台面较小，东西约40米，南北约70米，面积2800平方米（彩版三九，3）。地表散落少量陶片。

地表采集陶片有夹砂红陶、橙黄陶和泥质橙黄陶。以素面为主，少量饰绳纹、篮纹，个别彩陶。采集标本可辨器形有折肩罐。

BB:P1　彩陶片。泥质橙黄陶，质地坚硬，火候不均。器表打磨光滑，施紫红色陶衣，饰黑彩条带纹两周，下接黑彩折线纹。高2.7、宽2.8、胎厚0.3~0.4厘米（图一〇五，1）。

BB:P2　折肩罐肩腹部。夹细砂橙黄陶，质地坚硬，火候不均，陶胎局部有灰色夹芯。折肩，鼓腹，下腹弧收，肩腹间有折棱。肩部素面，打磨光滑。腹部饰斜篮纹。内壁不平，有指窝痕和抹痕。高7.9、宽9.9、胎厚0.5厘米（图一〇五，2；彩版三九，2）。

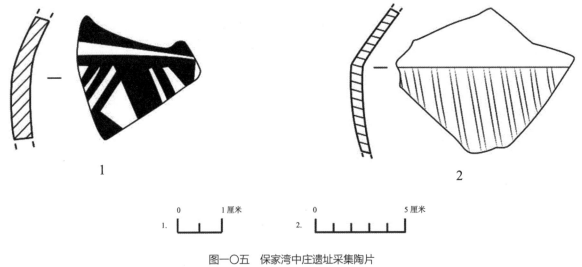

图一〇五　保家湾中庄遗址采集陶片
1.彩陶片（BB:P1），2.折肩罐肩腹部（BB:P2）

根据采集标本器形特征和纹饰，并结合周边地区同时代典型器物比较判断，遗址文化性质为马厂类型和齐家文化。采集的马厂文化时期彩陶片与薛家坪、葛家湾同时期纹饰一致，结合薛家坪遗址的测年结果判断，该遗址马厂类型时期遗存年代为4200—4000 BP。采集的典型齐家文化篮纹陶片与高场遗址同类器物纹饰一致，结合高场遗址的测年结果判断，齐家文化时期遗存年代为4000—3900 BP。

（二七）玉山子遗址

玉山子遗址位于永登县柳树镇山岑村龙家湾西侧约900米处台地上。南临龙家湾小沙沟，西连荒山，北侧山底下为农田，东距庄浪河约1100米，相对高差约60米。坐标：N36°40′12″，E103°16′12″，海拔2115米。遗址分布范围东西约200米，南北约130米，面积2.6万平方米（彩版四〇，1）。本次调查对遗址所在台地进行了全面踏查，台地侵蚀严重，地表起伏较大。遗址区内以荒地为主，分布有少量现代墓地，地表散落少量陶片。

地表采集陶片有泥质红陶和夹砂红陶、橙黄陶、灰陶。纹饰以素面为主，个别彩陶和绳纹。采集标本较小，无可辨器形。

YB:P1 彩陶片。泥质红陶，质地坚硬，火候均匀。器表打磨光滑，施紫红陶衣，饰黑彩菱形网格纹。内壁不平，有交错抹痕。高3、宽4.6、胎厚0.4~0.6厘米（图一〇六，1；彩版四〇，2）。

YB:P2 罐腹部。夹细砂灰陶，质地坚硬，火候均匀。弧腹，腹部有鋬。素面。高5.9、宽6、胎厚0.5厘米（图一〇六，2）。

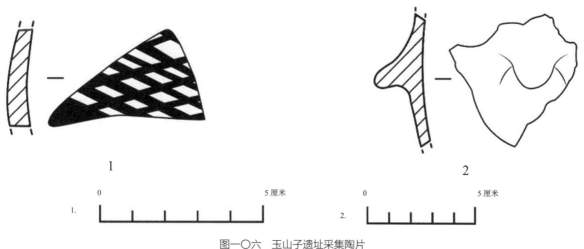

图一〇六 玉山子遗址采集陶片
1.彩陶片（YB:P1），2.罐腹部（YB:P2）

根据采集标本器形特征和纹饰，并结合周边地区同时代典型器物比较判断，遗址文化性质为马厂类型。采集的马厂文化时期彩陶片与薛家坪、葛家湾遗址器物的形制和纹饰一致，结合薛家坪遗址的测年结果判断，该遗址马厂类型时期遗存年代为4200—4000 BP。

（二八）白家湾遗址

白家湾遗址是本次调查新发现的一处遗址，位于永登县城关镇高家湾村白家湾西北约900米处的独立山梁上。东距341国道100米、庄浪河约550米，相对高差约30米。坐标：N36°43′01″，E103°14′34″，海拔2159米。遗址所在山梁东西约70米，南北约130米，面积约9000平方米（彩版四〇，5）。本次调查对遗址所在山梁进行了全面踏查，山梁呈西北—东南向，西坡较陡，北、南、东坡较缓。山梁南端东西山坡散落有少量陶片，东坡发现大量盗坑，推测可能为墓地。

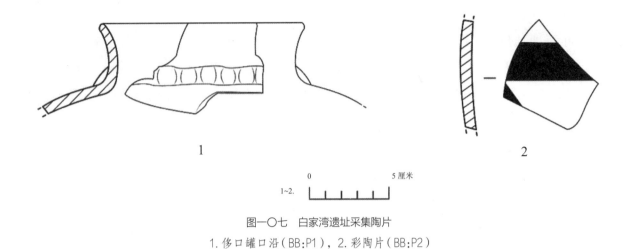

图一〇七　白家湾遗址采集陶片
1. 侈口罐口沿（BB:P1），2. 彩陶片（BB:P2）

地表散落陶片以夹砂橙黄陶、红陶为主，少量泥质红陶。以素面为主，个别彩陶，少量饰附加堆纹。可辨器形有侈口罐。

BB:P1　侈口罐口沿。夹细砂橙黄陶，质地坚硬，火候均匀。侈口，圆唇，束颈，圆肩。器表未打磨，较粗糙，颈肩之间饰附加堆纹一周。内壁不平，有指窝痕和抹痕。口径 12.8、高 5.6、胎厚 0.4~0.6 厘米（图一〇七，1；彩版四〇，3）。

BB:P2　彩陶片。夹细砂橙黄陶，质地坚硬，火候均匀。器表打磨光滑，施紫红色陶衣，饰黑彩宽带纹，下接黑彩垂弧纹。内壁不平，有抹痕。高 6.8、宽 6、胎厚 0.6~0.7 厘米（图一〇七，2；彩版四〇，4）。

根据采集标本器形特征和纹饰，并结合周边地区同时代典型器物比较判断，遗址文化性质为马厂类型。采集的马厂文化时期彩陶片与薛家坪、葛家湾遗址遗址器物的形制和纹饰一致，结合薛家坪遗址的测年结果判断，该遗址马厂类型时期遗存年代为 4200—4000 BP。

（二九）高家湾遗址

高家湾遗址是本次调查新发现的一处遗址，位于永登县城关镇高家湾村西约 600 米、341 国道西南侧的山前台地上。北距白家湾遗址约 1500 米，南距玉山子遗址约 4300 米，东距庄浪河约 1100 米，相对高差约 60 米。坐标：N36°42′17″，E103°15′05″，海拔 2121 米。遗址分布范围东西约 100 米，南北约 200 米，面积 2 万平方米（彩版四一，1）。本次调查对遗址所在台地进行了全面踏查，台地呈缓坡状，西高东低。西南侧受到冲沟内季节性流水侵蚀，大部分已坍塌。北侧大部分开垦为耕地。台地东南缘发现十多个盗坑，推测可能为被盗墓葬，周边散落有少量陶片。地表采集陶片以夹砂红陶、橙黄陶为主，少量夹砂红褐陶，个别泥质橙黄陶。以素面为主，少量饰附加堆纹、刻划纹和绳纹。采集标本可辨器形有侈口罐。根据采集标本陶质、陶色和纹饰判断，该遗址文化性质为马厂类型。

（三〇）山岑村遗址

山岑村遗址是本次调查新发现的一处遗址，位于永登县柳树镇山岑村东南约 1600 米、下沙沟北侧的山梁及中间沟谷上。北距石碑湾遗址约 2300 米，东距庄浪河约 300 米，相对高差约 40 米。坐标：N36°38′53″，E103°17′23″，海拔 2061 米（彩版四一，2）。本次调查，对遗址所在区域进行了全面踏查。山梁呈南北走向，北高南低，山顶无平坦台面，水土流失严重，植被稀少。仅在两山梁中间谷坡上散见少量陶片。地表采集陶片以夹砂红陶、橙黄陶为主，少量夹砂红褐陶，个别泥质红陶和夹砂灰陶，均素面。采集标本可辨器形为双耳罐。

根据采集标本器形特征，与周边地区同时代典型器物比较判断，该遗址文化性质为马厂类型。

本次在庄浪河流域的永登县共调查史前时期遗址 33 处，其中复查遗址 24 处，新发现遗址 9 处。大部分遗址采集到典型遗物标本，且部分遗址存在不同文化时期的遗存。通过采集标本与邻近地区调查或发掘出土典型器物比较，确认包含马家窑类型遗存的遗址 7 处，半山类型遗存的遗址 5 处，马厂类型遗存的遗址 29 处，齐家文化遗存的遗址 11 处，辛店文化遗存的遗址 4 处。通过对石碑湾、沙沟沿、薛家坪、小红沟、高场、沙沟沿、大沙沟、庙儿坪遗址测年，测年结果与剖面采集遗物文化性质一致，该区域马家窑类型时期年代为 4800—4600 BP，为马家窑类型晚期遗存；马厂类型时期年代主要为 4200—4000 BP，主要为马厂中晚期遗存，个别遗址早到马厂早期，年代可能早于 4200 BP；大部分遗址齐家文化与马厂晚期遗存共存，为齐家文化早中期遗存，齐家文化遗存年代不晚于 3900 BP 前后；辛店文化遗存年代为 3600—3500 BP。本次调查和初步研究，为构建庄浪河流域史前文化谱系和文化发展序列提供了重要的资料，构建了庄浪河流域永登县境内马家窑类型—半山类型—马厂类型—齐家文化—辛店文化的考古学文化发展序列。

需要说明的是，为便于读者查阅，我们将本次调查采集陶片较小或未采集到陶片的东坪（彩版四二，1）、野泉（彩版四二，2）和贾家场 11 社遗址所属的考古学文化等信息归入附表四（黄河左近地区史前考古调查遗址登记表），在此不再赘述。

第三节　靖远县—平川区考古调查

一、地理位置

靖远县位于甘肃省北部，白银市中、北部，1985 年平川区从中析置，将靖远县分隔为南北两个独立区域。因靖远县、平川区在地理上的特殊关系，在此将其作为整体一并考虑。该地区在东经 104°18′~105°26′，北纬 36°10′~37°17′ 之间，区域总面积 7915.5 平方千米。东与宁夏回族自治区中卫市沙坡头区、海原县交界，南与会宁县相邻，西与白银区和兰州市榆中县相连，北与景泰县相接（图九七）。

二、自然环境

靖远—平川地区位于陇西黄土高原北部边缘，构造运动强烈，局部抬升显著。屈吴山—哈思山一线受地壳上升运动，绵延相连，呈东南—西北向横亘其间，将区域分南北两部；沿此一线向两侧延伸，西至乌鞘岭，东南接六盘山，宛如一道屏障矗立在黄土高原北缘。

区内山地、丘陵、河谷交错分布，地貌复杂多样。南部是黄土高原丘陵沟壑区，山大沟深、梁峁纵横，水土流失严重。中部多山地丘陵，北部属山间盆地和梁峁沟谷。域内平均海拔 1753 米，最高处大峁槐山顶峰，海拔 3017 米；最低处黑山峡河谷，海拔 1218 米。总体趋势为中间高，南北低；山区最高，梁峁区次之，河谷最低。

靖远—平川地区气候属于温带大陆性气候，位于半干旱与干旱的过渡区。境内寒暑交替，四季分明；气候干旱少雨，日照充足，温度年较差和日较差大。域内年均温在 8.2~9.4℃，7 月份气温最高，1 月份气温最低。温度垂直地带性显著，海拔最低的河谷地带年均温最高、积温最大，其次是南部的黄土梁峁区，最低者属海拔最高的中部山区。域内年平均降水量在 223.5~226.8 毫米之间，降水时空分布不均。受夏季风影响，降雨集中在夏秋两季，尤以 7、8、9 月最多；冬春两季，雨雪稀少，干燥寒冷。地理空间分布上，降雨量由东南向西北逐渐减少。

境内地表水来自黄河干流及支流祖厉河两大水系，除其干流外，支沟中均无常年径流。黄河大体呈"S"形，由西南乌金峡入境，流经靖远县城后折而向北，过红山峡，自东北黑山峡出境，流

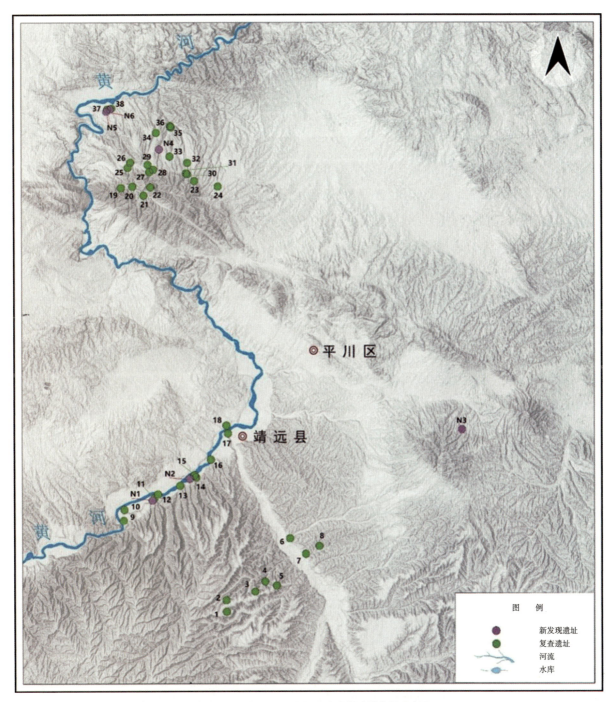

图一〇八　靖远县—平川区调查史前遗址位置示意图

1.蔺家山头遗址 2.米塬上杨遗址 3.常塬遗址 4.火烧凹遗址 5.大塬庄东遗址 6.野糜河口遗址 7.小河口遗址 8.三条沟遗址 9.阳坪嘴遗址 10.堡子山遗址 11.芦家小坪遗址 12.烽台山遗址 13.墩墩山遗址 14.马户山遗址 15.营尔门遗址 16.虎豹坪遗址 17.红嘴墓群 18.乔家坪遗址 19.哈思山遗址 20.菜地沟遗址 21.小茨沟遗址 22.庙圪山遗址 23.任家峁遗址 24.松柏崖遗址 25.马台车路梁遗址 26.马台墓群 27.西圪梁遗址 28.永和遗址 29.雷神殿梁遗址 30.新民遗址 31.四沟梁遗址 32.腰站遗址 33.马家圪遗址 34.冶泉遗址 35.孙家沟遗址 36.王家边边遗址 37.义和大墩台遗址 38.相帽山遗址;N1.金园村遗址 N2.马家滩遗址 N3.神木头遗址 N4.四次凹梁遗址 N5.高家滩遗址 N6.下堡子遗址

程 154 千米。黄河两岸川谷、坪台发育，地势平坦宽阔，自古以来就是农业发展的理想之地。祖厉河自会宁县北上，流经靖远县大芦、乌兰两镇而入黄河，但因其水质苦咸，不能直接用于灌溉和饮用。

三、历史沿革

靖远—平川地区历史悠久，考古调查表明，区域内发现多处半山类型和马厂类型时期遗址。历史时期，这里发展成为早期丝绸之路北线重镇之一，中西文化交流的必经之地。西汉武帝元鼎三年，置祖厉、鹑阴 2 县，属安定郡。东汉祖厉县治南迁，改鹑阴县为鹯阴县，县治在今之平川鹯阴古城；两县同属武威郡。十六国时期，前秦置平凉郡于鹯阴；北魏节闵帝普泰元年（531 年），于汉鹯阴县地置会宁县。西魏大统十四年（548 年）置会州；北周武帝保定二年（562 年）移会州州治于鸣沙城（今宁夏中宁县境内），改会宁防。隋文帝先改为会宁镇，后复会州，又改会宁县；隋炀帝改为凉川县，并置会宁郡。唐武德二年（619 年），在凉川县会宁关置西会州，贞观八年（634 年）改会州，设会宁、乌兰 2 县。唐末宋初，会州被吐蕃所占，后归于西夏。宋元丰四年（1081 年），宋收复会州，置敷川县，后又陷于西夏。南宋时期，金败西夏，占领会州，置保川县。明代创设靖虏卫，清初更名靖远卫，雍正八年（1730 年）改称靖远县。民国初始，靖远县属甘肃省兰山道，1927 年废道后直属甘肃省政府。1949 年 9 月 5 日，靖远县城解放；8 日，中共靖远县委、县人民政府成立。1985 年 8 月，平川区由靖远县中部析置。

四、考古工作概况

全国第三次文物普查在该区域发现史前遗址 38 处，现有资料显示，境内史前遗址多属半山类型，主要分布在南部的黄土梁峁区、黄河两岸台地及哈思山南、北麓地区。境内尚未开展过区域性系统考古调查和发掘工作。

五、本次调查情况

本次调查，前期通过第三次全国文物普查不可移动文物资料梳理和遥感影像判读，确认靖远县—平川区境内史前遗址多分布在南部的黄土梁峁区、黄河两岸台地及哈思山南、北麓地区，并在哈思山北麓山前坡地、屈吴山西侧发现多处疑似遗址区。因此，将实地调查区域确定在上述已知分布区及疑似区域。此次在靖远县—平川区实地调查期间，复查已知遗址 38 处，新发现遗址 6 处。现将调查情况介绍如下。

（一）雷神殿梁遗址

雷神殿梁遗址位于靖远县双龙乡永和村雷神殿梁上。东侧沟谷平缓地带为新农村安置点，西侧紧邻豆家岘盘山公路，南距西瓦梁遗址约 1400 米，北距冶泉遗址约 6700 米。遗址分布于山梁前端较开阔处和西侧坡地上。坐标：N37°03′40″，E104°27′30″，海拔 2065 米。遗址分布范围东西约 100

米，南北约 300 米，面积约 3 万平方米（彩版四三，1）。本次调查对遗址所在山梁坡地进行了全面踏查，区域内主要为退耕后的荒芜梯田，北侧地势较高处为雷神殿梁烽火台遗址。地表散落有较多陶片。

地表采集陶片以泥质橙黄陶为主，夹砂橙黄陶次之，少量泥质和夹砂红陶、红褐陶。以素面居多，部分彩陶，个别饰篮纹、绳纹、附加堆纹等，附加堆纹多饰于肩部和器耳。本次采集陶器标本可辨器形为侈口罐、盆、双耳罐、腹耳罐等。

LB:P1　腹耳罐腹部。夹粗砂红褐陶，可见石英等羼和料，烧结度不高，质地疏松，火候不均，陶胎有灰色夹芯。圆鼓腹，下腹弧收。腹中偏下有环形耳，耳面饰竖向附加堆纹三道，耳面上部粘贴小泥饼。器表素面，未打磨，较粗糙。内壁凹凸不平。高 10.4、宽 11.3、胎厚 0.5~1 厘米（图一〇九，1）。

LB:P2　腹耳罐腹部。夹细砂橙黄陶，质地坚硬，火候不均，陶胎有灰色夹芯。圆鼓腹，下腹弧收。近腹中有环形耳，耳面饰交错附加堆纹。器表素面，较粗糙。内壁不平，有指窝痕和交错抹痕。高 14.8、宽 11.8、胎厚 0.5~0.9 厘米（图一〇九，2）。

LB:P3　绳纹陶片。泥质橙黄陶，质地坚硬，火候均匀。器表饰细绳纹。高 6、宽 8.6、胎厚 0.6 厘米（图一〇九，3）。

LB:P4　侈口罐口沿。泥质橙黄陶，质地坚硬，火候均匀。侈口，圆唇，束颈，圆肩。颈部饰横向黑彩"个"字纹，颈肩之间饰红彩横条带纹，口沿内饰黑彩折带纹。口径 21、高 3.8、胎厚 0.4~0.6 厘米（图一〇九，4）。

LB:P5　侈口罐口沿。泥质橙黄陶，质地坚硬，火候均匀。侈口，圆唇，矮领。器表打磨光滑，领部饰黑彩折带纹一周，下接黑彩横条带纹一周，口沿内饰黑彩宽弧带纹两周。口径 14、高 2.9、宽 4.3、胎厚 0.4 厘米（图一〇九，5）。

LB:P6　器底。夹细砂橙黄陶，质地坚硬，火候不均，陶胎可见灰色夹芯。斜弧腹，平底。素面，内壁可见指窝痕和抹痕。残高 5.6、底径 11、胎厚 0.7、底厚 1 厘米（图一〇九，6）。

LB:P7　侈口罐口沿。泥质橙黄陶，质地坚硬，火候不均，陶胎有红、灰色分层。侈口，尖唇，矮领，圆肩。肩部饰细绳纹。口径 10、高 4.5、胎厚 0.4~0.6 厘米（图一〇九，7）。

LB:P8　腹耳罐腹部。泥质橙黄陶，质地坚硬，火候均匀。鼓腹，下腹弧收。腹中偏下有环形耳。腹中饰黑彩宽带纹，下接黑彩垂弧纹。高 8.5、宽 8.4、胎厚 0.5 厘米（图一〇九，8）。

LB:P9　双耳罐口沿。夹砂橙黄陶，质地坚硬，火候不均，陶胎局部有灰色夹芯。侈口，圆唇，束颈，溜肩。口肩部有双耳，口耳平齐。器表打磨光滑，有刮抹痕，素面。内壁不平，有泥条盘筑痕、指窝痕和抹痕。口径约 13、高 9.2、胎厚 0.5 厘米（图一〇九，9）。

LB:P10　双耳罐口沿。夹细砂红陶，烧结度不高，质地疏松。侈口，圆唇，束颈，溜肩。口肩部有双耳，口耳平齐，耳面压印方格纹。器表素面，未打磨，较粗糙。高 5.1、宽 5.9、胎厚 0.4 厘米（图一〇九，10）。

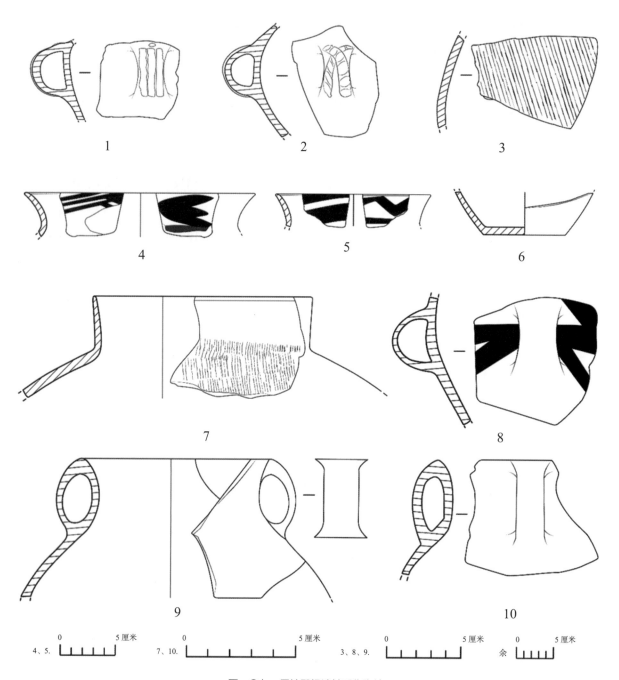

图一〇九　雷神殿梁遗址采集陶片

1、2、8. 腹耳罐腹部（LB:P1、LB:P2、LB:P8），3. 绳纹陶片（LB:P3），4、5、7. 侈口罐口沿（LB:P4、LB:P5、LB:P7），6. 器底（LB:P6），9、10. 双耳罐口沿（LB:P9、LB:P10）

　　LB:P11　彩陶片。泥质橙黄陶，质地坚硬，火候均匀。器表打磨光滑，饰复线黑彩弧带纹。内壁不平，有泥条盘筑痕和抹痕。高 4、宽 3.9、胎厚 0.4 厘米（图一一〇，1）。

　　LB:P12　彩陶片。泥质橙黄陶，质地坚硬，火候均匀。器表打磨光滑。上部饰黑彩宽带纹两周，下部饰黑彩宽带纹一周，中间夹平行黑彩细条带纹三周。内壁不平，有较深横向抹痕。高 4.7、宽 3、胎厚 0.3~0.4 厘米（图一一〇，2）。

　　LB:P13　彩陶片。泥质橙黄陶，质地坚硬，火候均匀。器表打磨光滑，饰黑彩横条带纹，下接黑彩垂弧纹。内壁不平，有指窝痕和斜向抹痕。高 8.3、宽 7.3、胎厚 0.5 厘米（图一一〇，3）。

　　LB:P14　彩陶片。泥质橙黄陶，质地坚硬，火候均匀。器表打磨光滑，饰黑红复彩圆圈网格

图一一〇　雷神殿梁遗址采集陶片

1-12. 彩陶片（LB:P11-LB:P22）

纹，外圈黑彩较宽，内圈红彩稍窄，圈内为黑彩细线网格纹。内壁不平，有泥条盘筑痕和抹痕。高4.5、宽8.3、胎厚0.5厘米（图一一○，4）。

LB:P15　彩陶片。泥质橙黄陶，质地坚硬，火候均匀。器表打磨光滑，饰上缘带锯齿的黑彩宽带纹一周，上接红彩窄条带纹和黑彩细线网格纹，彩绘局部脱落。内壁不平，有泥条盘筑痕和交错抹痕。高6.9、宽6.5、胎厚0.6厘米（图一一○，5）。

LB:P16　彩陶片。泥质橙黄陶，质地坚硬，火候均匀。器表打磨光滑，饰黑红复彩圆圈纹和黑彩圆圈网格纹，外侧大圈饰黑彩、红彩宽带各一周，圈内为相交的椭圆形和网格纹，彩绘局部磨损脱落。内壁不平，有指窝痕和抹痕。高7.5、宽5、胎厚0.4厘米（图一一○，6）。

LB:P17　彩陶片。泥质橙黄陶，质地坚硬，火候均匀。器表打磨光滑，饰内缘带锯齿的黑彩宽折带纹两道，中间夹红彩条带纹，一侧黑彩宽带纹接黑彩折带纹。内壁不平，有泥条盘筑痕、指窝痕和抹痕。高6.9、宽4.7、胎厚0.4厘米（图一一○，7）。

LB:P18　彩陶片。泥质橙黄陶，质地坚硬，火候均匀。器表打磨光滑，饰黑红复彩圆圈纹。内壁不平，有指窝痕、抹痕和交错刻划纹。高5.4、宽6.7、胎厚0.4厘米（图一一○，8）。

LB:P19　彩陶片。泥质橙黄陶，质地坚硬，火候均匀。器表打磨光滑，饰黑彩圆圈纹，圈内为黑彩矩形纹和网格纹。内壁不平，有指窝痕和抹痕。高4.1、宽6.1、胎厚0.4~0.5厘米（图一一○，9）。

LB:P20　彩陶片。泥质橙黄陶，质地坚硬，火候均匀。器表打磨光滑，饰黑红复彩圆圈纹和菱格纹。圆圈共三重，外圈黑彩较宽，内圈黑彩稍窄，中间红彩较宽，圈内为黑彩菱格纹。内壁不平整，有泥条盘筑痕和抹痕。高4.5、宽3.4、胎厚0.3~0.4厘米（图一一○，10）。

LB:P21　彩陶片。泥质橙黄陶，质地坚硬，火候均匀。器表打磨光滑，饰红黑复彩圆圈纹两个，外圈为黑彩，内圈为红彩，红彩内缘接黑彩短线。内壁不平，有指窝痕和抹痕。高6.7、宽6.7、胎厚0.4~0.5厘米（图一一○，11）。

LB:P22　彩陶片。泥质橙黄陶，质地坚硬，火候均匀。器表打磨光滑，饰黑红复彩圆圈网格纹，外圈黑彩较宽，内圈红彩稍窄，圈内为黑彩矩形纹、网格纹。内壁不平，有泥条盘筑痕和抹痕。高4.8、宽4.8、胎厚0.5厘米（图一一○，12）。

LB:P23　侈口罐口沿。夹细砂红陶，可见石英等羼和料，质地坚硬，火候均匀。侈口，尖唇，束颈，溜肩。素面，肩部饰附加堆纹一周。口径10.2、高3.5、胎厚0.4厘米（图一一一，1）。

LB:P24　篮纹陶片。夹细砂橙黄陶，质地坚硬，火候不均，陶胎有灰色夹芯。器表饰斜篮纹。高5.4、宽5.2、胎厚0.6厘米（图一一一，2）。

LB:P25　侈口罐口沿。泥质橙黄陶，质地坚硬，火候不均，陶胎有灰色夹芯。侈口，圆唇，矮领，溜肩。器表未打磨，内壁可见指窝痕和抹痕。高4.6、宽6、胎厚0.4厘米（图一一一，3）。

LB:P26　罐口沿。泥质红陶，质地坚硬，火候均匀。微侈口，尖唇，束颈，溜肩。颈部素面，肩部饰横向戳印纹。内壁不平，有指窝痕。口径8.4、高4.6、胎厚0.3厘米（图一一一，4）。

LB:P27 侈口罐口沿。夹细砂橙黄陶,质地坚硬,火候均匀。侈口,圆唇,束颈,溜肩。肩部饰附加堆纹一周。口径 11.4、高 4.4、胎厚 0.5 厘米（图一一一,5）。

LB:P28 侈口罐口沿。夹细砂橙黄陶,质地坚硬,火候不均,陶胎有灰色夹芯。侈口,圆唇,束颈,圆肩。素面,器表未打磨,有明显轮修痕迹。口径 10.5、高 5.4、胎厚 0.5 厘米（图一一一,6）。

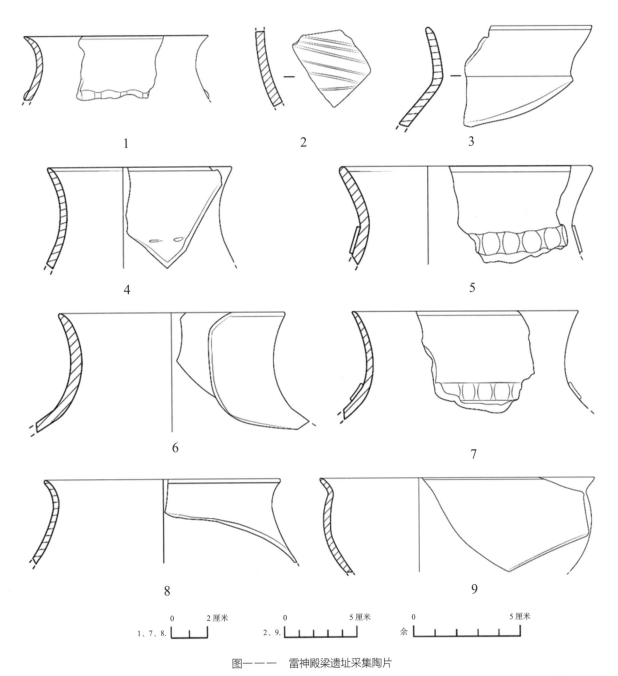

图一一一 雷神殿梁遗址采集陶片

1、3、5-8. 侈口罐口沿（LB:P23、LB:P25、LB:P27-LB:P30）,2.篮纹陶片（LB:P24）,4.罐口沿（LB:P26）,9.盆口沿（LB:P31）

LB:P29　侈口罐口沿。夹细砂橙黄陶，质地坚硬，火候不均，陶胎局部有灰色夹芯。侈口，尖唇，束颈，溜肩。肩部饰附加堆纹一周。口径12.8、高5.5、胎厚0.3~0.6厘米（图一一一，7）。

LB:P30　侈口罐口沿。夹细砂橙黄陶，质地坚硬，火候不均，陶胎有灰色夹芯。侈口，圆唇，束颈，溜肩。素面，器表打磨光滑。口径13、残高4.5、胎厚0.2~0.4厘米（图一一一，8）。

LB:P31　盆口沿。泥质橙黄陶，质地坚硬，火候不均，陶胎有灰色夹芯。侈口，折沿，圆唇，圆弧腹。素面，器表粗糙，口沿下有轮修痕，腹部有指窝痕。内壁不平，有指窝痕和交错抹痕。口径约19、残高6.4、宽11.6、胎厚0.4~0.5厘米（图一一一，9）。

根据采集标本器形特征和纹饰，与宁夏南部和河湟地区同时代典型器物比较，判断该遗址文化性质为马家窑类型、半山类型、马厂类型和齐家文化。采集的马家窑类型彩陶片与永登、红古采集马家窑同类器物的形制和纹饰一致，结合测年结果判断，该遗址马家窑遗存年代在4800—4600 BP；马厂类型时期彩陶片与西瓜梁马厂时期遗存形制和纹饰一致，结合西瓜梁遗址的测年结果判断，马厂类型时期遗存年代为4300—4000 BP；齐家文化时期陶片与西瓜梁、神木头遗址齐家文化陶片形制和纹饰一致，结合西瓜梁和神木头遗址测年结果判断，该遗址齐家文化时期遗存年代为4100—3900 BP。

（二）西瓜梁遗址

西瓜梁遗址位于靖远县双龙乡永和村西瓜梁上。东面为永和村，西侧为深沟，南侧紧邻至石门乡盘山公路。坐标：N37°02′53″，E104°27′43″，海拔2074米。遗址分布于南北向山梁上，范围东西约100米，南北约500米，面积约5万平方米（彩版四四，1）。本次调查对遗址所在山梁进行了全面踏查，山梁大部分被平整为梯田，中部和北有西瓜梁南烽火台、西瓜梁烽火台。地表散落有较多陶片。山梁西缘整修梯田形成的人工断面上发现灰坑三处，分别编号H1、H2、H3。

H1开口距地表约2米，堆积呈锅状，分为上下2层。①层为文化层，土质致密，浅黄色，厚约0.1米，包含有少量炭屑、陶片和骨骼。②层为文化层，土质较疏松，浅黄色，厚约0.9米，包含有较多炭屑，未到底。采集土样2份（彩版四三，2）。

H2位于H1南侧，开口距地表约2米，堆积呈坡状。长约1.2米，厚约0.14米，土质较疏松，灰黑色，包含大量炭屑。采集土样1份（彩版四三，3）。

H3位于H2南侧，开口距地表约2米，堆积呈坡状。长约1米，厚约0.4米，土质较疏松，灰黑色，包含黄色土块和大量炭屑。采集土样1份（彩版四四）。

地表采集陶片以泥质橙黄陶为主，夹砂红陶次之，少量泥质红陶、灰陶和夹砂红褐陶。以彩陶为主，素面次之，少量饰刻划纹、附加堆纹。本次采集陶器标本可辨器形有双耳罐、錾耳罐、壶、盆、杯、陶刀等。

（1）陶器

XB:P1　双耳罐口沿。泥质橙黄陶，质地坚硬，火候不均，陶胎有灰色夹芯。侈口，圆唇，束颈，溜肩。口肩部有桥形耳，耳略低于口沿。素面，内外壁有指窝痕和抹痕。高6.7、宽4.3、胎厚

0.3~0.4 厘米（图一一二，1；彩版四四，3）。

XB:P2 双耳罐口沿。夹粗砂红陶，质地坚硬，火候均匀。侈口，圆唇，束颈，圆肩。口肩部有环形耳，口耳平齐。颈肩之间、耳侧饰附加堆纹，肩部饰交错刻划纹。内壁不平，有指窝痕和抹痕。高 6.5、宽 8.7、胎厚 0.5~0.7 厘米（图一一二，2；彩版四五，1）。

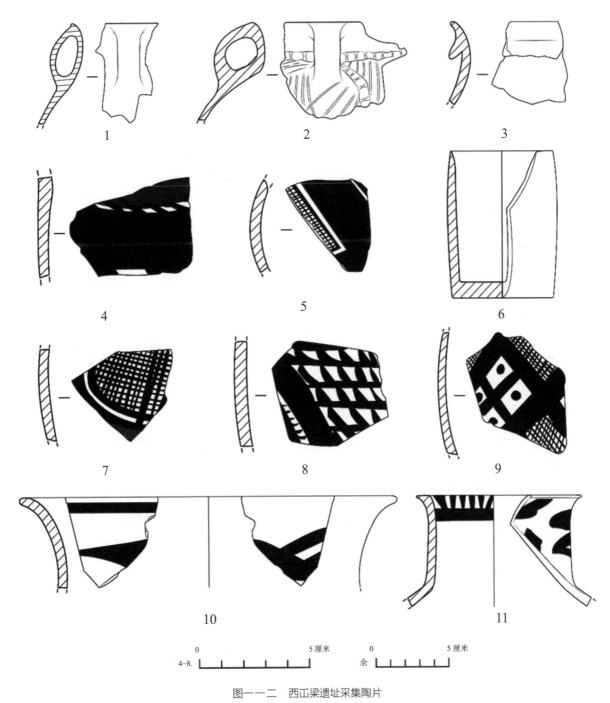

图一一二 西亚梁遗址采集陶片

1、2. 双耳罐口沿（XB:P1、XB:P2），3. 鋬耳罐口沿（XB:P3），4、5、7-9. 彩陶片（XB:P4、XB:P5、XB:P7-XB:P9），6. 筒形杯（XB:P6），10. 彩陶罐口沿（XB:P10），11. 彩陶壶口沿（XB:P11）

XB:P3 鋬耳罐口沿。泥质红陶，质地坚硬，火候均匀。侈口，圆唇，束颈，溜肩。口沿下有鋬。素面，内外壁较粗糙，有指窝痕和抹痕。高5.5、宽5.3、胎厚0.5厘米（图一一二，3）。

XB:P4 彩陶片。泥质橙黄陶，质地坚硬，火候均匀。器表打磨光滑，饰黑彩宽弧带纹内缘带锯齿，齿尖接红彩宽弧带纹。高4.4、宽5.6、胎厚0.5~0.7厘米（图一一二，4）。

XB:P5 彩陶片。泥质橙黄陶，质地坚硬，火候均匀。器表打磨光滑，施紫色陶衣，饰黑彩宽带纹和矩形网格纹。内壁不平，有泥条盘筑痕和抹痕。高4.2、宽3.9、胎厚0.5厘米（图一一二，5）。

XB:P6 筒形杯。泥质橙黄陶，质地坚硬，火候不均，陶胎可见灰色夹芯。直口，尖唇，筒状腹，平底。素面，内外壁不平，有指窝痕和抹痕。口径4.7、高6.5、底径4.7、胎厚0.3~0.4、底厚0.7厘米（图一一二，6）。

XB:P7 彩陶片。泥质橙黄陶，质地坚硬，火候均匀。器表打磨光滑，饰黑彩重圈网格纹，圆圈外残存少量红彩。内壁不平，有泥条盘筑痕和较深抹痕。高4.1、宽4.6、胎厚0.4厘米（图一一二，7；彩版四五，2）。

XB:P8 彩陶片。泥质橙黄陶，质地坚硬，火候均匀。器表打磨光滑，施黄褐色陶衣，饰黑彩齿带纹、斜行黑彩宽带纹和黑彩锯齿纹。高4.6、宽5.3、胎厚0.6厘米（图一一二，8）。

XB:P9 彩陶片。泥质橙黄陶，质地坚硬，火候均匀。器表打磨光滑，饰黑彩方格纹，内填黑彩十字纹、圆点纹和细线网格纹。内壁不平，有泥条盘筑痕和抹痕。高8.1、宽6.9、胎厚0.5厘米（图一一二，9）。

XB:P10 彩陶罐口沿。泥质橙黄陶，质地坚硬，火候均匀。敞口，圆唇，高领。器表打磨光滑，施橙黄色陶衣。口沿外饰黑彩宽带折线纹，口沿内饰黑彩宽带纹一周，下接弧带纹。口径26、高6、胎厚0.7厘米（图一一二，10；彩版四五，3）。

XB:P11 彩陶壶口沿。夹细砂红褐，质地坚硬，火候均匀。侈口，尖唇，高领，圆肩。器表打磨光滑，施紫红色陶衣。领部饰黑彩折带纹，口沿及内壁饰黑彩短线纹一周，下接黑彩宽带纹。口径11.4、高7.4、胎厚0.6~0.7厘米（图一一二，11）。

XB:P12 侈口罐口沿。泥质橙黄陶，质地坚硬，火候均匀。侈口，圆唇，高领。口沿外有凸棱一周。内外壁打磨光滑。口沿外饰黑彩横条带纹一周，领部饰黑彩，磨损脱落严重，纹饰不明，口沿内饰连续黑彩三角纹一周，下接黑彩宽带纹一周。口径18.4、高3.3、胎厚0.5厘米（图一一三，1）。

XB:P13 彩陶罐口沿。泥质橙黄陶，质地坚硬，火候均匀。敞口，圆唇，高领。器表打磨光滑，器表饰平行黑彩条带纹四道。口沿内饰黑彩宽带纹一周，下接斜行黑彩窄条带纹三道。口径26.2、高5.1、胎厚0.8厘米（图一一三，2；彩版四五，4）。

XB:P14 彩陶盆口沿。泥质红陶，质地坚硬，火候均匀。敞口，尖唇，斜弧腹。内外壁打磨光滑，施紫红色陶衣。口沿外饰斜行黑彩窄条带纹两道，口沿内饰黑彩宽带纹两周，下接黑彩圆点

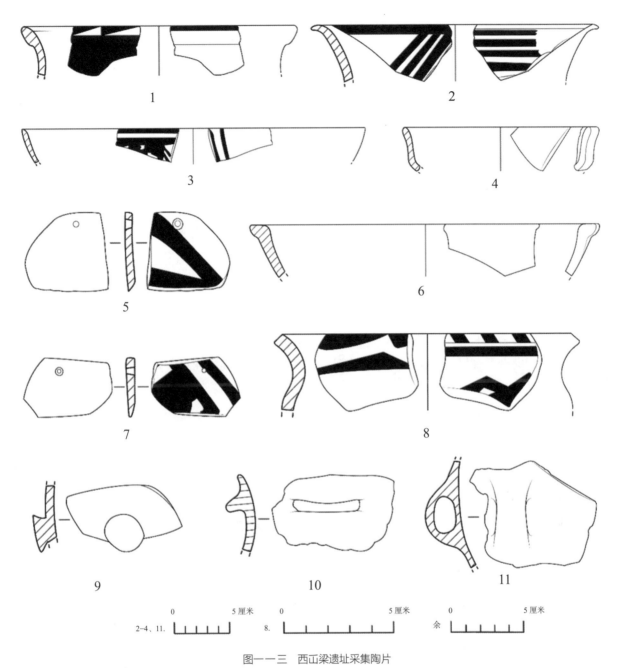

图一一三 西山梁遗址采集陶片

1、8.侈口罐口沿（XB:P12、XB:P17），2.彩陶罐口沿（XB:P13），3.彩陶盆口沿（XB:P14），4.盘口沿（XB:P15），5、7.穿孔陶刀（XB:1、XB:2），6.盆口沿（XB:P16），9.杯腹部（XB:P18），10.鋬耳罐口沿（XB:P19），11.腹耳罐腹部（XB:P20）

纹和弧线纹。口径31、高3、胎厚0.5厘米（图一一三，3；彩版四五，5、6）。

XB:P15 盘口沿。泥质橙黄陶，质地坚硬，火候均匀。敞口，圆唇，斜腹，腹中微内凹，下腹内收。口径17.5、高3.9、胎厚0.5~0.6厘米（图一一三，4）。

XB:1 穿孔陶刀。泥质橙黄陶片磨制，平面呈圆角长方形，仅存一半。刀刃由胎壁向外磨制，弧刃。近刀背处有一穿孔，系由器表向内单面钻成。器表残存黑彩。长5.6、宽5.3、厚0.5厘米

（图一一三，5）。

XB:P16　盆口沿。泥质红陶，质地坚硬，火候不均，陶胎有灰色夹芯。敞口，平沿，圆唇，圆弧腹。素面，器表未打磨，内壁有指窝痕和抹痕。口径23.6、高3.5、胎厚0.4~0.8厘米（图一一三，6）。

XB:2　穿孔陶刀。泥质橙黄陶片磨制，残存平面呈不规则形。刀刃由胎壁向外磨制，弧刃。近刀背处有一穿孔，系由胎壁向外单面钻成。器表残存黑彩。长6、宽3.9、厚0.5厘米（图一一三，7）。

XB:P17　侈口罐口沿。泥质红陶，质地坚硬，火候不均，陶胎有灰色夹芯。侈口，方唇，束颈，鼓腹。器表打磨光滑，施紫红色陶衣。器表饰黑彩短线纹、横条带纹各一周，下接黑彩折带纹，内壁饰连续黑彩弧边三角纹两周。口径13.2、高3.5、胎厚0.5厘米（图一一三，8）。

XB:P18　杯腹部。泥质橙黄陶，质地坚硬，火候不均，陶胎有灰色夹芯。筒状腹。器表一侧粘贴圆形钮。高4.5、宽7.9、胎厚0.5、钮径2.7厘米（图一一三，9）。

XB:P19　鋬耳罐口沿。夹粗砂红陶，可见石英等羼和料，质地坚硬，火候均匀。侈口，圆唇，束颈，溜肩。口沿下有鋬。素面，内外壁较粗糙，内壁有指窝痕和抹痕。高5.1、宽8.4、胎厚0.6厘米（图一一三，10）。

XB:P20　腹耳罐腹部。夹粗砂红褐陶，可见石英等羼和料，烧结度不高，质地疏松，火候不均，陶胎有红、灰分层。鼓腹，下腹弧收。腹中偏下有环形耳。高9.4、宽11.5、胎厚0.5厘米（图一一三，11）。

根据采集标本器形特征和纹饰与宁夏南部和河湟地区同时代典型器物比较判断，遗址文化性质为半山类型、马厂类型和齐家文化。在H1②层和H3分别挑选粟测年，H1②层测年结果经校正为

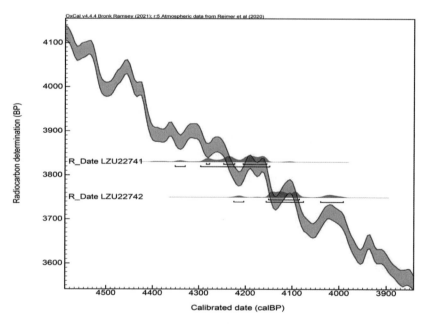

图一一四　西山梁遗址不同遗迹单位出土粟年代校正曲线

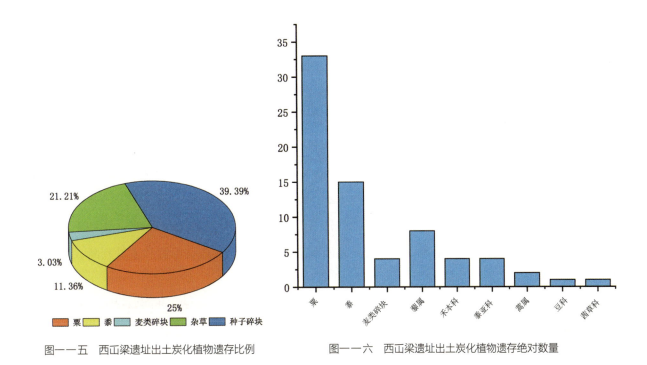

图一一五　西瓦梁遗址出土炭化植物遗存比例　　　　图一一六　西瓦梁遗址出土炭化植物遗存绝对数量

4352—4148 BP（2Sigma，95.4%），H3 测年结果经校正为 4225—3991 BP，年代拟合结果为 4300—4000 BP。灰坑测年结果与地表采集陶片遗存主要为马厂时期遗址一致，证实测年结果与遗址的文化性质一致。地表采集个别红黑复彩锯齿纹陶片，可能早到半山晚期。部分泥质橙黄陶、夹砂橙黄陶、夹砂红陶为典型齐家文化遗存，与神木头遗址陶片形制一致，结合神木头遗址测年结果判断，该遗址齐家文化遗存年代为 4100—3900 BP。

在西瓦梁遗址 H1、H2、H3 中采集浮选土样 4 份，共计 43 升。经鉴定共出土 9 个种属 132 粒炭化植物种子，其中农作物 52 粒，占出土炭化植物遗存的 39.39%，包括无壳粟、带壳粟、无壳黍、粟黍碎块和麦类碎块；杂草种子 28 粒，占出土炭化植物遗存的 21.21%，以禾本科和藜科杂草为主，包括黍亚科、禾本科、藜属，还包括菊科蒿属、茜草科、豆科和未知炭化种子；另有种子碎块 52 粒，占出土炭化植物遗存的 39.39%。结合遗址文化性质和测年结果判断，出土植物遗存为马厂类型。

（三）马家滩遗址

马家滩遗址是本次调查新发现的一处遗址，位于靖远县乌兰镇马滩社马家滩东北侧山梁上。东北距营尔门遗址约 1200 米，西距黄河约 600 米，西南距墩墩山遗址约 2400 米，相对高差 100 米。遗址所在山梁呈东南—西北向，东南高，西北低，周围沟壑纵横，梁峁相接，地势较陡。坐标：N36°28′45″，E104°33′22″，海拔 1533 米。本次调查对遗址所在山梁进行了全面踏查，地表植被稀少，沿山梁 600 米范围内，发现 6 处遗存集中分布点，遗址分布总面积约 3 万平方米（彩版四六，1）。6 处遗存集中分布点由北向南依次编号为地点 1—6。

地点 1：坐标：N36°28′55″，E104°33′27″，海拔 1499 米。地表散落少量陶片，以夹砂红陶为主，少量泥质红陶。以素面为主，少量彩陶。采集标本较小，无可辨器形。另有少量石器。

地点 2：坐标：N36°28′52″，E104°33′25″，海拔 1514 米。山顶分布现代墓群，东坡有盗坑。

地点 3：坐标：N36°28′45″，E104°33′22″，海拔 1533 米。地表采集有较多陶片，以夹砂橙黄陶为主，夹砂红褐陶次之，有少量泥质橙黄陶、红陶和夹砂灰陶。以素面为主，部分彩陶、篮纹、附加堆纹，少量饰绳纹和刻划纹。本次采集标本可辨器形有侈口罐、双耳罐、腹耳罐、折肩罐等。有少量石器。另外，在此处发现盗坑 3 个，分别编号 K1、K2、K3。K1 长约 2.2 米，宽约 2.1 米，深约 0.8 米，坑内散落有人骨、少量泥质红陶。K2 位于 K1 的东侧，长约 1.6 米，宽约 0.9 米，深约 1.1 米，坑内散落有人骨（彩版四六，2）。K3 位于 K1 和 K2 的东南侧，长约 2.5 米，宽约 1 米，深约 0.6 米，坑内散落有人骨，采集泥质红陶、夹砂灰陶片各 1 件。从盗坑形制和人骨判断，此处可能为墓地。

地点 4：坐标：N36°28′42″，E104°33′23″，海拔 1535 米。发现少量盗坑，坑旁散落有少量陶片，以夹砂橙黄陶为主，少量泥质橙黄陶、红陶。以彩陶为主，部分素面，个别饰篮纹和刻划纹。采集标本可辨器形有侈口罐、钵等。

地点 5：位于地点 1 西侧山凹内，坐标：N36°28′55″，E104°33′24″，海拔 1478 米。地表散落少量夹砂红陶、灰陶片，采集标本较小，无可辨器形。

地点 6：位于地点 1 北侧的山包上，坐标：N36°28′58″，E104°33′26″，海拔 1484 米。地表散落少量夹砂红陶片和石片。

（1）陶器

MB3:P1　侈口罐口沿。夹细砂橙黄陶，可见石英等羼和料，质地坚硬，火候不均，陶胎有灰色夹芯。侈口，圆唇，束颈，溜肩。素面，内外壁抹光，颈部有指窝痕和抹痕。口径 11、高 4.2、胎厚 0.5~0.7 厘米（图一一七，1）。

MB3:P2　侈口罐口沿。夹粗砂红褐陶，可见石英等羼和料，质地坚硬，火候均匀。侈口，方唇，束颈，溜肩。素面，内外壁较粗糙，有抹痕。口径 12.8、高 3.5、胎厚 0.6~0.8 厘米（图一一七，2）。

MB4:P3　彩陶片。泥质橙黄陶，质地坚硬，火候均匀。器表打磨光滑，素面。内壁饰黑红复彩宽带纹，两道斜行黑彩宽带间饰红彩宽带。高 3.4、宽 3.3、胎厚 0.4 厘米（图一一七，3）。

MB3:P4　侈口罐口沿。泥质红陶，质地坚硬，火候不均，陶胎局部有灰色夹芯。侈口，圆唇，高领微束，溜肩。器表打磨光滑，素面，领部上下各有一穿孔，系由器表向内壁单面钻成。口径 14.5、高 6、胎厚 0.3 厘米（图一一七，4）。

MB3:P5　双耳罐口沿。夹粗砂红褐陶，可见石英等羼和料。器表有烟炱。侈口，圆唇，束颈，圆肩。口肩部有桥形耳，耳略低于口沿。口沿上刻划凹槽一周，颈肩之间饰附加堆纹一周，耳面上饰刻划纹一道。内壁不平，有指窝痕和抹痕。高 6、宽 5.4、胎厚 0.4 厘米（图一一七，5）。

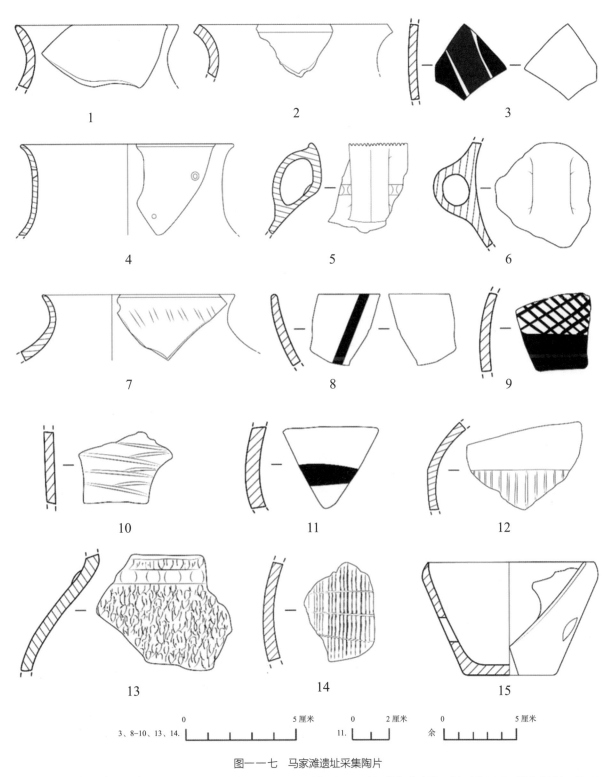

图一一七 马家滩遗址采集陶片

1、2、4、7.侈口罐口沿（MB3:P1、MB3:P2、MB3:P4、MB4:P7），3、9、11.彩陶片（MB4:P3、MB4:P9、MB3:P11），5.双耳罐口沿（MB3:P5），6.腹耳罐腹部（MB3:P6），8.钵口沿（MB4:P8），10.篮纹陶片（MB3:P10），12.折肩罐肩腹部（MB3:P12），13.侈口罐颈肩部（MB3:P13），14.绳纹陶片（MB4:P14），15.深腹盆（MB4:P15）

MB3:P6　腹耳罐腹部。夹粗砂红褐陶，可见石英等羼和料。鼓腹，下腹弧收。腹中有环形耳。素面，内外壁粗糙，内壁可见指窝痕。高7、宽6.5、胎厚0.4~0.6厘米（图一一七，6）。

MB4:P7　侈口罐口沿。夹粗砂橙黄陶，可见石英等羼和料，质地坚硬、火候均匀。侈口，尖唇，束颈，圆肩。颈肩部饰篮纹。内壁不平，有泥条盘筑痕和抹痕。口径13、高4.4、胎厚0.4~0.7厘米（图一一七，7）。

MB4:P8　钵口沿。泥质红陶，质地坚硬，火候均匀。敞口，圆唇，斜弧腹。口沿内饰黑彩斜条带纹一道。内壁较粗糙，有指窝痕和抹痕。高3.1、宽3、胎厚0.4厘米（图一一七，8）。

MB4:P9　彩陶片。泥质橙黄陶，质地坚硬，火候不均，陶胎有黄、灰色分层。器表打磨光滑，饰黑彩宽带纹和网格纹。内壁不平，有指窝痕和抹痕。高3.5、宽3.3、胎厚0.4厘米（图一一七，9）。

MB3:P10　篮纹陶片。泥质橙黄陶，质地坚硬，火候均匀。器表打磨光滑，饰横篮纹。高3.2、宽4.2、胎厚0.4厘米（图一一七，10）。

MB3:P11　彩陶片。夹细砂橙黄陶，可见石英等羼和料，质地坚硬，火候均匀。器表打磨光滑，饰黑彩宽带纹一周。内壁不平，有斜向抹痕。高4.3、宽5.1、胎厚0.7~0.8厘米（图一一七，11）。

MB3:P12　折肩罐肩腹部。夹细砂橙黄陶，质地坚硬，火候不均，陶胎有灰色夹芯。折肩，鼓腹，下腹斜收，肩腹间有明显折棱。肩部素面，打磨光滑。腹部饰竖篮纹。内壁不平，有指窝痕和抹痕。高5.9、宽7.9、胎厚0.5厘米（图一一七，12）。

MB3:P13　侈口罐颈肩部。夹粗橙黄陶，可见石英等羼和料。束颈，圆肩。颈肩之间饰附加堆纹一周，肩部饰篦点纹。内壁不平，有指窝痕和抹痕。高5.2、宽6.1、胎厚0.5厘米（图一一七，13）。

MB4:P14　绳纹陶片。夹粗砂红陶，质地坚硬，火候均匀。器表饰横向刻划纹和绳纹。内外壁较粗糙，内壁不平，有指窝痕和抹痕。高4.4、宽3.1、胎厚0.4~0.5厘米（图一一七，14）。

MB4:P15　深腹盆。夹细砂红陶，可见石英等羼和料，烧结度不高，质地疏松，火候不均，陶胎有灰色夹芯。敛口，尖唇，斜直腹，平底。器表较粗糙。内壁不平，有泥条盘筑痕和抹痕。器表有烟炱。口径11.5、高7.5、底径6.5、胎厚0.5~0.6、底厚0.7厘米（图一一七，15）。

MB3:P16　器底。夹粗砂灰陶，可见石英等羼和料，质地坚硬，火候均匀。斜直腹，平底略内凹。腹部饰篮纹。内壁不平，有指窝痕和抹痕。局部有烟炱。残高3.5、底径8、胎厚0.5、底厚0.9厘米（图一一八，1）。

MB4:P17　器底。夹粗砂橙黄陶，可见石英等羼和料。斜直腹，平底。素面，内外壁较粗糙。残高4.1、底径13.4、胎厚0.6~0.8、底厚0.8厘米（图一一八，2）。

MB3:1　小口鼓腹罐。泥质橙黄陶，质地坚硬，火候均匀。微侈口，尖唇，直颈，溜肩，圆鼓腹，下腹弧收，平底。器表打磨光滑，饰黑彩横条带纹四周，间饰连续黑彩菱格纹、短线纹。口径6、最大腹径9.2、底径4.6、高9、胎厚0.5~0.6厘米（图一一八，3；彩版四六）。

MB4:P18　器底。泥质橙黄陶，质地坚硬，火候均匀。斜弧腹，平底。腹部素面，底部饰刻划纹。残高 1.6、底径 10、胎厚 0.5、底厚 0.7 厘米（图一一八，4）。

（2）石器

MB3:2　石片。青灰色，砾石剥片，平面近扇形。砾石台面，一侧刃部较薄。长 5、宽 6、厚 1.2 厘米（图一一八，5）。

MB3:3　石片。青灰色，砾石剥片，平面近椭圆形。砾石台面，一侧刃部较薄，两面有打制疤痕。长 5、宽 6.2、厚 2.2 厘米（图一一八，6）。

根据采集标本器形特征和纹饰，与宁夏南部和河湟地区同时代典型器物比较，遗址文化性质为马厂类型和齐家文化。采集的马厂类型时期彩陶片与西亖梁马厂时期陶片的形制和纹饰一致，结合西亖梁遗址的测年判断，该遗址马厂类型时期遗存年代为 4300—4000 BP；齐家文化时期陶片与西

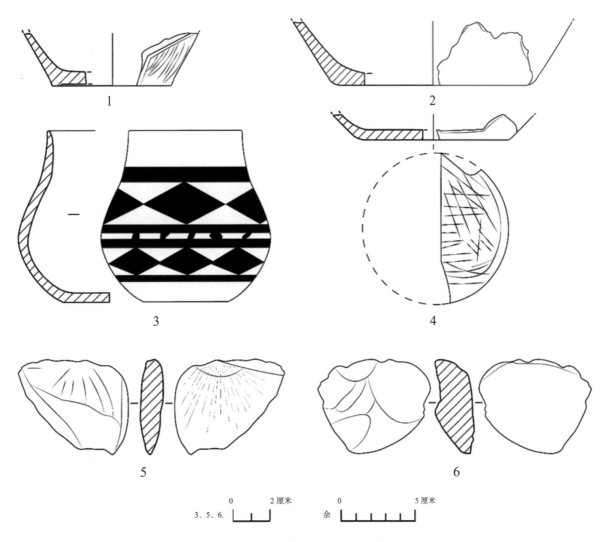

图一一八　马家滩遗址采集陶片、石器

1、2、4. 器底（MB3:P16、MB4:P17、MB4:P18），3. 小口鼓腹罐（MB3:1），5、6. 石片（MB3:2、MB3:3）

凹梁、神木头遗址齐家文化陶片的形制和纹饰一致，结合神木头遗址的测年结果判断，该遗址齐家文化时期遗存年代为 4100—3900 BP。

（四）神木头遗址

神木头遗址是本次调查新发现的一处古遗址，位于平川区黄峤镇神木头村东南，屈吴山北麓。西北距神木头村委会约 700 米，与神木头村隔沟相望，沟内有泉水流出。遗址分布于山梁西坡，坐标：N36°34′17″，E105°11′34″，海拔 2223 米。遗址分布范围南北约 200 米，东西约 100 米，面积约 2 万平方米（彩版四七，1）。本次调查对山梁西坡进行了全面踏查，山坡大部分被整修为梯田，近沟底保留部分原始地貌，地表散落有较多陶片。在整修梯田形成的人工断面上发现灰坑 3 处，编号 H1、H2、H3。

H1 开口距梯田地表约 1.3 米，堆积呈锅状，长约 0.75 米，厚约 0.1 米。土质较致密，深灰色土下叠压一层红烧土，灰土中包含较多炭屑和少量陶片。采集土样一份（彩版四七，2）。

H2 位于 H1 北侧，开口距梯田地表约 1.5 米，堆积呈锅状，长约 1.1 米，厚约 0.3 米。土质致密，深灰色，包含大量炭屑和少量陶片、兽骨。陶片有泥质红陶、灰陶，有篮纹和附加堆纹。采集土样一份（彩版四七，3）。

H3 位于 H1 和 H2 之间，开口距梯田地表约 1.2 米，堆积呈斜坡状，分为上下 2 层，长约 1.3 米，厚 0.55 米。①层土质致密，黄土，包含大量炭屑和少量陶片，厚约 0.33 米。陶片有泥质红陶、夹砂红褐陶和夹砂灰陶。可辨器形为花边口沿罐；②层土质疏松，浅灰色，厚约 0.2 米。采集土样二份（彩版四八，1）。

地表采集陶片以泥质橙黄陶为主，夹砂橙黄陶、红褐陶和泥质红陶次之，少量夹砂灰陶。以篮纹和绳纹为主，部分素面，有个别彩陶。采集标本可辨器形有高领罐、折肩罐、盆、侈口罐等。

SB:P1　高领罐口沿。泥质橙黄陶，质地坚硬，火候均匀。敞口，圆唇，高领。素面，器表打磨光滑，口沿内外有轮修痕。口径 16、高 4.3、胎厚 0.5~0.6 厘米（图一一九，1）。

SB:P2　高领罐口沿。夹粗砂橙黄陶，可石英等羼和料，烧结度不高，质地疏松。敞口，圆唇，高领。素面，器表打磨光滑，口沿内外有轮修痕。器表有烟炱。口径 20、高 4.4、胎厚 0.5~0.7 厘米（图一一九，2）。

SB:P3　高领罐口沿。泥质橙黄陶，质地坚硬，火候均匀。敞口，方唇，高领。领部饰斜篮纹。内壁有指窝痕和轮修痕。口径 23.6、高 5.9、胎厚 0.5 厘米（图一一九，3）。

SB:P4　侈口罐口沿。夹细砂橙黄陶，质地坚硬，火候均匀。敞口，方唇，束颈。口沿外有凸棱一周，器表通体饰绳纹。内壁不平，有指窝横和抹痕。口径 23.8、高 7.2、胎厚 0.6~0.7 厘米（图一一九，4）。

SB:P5　高领罐口沿。泥质橙黄陶，质地坚硬，火候均匀。敞口，圆唇，斜领。素面，器表打磨光滑，口沿内外有轮修痕。器表有烟炱。口径 20、高 2.6、胎厚 0.3~0.7 厘米（图一一九，5）。

SB:P6　折肩罐肩腹部。泥质橙黄陶，质地坚硬，火候均匀。折肩，鼓腹，下腹弧收，肩腹间

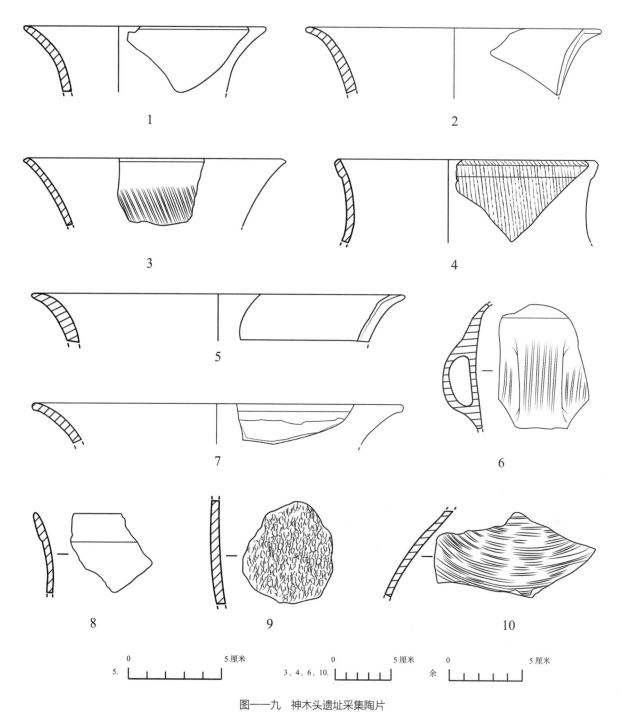

图一一九　神木头遗址采集陶片

1-3、5. 高领罐口沿（SB:P1-SB:P3、SB:P5），4、8. 侈口罐口沿（SB:P4、SB:P8），6.折肩罐肩腹部（SB:P6），
7. 盆口沿（SB:P7），9.篦点纹陶片（SB:P9），10.壶肩部（SB:P10）

有明显折棱。上腹有环形耳。肩部素面，打磨光滑。腹部、耳面饰竖篮纹。内壁不平，有泥条盘筑
痕和指窝痕。高10.9、宽8.1、胎厚0.3~0.5厘米（图一一九，6）。

　　SB:P7　盆口沿。夹细砂白陶，质地坚硬，火候均匀。局部有烟炱。敞口，圆唇，斜弧腹。口
沿外有凸棱一周。素面，器表较粗糙，内壁有轮修痕。口径25、高2.6、胎厚0.4~0.6厘米（图

一一九，7）。

SB:P8　侈口罐口沿。夹细砂红褐陶，可见石英等羼和料，烧结度不高，质地疏松。侈口，圆唇，高领。口沿外有凸棱一周。口沿外有烟炱。高5.2、宽5.5、胎厚0.3~0.5厘米（图一一九，8）。

SB:P9　篦点纹陶片。泥质橙黄陶，质地坚硬，火候均匀。器表饰篦点纹。内壁不平，有指窝痕和抹痕。高6.7、宽6、胎厚0.5~0.6厘米（图一一九，9）。

SB:P10　壶肩部。泥质橙黄陶，质地坚硬，火候均匀。圆肩。器表不平，饰横篮纹。高7.5、宽14.6、胎厚0.6~0.7厘米（图一一九，10，彩版四八，2）。

SB:P11　篮纹陶片。泥质红陶，质地坚硬，火候均匀。器表不平，饰竖篮纹，内壁有指窝痕。高5.5、宽5.4、胎厚0.4~0.5厘米（图一二〇，1）。

SB:P12　绳纹陶片。泥质橙黄陶，质地坚硬，火候均匀。器表饰绳纹。内壁不平，有指窝痕和抹痕。高5.5、宽4.5、胎厚0.5厘米（图一二〇，2）。

SB:P13　器底。夹细砂红褐陶，烧结度不高，质地疏松，火候不均，陶胎可见红、灰色分层。局部有烟炱。斜弧腹，平底。腹部饰绳纹。内壁不平，有指窝痕和抹痕。残高4.5、胎厚0.5~0.7、

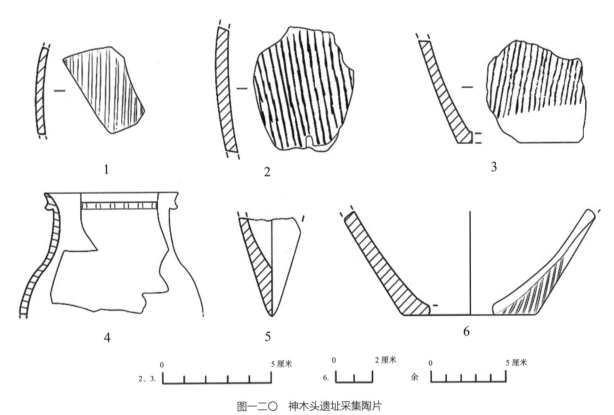

图一二〇　神木头遗址采集陶片

1.篮纹陶片（SB:P11），2.绳纹陶片（SB:P12），3、6.器底（SB:P13、SB:P16），4.侈口罐口沿（SB:P14），5.鬲足（SB:P15）

底厚0.5厘米（图一二〇，3）。

SB:P14　侈口罐口沿。夹细砂灰陶，烧结度不高，质地疏松。器表有烟炱。侈口，尖唇，束颈，溜肩，鼓腹。口沿外饰花边形附加堆纹一周。内壁不平，有指窝痕。口径9、高8、胎厚0.2~0.5厘米（图一二〇，4）。

SB:P15　鬲足。泥质橙黄陶，质地坚硬，火候均匀。锥柱状实足根，形制瘦高。素面。残高6.5、足跟高3.1、胎厚0.6~0.8厘米（图一二〇，5）。

SB:P16　器底。泥质橙黄陶，质地坚硬，火候均匀。斜直腹，平底。腹部饰斜篮纹。内壁不平，有指窝痕和抹痕。残高5.5、底径7.2、胎厚0.6~1、底厚0.5厘米（图一二〇，6）。

根据采集标本器形特征和纹饰，与宁夏南部和河湟地区同时代典型器物比较判断，遗址文化性质为齐家文化。另采集到少量彩陶片，较碎，从纹饰判断，为马厂时期遗存。在H1、H2、H3②层分别挑选粟测年，H1测年结果经校正为3984—3849 BP（2Sigma，95.4%），H2测年结果经校正为4089—3926 BP（2Sigma，95.4%），H3②层测年结果经校正为4087—3922 BP，年代拟合结果为4100—3900 BP（图一二一）。灰坑及地表采集陶片主要为泥质或夹砂红陶和橙黄陶，个别灰陶，大多饰篮纹和绳纹，证实测年结果与遗址的文化性质一致。地表采集到少量的马厂时期的彩陶片，与西瓜梁遗址彩陶形制与纹饰一致，结合西瓜梁遗址测年结果判断，该遗址马厂类型时期遗存年代为4300—4000 BP。

在神木头遗址H1、H2、H3三个单位中采集浮选土样4份，共计39升。经鉴定，共出土5个种属158粒炭化植物种子，其中农作物117粒，占出土炭化植物遗存的74.05%，包括无壳粟、带壳粟、无壳黍及粟黍碎块；杂草种子10粒，占出土炭化植物遗存的6.33%，包括禾本科杂草狗尾草属、菊科蒿属、豆科以及未知炭化种子；另有种子碎块31粒，占出土炭化植物遗存的19.62%

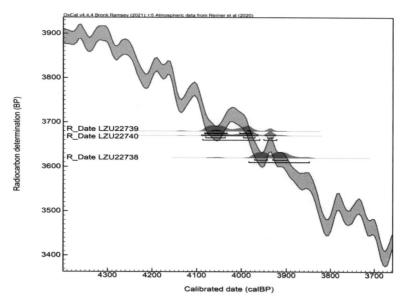

图一二一　神木头遗址不同遗迹单位出土粟年代校正曲线

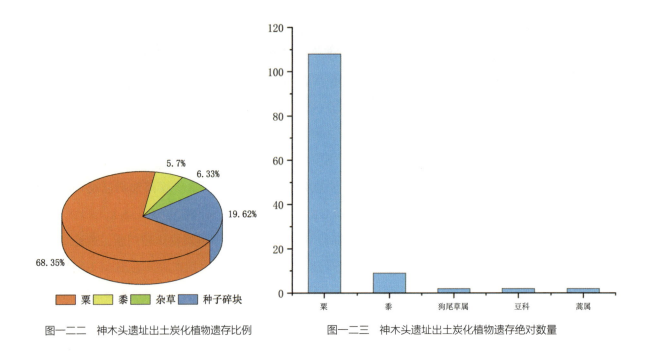

图一二二 神木头遗址出土炭化植物遗存比例　　　图一二三 神木头遗址出土炭化植物遗存绝对数量

（图一二二，图一二三）。结合灰坑及遗址文化性质和测年结果判断，灰坑出土植物遗存为齐家文化时期遗存。

（五）冶泉遗址

冶泉遗址位于靖远县双龙乡冶泉村西侧的东西向山梁上，东侧坡下为冶泉村，西侧为耕地，南北两侧为冲沟。遗址主要分布于山梁东坡。坐标：N37°07′20″，E104°28′30″，海拔1719米。遗址分布范围东西约150米，南北约70米，面积约1万平方米（彩版四八，3）。本次调查对遗址所在山梁进行了全面踏查，区内坡度较缓，植被稀少。地表散落有较多陶片，发现多处盗坑，其中两处盗坑内发现人骨，分别编号K1、K2。

K1平面近方形，长约1、宽约0.9、深约0.8米。坑内填土中发现人骨（下颌骨等）和少量陶片。陶片有夹砂红陶、橙黄陶。其中，夹砂红陶饰黑彩。判断K1可能为墓葬。

K2位于K1西北侧，平面为长方形，长约1.7、宽约1.1、深约0.65米。坑旁堆土中夹杂部分人骨和少量陶片。陶片有泥质红陶、夹砂橙黄陶。泥质陶为素面，夹砂陶饰绳纹。采集标本可辨器形有双耳罐。判断K2可能为墓葬（彩版四九，1）。

地表采集陶片以夹砂橙黄陶为主，夹砂红褐陶次之，少量泥质橙黄陶。以素面为主，部分饰篮纹、刻划纹和绳纹，另有少量彩陶。采集标本可辨器形有侈口罐、壶、折肩罐等。

YB:P1　壶口沿。夹粗砂橙黄陶，可见石英等羼和料，质地坚硬，火候均匀。侈口，圆唇，高领微束。素面，内外壁较粗糙，内壁有指窝痕和抹痕。口径7.6、高4.1、胎厚0.4厘米（图一二四，1）。

YB:P2　壶口沿。夹粗砂橙黄陶，质地坚硬，火候均匀。侈口，圆唇，高领，圆肩。领部饰斜篮纹。内外壁较粗糙。高3.8、宽3.3、胎厚0.4厘米（图一二四，2）。

　　YB:P3　绳纹陶片。夹砂红褐陶，可见石英等羼和料，质地坚硬，火候均匀。器表饰细绳纹。局部有烟炱。高5.4、宽5.7、胎厚0.6厘米（图一二四，3）。

　　YB:P4　侈口罐口沿。泥质橙黄陶，质地坚硬，火候均匀。侈口，尖唇，矮领，圆肩。素面，器表打磨光滑，口沿内外有轮修痕，内壁有指窝痕和抹痕。口径17.2、高4、胎厚0.3~0.4厘米（图一二四，4）。

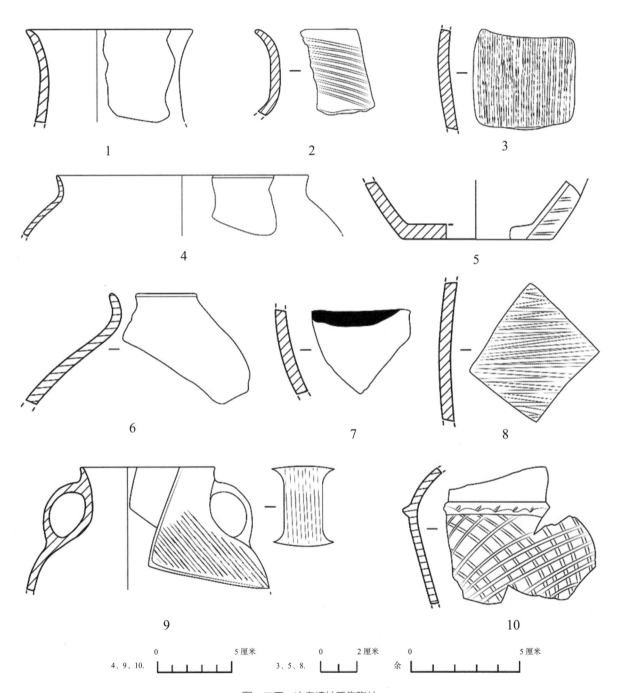

图一二四　冶泉遗址采集陶片

1、2.壶口沿（YB:P1、YB:P2），3.绳纹陶片（YB:P3），4、6.侈口罐口沿（YB:P4、YB:P6），5.器底（YB:P5），7.彩陶片（YK1:P7），8.篮纹陶片（YB:P8），9.双耳罐口沿（YK2:P9），10.折肩罐肩腹部（YB:P10）

YB:P5　器底。夹粗砂红褐陶，可见石英等羼和料。斜弧腹，平底。腹部饰横篮纹。内壁不平，有指窝痕和交错抹痕。残高 3.3、底径 8.2、胎厚 0.8、底厚 0.8 厘米（图一二四，5）。

YB:P6　侈口罐口沿。夹细砂橙黄陶，质地坚硬，火候均匀。侈口，圆唇，矮领，圆肩。素面，口沿内外有轮修痕，内壁有指窝痕和抹痕。高 5、宽 5.7、胎厚 0.4~0.5 厘米（图一二四，6）。

YK1:P7　彩陶片。夹细砂红陶，质地坚硬，火候均匀。器表打磨光滑，饰黑彩弧带纹。内壁不平，有指窝痕和抹痕。高 3.7、宽 4.5、胎厚 0.5 厘米（图一二四，7）。

YB:P8　篮纹陶片。夹细砂橙黄陶，质地坚硬，火候不均，陶胎有灰色夹芯。器表饰横篮纹。高 7.4、宽 7.1、胎厚 0.6 厘米（图一二四，8）。

YK2:P9　双耳罐口沿。夹粗砂红褐陶，可见石英等羼和料，质地坚硬，火候不均，陶胎有红、灰色分层。侈口，尖唇，束颈，圆肩。口肩部有双耳，耳略低于口沿。肩部、耳面饰绳纹。内壁不平，有交错抹痕。局部有烟炱。口径 9、高 8.2、胎厚 0.5 厘米（图一二四，9；彩版四九，2）。

YB:P10　折肩罐肩腹部。夹砂橙黄陶，质地坚硬，火候不均，陶胎有灰色夹芯。圆肩，斜直腹。肩腹间有附加堆纹一周，其上刻划斜向凹槽。腹部饰篮纹。内壁不平，有指窝痕和抹痕。高 9.1、宽 10.4、胎厚 0.5 厘米（图一二四，10）。

根据本次采集标本器形特征和纹饰，与宁夏南部和河湟地区同时代典型器物比较判断，遗址文化性质为齐家文化，个别彩陶为马厂时期遗存。在第三次全国文物普查不可移动文物登记表中，附有采集自该遗址的部分陶片照片，可见黑红复彩齿带纹，锯齿锋利，为半山类型典型纹饰。据此推断，该遗址还存在半山类型遗存。采集的齐家文化时期陶片与西屲梁、神木头遗址齐家文化陶片的形制和纹饰一致，结合神木头遗址的测年结果判断，该遗址齐家文化时期遗存年代为 4100—3900 BP。地表个别马厂类型时期彩陶片与西屲梁马厂时期陶片的形制和纹饰一致，结合西屲梁遗址的测年结果判断，该遗址马厂类型时期遗存年代为 4300—4000 BP。

（六）四沟梁遗址

四沟梁遗址位于靖远县兴隆乡四沟梁村，四沟梁东坡洪积扇缓坡地带。山梁呈南北向，坐标：N37°02′53″，E104°32′45″，海拔 2244 米。遗址分布范围南北约 500 米，东西约 300 米，面积约 15 万平方米（彩版四九，3）。本次调查对遗址所在山梁进行了全面踏查，区内山坡均已修整为梯田，山梁西坡散落有较多陶片。

地表采集陶片以夹砂橙黄陶为主，泥质橙黄陶次之，少量泥质红陶和夹砂灰陶。以素面居多，部分彩陶，少量饰绳纹。采集标本可辨器形有侈口罐、深腹罐、腹耳罐等。

SB:P1　侈口罐口沿。夹细砂灰陶，可见石英等羼和料，质地坚硬，火候均匀。侈口，圆唇，高领微束，溜肩。素面，器表较粗糙，内壁不平，有抹痕。口径 10.8、高 2.5、胎厚 0.3~0.4 厘米（图一二五，1）。

SB:P2　盆口沿。夹砂红陶，可见石英等羼和料，质地坚硬，火候不均，陶胎有灰色夹芯。直口微侈，方唇，圆弧腹。器表饰横篮纹。内壁不平，有指窝痕和抹痕。口径 22.8、高 7.2、胎厚 0.7

厘米（图一二五，2）。

SB:P3　腹耳罐腹部。夹粗砂红陶，可见石英等羼和料，质地坚硬，火候均匀。鼓腹，下腹斜收。腹中偏下有环形耳。素面，器表较粗糙。内壁不平，有指窝痕和抹痕。高9.3、宽8.2、胎厚0.7~1厘米（图一二五，3）。

SB:P4　绳纹陶片。夹粗砂橙黄陶，可见石英等羼和料，质地坚硬，火候不均，陶胎有灰色夹芯。器表饰斜绳纹。内壁不平，饰交错刻划纹。高6.2、宽5.4、胎厚0.5厘米（图一二五，4）。

SB:P5　彩陶片。泥质橙黄陶，质地坚硬，火候均匀。器表打磨光滑，饰黑彩宽弧带纹两周。内壁不平，有指窝痕和抹痕。高5.4、宽10.1、胎厚0.4厘米（图一二五，5）。

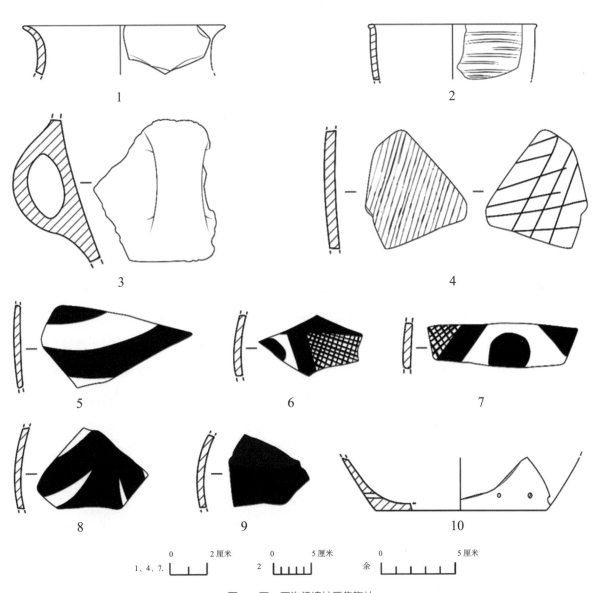

图一二五　四沟梁遗址采集陶片

1.侈口罐口沿（SB:P1），2.盆口沿（SB:P2），3.腹耳罐腹部（SB:P3），4.绳纹陶片（SB:P4），5-9.彩陶片（SB:P5-SB:P9），10.器底（SB:P10）

SB:P6　彩陶片。泥质橙黄陶，质地坚硬，火候均匀。器表打磨光滑，饰黑彩方格纹，内填网格纹和圆点纹。内壁不平，有泥条盘筑痕和抹痕。高 3.9、宽 6.9、胎厚 0.4~0.5 厘米（图一二五，6；彩版五〇，1）。

SB:P7　彩陶片。泥质橙黄陶，质地坚硬，火候均匀。器表打磨光滑，饰黑彩宽带纹，间饰网格纹和圆点纹。内壁不平，有指窝痕和抹痕。高 2.3、宽 8.1、胎厚 0.4 厘米（图一二五，7）。

SB:P8　彩陶片。泥质橙黄陶，质地坚硬，火候均匀。器表打磨光滑，饰相交的黑彩宽弧带纹和弧边三角纹。内壁不平，有指窝痕和抹痕。高 5.3、宽 7.4、胎厚 0.4 厘米（图一二五，8；彩版五〇，2）。

SB:P9　彩陶片。泥质橙黄陶，质地坚硬，火候均匀。器表打磨光滑，饰红黑复彩圆圈纹，外圈黑彩较宽，内圈红彩稍窄。内壁不平，有泥条盘筑痕和抹痕。高 4.7、宽 5.3、胎厚 0.4 厘米（图一二五，9；彩版五〇，3）。

SB:P10　器底。泥质橙黄陶，质地坚硬，火候均匀。斜弧腹，平底。腹部近底处有两个平行的圆形穿孔，系由器表向内壁单面钻成。素面，器表较粗糙，内外壁有抹痕。残高 3.4、底径 11.6、胎厚 0.3~0.1、底厚 0.4 厘米（图一二五，10）。

根据采集标本器形特征和纹饰，与宁夏南部和河湟地区同时代典型器物比较判断，遗址文化性质为马厂类型和齐家文化。采集的齐家文化时期陶片与西𫰎梁、神木头遗址齐家文化陶片形制和纹饰一致，结合神木头遗址的测年结果判断，该遗址齐家文化时期遗存年代为 4100—3900 BP。地表个别马厂类型时期彩陶片与西𫰎梁马厂时期陶片的形制和纹饰一致，个别红黑复彩彩陶片，可早到马厂早期，结合西𫰎梁遗址的测年结果判断，该遗址马厂类型时期遗存年代为 4300—4000 BP。

（七）营尔门遗址

营尔门遗址位于靖远县乌兰镇营防村王坪社营尔坪西山梁上。东距王家坪约 700 米，南距营尔门山烽火台遗址 160 米，西距黄河约 500 米，垂直高差约 75 米。山梁呈南北走向，遗址集中分布于近梁顶西坡上。坐标：N36°29′05″，104°34′02″，海拔 1517 米。遗址分布范围东西约宽 70 米，南北约 200 米，面积约 1.4 万平方米（彩版五〇，5）。1996 年，该遗址被公布为县级文物保护单位。本次调查对遗址所在西山梁进行了全面踏查，区内地势陡峭，梁顶较窄，植被稀少。地表散落有较多陶片，发现多处盗坑。在其中一处盗坑内发现石板和人骨，编号 K1，判断该盗坑可能为墓葬。

K1 平面近方形，长约 2、宽约 2.1、深约 2.3 米。坑内扰土中夹杂少量陶片，均为夹砂橙黄陶，个别饰篮纹。采集标本可辨器形有侈口罐。

地表采集陶片以夹砂红褐陶和泥质橙黄陶为主，少量夹砂橙黄和泥质红陶。以素面为主，个别饰篮纹和绳纹。本次采集标本可辨器形有双耳罐、壶、杯等。

YK1:P1　侈口罐口沿。夹粗砂橙黄陶，可见石英等羼和料，烧结度不高，质地疏松。侈口，圆唇，束颈，溜肩，鼓腹。肩上部饰附加堆纹一周。内壁不平，有指窝痕和抹痕。通体有烟炱。口径 10.2、高 7.5、胎厚 0.3~0.5 厘米（图一二六，1）。

　　YB:P2　壶口沿。夹细砂红褐陶，可见石英等羼和料，质地坚硬，火候均匀。侈口，尖唇，高领。素面，外壁有轮修痕迹。器表有烟炱。口径 12.2、高 3.9、胎厚 0.3~0.5 厘米（图一二六，2）。

　　YB:P3　豆盘口沿。泥质红陶，质地坚硬，火候均匀。仅存豆盘局部。敞口，尖唇，斜弧腹。素面，内外壁不平，有指窝痕和抹痕。口径 20、高 3.6、胎厚 0.5~0.7 厘米（图一二六，3）。

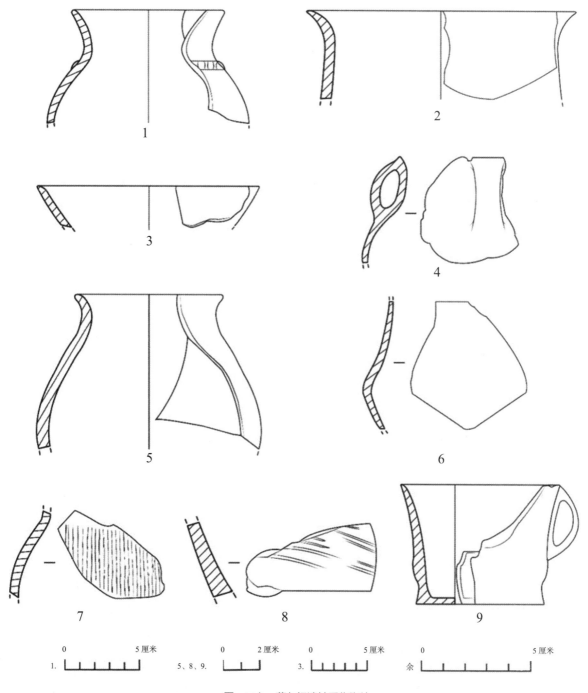

图一二六　营尔门遗址采集陶片

1、5. 侈口罐口沿（YK1:P1、YK1:P5），2. 壶口沿（YB:P2），3. 豆盘口沿（YB:P3），4. 双耳罐口沿（YB:P4），6. 罐腹部（YB:P6），7. 绳纹陶片（YB:P7），8. 罐腹部（YB:P8），9. 单耳杯（YB:1）

YB:P4　双耳罐口沿。夹细砂橙黄陶，质地坚硬，火候均匀。侈口，圆唇，束颈，溜肩，鼓腹。口肩部有桥形耳，耳略低于口沿。素面。高 4.7、宽 4.5、胎厚 0.3~0.4 厘米（图一二六，4）。

YK1:P5　侈口罐口沿。夹粗砂红褐陶，可见石英等羼和料，烧结度不高，质地疏松。侈口，圆唇，束颈，溜肩，鼓腹。素面，器表较粗糙。内壁不平，有泥条盘筑痕和抹痕。局部有烟炱。口径 8、高 8.2、胎厚 0.4~0.7 厘米（图一二六，5）。

YB:P6　罐腹部。泥质红陶，质地坚硬，火候均匀。溜肩，鼓腹，下腹内收。素面。器表打磨光滑。内壁不平，有泥条盘筑痕和指窝痕。高 5.6、宽 5.3、胎厚 0.2~0.4 厘米（图一二六，6）。

YB:P7　绳纹陶片。夹细砂红褐陶，烧结度不高，质地疏松。器表饰细绳纹。内壁不平，有指窝痕。局部有烟炱。高 3.8、宽 4.8、胎厚 0.4 厘米（图一二六，7）。

YB:P8　罐腹部。泥质橙黄陶，质地坚硬，火候均匀。斜弧腹。器表饰斜篮纹。内壁不平，有指窝痕和抹痕。高 4、宽 7.1、胎厚 0.6~1 厘米（图一二六，8）。

YB:1　单耳杯。夹细砂橙黄陶，质地坚硬，火候均匀。敞口，尖唇，筒状腹，下腹斜收，平底。口沿至腹中有单耳。素面，器表不平，下腹有凸棱。内壁较粗糙，有泥条盘筑痕和抹痕。局部有烟炱。口径 8.6、底径 7、高 6.3、胎厚 0.3~0.6、底厚 0.3 厘米（图一二六，9）。

根据采集标本器形特征和纹饰，与宁夏南部和河湟地区同时代典型器物比较判断，遗址文化性质为齐家文化。采集的齐家文化时期陶片与西亠梁、神木头遗址齐家文化陶片的形制和纹饰一致，结合西亠梁遗址的测年结果判断，该遗址齐家文化时期遗存年代为 4100—3900 BP。

（八）蔺家山头遗址

蔺家山头遗址位于靖远县若笠乡双合村蔺家山头社。北距蔺家山头社约 700 米，南侧坡底为蔺家湾，西面冲沟西侧高地上有一座方形城障。遗址主要分布于塬顶南侧边缘地带。坐标：N36°13′57″，E104°38′24″，海拔 2096 米。遗址分布范围东西 220 米，南北 100 米，面积 2.2 万平方米（彩版五〇，4）。本次调查对遗址所在山塬进行了全面踏查。塬面地势平坦，大部分被开垦为农田，区内北侧有烽燧一座。地表散落有少量陶片。

地表采集陶片以泥质橙黄陶为主，少量泥质红陶和夹砂橙黄陶。以彩陶为主，篮纹、绳纹次之，少量附加堆纹和素面。本次采集陶器标本可辨器形有盆、深腹罐、折肩罐等。

LB:P1　彩陶盆口沿。泥质橙黄陶，质地坚硬，火候均匀。侈口，斜沿，圆唇，圆弧腹，下腹弧收。内外壁较粗糙，内壁有指窝痕和抹痕。口沿外饰红彩窄条带纹一周，腹部饰黑彩宽带纹和垂弧纹。口沿内饰红彩、黑彩横条带纹各一周，下接黑彩蛙肢纹和红彩。口径 22、高 6、胎厚 0.5 厘米（图一二七，1）。

LB:P2　深腹罐口沿。夹粗砂橙黄陶，可见石英等羼和料，质地坚硬，火候均匀。直口，方唇，高领。口沿外有凸棱一周，饰绳纹。内壁不平，有抹痕。高 4.5、宽 4.6、胎厚 0.6~0.7 厘米（图一二七，2）。

LB:P3　彩陶片。泥质橙黄陶，质地坚硬，火候均匀。器表打磨光滑，饰黑红复彩圆圈纹，外圈黑彩，内圈红彩，圈内填黑彩网格纹、圆点纹。内壁不平，有泥条盘筑痕和抹痕。高5.8、宽4、胎厚0.5厘米（图一二七，3）。

LB:P4 彩陶片。泥质橙黄陶，质地坚硬，火候均匀。器表打磨光滑，饰黑红复彩圆圈网格纹，红彩宽带纹上接黑彩重圈纹，圈内填黑彩细线网格纹。内壁不平，有泥条盘筑痕和抹痕。高4.6、宽3.1、胎厚0.4厘米（图一二七，4；彩版五一，1）。

LB:P5 篮纹陶片。泥质红陶，质地坚硬，火候均匀。器表饰横篮纹。高6.4、宽5.1、胎厚0.5厘米（图一二七，5）。

LB:P6 折肩罐肩腹部。泥质橙黄陶，质地坚硬，火候均匀。折肩，鼓腹，下腹斜收，肩腹间有明显折棱。肩部素面，打磨光滑，腹部饰竖篮纹。内壁不平，有抹痕和指窝痕。残高5、宽5.2、胎厚0.4厘米（图一二七，6）。

根据采集标本器形特征和纹饰，与宁夏南部和河湟地区同时代典型器物比较，遗址文化性质为马厂类型和齐家文化。采集的马厂类型时期彩陶片与西瓜梁马厂时期遗存形制和纹饰一致，个别红黑复彩彩陶片，可早到马厂早期，结合西瓜梁遗址的测年结果判断，该遗址马厂类型时期遗存年代为4300—4000 BP。齐家文化时期陶片与西瓜梁、神木头遗址齐家文化陶片的形制和纹饰一致，结合西瓜梁遗址的测年结果判断，该遗址齐家文化时期遗存年代为4100—3900 BP。

（九）马户山遗址

马户山遗址位于靖远县乌兰镇营防村王坪社西南马户山梁顶，东北距王坪社约300米，西

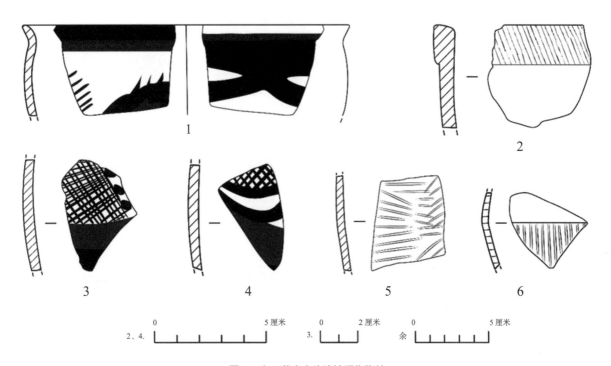

图一二七 蔺家山头遗址采集陶片

1.彩陶盆口沿（LB:P1），2.深腹罐口沿（LB:P2），3、4.彩陶片（LB:P3、LB:P4），5.篮纹陶片（LB:P5），6.折肩罐肩腹部（LB:P6）

侧隔冲沟与营尔门遗址相对，西距黄河约 900 米，垂直高差约 100 米。山梁呈南北走向。坐标：N36°28′59″，E104°34′17″，海拔 1554 米。遗址分布范围南北约 150 米，东西约 130 米，面积约 2 万平方米（彩版五一，5）。2014 年，该遗址被公布为白银市第一批市级文物保护单位。本次调查对遗址所在山梁进行了全面踏查。山梁中部坡度较缓，植被稀少。发现盗坑数座，地表散落有较多陶片。

地表采集陶片以夹砂红褐陶、橙黄陶为主，泥质橙黄陶次之，少量泥质红陶、夹砂灰陶。以素面居多，部分饰篮纹、绳纹、附加堆纹和刻划纹，个别彩陶。采集标本可辨器形有壶、侈口罐、盆等。

MB:P1　壶口沿。夹细砂橙黄陶，可见石英等羼和料，质地坚硬，火候均匀。直口微侈，圆唇，高领。口沿上刻划凹槽一周，领部素面。内壁不平，有指窝痕和抹痕。口径 9.3、高 4.1、胎厚 0.3~0.5 厘米（图一二八，1）。

MB:P2　侈口罐口沿。夹细砂橙黄陶，质地坚硬，火候不均，陶胎有灰色夹芯。侈口，圆唇，束颈，溜肩。颈肩部饰斜篮纹。高 4.5、宽 4.6、胎厚 0.4 厘米（图一二八，2；彩版五一，2）。

MB:P3　盆口沿。夹细砂橙黄陶，质地坚硬，火候均匀。侈口，斜沿，圆唇，弧腹。素面，器表较粗糙。内壁不平，有抹痕。高 4.7、宽 4.7、胎厚 0.3~0.5 厘米（图一二八，3）。

MB:P4　侈口罐口沿。夹粗砂灰陶，可见石英等羼和料，质地坚硬，火候均匀。侈口，圆唇，束颈，圆肩。内外壁较粗糙，口沿内外有抹痕，颈肩之间饰附加堆纹一周。口径 13.8、高 4.8、胎厚 0.4 厘米（图一二八，4；彩版五一，3）。

MB:P5　罐颈肩部。夹砂红褐陶，可见石英等羼和料，质地坚硬，火候均匀。束颈，圆肩。颈肩之间饰附加堆纹一周。内壁不平，有交错抹痕。高 3.1、宽 5.2、胎厚 0.4 厘米（图一二八，5）。

MB:P6　篮纹陶片。泥质橙黄陶，质地坚硬，火候均匀。器表饰斜篮纹。内壁不平，有指窝痕。残高 4.8、宽 6.4、胎厚 0.4 厘米（图一二八，6）。

MB:P7　刻划纹陶片。夹粗砂红褐陶，可见石英等羼和料，质地坚硬，火候均匀。内外壁较粗糙，器表饰竖向刻划纹。内壁不平，有指窝痕和抹痕。高 5、宽 3.9、胎厚 0.5 厘米（图一二八，7）。

MB:P8　彩陶片。泥质橙黄陶，质地坚硬，火候不均，陶胎有灰色夹芯。器表打磨光滑，饰黑彩网格纹、宽带纹和垂弧纹。内壁不平，有指窝痕和抹痕。高 3.6、宽 4.5、胎厚 0.5 厘米（图一二八，8）。

MB:P9　器底。夹细砂橙黄陶，质地坚硬，火候不均，陶胎有灰色夹芯。斜弧腹，近底部内收，平底。素面。残高 2.7、底径 9.1、胎厚 0.5~0.6、底厚 0.6 厘米（图一二八，9）。

MB:P10　彩陶片。泥质橙黄陶，质地坚硬，火候均匀。器表打磨光滑，饰两道黑彩弧带锯齿纹。内壁不平，有抹痕。高 2.6、宽 2.6、胎厚 0.3 厘米（图一二八，10）。

MB:P11　器底。夹粗砂红褐陶，可见石英等羼和料，烧结度不高，质地疏松。斜弧腹，近底部内收，平底。器表粗糙，饰绳纹和附加堆纹一周。内壁不平，有指窝痕和抹痕。残高 5.9、底径

9、胎厚 0.6~0.8、底厚 0.3 厘米（图一二八，11）。

　　根据采集标本器形特征和纹饰，与宁夏南部和河湟地区同时代典型器物比较判断，该遗址文化性质为马厂类型和齐家文化。采集的马厂类型时期彩陶片与西亖梁马厂时期陶片的形制和纹饰一致，结合西亖梁遗址的测年结果判断，该遗址马厂类型时期遗存年代为 4300—4000 BP；齐家文化时期陶片与西亖梁、神木头遗址齐家文化陶片的形制和纹饰一致，结合神木头遗址的测年结果判断，该遗址齐家文化时期遗存年代为 4100—3900 BP。

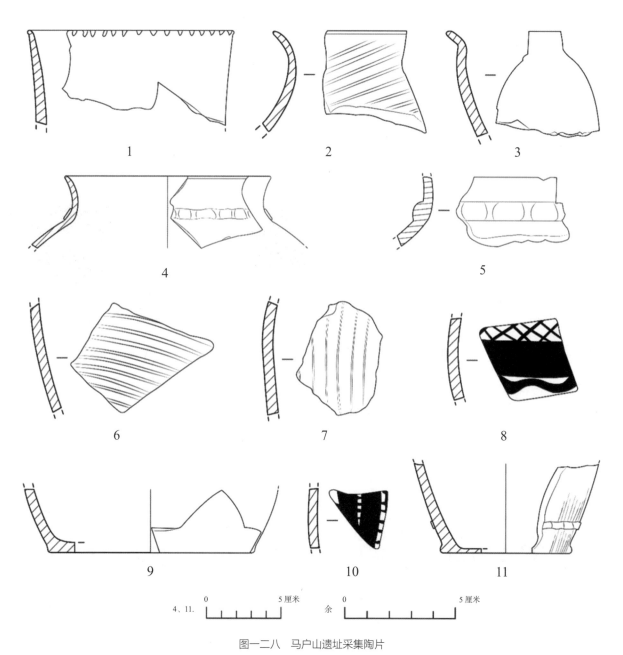

图一二八　马户山遗址采集陶片

1. 壶口沿（MB：P1），2、4. 侈口罐口沿（MB：P2、MB：P4），3. 盆口沿（MB：P3），5. 罐颈肩部（MB：P5），6. 篮纹陶片（MB：P6），7. 刻划纹陶片（MB：P7），8、10. 彩陶片（MB：P8、MB：P10），9、11 器底（MB：P9、MB：P11）

（一〇）永和遗址

永和遗址位于靖远县双龙镇永和村东侧山坡上。西距永和村 200 米，西南距西屲梁遗址约 860 米，北距张家台约 800 米。遗址分布于山前地势平缓的坡地上。坐标：N37°3′12″，E104°28′13″，海拔 2040 米。遗址分布面积南北约 300 米，东西约 100 米，面积约 3 万平方米。1981 年，该遗址被公布为县级文物保护单位。本次调查对遗址所在坡地进行了全面踏查。坡地大部分被平整为梯田，地表散落有少量陶片。

地表采集陶片以泥质橙黄陶、夹砂红褐陶为主，夹砂橙黄陶次之，少量夹砂红陶、灰陶。以素面为主，部分彩陶，个别饰附加堆纹、绳纹和篦点纹。本次采集标本可辨器形有壶、钵、罐等。

YB:P1　壶口沿。夹粗砂橙黄陶，可见石英等羼和料，质地坚硬，火候不均，陶胎局部有红、灰色分层。侈口，圆唇，直领。素面，内外壁粗糙，有抹痕。器表有烟炱。口径 12、高 4.6、胎厚 0.7 厘米（图一二九，1）。

YB:P2　彩陶片。泥质橙黄陶，质地坚硬，火候均匀。器表打磨光滑，饰黑、红彩宽带纹各一道。内壁不平，有指窝痕和抹痕。高 6.6、宽 5、胎厚 0.5 厘米（图一二九，2）。

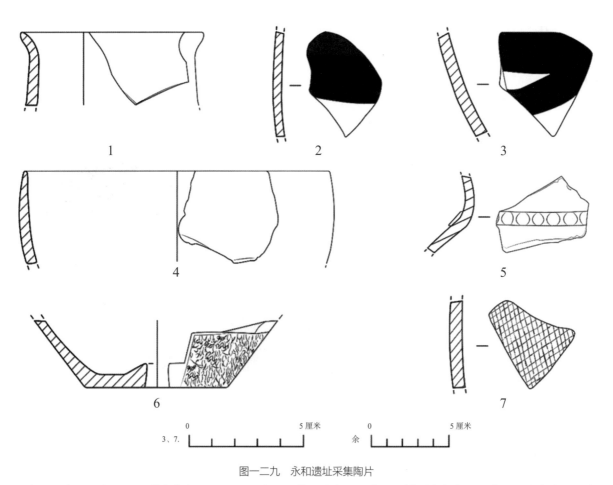

图一二九　永和遗址采集陶片

1.壶口沿（YB:P1），2、3 彩陶片（YB:P2、YB:P3），4.钵口沿（YB:P4），5.罐颈肩部（YB:P5），6.器底（YB:P6），7.刻划纹陶片（YB:P7）

YB:P3　彩陶片。泥质橙黄陶，质地坚硬，火候均匀。器表打磨光滑，饰黑彩宽带纹一周，下接黑彩垂弧纹。内壁不平，有指窝痕和竖向抹痕。高4.4、宽4.1、胎厚0.5厘米（图一二九，3）。

YB:P4　钵口沿。夹粗砂红褐陶，可见石英等羼和料，质地坚硬，火候不均，陶胎有灰色夹芯。微敛口，圆唇，鼓腹，下腹弧收。素面，器表较粗糙。内壁不平，有指窝痕和抹痕。局部有烟炱。口径19.8、高5.9、胎厚0.3~0.7厘米（图一二九，4）。

YB:P5　罐颈肩部。夹细砂橙黄陶，可见石英等羼和料，质地坚硬，火候不均，陶胎局部有红、灰色分层。束颈、溜肩。器表粗糙，颈肩之间饰附加堆纹一周。内壁不平，有抹痕。高4.8、宽6、胎厚0.5~0.7厘米（图一二九，5）。

YB:P6　器底。夹粗砂红褐陶，可见石英等羼和料，质地坚硬，火候不均，陶胎有红、灰色分层。斜直腹，平底，腹部饰篦点纹。内壁不平，有泥条盘筑痕和交错抹痕。残高4.3、底径9.2、胎厚0.7~0.8、底厚0.5~1.5厘米（图一二九，6）。

YB:P7　刻划纹陶片。夹细砂红褐陶，质地坚硬，火候均匀。器表饰刻划纹。内壁不平，有交错抹痕。高3.7、宽3.7、胎厚0.6厘米（图一二九，7）。

根据采集标本器形特征和纹饰，与宁夏南部和河湟地区同时代典型器物比较判断，遗址文化性质为马厂类型和齐家文化。采集马厂类型时期彩陶片与西屲梁马厂时期陶片的形制和纹饰一致，个别红黑复彩陶片，可早到马厂早期，结合西屲梁遗址的测年结果，该遗址马厂类型时期遗存年代为4300—4000 BP；齐家文化时期陶片与西屲梁、神木头遗址齐家文化陶片的形制和纹饰一致，结合神木头遗址的测年结果判断，该遗址齐家文化时期遗存年代为4100—3900 BP。

（一一）芦家小坪遗址

芦家小坪遗址位于靖远县平堡镇金园村金家园子东南的山塬上。西北距金园村270米，北距黄河1300米，垂直高差约130米。西为南河，东为苦水沟，遗址主要分布于山塬中部，坐标：N36°26′34″，E104°28′29″，海拔1551米。遗址分布范围东西长100米，南北宽80米，面积约8000平方米（彩版五二，1）。2011年，被靖远县人民政府公布为县级文物保护单位。本次调查对遗址所在山塬进行了全面踏查。山塬面积较大，地势平坦开阔，植被稀少。遗址北侧120米处为金园子烽火台，东西两侧有现代墓群分布。中部发现数十座盗坑，其中一座盗坑旁散落有少量陶片和石块。

地表采集陶片以泥质橙黄陶为主，泥质红陶次之，少量夹砂红陶、灰陶。以素面为主，彩陶次之，少量饰篮纹和刻划纹。采集标本可辨器形有折肩罐。另采集到石器1件。

（1）陶器

LB:P1　彩陶片。泥质橙黄陶，质地坚硬，火候均匀。器表打磨光滑，饰黑彩横条带纹。内壁不平，有交错抹痕。高4.3、宽2.9、胎厚0.5厘米（图一三〇，1）。

LB:P2　彩陶片。泥质橙黄陶，质地坚硬，火候均匀。器表打磨光滑，饰黑彩宽弧带纹。内壁不平，有指窝痕和抹痕。高3.8、宽6.9、胎厚0.4厘米（图一三〇，2）。

LB:P3　罐肩部。泥质红陶，质地坚硬，火候均匀。溜肩。器表打磨光滑，饰刻划纹两道。内

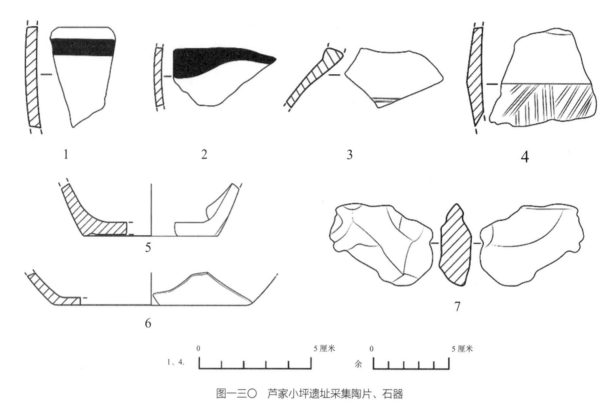

图一三〇　芦家小坪遗址采集陶片、石器

1、2. 彩陶片（LB:P1、LB:P2），3. 罐肩部（LB:P3），4. 罐肩腹部（LB:P4），5、6. 器底（LB:P5、LB:P6），7. 刮削器（LB:1）

壁不平，有指窝痕和抹痕。高3.8、宽6.6、胎厚0.5~0.9厘米（图一三〇，3）。

　　LB:P4　罐肩腹部。泥质橙黄陶，质地坚硬，火候均匀。鼓腹，下腹斜收，肩腹间有折棱。肩部素面，打磨光滑。腹部饰斜篮纹。高4.3、宽4.8、胎厚0.5厘米（图一三〇，4）。

　　LB:P5　器底。夹粗砂灰陶，可见石英等羼和料，质地坚硬，火候均匀。斜弧腹，平底内凹。内外壁较粗糙。残高3.3、底径8.8、胎厚0.5~0.8、底厚0.8厘米（图一三〇，5）。

　　LB:P6　器底。泥质橙黄陶，质地坚硬，火候均匀。斜弧腹，平底。素面。残高2.1、底径13、胎厚0.5、底厚0.5厘米（图一三〇，6）。

　　（2）石器

　　LB:1　刮削器。黑灰色，砾石剥片，打制成型，平面为不规则形。两面有打制疤痕，侧面有刃。长5.3、宽7、厚2.1厘米（图一三〇，7）。

　　根据采集标本器形特征和纹饰，与宁夏南部和河湟地区同时代典型器物比较判断，遗址文化性质为马厂类型和齐家文化。采集马厂类型时期彩陶片与西卬梁马厂时期陶片的形制和纹饰一致，结合西卬梁遗址的测年结果判断，该遗址马厂类型时期遗存年代为4300—4000 BP。齐家文化时期陶片与西卬梁、神木头遗址齐家文化陶片的形制和纹饰一致，结合神木头遗址的测年结果判断，该遗址齐家文化时期遗存年代为4100—3900 BP。

（一二）马台墓群

马台墓群位于靖远县石门乡硝水村马家台社北侧山坡上。西侧紧邻硝水村，东南为冯家沟，南侧隔沟为通往石门的公路，沟内有季节性河流，公路南为马台车路梁遗址。坐标：N37°4′0.1″，E104°25′0.6″，海拔 1728 米。墓群分布范围东西约 100 米，南北约 50 米，面积约 5000 平方米（彩版五二，2）。本次调查对墓群所在坡地进行了全面踏查。坡地大部分被开垦为农田，部分弃耕荒芜，地表散落有少量陶片。

地表采集陶片以夹砂橙黄陶为主，个别泥质橙黄陶和夹砂红陶。以彩陶为主，少量素面，个别饰刻划纹。采集标本可辨器形为壶。

MB:P1 彩陶片。夹细砂橙黄陶，质地坚硬，火候均匀。器表打磨光滑，饰内缘带锯齿的黑彩宽带纹，齿尖接红彩宽带纹，红彩上为黑彩网格纹。高 3.4、宽 3.5、胎厚 0.4~0.5 厘米（图一三一，1）。

MB:P2 彩陶片。夹细砂橙黄陶，质地坚硬，火候均匀。器表打磨光滑，饰红黑复彩圆圈纹，圈外饰交错黑彩宽弧带纹，下接黑彩宽带纹和垂弧纹。内壁不平，有较深的斜向抹痕。高 5.8、宽 8.1、胎厚 0.5 厘米（图一三一，2；彩版五一，4）。

MB:P3 刻划纹陶片。夹粗砂红陶，可见石英等羼和料，质地坚硬，火候均匀。器表粗糙，饰竖向刻划纹。内壁不平，有指窝痕和抹痕。高 3.8、宽 4.1、胎厚 0.5 厘米（图一三一，3）。

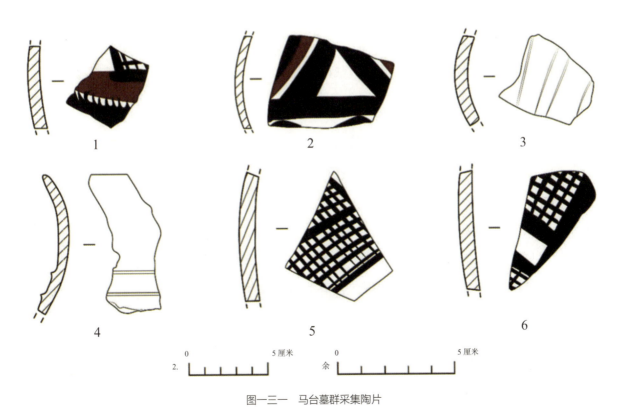

图一三一 马台墓群采集陶片

1、2、5、6.彩陶片（MB:P1、MB:P2、MB:P5、MB:P6），3.刻划纹陶片（MB:P3），4.壶口沿（MB:P4）

MB:P4　壶口沿。夹细砂橙黄陶，质地坚硬，火候不均，陶胎局部有灰色夹芯。侈口，圆唇，高领微束。领下部饰凸棱两周。器表有烟炱。高5.8、宽3、胎厚0.3~0.4厘米（图一三一，4）。

MB:P5　彩陶片。泥质橙黄陶，质地坚硬，火候不均，陶胎有灰色夹芯。器表打磨光滑，饰黑彩网格纹。内壁不平，有交错抹痕。高5.3、宽4.6、胎厚0.6厘米（图一三一，5；彩版五三，1）。

MB:P6　彩陶片。夹细砂橙黄陶，质地坚硬，火候均匀。器表打磨光滑，饰黑彩方格纹，内填网格纹。内壁不平，有交错抹痕。高5、宽3.6、胎厚0.5厘米（图一三一，6）。

根据采集陶片器形特征和纹饰，与周边地区同时代典型器物比较判断，遗址文化性质为半山类型、马厂类型。采集马厂类型时期彩陶片与西𠙶梁马厂时期陶片的形制和纹饰一致，个别红黑复彩陶片，可早到马厂早期。结合西𠙶梁遗址的测年结果，该遗址马厂类型时期遗存年代为4300—4000 BP。

（一三）堡子山遗址

堡子山遗址位于靖远县平堡镇平堡村东北、黄河东岸台地上。西距黄河约1000米，垂直高差约80米，西北为复兴渠，东南为平堡滩。遗址分布于台地西北缘，坐标：N36°25′16″，E104°24′16″，海拔1519米。遗址分布范围东西约500米，南北约300米，面积约15万平方米（彩版五三，3）。1988年，被靖远县人民政府公布为县级文物保护单位。本次调查对遗址所在台地进行了全面踏查，台地地势平坦开阔，大部分被平整为农田。遗址区西侧有堡子山烽火台，在遗址北侧边缘处散落有少量陶片。

地表采集陶片以泥质橙黄陶为主，另有少量泥质灰陶和夹砂红陶、灰陶。以彩陶为主，少量素面，个别饰绳纹。

BB:P1　彩陶片。泥质橙黄陶，质地坚硬，火候均匀。器表打磨光滑，饰黑红复彩圆圈纹和黑彩蛙肢纹，外圈黑彩较宽，内圈红彩稍窄。内壁不平，有较深抹痕。高4.1、宽7.4、胎厚0.4厘米（图一三二，1；彩版五三，2）。

BB:P2　彩陶片。泥质橙黄陶，质地坚硬，火候均匀。器表打磨光滑，饰黑彩蛙肢纹。内壁不平，有抹痕。高3.9、宽5.1、胎厚0.3厘米（图一三二，2）。

BB:P3　彩陶片。泥质灰陶，质地坚硬，火候均匀。器表未打磨，饰黑彩弧带纹两道。高3.9、宽4.8、胎厚0.3厘米（图一三二，3）。

BB:P4　钵口沿。泥质橙黄陶，质地坚硬，火候均匀。敞口，圆唇，弧腹。口沿外饰黑彩细条带纹一周，下接黑彩弧带纹，口沿内饰黑彩、红彩宽带纹各一周。器表打磨光滑，外壁有轮修痕。高2、宽4.5、胎厚0.4厘米（图一三二，4）。

BB:P5　彩陶片。泥质橙黄陶，质地坚硬，火候均匀。器表打磨光滑，饰黑红复彩宽带纹各一周，下接黑彩宽折带纹。高4.2、宽4.1、胎厚0.4厘米（图一三二，5）。

根据采集标本器形特征和纹饰，与宁夏南部和河湟地区同时代典型器物比较，遗址文化性质为马厂类型。采集的马厂类型时期彩陶片与西𠙶梁马厂时期陶片的形制和纹饰一致，部分红黑复彩彩

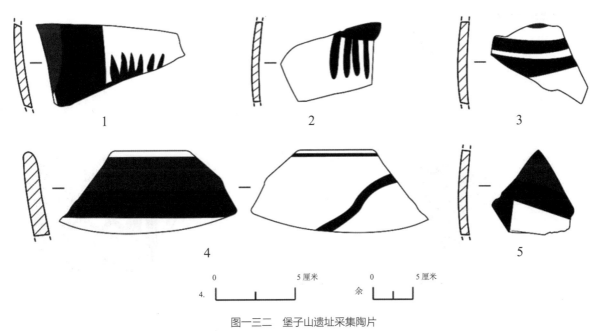

图一三二　堡子山遗址采集陶片

1-3、5.彩陶片（BB:P1~BB:P3、BB:P5），4.钵口沿（BB:P4）

陶片可早到马厂早期，结合西山梁遗址的测年结果判断，该遗址马厂类型时期遗存年代为 4300—4000 BP。

（一四）四次凹梁遗址

四次凹梁遗址是本次调查新发现的一处遗址，位于靖远县双龙乡城川村韦家庄东侧四次凹梁上。东南距马家山遗址约 2500 米，东北距小川村八队约 1500 米，西距韦家庄约 1300 米，S308 省道由其南侧翻越山梁。遗址所在山梁呈南北向，坐标：N37°05′29″，E104°29′2″，海拔 1971 米。遗址分布范围南北约 700 米，东西约 200 米，面积约 14 万平方米（彩版五四，1）。本次调查对遗址所在山梁进行了全面踏查，区内均为荒地，地势整体较高，山梁顶部稍平缓，两侧山坡陡峭。遗址区地表散落陶片较少，在北部、南部发现较多盗坑。其中五处盗坑中发现人骨暴露，编号 K1—K5。K1—K3 位于遗址北部，K4、K5 位于遗址南部。

K1 平面近方形，长约 1.6、宽约 1.6、深约 0.9 米。采集少量人骨和兽骨（彩版五四，2）。

K2 平面近方形，长约 3、宽约 2.7、深约 0.8 米。采集到人骨和兽骨（彩版五四，3）。

K3 平面近长方形，长约 1.6、宽约 1.4、深约 0.98 米。采集到指骨和兽骨（彩版五五，1）。

K4 平面近方形，长约 1.6、宽约 1.7、深约 0.7 米。采集到人骨和兽骨（彩版五五，2）。

K5 平面近方形，开口长约 1.7 米，宽约 1.8 米，深约 0.8 米。采集到人骨（彩版五五，3）。

从坑内采集人骨、兽骨判断，K1—K5 可能为墓葬。

地表采集陶片以泥质红陶为主，夹砂橙黄陶次之，少量夹砂红陶。以素面为主，少量彩陶，个别饰刻划纹。采集标本可辨器形有侈口罐、瓮。

SB:P1　侈口罐口沿。泥质红陶，质地坚硬，火候均匀。侈口，圆唇，束颈，圆肩。器表饰黑

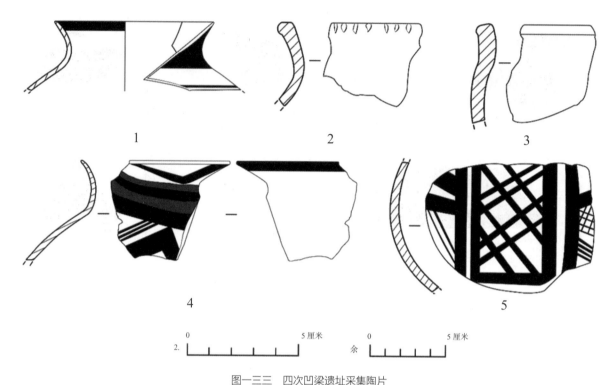

图一三三　四次凹梁遗址采集陶片

1、2、4.侈口罐口沿（SB:P1、SB:P2、SB:P4），3.瓮口沿（SB:P3），5.彩陶片（SB:P5）

彩宽、窄条带纹各一周，口沿内饰黑彩窄条带纹一周。内壁不平，有指窝痕和抹痕。口径 10.6、高 4.5、胎厚 0.3 厘米（图一三三，1）。

SB:P2　侈口罐口沿。夹细砂橙黄陶，可见石英等羼和料，质地坚硬，火候均匀。侈口，方唇，束颈，溜肩。唇部饰刻划纹一周。高 3.6、宽 4.4、胎厚 0.3~0.7 厘米（图一三三，2）。

SB:P3　瓮口沿。夹细砂红陶，质地坚硬，火候均匀。侈口，方唇，筒状腹，微鼓。素面。高 6.3、宽 5.9、胎厚 0.8~1 厘米（图一三三，3）。

SB:P4　侈口罐口沿。泥质红陶，质地坚硬，火候均匀。侈口，尖唇，束颈，圆肩。口沿外饰黑彩折带纹一周，下接相间红黑复彩弧带纹、黑彩宽折带纹和斜行细条带纹，口沿内饰黑彩窄条带纹一周。高 6.5、宽 8、胎厚 0.3~0.5 厘米（图一三三，4）。

SB:P5　彩陶片。泥质红陶，质地坚硬，火候均匀。器表抹光，饰竖向平行黑彩宽带纹，间饰交错窄条带纹、细条带纹和网格纹。高 8.6、宽 11.2、胎厚 0.5 厘米（图一三三，5）。

根据采集标本器形特征和纹饰，与宁夏南部和河湟地区同时代典型器物比较判断，遗址文化性质为马厂类型。采集的马厂类型时期彩陶片与西圪梁马厂时期陶片的形制和纹饰一致，个别红黑复彩陶片可早到马厂早期，结合西圪梁遗址的测年结果，该遗址马厂类型时期遗存年代为 4300—4000 BP。

（一五）高家滩遗址

高家滩遗址是本次调查新发现的一处遗址，位于靖远县双龙乡义和村高家滩南大墩台东侧山梁顶部。西距义和大墩台遗址约 400 米，东距相帽山遗址约 400 米，北距高家滩村约 200 米、距黄河约 1600 米，相对高差约 50 米。遗址所在山梁呈南北向，坐标：N37°09′53″，E104°22′03″，海拔1356 米。遗址分布范围东西约 200 米，南北约 300 米，面积约 6 万平方米（彩版五五，4）。本次调查对遗址所在山梁进行了全面踏查。山梁北部被冲沟分为东西两部分，地势陡峭。山梁顶部及两侧坡地有大量盗坑，集中分布于 4 个地点，编号地点 K1、K2、K3、K4。

K1 坐标：N37°09′52″，E104°22′04″，海拔 1348 米。盗坑旁散落有红砂岩石板，采集到骨骼一块。

K2 坐标：N37°09′54″，E104°22′00″，海拔 1350 米。盗坑旁散落有少量陶片，以夹砂红褐陶为主，泥质橙黄陶次之，少量夹砂橙黄陶、红陶。以素面为主，少量彩陶，个别饰绳纹。采集标本可辨器形有钵、盆。另有少量石器。

K3 坐标：N37°09′48″，104°22′01″，海拔 1340 米。盗坑旁散落少量陶片，有夹砂灰陶、红陶和泥质红陶。以素面为主，少量彩陶。采集标本可辨器形为錾耳罐。

K4 坐标：N37°09′53″，104°21′57″，海拔 1328 米。盗坑旁扰土中包含少量动物骨骼和陶片。

GK2:P1　钵口沿。泥质橙黄陶，质地坚硬，火候不均，陶胎有灰色夹芯。敞口，尖唇，弧腹。器表素面。内壁不平，饰红彩折带纹。口径 16.5、高 4、胎厚 0.4 厘米（图一三四，1）。

GK2:P2　盆肩腹部。泥质橙黄陶，质地坚硬，火候均匀。高颈，鼓腹，下腹内收。内外壁打磨光滑，饰紫红色陶衣。器表饰复线黑彩横条带纹，内壁饰黑彩斜条带纹。高 3.4、宽 4.2、胎厚0.4~0.5 厘米（图一三四，2）。

GK3:P3　錾耳罐口沿。泥质橙黄陶，质地坚硬，火候均匀。侈口，圆唇，束颈，颈部有錾。

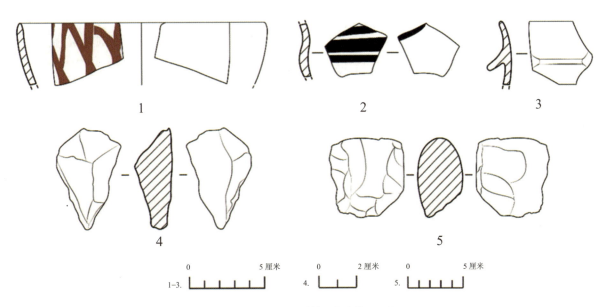

图一三四　高家滩遗址采集陶片、石器

1. 钵口沿（GK2:P1），2. 盆肩腹部（GK2:P2），3. 錾耳罐口沿（GK3:P3），4. 刮削器（GK4:1），5. 砍砸器（GK2:2）

素面，内外壁不平，有指窝痕和抹痕。高 4.1、宽 4.2、胎厚 0.4 厘米（图一三四，3）。

（2）石器

GK4:1　刮削器。黑灰色，平面近三角形。器表有打制疤痕。长 5.3、宽 3.5、厚 2 厘米（图一三四，4）。

GK2:2　砍砸器。黑灰色，砾石打制成型，平面为不规则形。刃部两面打制。长 7、宽 6.7、厚 4.1 厘米（图一三四，5）。

根据采集标本器形特征和纹饰，与宁夏南部和河湟地区同时代典型器物比较判断，遗址文化性质为马厂类型和齐家文化。采集的马厂类型时期彩陶片与西𰁖梁马厂时期陶片的形制和纹饰一致，该遗址马厂类型时期遗存年代为 4300—4000 BP；齐家文化时期陶片与西𰁖梁、神木头遗址齐家文化陶片形制和纹饰一致，结合神木头遗址的测年结果判断，该遗址齐家文化时期遗存年代为 4100—3900 BP。

（一六）下堡子遗址

下堡子遗址是本次调查新发现的一处遗址，位于靖远县双龙乡义和村高家滩南大墩台西侧山梁上。西北距义和村约 450 米，北距黄河 1800 米，东距义和大墩台遗址约 400 米。遗址所在山梁呈南北向，坐标：N37°09′38″，E104°21′34″，海拔 1326 米。遗址分布范围东西约 60 米，南北约 100 米，面积约 6000 平方米。本次调查对遗址所在山梁进行了全面踏查。山梁北部被冲沟分为东西两部分，地势陡峭。山梁上可见多处盗坑，西侧山梁地表散落少量陶片。

地表采集陶片以夹砂红陶、红褐陶为主，少量泥质红陶、橙黄陶和夹砂灰陶。以素面为主，个别饰篮纹和刻划纹。采集陶器标本可辨器形有陶刀。

XB:P1　篮纹陶片。夹细砂红陶，质地坚硬，火候均匀。器表饰斜篮纹。高 2.1、宽 4、胎厚 0.4 厘米（图一三五，1）。

XB:P2　刻划纹陶片。夹粗砂红褐陶，可见石英等羼和料，质地坚硬，火候均匀。器表饰交错刻划纹。内壁不平，有指窝痕和抹痕。高 3.5、宽 3.4、胎厚 0.4 厘米（图一三五，2）。

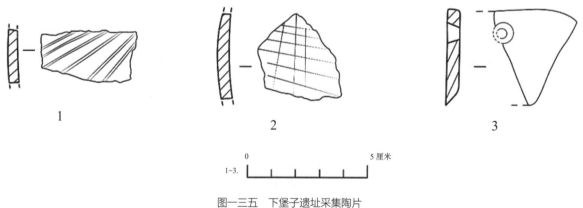

图一三五　下堡子遗址采集陶片
1. 篮纹陶片（XB:P1），2. 刻划纹陶片（XB:P2），3. 穿孔陶刀（XB:1）

XB:1 穿孔陶刀。夹细砂橙黄陶片磨制，残存部分呈三角形。刀刃从胎壁向外磨制，斜直刃。近刀背处有一圆形穿孔，单面钻。长3.3、宽3.9、厚0.5厘米（图一三五，3）。

根据采集标本器形特征和彩绘纹饰，与宁夏南部和河湟地区同时代典型器物比较判断，遗址文化性质为齐家文化。采集齐家文化时期陶片与西㞍梁、神木头遗址齐家文化陶片的形制和纹饰一致，结合神木头遗址的测年结果判断，该遗址齐家文化时期遗存年代为4100—3900 BP。

（一七）菜地沟遗址

菜地沟遗址位于靖远县石门乡菜地沟西北侧山坡上。西距铁路沟遗址1000米，北侧与二合村隔河谷相望，距二合村500米，东侧紧邻菜地沟。遗址分布于南北向山梁东坡，坐标:N37°0′59″，E104°25′15″，海拔2044米。遗址分布范围东西约100米，南北约250米，面积约2.5万平方米（彩版五六，1）。2003年，该遗址被公布为县级文物保护单位。本次调查对遗址所在山坡进行了全面踏查。山坡地势较缓，大部分早期开垦为梯田，现已退耕还林。地表散落有少量陶片。

地表采集陶片以泥质橙黄陶为主，少量夹砂橙黄陶、红陶。以素面为主，个别彩陶。采集标本可辨器形有双耳罐。

CB:P1 双耳罐口沿。夹细砂橙黄陶，质地坚硬，火候不均，陶胎局部有灰色夹芯。侈口，圆唇，束颈，圆肩。口肩部有耳，耳略低于口沿。素面，器表较粗糙。内壁不平，有指窝痕和抹痕。口径11、高4.2、胎厚0.4厘米（图一三六，1）。

CB:P2 彩陶片。泥质橙黄陶，质地坚硬，火候均匀。器表打磨光滑，施紫红色陶衣，饰黑彩宽带纹一周，下接黑彩网格纹。内壁不平，有抹痕。高2.9、宽6、胎厚0.5~0.7厘米（图一三六，2）。

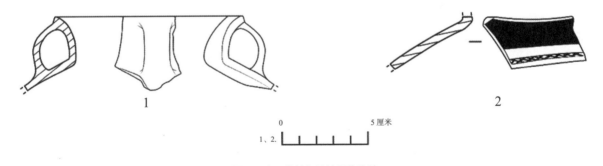

图一三六 菜地沟遗址采集陶片
1.双耳罐口沿（CB:P1），2.彩陶片（CB:P2）

根据采集陶器标本器形特征和纹饰，与周边地区同时代典型器物比较判断，遗址文化性质为马厂类型。采集马厂类型时期彩陶片与西㞍梁马厂时期陶片的形制和纹饰一致，结合西㞍梁遗址的测年结果判断，该遗址马厂类型时期遗存年代为4300—4000 BP。

（一八）庙㞍山遗址

庙㞍山遗址位于靖远县石门乡路家庄村西侧庙㞍山上。东侧为路家庄，西面紧邻冲沟，北侧依山，南至公路，隔河沟与小茨沟遗址相对。坐标：N37°0′40″，E104°26′57″，海拔2213米。遗址分布范围东西约300米，南北约200米，面积约6万平方米（彩版五六，2）。1981年11月，该遗址被公布为县级文物保护单位。本次调查对遗址所在山坡进行了全面踏查，区内地势较缓，以梯田为主。地表散落有少量陶片。

地表采集陶片以夹砂橙黄陶和夹砂红褐陶为主，少量泥质橙黄陶、红陶。以素面为主，个别彩陶，少量饰篦点纹。

MB：P1　侈口罐口沿。夹细砂橙黄陶，质地坚硬，火候不均，陶胎有灰色夹芯。侈口，圆唇，斜领。素面，内外壁打磨光滑。高3.2、宽3.2、胎厚0.6厘米（图一三七，1）。

MB：P2　彩陶片。泥质橙黄陶，质地坚硬，火候均匀。器表饰平行红黑复彩宽带纹，黑彩宽带纹居中，上下接红彩宽带纹。内壁不平，有抹痕。高4.1、宽3.2、胎厚0.3~0.5厘米（图一三七，2）。

MB：P3　罐下腹。夹粗砂橙黄陶，质地坚硬，火候均匀。斜弧腹。器表饰篦点纹。内壁不平，有指窝痕和抹痕。高6.3、宽6.3、胎厚0.6~1.2厘米（图一三七，3）。

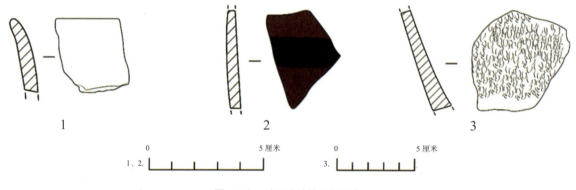

图一三七　庙圪山遗址采集陶片

1.侈口罐口沿（MB：P1），2.彩陶片（MB：P2），3.罐下腹（MB：P3）

根据本次采集标本器形特征和纹饰判断，遗址文化性质为马厂类型和齐家文化。另外，在第三次全国文物普查不可移动文物登记表中，附有采集自该遗址的部分彩陶照片，可见黑红复彩齿带纹等半山类型典型纹饰。据此推断，该遗址应有半山类型遗存。采集马厂类型时期彩陶片与西圪梁马厂时期陶片的形制和纹饰一致，个别彩陶片为红黑复彩，可早到马厂早期，结合西圪梁遗址的测年结果判断，该遗址马厂类型时期遗存年代为4300—4000 BP；齐家文化时期陶片与西圪梁、神木头遗址齐家文化陶片的形制和纹饰一致，结合神木头遗址的测年结果判断，该遗址齐家文化时期遗存年代为4100—3900 BP。

（一九）相帽山遗址

相帽山遗址位于靖远县双龙乡义和村高家滩南侧山顶上，北距高家滩村100米。坐标：

N37°09′59″，E104°22′17″，海拔 1358 米。遗址分布范围东西约 70 米，南北约 100 米，面积约 7000平方米（彩版五七，5）。本次调查对遗址所在山顶进行了全面踏查，山顶后期全部经平整，原始地貌不存。遗址东侧有一冲沟向北直通黄河，南侧为现代墓葬。区内地表散落有少量陶片。

地表采集陶片以夹砂橙黄陶为主，夹砂红褐陶次之。以素面为主，少量饰绳纹。采集标本可辨器形有侈口罐。

XB:P1　侈口罐口沿。夹粗砂橙黄陶，可见石英等羼和料，质地坚硬，火候均匀。侈口，尖唇，束颈，圆肩。颈部饰附加堆纹一周，肩部饰绳纹。内壁不平，有指窝痕和抹痕。口径 11.5、高 5.8、胎厚 0.5 厘米（图一三八，1；彩版五七，1）。

XB:P2　侈口罐口沿。夹粗砂橙黄陶，可见石英等羼和料。侈口，圆唇，斜领，溜肩。素面，内壁不平，有指窝痕和抹痕。高 4.5、宽 4.9、胎厚 0.4~0.5 厘米（图一三八，2）。

根据采集标本器形特征和纹饰判断，遗址文化性质为半山类型。据第三次全国文物普查不可移动文物登记表记载，2006 年该遗址曾出土半山时期彩陶罐和夹砂灰陶罐等遗物。

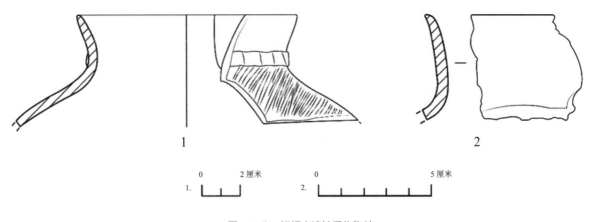

图一三八　相帽山遗址采集陶片
1、2. 侈口罐口沿（XB:P1、XB:P2）

（二〇）大塬庄东遗址

大塬庄东遗址位于靖远县大芦镇大塬村东侧约 800 米的山梁顶部。山梁呈南北走向，四周皆为陡峭坡地，遗址主要分布于山梁东侧。坐标：N36°16′52″，E104°45′31″，海拔 1931 米。遗址分布范围东西约 180 米，南北约 70 米，面积约 1.2 万平方米（彩版五七，2）。该遗址为县级文物保护单位。本次调查对整个山梁进行了全面踏查。山梁顶部平坦开阔，植被稀少。遗址东部可见数座盗坑，周围散落有少量陶片。

地表采集陶片以泥质橙黄陶为主，夹砂橙黄陶次之，少量夹砂红陶。以素面为主，个别彩陶，少量饰绳纹。采集标本较小，无可辨器形。

DB:P1　彩陶片。泥质橙黄陶，质地坚硬，火候均匀。器表打磨光滑，饰黑彩宽带纹一周，下接黑彩弧带纹。内壁不平，有泥条盘筑痕和抹痕。高 5.3、宽 5.7、厚 0.5 厘米（图一三九，1）。

DB:P2　器底。泥质橙黄陶，质地坚硬，火候均匀。斜直腹，平底。素面，底部压印席纹，底内有较多指窝痕。残高 4.7、底径 6、胎厚 0.5、底厚 0.7 厘米（图一三九，2）。

　　根据采集陶片陶质、陶色及纹饰判断，遗址文化性质可能为马厂类型。采集马厂类型时期彩陶片与西亖梁马厂时期陶片的形制和纹饰一致，结合西亖梁遗址的测年结果判断，该遗址马厂类型时期遗存年代为 4300—4000 BP。

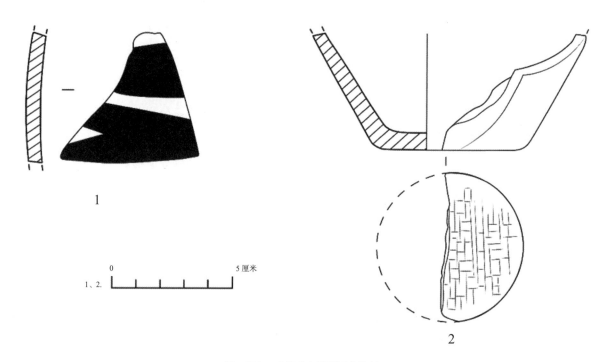

图一三九　大塬庄东遗址采集陶片
1.彩陶片（DB:P1），2.器底（DB:P2）

（二一）火烧凹遗址

　　火烧凹遗址位于靖远县大芦镇权杜村北约 1000 米处的火烧凹梁顶，遗址所在山梁呈东北—西南向，梁顶面积较小，地势平坦，四周山坡陡峭，沟谷纵横。坐标：N36°17′17″，E104°43′51″，海拔 1966 米。遗址分布范围东西约 50 米，南北约 100 米，面积约 5000 平方米（彩版五七，3）。该遗址为县级文物保护单位。本次调查对整个山梁进行了全面踏查，在山梁东南侧发现较多盗坑，周边散落少量陶片。

　　地表采集陶片以夹砂红陶为主，少量泥质橙黄陶和夹砂红褐陶。以绳纹为主，少量饰刻划纹、附加堆纹和戳印纹，有少量彩陶。采集标本可辨器形有双耳罐、壶。

　　HB:P1　双耳罐口沿。夹粗砂红陶，可见石英等羼和料，烧结度不高，质地疏松。侈口，圆唇，束颈，圆肩，鼓腹。口肩部有桥形耳，耳略低于口沿。颈部饰凸棱一周，肩腹部饰交错刻划纹，耳面饰竖向和"×"形刻划纹。内壁不平，有指窝痕和抹痕。器表有烟炱。口径 9.2、高 10、胎厚 0.6 厘米（图一四○，1；彩版五七，4）。

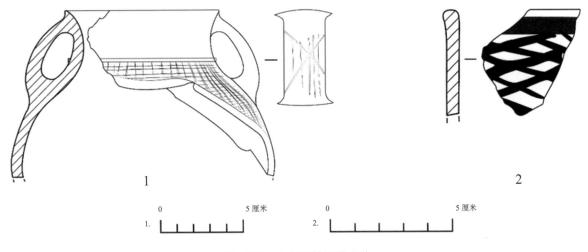

图一四〇　火烧凹遗址采集陶片

1. 双耳罐口沿（HB:P1），2. 壶口沿（HB:P2）

HB:P2　壶口沿。泥质橙黄陶，质地坚硬，火候均匀。近直口，圆唇，直领。器表打磨光滑，口沿下饰红彩宽带纹一周，下接黑彩网格纹。高 4.2、宽 4、胎厚 0.5 厘米（图一四〇，2）。

根据采集标本器形和纹饰判断，遗址文化性质可能为半山类型。

（二二）小茨沟遗址

小茨沟遗址位于靖远县石门乡路庄村西南约 400 米的山梁上。西侧为陈家庄，北侧隔河谷与庙山遗址相对，距庙山遗址 300 米。遗址主要分布于山梁前地势较缓的坡地上，坐标:N37°0′23″，E104°26′48″，海拔 2213 米。遗址分布范围东西约 200 米，南北约 100 米，面积约 2 万平方米（彩版五八，1）。2003 年，该遗址被公布为靖远县县级文物保护单位。本次调查对遗址所在坡地进行了全面踏查，区内现以梯田为主，少量荒坡。地表仅采集陶片 2 片。

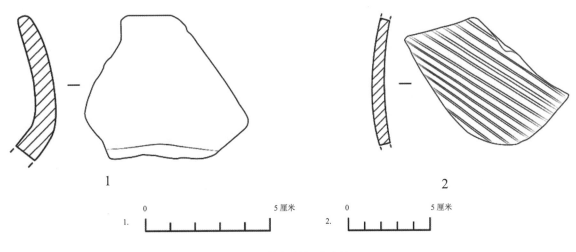

图一四一　小茨沟遗址采集陶片

1. 侈口罐口沿（XB:P1），2. 篮纹陶片（XB:P2）

XB:P1 侈口罐口沿。夹粗砂橙黄陶，可见石英等羼和料，质地坚硬，火候均匀。侈口，圆唇，矮领微束。素面，内外壁粗糙，有轮修痕迹和抹痕。高5.7、宽6.6、胎厚0.6~0.8厘米（图一四一，1）。

XB:P2 篮纹陶片。夹细砂红陶，质地坚硬，火候均匀。器表饰斜篮纹。高7.6、宽10、胎厚0.6~0.8厘米（图一四一，2）。

根据采集篮纹陶片判断，遗址文化性质为齐家文化。第三次全国文物普查不可移动文物登记表中，附有采集自该遗址的部分彩陶片照片，可见黑红复彩齿带纹、网格纹陶片等半山类型典型纹饰。据此推断，该遗址还存在半山类型遗存。采集的齐家文化时期陶片与西瓦梁、神木头遗址齐家陶片形制和纹饰一致，结合神木头遗址的测年结果判断，该遗址齐家文化时期遗存年代为4100—3900 BP。

（二三）任家峁遗址

任家峁遗址位于靖远县兴隆乡新民村十社东侧山梁上。山梁呈南北向，遗址主要分布于山梁东西两侧坡地上，坐标：N37°1′53″，E104°34′3″，海拔2368米。遗址分布范围东西约100米，南北约200米，面积约2万平方米（彩版五八，2）。本次调查对遗址所在山梁进行了全面踏查，山梁顶部早期开垦为耕地，现已弃耕荒芜。遗址南端地表散落少量陶片，在坡底发现盗坑一处，编号K1。

K1平面为长方形，长约1、宽约0.5、深约0.5米。坑旁扰土中包含有人骨，判断可能为墓葬。

地表采集陶片以夹砂橙黄陶为主，少量夹砂红陶和红褐陶。以素面为主，个别饰附加堆纹。采集标本可辨器形有錾耳罐。

RB:P1 錾耳罐。夹粗砂橙黄陶，可见石英等羼和料，质地坚硬，火候不均，陶胎有红、灰色分层。侈口，圆唇，束颈，圆肩。口沿下有錾，颈下部饰附加堆纹一周。内壁不平，有指窝痕和抹痕。局部有烟炱。口径14.8、高4.6、胎厚0.6~0.8厘米（图一四二，1；彩版五九，1）。

RB:P2 罐肩部。夹粗砂橙黄陶，可见石英等羼和料，质地坚硬，火候均匀。束颈，圆肩。肩部饰附加堆纹一周。内壁不平，有交错抹痕。局部有烟炱。高5.2、宽6.1、厚0.5~0.6厘米（图

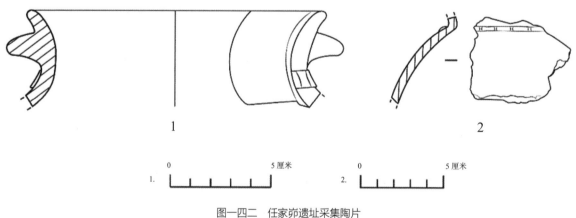

图一四二 任家峁遗址采集陶片

1. 錾耳罐（RB:P1），2. 罐肩部（RB:P2）

一四二，2）。

根据采集陶片器形和纹饰判断，遗址文化性质为半山类型。

（二四）腰站遗址

腰站遗址位于靖远县兴隆乡腰站村西侧的寺沟梁上。东侧紧邻腰站村，北端有村道环绕，坐标：N37°03′57″，E104°32′59″，海拔 2107 米。遗址分布范围东西约 100 米，南北约 200 米，面积约 2 万平方米（彩版五九，3）。2003 年 10 月，该遗址被公布为县级文物保护单位。本次调查对遗址所在山梁进行了全面踏查，梁顶地势平缓，地表散落有少量陶片。腰站梁堡遗址位于遗址东南侧。

地表采集陶片以夹砂橙黄陶和泥质橙黄陶为主，少量夹砂红陶，个别泥质红陶。以素面为主，少量彩陶。

YB:P1　盆腹部。夹细砂橙黄陶，质地坚硬，火候不均，陶胎有灰色夹芯。高领，鼓腹，下腹内收。内外壁打磨光滑，施紫红色陶衣，饰平行黑彩条带纹三道。内壁饰黑彩网格纹和黑彩宽带纹。高 3.8、宽 3.9、胎厚 0.4~0.5 厘米（图一四三，1）。

YB:P2　彩陶片。夹细砂橙黄陶，可见石英等羼和料，质地坚硬，火候不均，陶胎有灰色夹芯。器表饰平行黑彩宽带纹。内壁不平，有抹痕。高 7.1、宽 6.3、胎厚 0.5 厘米（图一四三，2；彩版五九，2）。

根据采集陶片器形特征和纹饰判断，遗址文化性质为马厂类型。采集马厂类型时期彩陶片与西㟭梁马厂时期遗存形制和纹饰一致，结合西㟭梁遗址的测年结果判断，该遗址马厂类型时期遗存年代为 4300—4000 BP。

（二五）金园村遗址

金园村遗址是本次调查新发现的一处遗址，位于靖远县平堡镇金园村南侧山梁上。西北距黄河 1400 米，相对高差约 100 米，北距金园村约 500 米，东北隔沟距芦家小坪遗址 600 米，南邻大

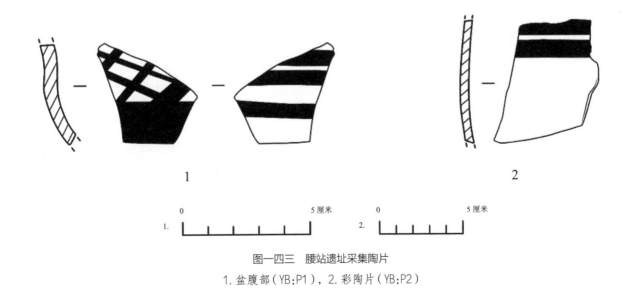

图一四三　腰站遗址采集陶片

1.盆腹部（YB:P1），2.彩陶片（YB:P2）

沟。遗址分布于一处东南—西北向山梁顶部，坐标：N36°26′19″，E104°28′12″，海拔 1533 米。遗址分布范围东西约 50 米，南北约 60 米，面积约 3000 平方米（彩版六〇，1）。本次调查对遗址所在山梁进行了全面踏查。山梁整体东南高，西北低，梁顶面积较小，由西南向东北倾斜，坡度较缓。西、北、东三面山坡地势陡峭，坡大沟深。山梁顶部有较多盗坑，四周散落有红砂岩石板和少量陶片。陶片以夹砂红陶和灰陶为主，少量泥质红陶。素面为主，个别饰附加堆纹。标本较小，器形不可辨。从盗坑出土石板及陶片判断，该遗址可能为墓地。通过采集陶片陶质、陶色和纹饰判断，该遗址文化性质可能为半山类型。

本次在黄河干流白银段靖远县—平川区共调查史前时期遗址 44 处，其中复查遗址 38 处，新发现遗址 6 处。大部分遗址采集到典型遗物标本，且部分遗址存在不同文化时期的遗存。通过采集标本与邻近地区调查或发掘出土典型器物比较，确认包含马家窑类型遗存的遗址 1 处、半山类型遗存的遗址 10 处、马厂类型遗存的遗址 18 处、齐家文化遗存的遗址 15 处。对西瓦梁、神木头遗址测年，测年结果与遗址采集遗物文化性质一致。该区域马家窑类型时期年代为 4800—4600 BP，为马家窑类型晚期遗存；马厂类型时期年代主要为 4300—4000 BP，部分遗址彩陶还保留有半山时期红黑复彩，为马厂类型早期遗存，大部分遗址齐家文化与马厂晚期遗存共存。齐家文化遗址年代为 4100—3900 BP，为齐家文化早期遗存。本次调查和初步研究，为构建黄河干流史前文化谱系和文化发展序列提供了重要的材料，构建了黄河干流靖远县—平川区境内马家窑类型—半山类型—马厂类型—齐家文化的考古学文化发展序列。

需要说明的是，为便于读者查阅，我们将本次调查采集陶片较小或未采集到陶片的小河口（彩版六〇，2）、常塬（彩版六一，1）、米塬上杨、三条沟（彩版六一，1）、烽台山（彩版六二，1）、墩墩山（彩版六二，2）、松柏崖（彩版六三，1）、孙家沟（彩版六三，2）、王家边边（彩版六四，1）、马家岘（彩版六四，2）、哈思山（彩版六五，1）、新民（彩版六五，2）、虎豹坪（彩版六六，1）、义和大墩台、阳坪嘴（彩版六六，2）、乔家坪（彩版六七，1）、野糜河口（彩版六七，2）、马台车路梁、红嘴（彩版六八，1）遗址所属的考古学文化等信息归入附表四（黄河左近地区史前考古调查遗址登记表），在此不再赘述。

第四节 会宁县考古调查

一、地理位置

会宁县位于甘肃省中部，白银市南端，地理坐标北纬 104°29′~105°34′、东经 35°24′~36°26′，南窄北宽，区域面积 6439 平方千米。东邻宁夏回族自治区海原、西吉两县，南通定西市通渭县、平凉市静宁县，西接定西市安定区、兰州市榆中县，北连白银市靖远县、平川区（图一四四）。

二、自然环境

会宁县地处西北黄土高原和青藏高原的过渡地带，亦是祁连山脉东延部分与陇西黄土高原沉降盆地的交界过渡区。境内地质构造复杂，V 型深谷遍布。地貌上属陇西黄土高原丘陵沟壑区，"七川""八塬""九道梁"是会宁县地貌的总体概括和基本分类。中南部多山地、梁峁地貌，北部以川、塬地为主。"七川"即郭城川、关川、甘沟川、城川、中川、大豹子川、小豹子川，"八塬"为白草塬、孙家塬、新庄塬、李家塬、高塬、程家塬、扎子塬、新塬，"九梁"是沿串子梁、云台山梁、东山梁、大山顶梁、党岘梁、桃花山梁、铁木山梁、坪岔梁、小西梁。县境内平均海拔 1863 米；最高海拔 2349 米，位于铁木山顶；最低海拔 1437 米，位于县境北部祖厉河河谷。总体趋势为东南高，西北低；川地海拔最低，山塬居中，山区最高。

气候属于温带大陆性气候，地处半湿润、半干旱气候区交会过渡区，华家岭至会宁县城间属半湿润区，县城以北属半干旱区。年均温在 5℃ ~8.5℃之间，平均降雨量为 433.7 毫米，整体干燥温凉。年内降雨多集中在 7、8、9 三个月，约占全年的 57%；7 月气温最高，1 月气温最低。受境内地形影响，南部山梁区阻滞东南暖湿气流的北上，造成了南北明显的气候差异，降雨分布不均。总体上，降雨量由南至北递减，干燥度递增，南部湿润，北部干旱。温度受海拔高度影响，南部山区年均温、积温最小，山塬居中，川谷地最高。

县境内常年干旱少雨、蒸发量大，地下水资源匮乏，地表径流主要集中在祖厉河流域。祖厉河

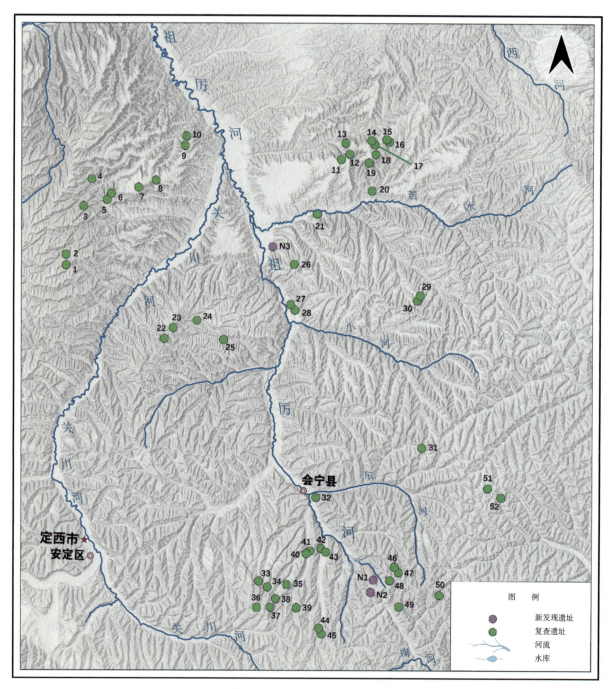

图一四四　会宁县调查史前遗址位置示意图

1. 殷沟咀墓群 2. 窠粒台遗址 3. 张家山顶遗址 4. 大湾东岭墓群 5. 苎麻湾遗址 6. 山鸡岭墓群 7. 寺寨墓群 8. 亮羊滩墓群 9. 阴坡遗址 10. 中塬墓群 11. 帽疙瘩咀墓群 12. 断岘遗址 13. 薛家咀墓群 14. 北咀墓群 15. 李善堡墓群 16. 高儿刘墓群 17. 何家寨柯墓群 18. 姚岔嘴墓群 19. 杨家塬遗址 20. 崖窑塬墓群 21. 关湾小坟堆墓群 22. 牛门洞遗址 23. 阴山遗址 24. 寨柯遗址 25. 塔寺岔墓群 26. 尹家岔遗址 27. 卧虎山遗址 28. 骆驼鞍子山遗址 29. 掌里遗址 30. 韩岔遗址 31. 油坊弄遗址 32. 宴门川遗址 33. 荔峡遗址 34. 老人沟遗址 35. 窑沟遗址 36. 河沟遗址 37. 吴家山遗址 38. 沈家屲遗址 39. 线家川遗址 40. 张庄西山遗址 41. 万崖遗址 42. 梁堡西山遗址 43. 石石湾遗址 44. 米峡遗址 45. 老鸦沟遗址 46. 芦河遗址 47. 史家弄遗址 48. 沙湾遗址 49. 凤咀梁遗址 50. 大寨遗址 51. 二阴湾遗址 52. 苜蓿湾遗址；N1. 穆家湾遗址 N2. 赵家遗址 N3. 冯家堡遗址

上源分为两支，即东源祖河和西源厉河。以较长的厉河为主源，发源于会宁县、通渭县交界的华家岭。祖、厉两支于会宁县城汇合后，始称祖厉河，自此向北纵贯会宁全县于靖远汇入黄河。祖厉河另有主要支流西巩河、苦水河、黑窑沟河、甘沟小河、土门岘河、关川河、七里沙河、腰井河等，多数无常年径流。支流水质大多苦咸，利用价值低，仅厉河、西巩河和关川河水质可供利用，以资灌溉。

三、历史沿革

从目前考古调查来看，陇西黄土高原仰韶文化北上至该区域，之后马家窑文化扩展至该区域，该区域先后经历了仰韶文化晚期，马家窑文化马家窑类型、半山类型、马厂类型和齐家文化等。历史时期自秦汉设建制以来也一直是军事要地、交通咽喉。西汉武帝元鼎三年（前 114 年），置安定郡，祖厉县为其所辖，今之会宁县地归祖厉县。新莽时期，改为乡礼县；东汉初，复置祖厉县；东汉安帝永初五年（111 年），迁县治于今会宁县城南十里铺村，属凉州刺史部武威郡。北魏节闵帝普泰元年（531 年），于汉鹯阴县地置会宁县，此为会宁县名之始。北周武帝保定二年（562 年），设会宁防；三年（563 年），置乌兰县于今头寨子乡关川河口。隋文帝先后改为会宁镇、会宁县；隋炀帝改为凉川县，并置会宁郡，辖凉川、乌兰 2 县。唐贞观六年（632 年），改为会州；广德元年（763 年），被吐蕃占据。至宋景祐三年（1036 年），归于西夏；元丰四年（1081 年），宋收复会州；元符二年（1099 年），筑会川城，即今郭蛤蟆古城；南宋建炎四年（1130 年），会州为金所占。金大定二十二年（1182 年），于西宁城置西宁县；贞祐年间（1213—1217 年），会州被西夏所占，会州州治遂迁至会川城，名新会州；西宁县升西宁州；兴定四年（1220 年），两州归于西夏；正大四年（1227 年），西宁州为蒙古军攻陷，降州为县；窝阔台汗八年（1236 年），会州陷落，蒙古军迁会州州治于西宁县；元至正十二年（1352 年），改会州为会宁州。明洪武十年（1377 年），由州降县，县治移至今之会宁县城。清代会宁县治所未变。1913 年，会宁县改属甘肃省兰山道；1927 年，废道后，会宁县直属甘肃省政府。1936 年，中国工农红军一、二、四方面均在会宁会师，曾建县苏维埃政府。1949 年 8 月 12 日，会宁解放，22 日成立会宁县人民政府。

四、考古工作概况

全国"二普"和"三普"期间对会宁县文物状况进行了调查，但仅对牛门洞遗址调查较多。该遗址发现于 20 世纪 20 年代，当地在整修梯田时出土彩陶器。20 世纪 70 年代，当地进行农田基本建设，平整梯田时又发现了大量史前遗存。20 世纪 80、90 年代，遗址先后被列为县级、省级文物保护单位。2006 年，被国务院公布为第六批全国重点文物保护单位。据多年调查和勘探，确认该遗址是一处包含了仰韶文化晚期、马家窑文化半山类型和齐家文化的遗址。

五、本次调查情况

本次调查，前期通过第三次全国文物普查不可移动文物资料梳理和遥感影像判读，确认会宁境内遗址多分布在距祖厉河干流及支流较远的黄土梁上，干流、支流河谷两岸台地分布遗址较少，并在未发现过遗址的部分黄土梁发现多处疑似遗址区。因此，将调查重点区域确定在干流、支流较远的黄土梁上。在会宁县调查期间，共调查已知史前遗址 52 处，新发现遗址 3 处。现将调查情况介绍如下。

（一）老人沟遗址

老人沟遗址位于会宁县丁家沟镇荔家峡村老人沟，东侧紧邻杨家堡子，西侧为万家新庄。遗址分布于河流东西两侧山坡上，坡度较缓，距河约 50 米，相对高差 10 余米。坐标：N35°33′3″，E104°57′46″，海拔 2100 米。2016 年，该遗址被甘肃省人民政府公布为第八批省级文物保护单位（彩版六八，2）。本次调查对遗址所在区域进行了全面踏查。遗址区现主要为农田、民居，地表散落有较多陶片。西坡万家新庄南侧道路一旁人工断面上暴露有陶窑一处，仅残留局部。东侧山坡人工断崖上发现文化堆积 1 处，编号剖面 1；灰坑 1 座，编号 H1。

剖面 1 堆积分 2 层。①层为扰土层，土质疏松，灰色，厚约 1.7 米，包含较多植物根系；②层为文化层堆积，土质较疏松，灰黑色，厚约 0.7 米，包含有陶片和大量炭屑。陶片有夹砂红陶和泥质橙黄陶，以绳纹为主。采集标本可辨器形为钵。②层采集土样一份。

H1 开口位于剖面②层下，距地表约 2.4 米，剖面堆积呈袋状，口径约 2.6 米，底径约 2.8 米，深约 1.2 米。坑内堆积土质较疏松，灰黑色，包含大量陶片、炭屑和少量陶环。陶片以夹砂红陶、橙黄陶为主，少量泥质红陶、橙黄陶和灰陶。采集标本可辨器形有侈口罐、深腹罐、瓶、壶、陶环等。灰坑采集土样一份（彩版六九，1）。

地表采集陶片以泥质橙黄陶为主，夹砂红褐陶次之，少量泥质红陶和夹砂红陶、灰陶。以素面为主，部分饰绳纹和篮纹，少量饰篦点纹和附加堆纹。采集标本可辨器形有高领罐、折肩罐、钵、陶刀等。

LB:P1　钵口沿。泥质橙黄陶，质地坚硬，火候均匀。敛口，圆唇，圆弧腹，下腹内收。内外壁打磨光滑。器表饰复线黑彩垂弧纹和勾形纹。内壁饰黑彩，脱落严重，纹饰不明。高 4.6、宽 5.4、胎厚 0.4 厘米（一四五，1；彩版六九，2）。

LH1:P2　侈口罐口沿。夹砂橙黄陶，质地坚硬，火候均匀。侈口，斜沿，方唇，束颈，溜肩。肩部粘贴小泥饼，饰绳纹。内壁不平。高 4.6、宽 6、胎厚 0.6~1 厘米（一四五，2；彩版六九，3）。

LH1:P3　深腹罐口沿。夹粗砂红陶，质地坚硬，火候均匀。侈口，方唇，束颈，溜肩。肩部饰交错绳纹，有两个椭圆形凹窝。内壁不平，有指窝痕。残高 5.7、宽 7.3、胎厚 0.7~1.8 厘米（一四五，3）。

LP1:P4　钵口沿。泥质橙黄陶，质地坚硬，火候均匀。敛口，圆唇，圆弧腹。素面。内外壁有

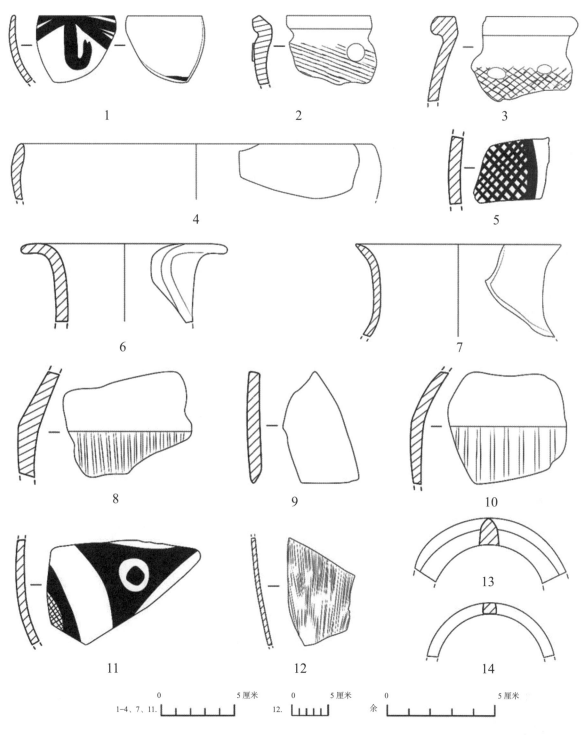

图一四五 老人沟遗址采集陶片

1、4. 钵口沿（LB:P1、LP1:P4），2. 侈口罐口沿（LH1:P2），3. 深腹罐口沿（LH1:P3），5、11. 彩陶片（LB:P5、LB:P10），
6. 壶口沿（LH1:P6），7. 高领罐口沿（LB:P7），8、10. 折肩罐肩腹部（LB:P8、LB:P9），9. 陶刀（LB:1），12. 瓶腹部（LH1:
P11），13、14. 陶环（LH1:1、LH1:2）

抹痕。口径 24、高 3.7、胎厚 0.4~0.7 厘米（一四五，4）。

LB:P5　彩陶片。泥质红陶，质地坚硬，火候均匀。器表打磨光滑，饰黑彩圆圈网格纹。内壁不平，有抹痕。高 3、宽 3.2、胎厚 0.5 厘米（一四五，5）。

LH1:P6　壶口沿。泥质红陶，质地坚硬，火候均匀。敞口，平沿，圆唇，高领。素面。口径 9.6、高 3.7、胎厚 0.5 厘米（一四五，6）。

LB:P7　高领罐口沿。泥质橙黄陶，质地坚硬，火候均匀。侈口，尖唇，高领微束。素面，器表打磨光滑。口径 14、高 6.2、胎厚 0.5 厘米（一四五，7；彩版六九，4）。

LB:P8　折肩罐肩腹部。泥质橙黄陶，质地坚硬，火候均匀。折肩，鼓腹，下腹弧收，肩腹间有明显折棱。肩部素面，打磨光滑，腹部饰竖篮纹。内壁不平，有指窝痕和交错抹痕。高 4.6、宽 5.7、胎厚 0.5~0.9 厘米（一四五，8）。

LB:1　陶刀。夹细砂灰陶片磨制，残存部分平面呈不规则形。刀刃由胎壁向外磨制，直刃。长 3.4、宽 5、厚 0.5 厘米（一四五，9）。

LB:P9　折肩罐肩腹部。泥质橙黄陶，质地坚硬，火候均匀。折肩，鼓腹，肩腹间折棱不明显。肩部素面，打磨光滑，腹部饰竖篮纹。内壁不平，有指窝痕和交错抹痕。高 5、宽 5.5、胎厚 0.3~0.5 厘米（一四五，10）。

LB:P10　彩陶片。泥质橙黄陶，质地坚硬，火候均匀。器表打磨光滑，饰黑彩圆圈网格纹和弧边三角纹，三角纹中部填黑彩圆点。内壁不平，有泥条盘筑痕和抹痕。高 7、宽 10、胎厚 0.5 厘米（一四五，11；彩版六九，5）。

LH1:P11　瓶腹部。泥质橙黄陶，质地坚硬，火候均匀。斜弧腹。器表饰细密绳纹。内壁不平，有凹槽、指窝痕和抹痕。高 14.5、宽 9.3、胎厚 0.5 厘米（一四五，12）。

LH1:1　陶环。泥质灰陶，质地坚硬，火候均匀。残存约三分之一。平面圆形，断面呈弧边三角形。通体打磨光滑。直径 8、宽 1.2、厚 0.8 厘米（一四五，13；彩版六九，6）。

LH1:2　陶环。泥质灰陶。质地坚硬，火候均匀。残存约二分之一。平面圆形，断面呈圆角方形。通体打磨光滑。直径 5.6、宽 0.5、厚 0.7 厘米（一四五，14；彩版七〇，1）。

根据采集标本器形特征和纹饰，与宁夏南部和甘肃中东部陇西黄土高原同时期典型器物比较判断，遗址文化性质为仰韶文化晚期、齐家文化，部分遗存可能晚到马家窑文化时期。在剖面 1、H1 ②层分别挑选粟测年，剖面 1 测年结果经校正为 5290—4980 BP（2Sigma，95.4%），H1 ②测年结果经校正为 5280—4879 BP（2Sigma，95.4%），年代拟合结果为 5300—4900 BP（图一四六）。灰坑和剖面大多为泥质橙黄陶和夹砂红陶，采集侈口罐、深腹罐、瓶、壶、钵，部分饰绳纹，为典型仰韶晚期遗存，证实测年结果与遗址的文化性质一致。地表采集到的齐家文化泥质橙黄陶片大多饰篮纹，与米峡、凤咀梁遗址陶片形制和纹饰一致，结合米峡遗址测年结果判断，齐家文化时期遗存年代在 4200—4000 BP。

老人沟遗址剖面 1、H1 采集浮选土样 2 份，共计 26 升。经鉴定共出土 8 个种属 1060 粒炭化植

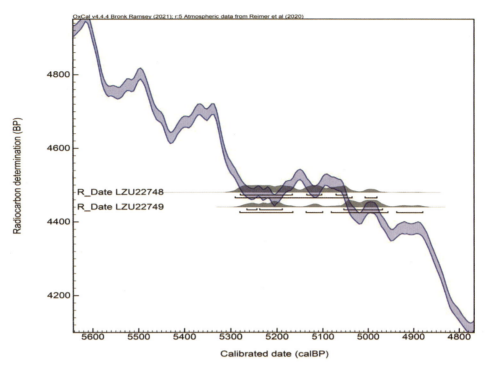

图一四六　老人沟遗址不同遗迹单位出土粟年代校正曲线

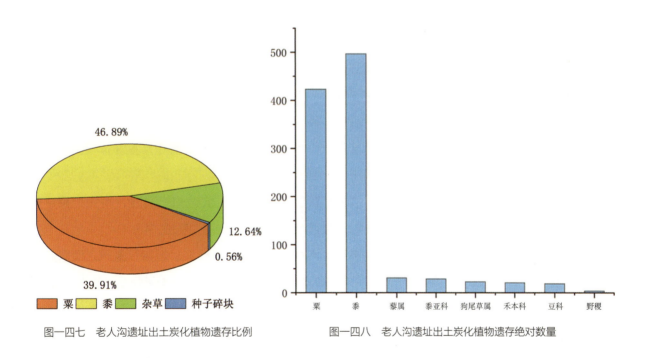

图一四七　老人沟遗址出土炭化植物遗存比例　　　图一四八　老人沟遗址出土炭化植物遗存绝对数量

物种子，其中农作物 920 粒，占出土炭化植物遗存的 86.79%，包括无壳粟、带壳粟、无壳黍及粟黍碎块；杂草种子 134 粒，占出土炭化植物遗存的 12.64%，以禾本科杂草为主，包括黍亚科、狗尾草属、禾本科、野稷，还有藜属、豆科和未知炭化种子；另有种子碎块 6 粒，占出土炭化植物遗存的 0.57%（图一四七，图一四八）。结合剖面、灰坑文化性质和测年结果判断，出土植物遗存为仰韶晚期遗存。

（二）风咀梁遗址

风咀梁遗址位于会宁县侯家川镇侯家川村东山风咀梁。东侧为三岔路口，北侧山坡下是古道村石沟湾社，南侧坡腰为油坊湾。遗址主要分布于风咀梁东坡，坐标：N35°29′59″，E105°14′10″，海拔2200米。遗址分布范围东西约400米，南北约200米，面积约8万平方米（彩版七〇，3）。该遗址为会宁县第五批县级文物保护单位。本次调查对遗址所在山梁进行了全面踏查。山梁北侧、东侧已全部开垦为梯田，西侧、南侧地势较陡的山腰种植树木。山梁顶部面积较小，地势平坦，发现早期盗坑三处，未发现陶片等遗物。东坡半山腰有一扰坑，编号K1。

K1盗扰破坏严重，坑壁堆积可分为上下2层。①层为扰土，土质疏松，黄色，厚1.4米，包含大量植物根系。②层为文化层堆积，土质致密，灰色，厚约0.4米，未到底，包含有较多炭屑和少量陶片、人骨。坑边扰土中包含大量陶片和少量兽骨、人骨。陶片以夹砂红陶、红褐陶为主，夹砂橙黄陶次之，少量泥质橙黄陶、灰陶和夹砂灰陶。以素面为主，篮纹、篦点纹次之，少量绳纹。采集标本可辨器形有高领罐、侈口罐、折肩罐、尊等。

FB:P1　双耳罐口沿。夹细砂红褐陶，质地坚硬，火候均匀。侈口，圆唇，束颈，溜肩。口肩部有桥形耳，耳略低于口沿。颈部素面，肩部饰篦点纹，耳面饰戳印纹。内壁不平，较粗糙，局部有指窝痕。高10.7、宽11.5、胎厚0.5~0.6厘米（图一四九，1）。

FB:P2　双耳罐口沿。夹细砂红褐陶，可见石英等羼和料，烧结度不高，质地疏松。侈口，圆唇，束颈，圆肩。口腹间有桥形耳，耳略低于口沿。肩部、耳面饰篦点纹。内壁不平，有指窝痕和抹痕。器表有烟炱。高9、宽7、胎厚0.6~0.7厘米（图一四九，2）。

FB:P3　折肩罐肩腹部。泥质橙黄陶，质地坚硬，火候均匀。折肩，鼓腹，下腹弧收，肩腹间有明显折棱。肩部素面，打磨光滑，腹部饰竖篮纹。内壁不平，较粗糙，有指窝痕和抹痕。高8.6、宽10.3、胎厚0.6厘米（图一四九，3）。

FB:P4　高领罐口沿。夹细砂橙黄陶，质地坚硬，火候均匀。大敞口，圆唇，高领微束，圆肩。素面，器表打磨光滑。口径18.3、高14.2、胎厚0.4~1.1厘米（图一四九，4）。

FB:P5　侈口罐口沿。夹细砂橙黄陶，烧结度不高，质地疏松。侈口，圆唇，束颈，溜肩。肩部饰篦点纹，领下部粘贴小泥饼。内壁不平，有横向抹痕。器表有烟炱。口径17.4、高8.9、胎厚0.4~0.6厘米（图一四九，5）。

FB:P6　鬲足。夹细砂红褐陶，烧结度不高，质地疏松。锥柱状实足根，素面。器表有烟炱。残高6.7、足跟高3、胎厚0.5厘米（图一四九，6）。

FB:P7　器底。夹细砂红陶，质地坚硬，火候均匀。斜直腹，平底。腹部饰斜篮纹。内壁不平，有指窝痕和抹痕。残高13.5、底径14.8、胎厚0.5、底厚0.4~1.3厘米（图一四九，7）。

FB:P8　器底。夹细砂红褐陶，烧结度不高，质地疏松。斜弧腹，平底。腹部饰篦点纹。内壁不平，有指窝痕和交错抹痕。器表有烟炱。残高5.6、胎厚0.7~1、底厚0.7厘米（图一四九，8）。

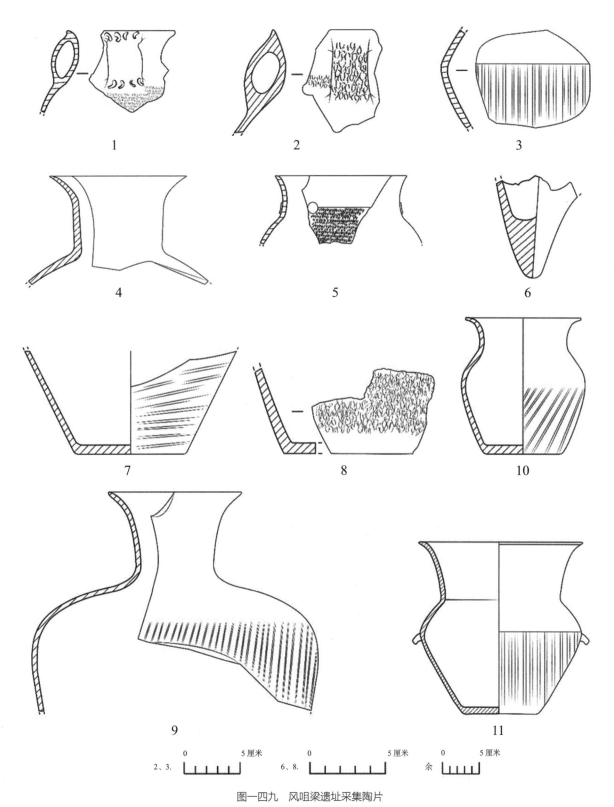

图一四九 风咀梁遗址采集陶片

1、2.双耳罐口沿（FB：P1、FB：P2），3.折肩罐肩腹部（FB：P3），4、9.高领罐口沿（FB：P4、FB：P9），5.侈口罐口沿（FB：P5），6.鬲足（FB：P6），7、8.器底（FB：P7、FB：P8），10.侈口罐（FK1：1），11.尊（FK1：2）

FB:P9　高领罐口沿。夹细砂灰陶，质地坚硬，火候均匀。大敞口，圆唇，高领微束，圆肩，鼓腹，下腹斜收。最大腹径偏上。领肩部素面，打磨光滑。腹部饰斜篮纹。内壁不平，有指窝痕和抹痕。口径 18、最大腹径 39、高 28.7、胎厚 0.6~0.7 厘米（图一四九，9）。

K1 采集少量陶片，有泥质橙黄陶、红陶。以篮纹为主，少量素面。采集标本可辨器形有尊、侈口罐等。

FK1:1　侈口罐。泥质橙黄陶，质地坚硬，火候均匀。敞口，圆唇，束颈，溜肩，鼓腹，下腹弧收，平底。最大腹径位于上腹。颈肩部素面，打磨光滑。下腹饰斜篮纹。口径 15.4、最大腹径 16.3、底径 10.2、高 17.9、胎厚 0.6 厘米，底厚 1.2 厘米（图一四九，10；彩版七〇，2）。

FK1:2　尊。泥质红陶，质地坚硬，火候均匀。大敞口，平沿，圆唇，高领微束，溜肩，鼓腹，下腹内收，平底。腹部有双錾。领肩部素面，未打磨。腹部饰竖篮纹。口径 22.5、最大腹径 22、底径 9.8、高 22.4、胎厚 0.5~0.8 厘米（图一四九，11；彩版七一，1）。

根据采集标本器形特征和纹饰，与宁夏南部和甘肃东部同时期典型器物比较判断，遗址文化性质为齐家文化，部分器物可能与菜园类型有关。在 K1 坑壁②层挑选粟 10 粒测年，测年结果经校正为 4150—3986 BP（2Sigma，95.4%），年代拟合结果为 4200—4000 BP（图一五〇）。K1 及地表采集夹砂橙黄陶、红陶或泥质橙黄陶高领罐、侈口罐、折肩罐、尊，以篮纹为主，篦点纹次之，少量绳纹，为典型齐家文化遗存，证实测年结果与遗址的文化性质一致。部分陶片饰横篮纹，可能早到菜园类型时期，年代早于 4200 BP。

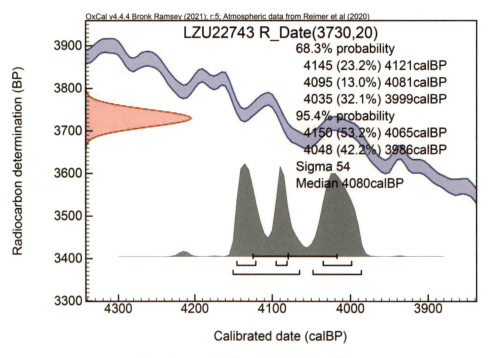

图一五〇　风咀梁遗址 H1 出土粟年代校正曲线

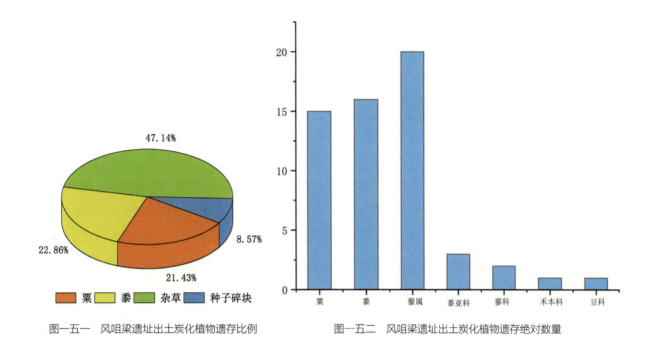

图一五一　风咀梁遗址出土炭化植物遗存比例　　　　图一五二　风咀梁遗址出土炭化植物遗存绝对数量

　　风咀梁遗址 K1 坑壁文化层采集浮选土样 1 份，共计 15 升。经鉴定共出土 7 个种属 70 粒炭化植物种子，其中农作物 31 粒，占出土炭化植物遗存的 44.29%，包括无壳粟、带壳粟、无壳黍；杂草种子 33 粒，占出土炭化植物遗存的 47.14%，主要有黍亚科、禾本科、藜属、豆科、蓼科和未知炭化种子；另有种子碎块 6 粒，占出土炭化植物遗存的 8.57%（图一五一，图一五二）。结合 K1 文化性质和测年结果，出土植物遗存为齐家文化遗存。

　　（三）沈家岘遗址

　　沈家岘遗址位于会宁县丁家沟镇沈家岘村沈家岘社。遗址分布于沈家岘社西侧呈南北走向的山梁顶部和东侧坡地上，坐标：N35°30′50″，E104°59′4″，海拔 2172 米。遗址分布范围东西约 250 米，南北约 400 米，面积近 10 万平方米（彩版七一，3）。该遗址为会宁县第二批县级文物保护单位。本次调查对遗址所在区域进行了全面踏查。区内坡地大部分被开垦为梯田，少量荒坡，地表散落有较多陶片。

　　地表采集陶片以泥质橙黄陶为主，夹砂橙黄陶和红褐陶次之，少量泥质、夹砂红陶。以素面为主，部分饰篮纹、篦点纹，少量饰绳纹、刻划纹。采集标本可辨器形有壶、高领罐、侈口罐、折肩罐等。

　　SB:P1　壶口沿。夹细砂橙黄陶，质地坚硬，火候均匀。大敞口，尖唇，高领。素面，器表磨光。内壁不平，有泥条盘筑痕、抹痕和指窝痕。口径 20.7、高 10.3、胎厚 0.7 厘米（图一五三，1）。

　　SB:P2　高领罐口沿。夹细砂红陶，质地坚硬，火候均匀。侈口，圆唇，高领微束。素面。内外壁不平，内壁有指窝痕和抹痕。口径 18.4、高 6.3、胎厚 0.5 厘米（图一五三，2）。

　　SB:P3　侈口罐口沿。夹粗砂红褐陶，质地坚硬，火候不均，陶胎有红色、灰色分层。侈口，圆唇，束颈，溜肩。口沿外饰花边形附加堆纹一周，颈部饰附加堆纹一周。内壁不平，有抹痕。口径 16.8、高 4.8、胎厚 0.7 厘米（图一五三，3，彩版七一，2）。

SB:P4 高领罐口沿。夹细砂红陶，质地坚硬，火候均匀。侈口，圆唇，高领微束。素面，内外壁不平，有指窝痕和抹痕。口径 11.8、高 6.3、胎厚 0.5 厘米（图一五三，4）。

SB:P5 器底。夹粗砂红褐陶，质地坚硬，火候均匀。斜弧腹，近底部内收，平底。腹部饰篦点纹。内壁不平，有指窝痕和抹痕。残高 6、底径 16、胎厚 0.6~1、底厚 0.8 厘米（图一五三，5）。

SB:P6 折肩罐腹部。泥质橙黄陶，质地坚硬，火候均匀。折肩，鼓腹，下腹斜收，肩腹间有明显折棱。肩部素面，打磨光滑。腹部饰竖篮纹。内壁不平，有指窝痕和抹痕。高 6.9、宽 8.7、胎厚 0.5 厘米（图一五三，6）。

SB:P7 绳纹陶片。夹砂红陶，烧结度不高，质地疏松。器表饰绳纹和附加堆纹三道。内壁不平，有泥条盘筑痕和抹痕。高 7.5、宽 8.4、胎厚 0.6 厘米（图一五三，7；彩版七二，1）。

SB:P8 器底。夹细砂红陶，质地坚硬，火候不均，陶胎有红、灰色分层。斜弧腹，平底。腹部饰横篮纹。内壁不平，有泥条盘筑痕和交错抹痕。残高 6.1、胎厚 0.4~0.8 厘米（图一五三，8）。

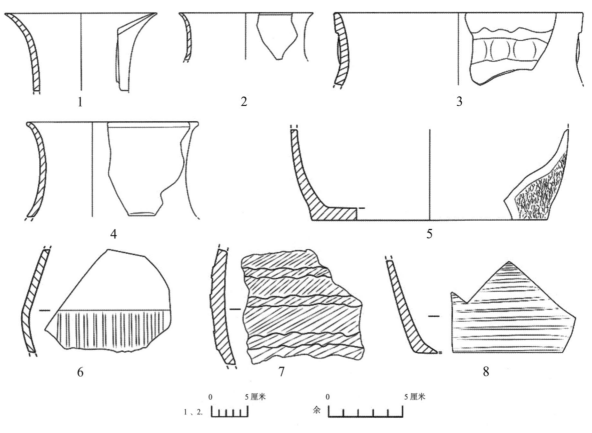

图一五三　沈家圸遗址采集陶片

1.壶口沿（SB:P1），2、4.高领罐口沿（SB:P2、SB:P4），3.侈口罐口沿（SB:P3），5、8.器底（SB:P5、SB:P8），6.折肩罐腹部（SB:P6），7.绳纹陶片（SB:P7）

根据采集标本器形特征和纹饰，与宁夏南部和甘肃东部同时代典型器物比较判断，遗址文化性质为齐家文化，其中部分绳纹及附加堆纹陶片可能早到仰韶文化晚期。采集齐家文化时期陶片与风咀梁和米峡遗址齐家陶片形制和纹饰一致，结合风咀梁遗址的测年结果判断，该遗址齐家文化时期遗存年代为 4200—4000 BP。采集到少量的夹砂红陶绳纹陶片，饰多道附加堆纹，为典型仰韶晚期遗存，结合老人沟和石石湾遗址测年结果判断，该遗址仰韶时期遗存年代为 5300—4900 BP。

（四）石石湾遗址

石石湾遗址位于会宁县中川镇梁家堡村东约 500 米处，西侧紧邻 X329 县道，南侧为梁堡小学。遗址分布于山梁包围的山前坡地，坡度较缓，东高西低。坐标：N35°35′25″，E105°5′14″，海拔 1778 米。遗址分布范围东西约 200 米，南北约 1000 米，面积近 20 万平方米（彩版七二，3）。2011 年，该遗址被甘肃省人民政府公布为第七批省级文物保护单位。本次调查对遗址所在坡地进行了全面踏查。坡地大部分被整修为梯田，分布有现代墓葬，北川渠从遗址中部南北向穿过，地表散落少量陶片。在整修梯田形成的人工断面上发现灰坑 2 座，编号 H1、H2。另外，水渠东侧断面上发现多处灰坑和少量白灰面房址，均破坏严重。

H1 为人工断面，位于遗址中部的水渠东侧。开口距地表约 1.7 米，长约 2.3 米，厚约 0.8 米，呈锅状堆积，分为上下 2 层。①层为文化层，土质致密，黄色，厚约 0.3 米，包含少量炭屑、陶片、动物骨骼和红烧土块；②层为文化层，土质疏松，黄褐色，厚约 0.5 米，包含有少量陶片、动物骨骼和炭屑等。陶片均为泥质橙黄陶，素面，无可辨器形。①、②层分别采集土样各一份（彩版七二，2）。

H2 为人工断面，位于水渠西侧。开口距地表约 0.75 米，长约 2.8 米，厚约 0.62 米，呈锅状堆积，未到底。土质疏松，灰褐色，包含有少量陶片、炭屑。以泥质橙黄陶为主，个别泥质灰陶。以绳纹为主，少量素面。无可辨器形。H2 采集土样一份（彩版七三，1）。

地表采集陶片以泥质橙黄陶为主，少量夹砂橙黄陶、红陶和泥质红陶。以彩陶为主，部分饰附加堆纹、绳纹和刻划纹。采集标本可辨器形有罐。

SB:P1　彩陶片。泥质橙黄陶，质地坚硬，火候均匀。器表打磨光滑，饰黑彩宽弧带纹两周，外侧弧带内缘带锯齿，中间夹红彩弧带纹一周。内壁不平，有指窝痕和抹痕。高 4.6、宽 6.8、胎厚 0.5~0.6 厘米（图一五四，1）。

SB:P2　彩陶片。泥质橙黄陶，质地坚硬，火候均匀。器表打磨光滑，饰黑彩宽带纹两周，一周内缘带锯齿，宽带上接黑彩网格纹和圆点纹。内壁不平，有泥条盘筑痕和抹痕。高 4.8、宽 4.1、胎厚 0.6 厘米（图一五四，2）。

SB:P3　篮纹陶片。泥质红陶，质地坚硬，火候不均，陶胎有灰色夹芯。器表饰斜篮纹。内壁不平，有指窝痕和抹痕。高 6.6、宽 7.1、胎厚 0.4~0.5 厘米（图一五四，3）。

SB:P4　罐口沿。泥质橙黄陶，质地坚硬，火候均匀。敞口，圆唇，矮领。器表饰黑彩宽带纹一周，红彩窄条带纹一周。内壁饰黑彩宽带纹一周，下接黑彩弧带纹，黑彩脱落严重。口径 15、

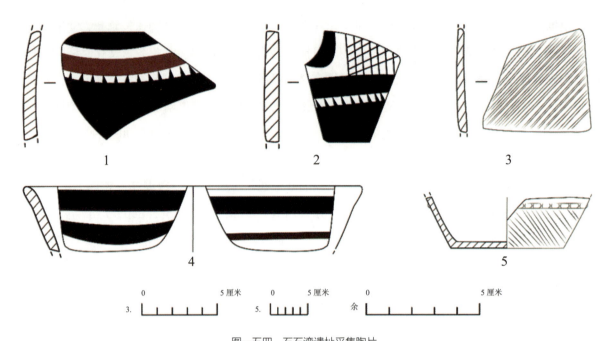

图一五四　石石湾遗址采集陶片

1、2.彩陶片（SB:P1、SB:P2），3.篮纹陶片（SB:P3），4.罐口沿（SB:P4），5.器底（SB:P5）

高 2.8、胎厚 0.4 厘米（图一五四，4）。

　　SB:P5　器底。夹细砂橙黄陶，可见石英等羼和料。斜弧腹，平底。腹部饰斜篮纹和附加堆纹一周。残高 6.4、底径 15、胎厚 0.6~0.8、底厚 0.8 厘米（图一五四，5）。

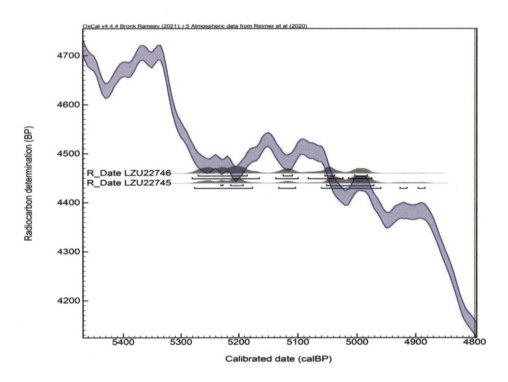

图一五五　石石湾遗址不同遗迹单位出土粟年代校正曲线

根据本次采集标本器形特征和纹饰，与宁夏南部和兰州附近同时代典型器物比较判断，遗址文化性质为半山类型和齐家文化。另外，《中国文物地图集（甘肃分册）》记载，该遗址曾采集到马家窑类型遗物。第三次全国文物普查不可移动文物登记表中，附有采集自该遗址的部分陶片照片，可见仰韶文化晚期的绳纹和多道附加堆纹陶片，马家窑类型的细颈瓶口沿、黑彩圆点纹彩陶片。据此判断，该遗址还包含有仰韶文化晚期和马家窑类型遗存。在 H1 ②层和 H2 分别挑选粟测年，H1 ②测年结果经校正为 5277—4885 BP（2Sigma，95.4%），H2 测年结果经校正为 5277—4885 BP（2Sigma，95.4%），年代拟合结果为 5300—4900 BP（图一五五）。灰坑陶片大多为泥质橙黄陶，大多素面，少量饰绳纹，为典型仰韶晚期遗存，证实测年结果与遗址的文化性质一致。地表采集到部分齐家文化泥质橙黄和夹砂橙黄陶片，大多饰篮纹，与米峡、风咀梁遗址陶片形制和纹饰一致，结合米峡和风咀梁遗址测年结果判断，该遗址齐家文化时期遗存年代为 4200—4000 BP。

石石湾遗址 H1、H2 采集浮选土样 3 份，共计 32 升。经鉴定共出土 7 个种属 63 粒炭化植物种子，其中农作物 47 粒，占出土炭化植物遗存的 74.61%，包括无壳粟、带壳粟、无壳黍；杂草种子 9 粒，占出土炭化植物遗存的 14.29%，其中以藜科杂草为主，包括藜属和地肤属，其次为禾本科杂草，包括狗尾草属、黍亚科，还有豆科和未知炭化种子；另有种子碎块 7 粒，占出土炭化植物遗存的 11.1%（图一五六，图一五七）。结合灰坑的文化性质和测年结果判断，出土植物遗存为仰韶晚期遗存。

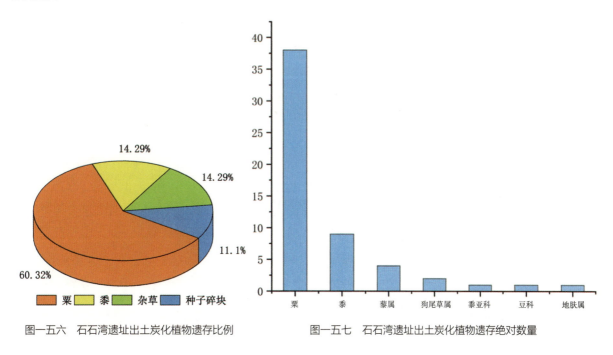

图一五六　石石湾遗址出土炭化植物遗存比例　　　　图一五七　石石湾遗址出土炭化植物遗存绝对数量

（五）河沟遗址

河沟遗址位于会宁县丁家沟镇漫湾村河沟社。遗址北、东、南三面环山，西面临河，东面山梁地势较高，X076 县道从其顶部穿过。遗址分布于三山环绕形成的 U 形区域内，坐标:N35°30′0″，E104°56′41″，海拔 2295 米。遗址分布范围东西约 500 米，南北约 600 米，面积 30 万平方米（彩版七三，3）。本次调查对遗址所在区域进行了全面踏查。区内山坡大部分被整修为梯田，地表散见少量陶片。

地表采集陶片以夹砂橙黄陶为主，泥质橙黄陶、红陶次之，少量夹砂红陶和红褐陶。纹饰以篮纹、箆点纹为主，少量素面。采集标本可辨器形有高领罐、侈口罐。

HB:P1　高领罐口沿。夹细砂红陶，质地坚硬，火候均匀。大敞口，方唇，高领。素面，器表有竖向刮抹痕。内壁不平，有抹痕和刻划痕。口径 18、高 6.7、胎厚 0.6 厘米（图一五八，1）。

HB:P2　侈口罐颈肩部。夹细砂红褐陶，烧结度不高，质地疏松。束颈，溜肩。颈部素面，肩部饰箆点纹。内壁不平，有抹痕和刻划痕。器表有烟炱。高 8.3、宽 9.9、胎厚 0.4~0.6 厘米（图一五八，2）。

HB:P3　高领罐口沿。泥质红陶，质地坚硬，火候均匀。高领微束，圆肩。素面，器表打磨光滑。内壁不平，有泥条盘筑痕和指窝痕。高 9.3、宽 11、胎厚 0.5~0.6 厘米（图一五八，3）。

HB:P4　篮纹陶片。夹细砂红陶，质地坚硬，火候均匀。器表饰竖篮纹。内壁不平，有指窝痕和刮抹痕。高 14、宽 10.5、胎厚 0.5~0.7 厘米（图一五八，4）。

HB:P5　器底。夹细砂橙黄陶，质地坚硬，火候均匀。斜直腹，平底。腹部饰斜篮纹。残高 6.6、底径 12.4、胎厚 0.6、底厚 0.7 厘米（图一五八，5）。

根据采集标本器形特征和纹饰，与宁夏南部和甘肃东部同时代典型器物比较判断，遗址文化性质为齐家文化。地表采集到部分泥质橙黄陶和夹砂橙黄陶陶片，大多饰篮纹，与米峡、风咀梁遗址陶片的形制和纹饰一致，结合米峡遗址测年结果判断，该遗址齐家文化时期遗存年代为 4200—4000 BP。

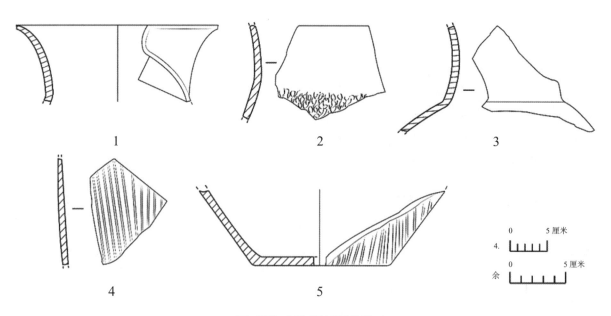

图一五八　河沟遗址采集陶片

1、3.高领罐口沿（HB:P1、HB:P3），2.侈口罐颈肩部（HB:P2），4.篮纹陶片（HB:P4），5.器底（HB:P5）

（六）米峡遗址

米峡遗址位于会宁县中川镇上中川村米家峡社西南约 500 处，南侧紧邻米峡水库。遗址分布于米家峡东西两侧山坡上，坐标：N35°27′55″，E105°4′18″，海拔 2011 米。东侧分布范围东西约 300米，南北约 400 米，西侧分布范围东西约 300 米，南北约 600 米，面积约 30 万平方米（彩版七四，1）。本次调查对遗址所在山坡进行了全面踏查。区内坡地较平缓，大部分被修整为梯田。地表散见少量陶片，在西侧梯田断面上发现灰坑 1 座，编号 H1。

H1 为人工断面，位于遗址西侧梯田断面上。开口距地表约 1.8 米，灰坑剖面呈袋状，口长2.3、底长 3.1 米，深约 1.1 米。土质疏松，灰色，包含大量碳化植物种子和少量陶片。陶片以泥质橙黄陶为主，少量泥质红陶、灰陶和夹砂红褐陶。以素面为主，少量饰篮纹、篦点纹和压印网格纹。采集标本较小，无可辨器形。H1 采集土样一份（彩版七三，2）。

地表采集陶片以泥质橙黄陶为主，少量夹砂橙黄陶、红褐陶、灰陶。以素面为主，少量饰绳纹、篮纹、附加堆纹和篦点纹。采集标本可辨器形有壶。

MB∶P1　壶口沿。夹篦砂灰陶，可见石英等羼和料，质地坚硬，火候均匀。侈口，圆唇，束颈。素面，内外壁不平，内壁有指窝痕和抹痕。口径 9.8、高 4、胎厚 0.4 厘米（图一五九，1）。

MB∶P2　篮纹陶片。泥质橙黄陶，质地坚硬，火候均匀。器表饰横篮纹。内壁不平，有抹痕。高 4.3、宽 2.7、胎厚 0.4 厘米（图一五九，2）。

MH1∶P3　篮纹陶片。泥质灰陶，质地坚硬，火候均匀，陶胎局部剥落。器表饰竖篮纹，内壁

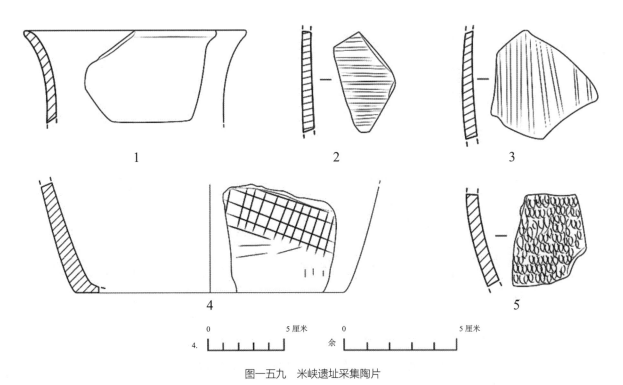

图一五九　米峡遗址采集陶片

1.壶口沿（MB∶P1），2、3.篮纹陶片（MB∶P2、MH1∶P3），4.器底（MH1∶P4），5.篦点纹陶片（MH1∶P5）

不平。高 4.7、宽 4.7、胎厚 0.4~0.5 厘米（图一五九，3）。

MH1:P4　器底。夹砂红褐陶，质地坚硬，火候均匀。斜弧腹，平底。腹部饰压印网格纹。内壁不平，有指窝痕和抹痕。残高 7.2、底径 17.5、胎厚 0.7~1、底厚 0.5 厘米（图一五九，4）。

MH1:P5　篦点纹陶片。夹砂红褐陶，可见石英等羼和料，烧结度不高，质地疏松。器表饰篦点纹。高 4、宽 3.3、胎厚 0.6 厘米（图一五九，5）。

根据本次采集标本器形特征和纹饰，与宁夏南部和甘肃东部同时代典型器物比较判断，遗址文化性质为齐家文化。第三次全国文物普查不可移动文物登记表中，附有采集自该遗址的部分陶片照片，可见仰韶文化晚期的附加堆纹和绳纹陶片，马家窑类型的黑彩水波纹、黑彩勾形纹彩陶片。据此判断，该遗址还包含有仰韶文化晚期和马家窑类型遗存。在 H1 挑选粟两份测年，H1 测年结果经校正分别为 4148—3929 BP 和 4153—3976（2Sigma，95.4%），年代拟合结果为 4200—4000 BP（图一六〇）。灰坑采集到泥质红陶、灰陶和夹砂红褐陶，少量饰篮纹、篦点纹，为典型齐家文化遗存，证实测年结果与遗址的文化性质一致。该遗址在"三普"采集到部分仰韶晚期和马家窑类型时期陶片，结合石石湾和老人沟遗址测年结果判断，该遗址仰韶晚期和马家窑类型遗存年代为 5300—4900 BP。

米峡遗址 H1 采集浮选土样 1 份，共计 20 升。经鉴定共出土 5 个种属 737 粒炭化植物种子，其中农作物种子 656 粒，占出土炭化植物遗存的 89.01%，包括无壳粟、带壳粟、无壳黍及粟黍碎块；杂草种子 56 粒，占出土炭化植物遗存的 7.6%，以禾本科杂草为主，包括黍亚科、野稷，

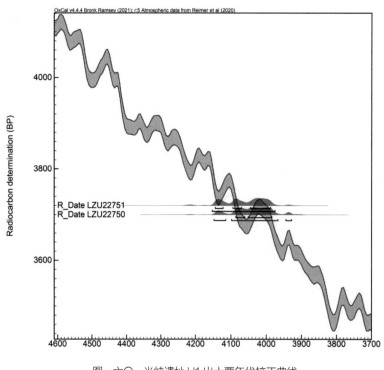

图一六〇　米峡遗址 H1 出土粟年代校正曲线

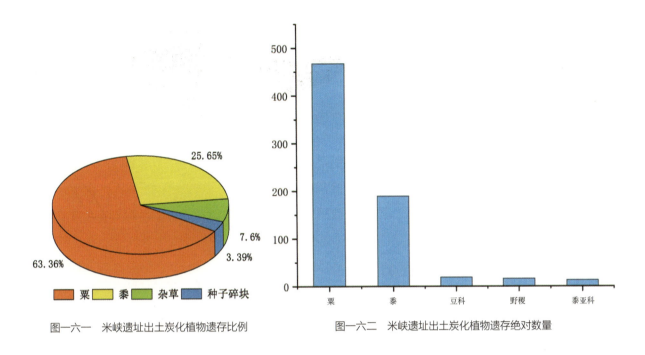

图一六一　米峡遗址出土炭化植物遗存比例　　　图一六二　米峡遗址出土炭化植物遗存绝对数量

还有豆科和未知炭化种子；另有种子碎块25粒，占出土炭化植物遗存的3.39%（图一六一，图一六二）。结合H1文化性质和测年结果判断，出土植物遗存为齐家文化时期遗存。

（七）牛门洞遗址

牛门洞遗址位于会宁县头寨子镇牛门洞村，东南距会宁县城直线距离约40千米。该处为铁木山向南延伸的黄土梁，梁顶坡度较缓，周围沟壑纵横，垂直落差大。遗址分布在以牛门洞村为中心，北至花岔阳屲北侧深沟，南至大泉湾北沟，东起大地梁东沟，西至仁家湾东沟的山梁及坡地上。中心坐标:N35°56′24″，E104°45′03″，海拔2270米。遗址分布范围东西约3000米，南北约3300米，其中遗存密集区约10万平方米（彩版七四，2）。2006年，该遗址被国务院公布为第六批全国重点文物保护单位。本次调查对遗址区进行了全面踏查。区内地势平缓的梁顶、山坡大部分被修整为梯田，其间有村道、民宅分布，地表散见少量陶片。

地表采集陶片以泥质橙黄陶为主，少量泥质红陶和夹砂红褐陶。饰绳纹、附加堆纹、篮纹，部分彩陶。采集标本可辨器形有深腹罐、壶、钵等。

NB:P1　深腹罐口沿。夹粗砂红褐陶，可见石英等羼和料，烧结度不高，质地疏松。侈口，方唇，筒状腹微鼓。器表较粗糙，饰绳纹和附加堆纹。内壁不平，有泥条盘筑痕和抹痕。器表有烟炱。口径26.4、高8、胎厚1~1.5厘米（图一六三，1）。

NB:P2　彩陶片。泥质红陶，质地坚硬，火候均匀。器表打磨光滑，饰黑彩弧带纹和弧边三角纹。内壁不平，有指窝痕和抹痕。高4.7、宽6.1、胎厚0.5~0.6厘米（图一六三，2；彩版七五，1）。

NB:P3　壶口沿。泥质橙黄陶，质地坚硬，火候均匀。侈口，折沿，圆唇，直领。器表打磨光滑。口沿外饰红彩窄条带纹一周，下接边缘呈锋利锯齿的黑彩宽带纹一周，宽带下饰黑彩细线网格纹。口沿内饰黑彩锯齿纹一周，下接红彩窄条带纹和交错黑彩弧带纹。高5.7、宽5.3、胎厚

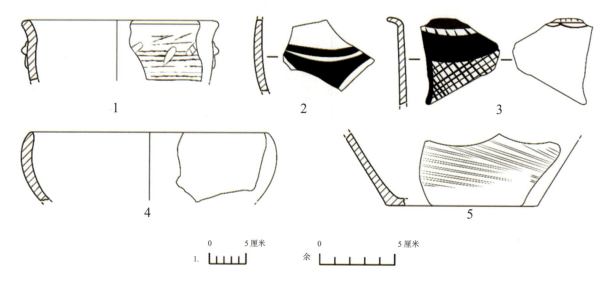

图一六三　牛门洞遗址采集陶片

1. 深腹罐口沿（NB:P1），2. 彩陶片（NB:P2），3. 壶口沿（NB:P3），4. 钵口沿（NB:P4），5. 器底（NB:P5）

0.4~0.5 厘米（图一六三，3；彩版七五，2）。

NB:P4　钵口沿。泥质橙黄陶，质地坚硬，火候均匀。敛口，圆唇，圆弧腹。素面，器表打磨光滑。内壁不平，有横向抹痕。口径 16、高 4.5、胎厚 0.6~0.7 厘米（图一六三，4）。

NB:P5　器底。泥质橙黄陶，质地坚硬，火候均匀。斜直腹，平底。腹部饰横篮纹，近底部抹光。内壁不平，有泥条盘筑痕和抹痕。残高 4.8、底径 10.4、胎厚 0.5~0.8、底厚 0.5 厘米（图一六三，5；彩版七六，1）。

根据采集标本器形特征和纹饰，与宁夏南部和甘肃中东部陇西黄土高原同时代典型器物比较判断，遗址文化性质为仰韶文化晚期、马家窑类型、半山类型和齐家文化。该遗址采集到部分仰韶晚期和马家窑类型时期陶片，与老人沟遗址采集陶片的形制和纹饰一致，结合石石湾和老人沟遗址测年结果判断，该遗址仰韶晚期和马家窑类型时期遗存年代为 5300—4900 BP。地表采集到部分泥质橙黄陶陶片，饰篮纹，为典型齐家文化时期遗存，与米峡、风咀梁遗址陶片形制和纹饰一致，结合米峡遗址测年结果判断，该遗址齐家文化时期遗存年代为 4200—4000 BP。

（八）二阴湾遗址

二阴湾遗址位于会宁县太平店镇贾家铺村二阴湾社东山咀一处南北向山梁上。西距二阴湾社600 米，南侧坡下为 312 国道。遗址位于山梁西坡近顶部，坐标:N35°41′32″，E105°25′07″，海拔2021 米。遗址分布范围东西约 50 米，南北约 100 米，面积 5000 平方米（彩版七五，3）。1991 年，该遗址被会宁县人民政府公布为县级文物保护单位。本次调查对遗址所在山梁进行了全面踏查。山梁及坡地全部被整修为梯田，部分已退耕还林。坡地近山顶处地表散落有较多陶片，周边发现多处盗坑。其中四处盗坑内发现人骨，编号 K1—K4，分别采集到少量人骨标本。

K1 平面为长方形，长约 1.6、宽约 0.7、深约 2 米。采集到指骨、股骨、盆骨等。

K2 平面为长方形，长约 1.7、宽约 0.9、深约 1.8 米。发现人头骨一个，采集箆点纹、附加堆纹泥质红陶陶片（彩版七六，2）。

K3 平面为长方形，长约 1.5、宽约 1、深约 1.5 米。发现盆骨，采集陶片两片。分别为夹砂橙黄陶、灰陶。橙黄陶器表有烟炱，饰箆点纹，灰陶饰绳纹（彩版七七，1）。

K4 平面近长方形，长约 1.2、宽约 1、深约 1.2 米。发现股骨、肋骨等，分属 2 个个体（彩版七七，2）。

从 K1—K4 坑内发现大量人骨判断，此处可能为墓地。

地表采集陶片以夹砂橙黄陶为主，少量夹砂红陶、红褐陶和灰陶。以绳纹为主，少量饰箆点纹和附加堆纹。采集标本可辨器形有双耳罐、侈口罐。

EB:P1　双耳罐口沿。夹粗砂橙黄陶，质地坚硬，火候均匀。侈口，圆唇，束颈，圆肩。口肩部有桥形耳，耳略低于口沿。器表、耳面饰绳纹。内壁不平，有指窝痕和抹痕。口径 10.4、高 7.2、胎厚 0.7 厘米（图一六四，1）。

EB:P2　侈口罐口沿。夹细砂橙黄陶，烧结度不高，质地疏松。侈口，圆唇，斜领，溜肩。领

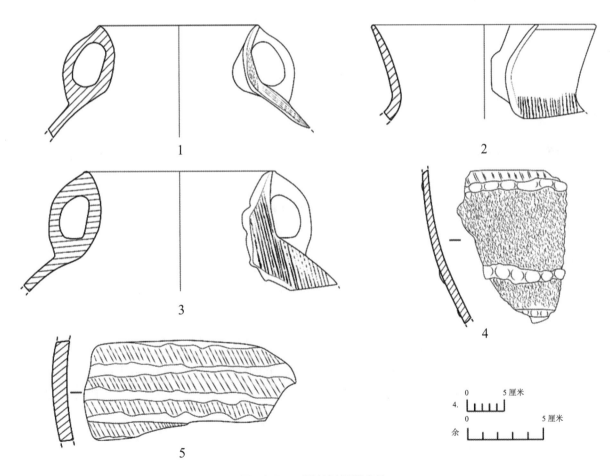

图一六四　二阴湾遗址采集陶片

1、3.双耳罐口沿（EB:P1、EB:P3），2.侈口罐口沿（EB:P2），4.箆点纹陶片（EB:P4），5.绳纹陶片（EB:P5）

部素面，有指窝痕和抹痕。肩部饰绳纹。内壁不平，有指窝痕和抹痕。口径14.6、高5.9、胎厚0.4~0.7厘米（图一六四，2）。

EB:P3　双耳罐口沿。夹粗砂灰陶，质地坚硬，火候均匀。侈口，圆唇，束颈，圆肩。口肩部有桥形耳，口耳平齐。器表较粗糙，饰绳纹。内壁不平，有指窝痕和抹痕。口径12.4、高7.6、胎厚0.9厘米。（图一六四，3）

EB:P4　篦点纹陶片。夹粗砂橙黄陶，质地坚硬，火候不均，陶胎有灰色夹芯。鼓腹，下腹弧收。上部饰斜篮纹，下部饰篦点纹和附加堆纹三周。内壁不平，有指窝痕和交错抹痕。高19.7、宽14.6、胎厚0.8~1厘米（图一六四，4）。

EB:P5　绳纹陶片。夹粗砂红褐陶，质地坚硬，火候均匀。器表饰平行附加堆纹四周，其上饰绳纹。内壁不平，有泥条盘筑痕和抹痕。高6.4、宽13.9、胎厚0.9厘米（图一六四，5）。

根据本次采集标本器形特征和纹饰判断，与宁夏南部和甘肃中东部陇西黄土高原同时代典型器物比较判断，遗址文化性质为仰韶文化晚期和齐家文化。该遗址采集到部分仰韶晚期夹砂红陶陶片，饰多道附加堆纹，与老人沟采集陶片形制和纹饰一致，结合石石湾和老人沟测年结果判断，该遗址仰韶晚期遗存年代为5300—4900 BP。采集到部分夹砂橙黄陶陶片，饰绳纹，为齐家文化时期遗存，结合米峡遗址测年结果判断，该遗址齐家文化时期遗存年代为4200—4000 BP。

（九）崖窑塬墓群

崖窑塬墓群位于会宁县土门岘镇土门岘村北山社崖窑塬所在山塬。南侧为苦水河，北侧为涧沟，东距崖窑塬约200米。墓群分布于塬面西缘，坐标：N36°10′45″，E105°11′07″，海拔1916米。墓群分布范围东西约200米，南北约200米，面积约4万平方米（彩版七六，3）。该遗址为会宁县第五批县级文物保护单位。本次调查对墓群所在山塬进行了全面踏查。区内大部分被开垦为农田，仅塬面边缘地带保留少量原始地貌，地表散落有少量陶片。

地表采集陶片以夹砂红褐陶为主，夹砂红陶、橙黄陶次之，少量泥质红陶、橙黄陶。以篮纹为主，个别彩陶。采集标本可辨器形有侈口罐、陶刀。

YB:P1　侈口罐口沿。夹细砂红陶，质地坚硬，火候均匀。侈口，圆唇，束颈，溜肩。口沿外有附加堆纹一周，器表通体饰绳纹。内壁不平，有抹痕。高4.2、宽6.6、胎厚0.4~0.5厘米（图一六五，1；彩版七七，3）。

YB:1　穿孔陶刀。夹粗砂橙黄陶片磨制，残存部分平面近长方形。刀刃由内壁向外磨制，弧刃，中部有一穿孔。器表残存斜篮纹。长7.3、宽4.2、厚0.6厘米（图一六五，2）。

YB:P2　彩陶片。泥质橙黄陶，质地坚硬，火候均匀。器表打磨光滑，饰红彩圆圈纹，圈内填黑彩菱格纹。内壁不平，有泥条盘筑痕和抹痕。高8.6、宽5.8、胎厚0.3厘米（图一六五，3；彩版七七，4）。

YB:P3　侈口罐口沿。夹细砂橙黄陶，可见石英等羼和料，烧结度不高，质地疏松，火候不均，陶胎有红色夹芯。束颈，颈上部饰附加堆纹一周，下接横篮纹。内壁不平，有凹窝。高5.7、

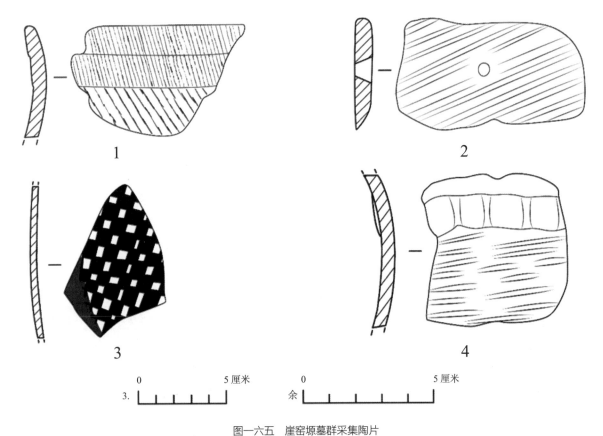

图一六五 崖窑塬墓群采集陶片

1、4.侈口罐口沿（YB:P1、YB:P3），2.穿孔陶刀（YB:1），3.彩陶片（YB:P2）

宽 5.6、胎厚 0.5 厘米（图一六五，4）。

根据采集标本器形特征和纹饰，与宁夏南部和兰州周边地区同时代文化遗存比较判断，遗址文化性质为半山类型和齐家文化。采集到部分夹砂橙黄陶和红陶陶片，饰绳纹或篮纹，口沿部饰附加堆纹，为典型齐家文化时期遗存。结合米峡遗址测年结果判断，该遗址齐家文化时期遗存年代为4200—4000 BP。

（一〇）张庄西山遗址

张庄西山遗址位于会宁县丁家沟乡郝家川村张庄社西侧山梁上。东北距和家堡子约 500 米，西南距张庄约 500 米。遗址分布于山梁东坡，坐标:N35°35′15″，E105°02′51″，海拔 1816 米。遗址分布范围东西约 100 米，南北约 500 米，面积约 5 万平方米（彩版七八，1）。该遗址为会宁县第五批县级文物保护单位。本次调查对遗址所在山坡进行了全面踏查。山坡上部较陡峭，中部以下坡度平缓，大部分被整修为梯田。地表散见少量陶片，断崖发现墓葬一座，编号 M1，灰坑一处，编号H1。

M1 位于遗址内小路旁的断崖上，暴露肢骨。

H1 位于 M1 以北，暴露于梯田断面上。开口距地表约 1.5 米，长约 0.9 米，堆积厚约 0.1 米，呈斜坡状堆积。土质疏松，灰褐色，包含较多草木灰和少量陶片。采集土样一份（彩版七七，5）。

地表采集陶片包括泥质红陶、橙黄陶和夹砂橙黄陶、灰陶，部分饰篮纹、篦点纹和绳纹。

ZB:P1　盆口沿。泥质橙黄陶，质地坚硬，火候均匀。敞口，圆唇，斜弧腹。腹部饰横篮纹。内壁不平，有指窝痕和抹痕。高 3.8、宽 4.4、胎厚 0.4~0.7 厘米（图一六六，1；彩版七七，6）。

ZB:P2　器底。夹细砂红褐陶，质地坚硬，火候不均。斜弧腹，平底。腹部饰绳纹。内壁不平，有交错抹痕。残高 3.8、底径 6.2、胎厚 0.4~0.5、底厚 0.4 厘米（图一六六，2）。

ZB:P3　器底。夹细砂橙黄陶，质地坚硬，火候不均。斜弧腹，平底。腹部饰篦点纹。内壁不平，有凹槽、指窝痕和抹痕。残高 5.8、底径 14.6、胎厚 0.7~1.2、底厚 1 厘米（图一六六，3）。

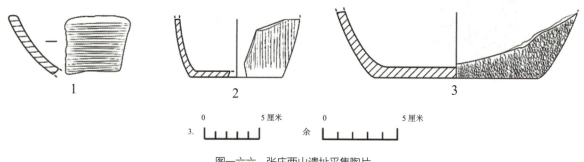

图一六六　张庄西山遗址采集陶片

1. 盆口沿（ZB:P1），2、3. 器底（ZB:P2、ZB:P3）

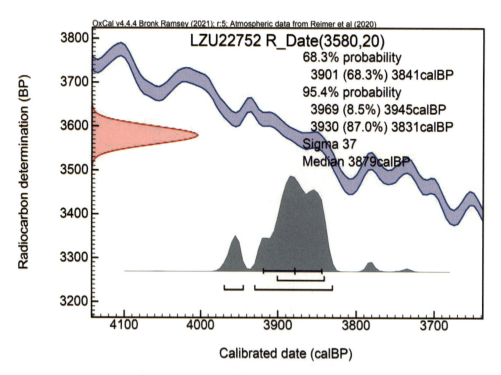

图一六七　张庄西山遗址 H1 出土粟年代校正曲线

　　根据采集标本器形特征和纹饰，与宁夏南部和甘肃中东部陇西黄土高原同时代典型器物比较判断，该遗址文化性质为齐家文化。在 H1 挑选粟 10 粒测年，H1 测年结果经校正为 3977—3731 BP（2Sigma，95.4%），年代拟合结果为 4000—3700 BP（图一六七）。该遗址灰坑采集少量陶片与调查采集的夹砂或泥质橙黄陶、红陶陶片一致，证实遗址年代与测年结果一致。地表采集的少量饰横篮纹、篦点纹陶片为典型齐家文化早中期遗存，表明该遗址年代可早到 4200 BP。

　　张庄西山遗址 H1 采集浮选土样 1 份，共计 13 升。经鉴定共出土 5 个种属 98 粒炭化植物种子，其中农作物种子 88 粒，占出土炭化植物遗存的 89.8%，包括无壳粟、带壳粟、无壳黍、带壳黍及粟黍碎块；杂草种子 8 粒，占出土炭化植物遗存的 8.16%，包括狗尾草属、藜属、豆科和未知炭化种子；另有种子碎块 2 粒，占出土炭化植物遗存的 2.04%（图一六八，图一六九）。结合 H1 和整个遗址文化性质及测年结果判断，出土植物遗存为齐家文化时期。

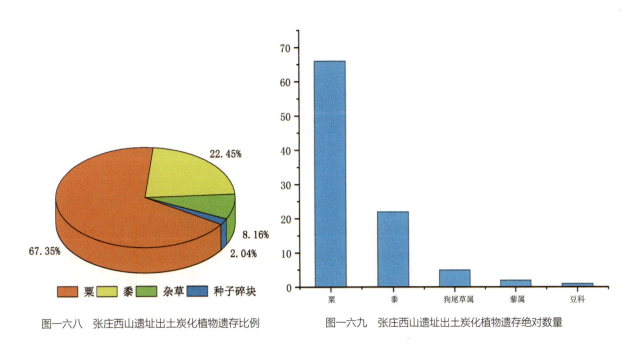

图一六八　张庄西山遗址出土炭化植物遗存比例　　　　图一六九　张庄西山遗址出土炭化植物遗存绝对数量

（一一）北咀墓群

　　北咀墓群位于会宁县草滩镇孔家寨子村何家寨柯社的山塬上。西临烂泥沟，东南距孔家寨子村 900 米。墓群分布于山塬西缘处，坐标：N36°15′44″，E105°10′59″，海拔 2085 米。墓群分布范围东西约 50 米，南北约 100 米，面积 5000 平方米（彩版七九，1）。该遗址为会宁县第五批县级文物保护单位。本次调查对遗址所在山塬进行了全面踏查。区内大部分被开垦为农田，仅塬面边缘地带保留少量原始地貌。墓群地表散落少量陶片，有较多盗坑，其中一处坑内发现人骨，编号 K1。

　　K1 平面呈长方形，长约 1.5 米，宽约 0.55 米，深约 0.5 米。坑内采集少量人骨和篮纹夹砂红陶陶片。

　　地表采集陶片以夹砂红褐陶为主，夹砂橙黄陶、灰陶次之。以篮纹为主，少量饰绳纹和刻划纹。采集标本可辨器形有豆、盆。

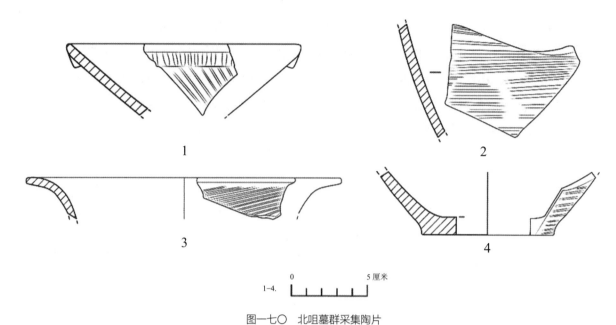

图一七〇　北咀墓群采集陶片

1.豆盘（BB:P1），2.篮纹陶片（BK1:P2），3.盆口沿（BB:P3），4.器底（BB:P4）

BB:P1　豆盘。夹细砂灰陶，质地坚硬，火候均匀。敞口，圆唇，斜腹。口沿外饰花边形附加堆纹一周，腹部饰斜篮纹。内壁不平，局部有凹窝。口径15.6、高4.6、胎厚0.6~0.8厘米（图一七〇，1）。

BK1:P2　篮纹陶片。夹细砂红陶，烧结度不高，质地疏松。器表饰横篮纹。内壁不平，有交错抹痕。高7.4、宽8.9、胎厚0.5~0.6厘米（图一七〇，2）。

BB:P3　盆口沿。夹细砂橙黄陶，质地坚硬，火候不均，陶胎局部有灰色夹芯。敞口，平沿，圆唇，斜弧腹。器表饰斜篮纹。内壁不平，有抹痕。口径21.1、高2.7、胎厚0.4~0.5厘米（图一七〇，3）。

BB:P4　器底。夹细砂橙黄陶，质地坚硬，火候不均，陶胎有灰色夹芯。器表局部呈灰色。斜弧腹，近底部内收，平底。腹部饰横篮纹。内壁不平，有指窝痕和抹痕。残高4.1、底径8.8、胎厚0.6~1、底厚1厘米（图一七〇，4）。

根据采集标本器形特征和纹饰，与宁夏南部和甘肃中东部陇西黄土高原同时代典型器物比较判断，遗址文化性质为齐家文化。采集到部分夹砂橙黄陶和红陶陶片，饰绳纹或篮纹，口沿部饰附加堆纹，与米峡和凤咀梁遗址陶片的形制和纹饰一致，为典型齐家文化早期遗存，结合米峡遗址测年结果判断，该遗址齐家文化时期遗存年代为4200—4000 BP。

（一二）沙湾遗址

沙湾遗址位于会宁县新添堡回族乡沙家湾村南湾梁。东侧距省道S526约200米。遗址分布于山梁顶部及南北坡地，坐标：N35°32′36″，E105°13′3″，海拔2091米。遗址分布范围东西约400米，南北约200米，面积约8万平方米（彩版七八，2）。本次调查对遗址所在山梁进行了全面踏查。山梁南北坡大部分被整修为梯田，梁顶植被茂盛。地表散见少量陶片。

地表采集陶片以夹砂红陶为主，泥质橙黄陶次之，少量夹砂橙黄陶和泥质灰陶。以绳纹为主，部分饰篮纹、刻划纹和附加堆纹。采集标本可辨器形有侈口罐、高领罐。

SB:P1　侈口罐口沿。泥质橙黄陶，质地坚硬，火候均匀。侈口，圆唇，束颈。口沿下饰附加堆纹两周和篮纹。高 3.9、宽 5.2、胎厚 0.7 厘米（图一七一，1）。

SB:P2　器底。泥质橙黄陶，质地坚硬，火候不均，陶胎有红、灰色分层。斜直腹，平底。腹部饰横篮纹。内壁不平，有泥条盘筑痕和抹痕。残高 3.8、胎厚 0.7（图一七一，2）。

SB:P3　高领罐口沿。泥质灰陶，质地坚硬，火候均匀。敞口，圆唇，高领。素面，局部有指窝痕和抹痕。口径 17、高 3.7、胎厚 0.5~0.6 厘米（图一七一，3）。

根据本次采集标本器形特征和纹饰，与宁夏南部和甘肃东部同时代典型器物比较判断，遗址文化性质为齐家文化。第三次全国文物普查不可移动文物登记表中，附有采集自该遗址的部分陶片照片，可见仰韶晚期和马家窑类型平行黑彩条带纹彩陶片和绳纹、附加堆纹陶片，和半山类型锯齿状附加堆纹陶片。据此判断，该遗址还包含有马家窑类型和半山类型遗存。采集到少量夹砂橙黄陶和红陶陶片，饰篮纹，口沿部饰附加堆纹，与米峡、凤咀梁遗址陶片的形制和纹饰一致，为典型齐家文化早期遗存，结合米峡遗址测年结果判断，该遗址齐家文化时期遗存年代为 4200—4000 BP。该遗址在"三普"采集到部分仰韶文化晚期和马家窑类型时期陶片，结合石石湾和老人沟遗址测年结果判断，该遗址仰韶文化晚期和马家窑类型时期遗存年代为 5300—4900 BP。

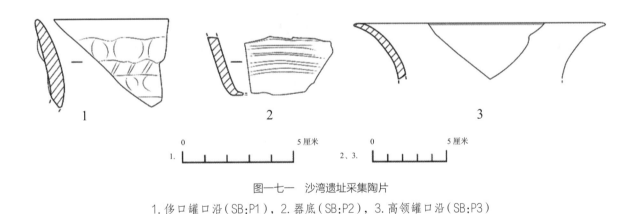

图一七一　沙湾遗址采集陶片
1. 侈口罐口沿（SB:P1），2. 器底（SB:P2），3. 高领罐口沿（SB:P3）

（一三）寨柯遗址

寨柯遗址位于会宁县汉家岔镇汉岔村寨柯庄阳洼山。东距阳山川约 400 米，北侧紧邻寨柯庄，南侧紧邻深沟，遗址分布于阳洼山南坡，坐标：N35°58′23″，E104°46′21″，海拔 1943 米。遗址分布范围东西约 400 米，南北约 100 米，面积约 4 万平方米。1988 年，该遗址被会宁县人民政府公布为县级文物保护单位。本次调查对遗址所在坡地进行了全面踏查。坡地较平缓，大部分被整修为梯田，地表散见少量史前时期陶片和大量汉代碎瓦。

地表采集陶片包括夹砂红陶、红褐陶和泥质橙黄陶、灰陶。部分饰绳纹、篦点纹、和刻划纹，少量彩陶。采集标本可辨器形有侈口罐。

ZB:P1　侈口罐口沿。夹细砂红陶，质地坚硬，火候均匀。侈口，高领微束，溜肩，鼓腹。领部素面，肩腹部饰绳纹。内壁不平，有抹痕。高10.8、宽11、胎厚0.4~0.6厘米（图一七二，1；彩版七九，2）。

ZB:P2　彩陶片。泥质橙黄陶，质地坚硬，火候均匀。器表打磨光滑，饰黑彩宽弧带纹两周。内壁不平，有泥条盘筑痕和抹痕。高4.2、宽5.6、胎厚0.4厘米（图一七二，2；彩版七九，3）。

ZB:P3　器底。夹粗砂红褐陶，烧结度不高，质地疏松。斜弧腹，平底。腹部饰绳纹，近底部饰篦点纹，底部抹平。内壁不平，有指窝痕和抹痕。残高8.9、底径13.6、胎厚0.5~0.8、底厚0.5厘米（图一七二，3）。

根据本次采集标本器形特征和纹饰，与宁夏南部和甘肃中东部陇西黄土高原同时代典型器物比较判断，遗址文化性质为仰韶文化晚期、马家窑类型时期和齐家文化。采集部分夹砂红陶和泥质橙黄陶片，饰绳纹，为典型齐家文化早期遗存，结合米峡遗址测年结果判断，该遗址齐家文化时期遗存年代为4200—4000 BP。采集到个别仰韶文化晚期和马家窑类型时期彩陶片，结合石石湾和老人沟遗址测年结果判断，该遗址仰韶文化晚期和马家窑类型时期遗存年代为5300—4900 BP。

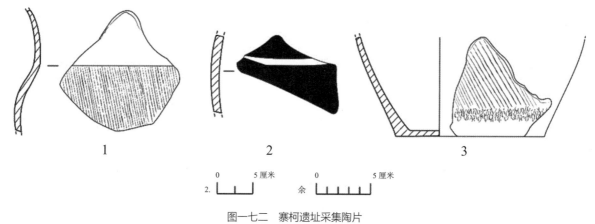

1　2　3

0　5厘米　　0　5厘米

2.　　　　　余

图一七二　寨柯遗址采集陶片

1.侈口罐口沿（ZB:P1），2.彩陶片（ZB:P2），3.器底（ZB:P3）

（一四）梁堡西山遗址

梁堡西山遗址位于会宁县中川乡梁家堡村梁堡社西北约300米处的西山上，与石石湾遗址隔中川河东西相对。东距中川河约300米，相对高差约50米，距石石湾遗址1100米。遗址分布于西山前缘地势较低的坡地上，坐标：N35°35′41″，E105°04′33″，海拔1808米。遗址分布范围东西约200米，南北约500米，面积约10万平方米（彩版八〇，1）。本次调查对遗址所在坡地进行了全面踏查，坡地大部分被整修为梯田，近坡底发现少量陶片。在梯田旁人工断面上发现灰坑1处，编号H1，采集土样一份。另外，在H1旁文化层采集土样一份。

H1 开口距地表约 1.4 米, 厚约 0.47 米, 土质疏松, 灰黑色, 包含大量炭屑和少量陶片。陶片均为夹砂红褐陶, 以素面为主, 少量饰篮纹。采集标本较小, 无可辨器形。

LB:P1 器底。夹砂红褐陶, 可见石英等羼和料, 质地坚硬, 火候均匀。斜弧腹, 平底内凹。腹部饰篦点纹。内壁不平, 有指窝痕和抹痕。残高 3.9、底径 11.2、胎厚 0.4~0.6、底厚 0.4~0.6 厘米(图一七三, 1)。

LH1:P2 篮纹陶片。夹细砂红褐陶, 质地坚硬, 火候均匀。器表饰横篮纹。内壁不平, 有凹窝和抹痕。高 5.6、宽 6.3、胎厚 0.5 厘米(图一七三, 2)。

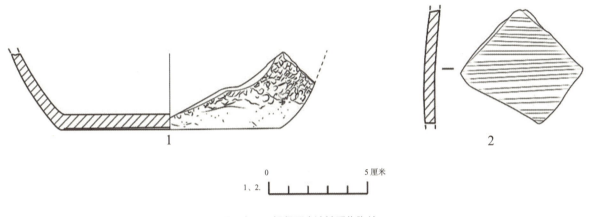

0   5 厘米

1、2.

图一七三 梁堡西山遗址采集陶片

1. 器底(LB:P1), 2. 篮纹陶片(LH1:P2)

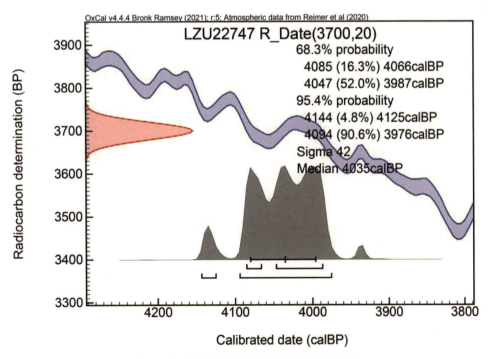

图一七四 梁堡西山遗址 H1 出土黍年代校正曲线

根据本次采集标本器形特征和纹饰，与宁夏南部同时期典型器物比较判断，遗址文化性质为齐家文化。在 H1 挑选黍 10 粒测年，H1 测年结果经校正为 4144—3976 BP（2Sigma，95.4%），年代拟合结果为 4100—4000 BP（图一七四）。灰坑采集少量陶片与调查采集的夹砂和泥质橙黄片一致，少量饰篮纹、篦点纹，为典型齐家文化早期遗存，证实测年结果与遗址的文化性质一致。

梁堡西山遗址 H1 及旁边文化层采集浮选土样 2 份，共计 15 升。经鉴定共出土 3 个种属 59 粒炭化植物种子，其中农作物 51 粒，占出土炭化植物遗存的 86.44%，包括无壳粟、带壳粟、无壳黍及粟黍碎块；杂草种子仅见禾本科狗尾草属 1 粒，占出土炭化植物遗存的 1.69%；另有种子碎块 7 粒，占出土炭化植物遗存的 11.87%（图一七五，图一七六）。结合 H1 及遗址文化性质和测年结果判断，该遗址出土植物遗存为齐家文化时期遗存。

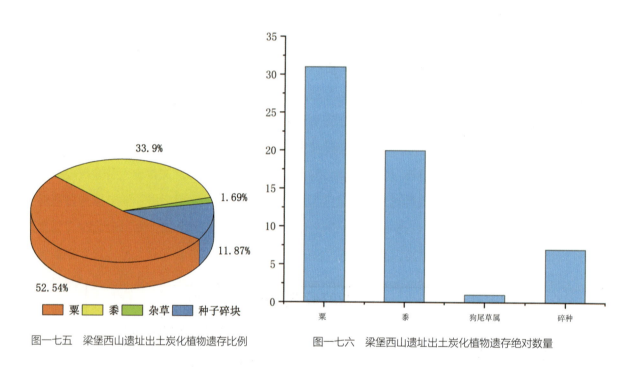

图一七五　梁堡西山遗址出土炭化植物遗存比例　　　　图一七六　梁堡西山遗址出土炭化植物遗存绝对数量

（一五）帽疙瘩咀墓群

帽疙瘩咀墓群位于会宁县草滩镇断岘村断岘社帽疙瘩咀。北侧距 339 县道 400 米，东北距断岘社约 550 米，东南距断岘村 500 米，西侧、南侧紧邻冲沟。遗址分布于山塬近南缘处，坐标：N36°13′54″，E105°7′15″，海拔 2035 米。墓群分布范围东西约 200 米，南北约 100 米，面积约 2 万平方米（彩版八〇，2）。该墓群为会宁县第五批县级文物保护单位。本次调查对墓群所在山塬进行了全面踏查。塬面大部分被开垦为农田，仅台塬边缘地带保留少量原始地貌，地表散见少量陶片。

地表采集陶片包括泥质橙黄陶和夹砂灰陶。以素面为主，个别彩陶，少量饰绳纹。

MB:P1　彩陶片。泥质橙黄陶，质地坚硬，火候均匀。器表打磨光滑，饰黑红复彩宽弧带纹，内接黑彩矩形网格纹。内壁不平，有泥条盘筑痕和交错抹痕。高 5.6、宽 6.1、胎厚 0.5 厘米（图一七七，1；彩版八一，1）。

MB:P2 绳纹陶片。夹砂灰陶，质地坚硬，火候不均，陶胎有红、灰色分层。器表饰附加堆纹和绳纹。内壁不平，有指窝痕。高5.7、宽7.1、胎厚0.6~0.8厘米（图一七七，2）。

根据采集标本纹饰特征，与宁夏南部和甘肃中东部陇西黄土高原同时代典型器物比较判断，遗址文化性质为马厂类型和齐家文化。采集的部分夹砂灰陶和泥质橙黄陶陶片，饰绳纹，为典型齐家文化时期遗存，结合米峡遗址测年结果判断，该遗址齐家文化时期遗存年代为4200—4000 BP；采集的个别红黑复彩陶片，与靖远西屳梁遗址陶片的形制和纹饰一致，为马厂时期遗存，可早到马厂早期，结合西屳梁遗址测年判断，该遗址马厂类型时期遗存年代为4300—4000 BP。

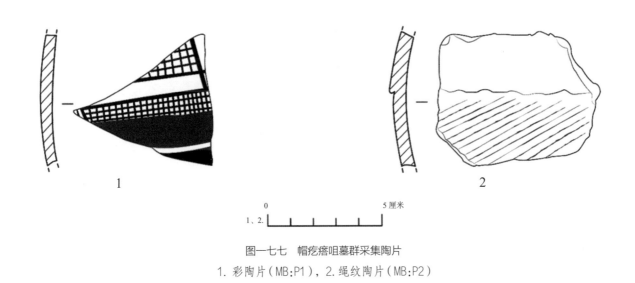

0   5厘米
1、2.

图一七七 帽疙瘩咀墓群采集陶片
1. 彩陶片（MB:P1），2. 绳纹陶片（MB:P2）

（一六）线家川遗址

线家川遗址位于会宁县丁家沟乡线家川村东侧一南北向山梁上。西距线家川村500米，南距胡家坡社400米，遗址主要分布于山梁顶部及两侧坡地上，坐标：N35°30′01″，E105°01′37″，海拔2091米。遗址分布范围东西约100米、南北约140米，面积约1.4万平方米（彩版八一，3）。该遗址为会宁县第五批县级文物保护单位。本次调查对遗址所在山梁进行了全面踏查，东、西两侧坡地全部被整修为梯田，山梁顶部保留少量原始地貌，地表散见少量陶片。

地表采集陶片以泥质红陶为主，泥质橙黄陶次之，少量夹砂红陶和红褐陶。以素面为主，部分饰篮纹，少量饰绳纹。采集标本可辨器形有双大耳罐。

XB:P1 双大耳罐。泥质橙黄陶，质地坚硬，火候均匀。口沿、领部残缺，溜肩，圆鼓腹，下腹内收，平底。口腹之间有双大耳，耳残。素面，器表打磨光滑。内壁不平，有指窝痕。残高13.8、最大腹径11.6、底径7、胎厚0.3、底厚0.3厘米（图一七八，1；彩版八一，2）。

XB:P2 器底。泥质橙黄陶，质地坚硬，火候均匀。斜弧腹，平底。腹部饰斜篮纹。内壁不平，有指窝痕和抹痕。残高5、底径15.8、胎厚0.5~0.9、底厚0.5厘米（图一七八，2）。

根据采集标本器形特征和纹饰，与宁夏南部和甘肃中东部陇西黄土高原同时代典型器物比较判断，遗址文化性质为齐家文化。采集的泥质橙黄陶陶片和典型的双大耳罐，个别饰篮纹，为典型齐家文化时期遗存，结合米峡遗址测年结果判断，该遗址齐家文化时期遗存年代为 4200—4000 BP。

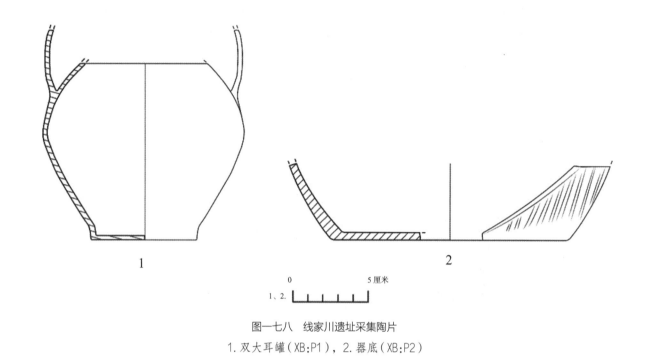

图一七八　线家川遗址采集陶片
1. 双大耳罐（XB:P1），2. 器底（XB:P2）

（一七）尹家岔遗址

尹家岔遗址位于会宁县河畔镇任岔村尹家岔社上庄东北约 600 米处。遗址分布于一西北—东南向山梁西坡底部，坐标:N36°03′40″，E105°01′24″，海拔 1840 米。遗址分布范围东西约 100 米，南北约 200 米，面积约 2 万平方米（彩版八二，1）。该遗址为会宁县第五批县级文物保护单位。本次调查对遗址所在山坡进行了全面踏查。山坡上部地势陡峭，下部坡度较缓处大部分被整修为梯田，区内有现代墓地分布。在坡脚处地表散落少量陶片。

地表采集陶片均为泥质橙黄陶，大部分为彩陶。采集标本较小，无可辨器形。

YB:P1　彩陶片。泥质橙黄陶，质地坚硬，火候均匀。器表打磨光滑，饰黑彩宽条带纹两周，下接红彩竖条带纹两道，间饰黑彩条带纹，红彩两侧饰黑彩网格纹。内壁不平，有横向抹痕。高 3、宽 6.1、胎厚 0.5 厘米（图一七九，1）。

YB:P2　彩陶片。泥质橙黄陶，质地坚硬，火候均匀。器表打磨光滑，饰黑彩宽条带纹和竖向短线纹及弧带锯齿纹。内壁不平，有竖向抹痕。高 2.2、宽 7.5、胎厚 0.5~0.6 厘米（图一七九，2）。

YB:P3　彩陶片。泥质橙黄陶，质地坚硬，火候均匀。器表打磨光滑，饰黑彩横条带纹和折带纹。内壁不平，有竖向抹痕。高 5、宽 7、胎厚 0.6 厘米（图一七九，3）。

根据采集标本纹饰特征，与宁夏南部和河湟地区同时代典型器物比较判断，该遗址文化性质为半山类型和马厂类型。采集的个别红黑复彩和黑彩陶片，与靖远西山梁遗址陶片的形制和纹饰一

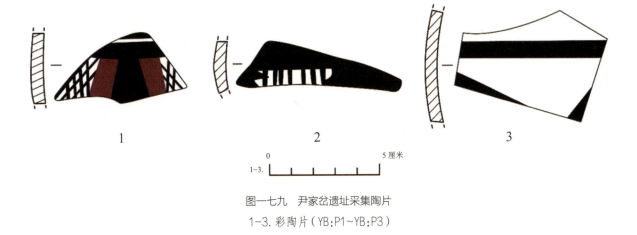

图一七九　尹家岔遗址采集陶片

1-3. 彩陶片（YB:P1~YB:P3）

致，为马厂时期遗存，可早到马厂早期，结合西瓜梁遗址测年判断，该遗址马厂类型时期遗存年代为 4300—4000 BP。

（一八）万崖遗址

万崖遗址位于会宁县丁家沟乡郝家川村万崖社西侧呈西北—东南向山梁上。西南距油坊湾 200米，东北距石沟湾 500 米，东距万崖社 200 米。遗址分布于山梁东坡，县城通往丁家沟乡政府的公路从坡下经过。坐标：N35°29′59″，E105°14′10″，海拔 2200 米。遗址分布范围东西约 100 米，南北约 200 米，面积约 2 万平方米（彩版八二，3）。该遗址为会宁县第五批县级文物保护单位。本次调查对遗址所在山梁进行了全面踏查。山梁顶部较陡，东坡地势较缓，全部被整修为梯田。地表散见少量陶片。

地表采集陶片均为泥质橙黄陶，饰篮纹。采集标本可辨器形有盆。

WB:P1　盆口沿。泥质橙黄陶，质地坚硬，火候均匀。敞口，圆唇，斜直腹。口沿有凸棱一周，腹部饰斜篮纹。内壁不平，有泥条盘筑痕和抹痕。高 6.7、宽 5.7、胎厚 0.8~1.1 厘米（图一八〇，1）。

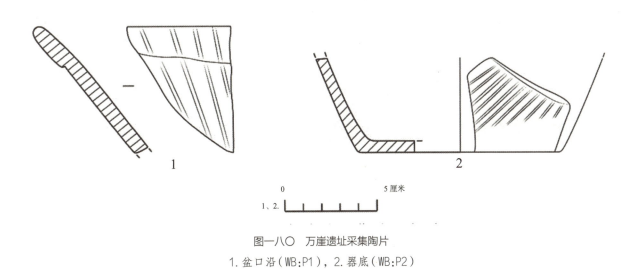

图一八〇　万崖遗址采集陶片

1. 盆口沿（WB:P1），2. 器底（WB:P2）

WB：P2 器底。泥质橙黄陶，质地坚硬，火候均匀。斜弧腹，平底。腹部饰斜篮纹。内壁不平，有泥条盘筑痕和抹痕。残高 5、底径 11、胎厚 0.6~1、底厚 0.6 厘米（图一八〇，2）。

根据采集标本器形纹饰特征，与宁夏南部和甘肃中东部陇西黄土高原同时代典型器物比较判断，遗址文化性质为齐家文化。采集的泥质橙黄陶陶片，部分饰篮纹，为典型齐家文化早期遗存，与凤咀梁和米峡陶片的形制和纹饰一致，结合米峡遗址测年结果判断，该遗址齐家文化时期遗存年代为 4200—4000 BP。

（一九）张家山顶遗址

张家山顶遗址位于会宁县新庄乡杨岔村张家山社西北的张家山顶。西距三角湾 200 米，北距张家山村 800 米，东北距庄窠湾 400 米，南侧紧邻公路。遗址主要分布于张家山地势较缓的北坡上，坐标：N36°09′22″，E104°35′03″，海拔 2202 米。遗址分布范围东西约 200 米，南北约 100 米，面积约 2 万平方米（彩版八二，2）。该遗址为会宁县第五批县级文物保护单位。本次调查对遗址所在山顶、坡地进行了全面踏查。遗址大部分被整修为梯田，地表散见少量陶片。

地表采集陶片以泥质橙黄陶为主，夹砂红陶次之，少量夹砂红褐陶。以素面为主，部分彩陶，少量饰绳纹和附加堆纹。采集标本可辨器形有盆、罐。

ZB：P1 盆口沿。泥质橙黄陶，质地坚硬，火候均匀。敞口，平沿，尖唇，斜弧腹。腹部有一圆形穿孔，系由器表向内壁单面钻成。素面，内外壁打磨光滑。高 2.8、宽 3.4、胎厚 0.3~0.5 厘米（图一八一，1）。

ZB：P2 罐口沿。夹粗砂红陶，可见石英等羼和料，质地坚硬，火候均匀。近直口，圆唇，筒状腹。口沿外有凸棱一周，腹部饰交错绳纹。内壁有泥条盘筑痕和抹痕。高 4.8、宽 5.4、胎厚 0.7~0.9 厘米（图一八一，2）。

ZB：P3 侈口罐口沿。夹粗砂红褐陶，可见石英等羼和料，质地坚硬，火候不均，陶胎有灰色夹芯。侈口，圆唇，束颈。颈下部饰附加堆纹一周。内外壁较粗糙，有指窝痕和抹痕。器表有烟炱。口径 14、高 4.6、胎厚 0.6~0.7 厘米（图一八一，3）。

根据采集标本器形特征和纹饰，与宁夏南部和甘肃中东部陇西黄土高原同时期典型器物比较

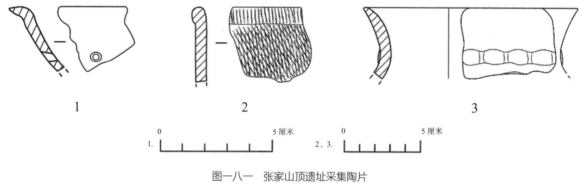

图一八一 张家山顶遗址采集陶片

1.盆口沿（ZB：P1），2.罐口沿（ZB：P2），3.侈口罐口沿（ZB：P3）

判断，遗址文化性质为马厂类型和齐家文化。采集个别黑彩陶片，与靖远西屲梁遗址陶片的纹饰一致，结合西屲梁遗址测年，该遗址马厂类型时期遗存年代为 4300—4000 BP。采集的泥质橙黄陶和夹砂红陶陶片，个别饰篮纹、绳纹，口沿饰附加堆纹，与风咀梁和米峡遗址陶片的形制和纹饰一致，为典型齐家文化早期遗存，结合米峡遗址测年结果判断，该遗址齐家文化时期遗存年代为 4200—4000 BP。

（二〇）殿沟咀墓群

殿沟咀墓群位于会宁县头寨子镇坪岔村窠立台社南殿沟咀。北面隔沟距窠立台社约 800 米，西距桶圈湾 900 米。墓群分布于西北—东南向山梁前缘及坡地上，坐标：N36°03′36″，E104°32′56″，海拔 2182 米。墓群分布范围东西约 100 米，南北约 50 米，面积约 5000 平方米（彩版八三，1）。该遗址为会宁县第五批县级文物保护单位。本次调查对墓群所在山梁及坡地进行了全面踏查。区内地势较高，坡度较大，平缓坡地大部分被整修为梯田。地表散见少量陶片，有较多盗坑。在其中一处盗坑内发现少量陶片，编号 K1。

K1 采集陶片以泥质橙黄陶为主，个别夹砂红褐陶。以素面为主，少量饰篦点纹。采集标本可辨器形为侈口罐。

地表采集陶片以泥质橙黄陶为主，个别夹砂红褐陶。以素面为主，极少数彩陶。采集标本较小，无可辨器形。

DB:P1　彩陶片。泥质橙黄陶，质地坚硬，火候均匀。器表打磨光滑，饰内缘带锯齿的黑彩宽弧带纹，下接红彩弧带纹。内壁不平，有泥条盘筑痕和抹痕。高 4.1、宽 6、胎厚 0.3~0.4 厘米（图一八二，1；彩版八三，2）。

DK1:P2　侈口罐。夹砂灰褐陶，可见石英等羼和料，烧结度不高，质地疏松。侈口，圆唇，束颈，溜肩。肩部饰绳纹，粘贴小泥饼。颈部素面，打磨光滑。内壁不平，有指窝痕和抹痕。器表

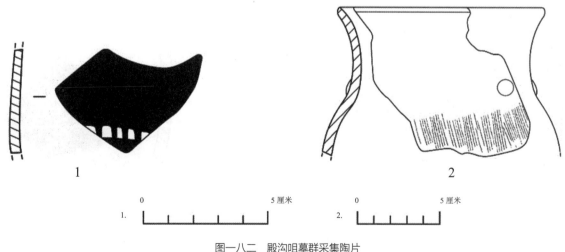

图一八二　殿沟咀墓群采集陶片

1. 彩陶片（DB:P1），2. 侈口罐（DK1:P2）

有烟炱。口径 12.4、高 8.8、胎厚 0.5 厘米（图一八二，2）。

根据采集标本器形特征和纹饰，与宁夏南部和甘肃中东部陇西黄土高原同时期典型器物比较判断，该遗址文化性质为马厂类型和齐家文化。采集的个别黑彩陶片，与靖远西山梁遗址陶片的纹饰一致，结合西山梁遗址测年，该遗址马厂类型时期遗存年代为 4300—4000 BP。采集的部分泥质橙黄陶和夹砂红陶陶片，个别饰篮纹、绳纹，与凤咀梁和米峡遗址陶片的形制和纹饰一致，为典型齐家文化早期遗存，结合米峡遗址测年结果判断，该遗址齐家文化时期遗存年代为 4200—4000 BP。

（二一）荔峡遗址

荔峡遗址位于会宁县丁家沟镇荔峡村中梁社。西北距荔家峡 500 米，西侧紧邻季节性河沟，323 县道呈西南—东北向穿过遗址。遗址分布于山梁顶部及两侧坡地上，坐标：N35°32′40″，E104°56′56″，海拔 2118 米。遗址分布范围东西约 200 米，南北约 500 米，面积约 10 万平方米。本次调查对遗址所在山梁进行了全面踏查，区内主要为农田和民居，仅在农田地埂上发现少量陶片。陶片均为泥质橙黄陶，饰篮纹或彩陶。标本较小，无可辨器形。

LB:P1　篮纹陶片。泥质橙黄陶，质地坚硬，火候不均，陶胎有灰色夹芯。器表饰竖篮纹。内壁不平，有指窝痕。高 4.3、宽 6.4、胎厚 0.5 厘米（图一八三，1）。

LB:P2　彩陶片。泥质橙黄陶，质地坚硬，火候均匀。器表打磨光滑，饰黑彩宽条带纹两道，间饰红彩窄条带纹。内壁不平，有抹痕。高 3.8、宽 4.6、胎厚 0.4 厘米（图一八三，2）。

根据采集标本纹饰，与宁夏南部和甘肃中东部陇西黄土高原同时期典型器物比较判断，该遗址文化性质为马厂类型和齐家文化。采集的个别红黑复彩陶片，与靖远西山梁遗址陶片的纹饰一致，可早到马厂早期，结合西山梁遗址测年，该遗址马厂类型时期遗存年代为 4300—4000 BP。采集的部分泥质橙黄陶和夹砂红陶陶片，个别饰篮纹、绳纹，与凤咀梁和米峡遗址陶片的形制和纹饰一致，为典型齐家文化早期遗存，结合米峡遗址测年结果判断，该遗址齐家文化时期遗存年代为 4200—4000 BP。

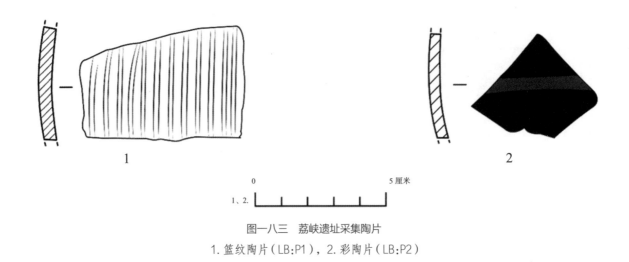

图一八三　荔峡遗址采集陶片

1. 篮纹陶片（LB:P1），2. 彩陶片（LB:P2）

（二二）史家弄遗址

史家弄遗址位于会宁县新添堡回族乡沙家湾村史家弄社。西南距史家弄 400 米，东北距上史家河约 600 米。遗址分布于山梁南侧、沟谷西侧半山坡处，坐标:N35°33′25″，E105°14′9″，海拔 2097 米。遗址分布范围东西约 100 米，南北约 50 米，面积约 5000 平方米（彩版八三，3）。本次调查，对整个山梁进行了踏查。遗址所在山坡上部陡峭，下部平缓，平缓处大部分被整修为梯田，坡底流水切割侵蚀严重。在坡底梯田内及田埂散见少量陶片。

地表采集陶片以夹砂橙黄陶为主，少量泥质红陶、橙黄陶。以篮纹为主，少量饰附加堆纹。采集标本可辨器形有侈口罐。

SB:P1　侈口罐口沿。泥质橙黄陶，质地坚硬，火候均匀。侈口，圆唇，束颈。素面，器表打磨光滑，内壁有抹痕。高 4.4、宽 4.2、胎厚 0.5 厘米（图一八四，1）。

SB:P2　篮纹陶片。泥质橙黄陶，质地坚硬，火候均匀。器表饰斜篮纹。内壁不平，有泥条盘筑痕和指窝痕。高 9.1、宽 6.3、胎厚 0.5~0.7 厘米（图一八四，2）。

根据本次采集标本器形特征和纹饰，与宁夏南部和甘肃中东部陇西黄土高原同时期典型器物比较判断，该遗址文化性质为齐家文化。第三次全国文物普查不可移动文物登记表中，附有采集自该遗址的部分陶器标本照片，可见仰韶晚期和马家窑类型的彩陶片。据此判断，该遗址还包含有仰韶晚期和马家窑类型遗存。采集的泥质橙黄陶片，个别饰篮纹，与凤咀梁和米峡遗址陶片的形制和纹饰一致，为典型齐家文化早期遗存，结合米峡遗址测年结果判断，该遗址齐家文化时期遗存年代为 4200—4000 BP。"三普"采集有仰韶晚期和马家窑类型时期彩陶片，结合石石湾和老人沟遗址测年结果判断，该遗址仰韶晚期和马家窑类型时期遗存年代为 5300—4900 BP。

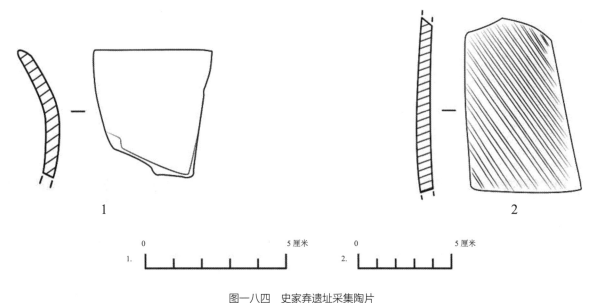

图一八四　史家弄遗址采集陶片

1. 侈口罐口沿（SB:P1），2. 篮纹陶片（SB:P2）

（二三）宴门川遗址

宴门川遗址位于会宁县会师镇桃花山社区桃花山脚下。西距会宁四中 400 米，西缘紧邻靖天公路，东侧山顶为桃花山古建筑群。遗址分布于桃花山脚下的缓坡地带，坐标：N35°40′50″，E105°04′02″，海拔 1805 米。遗址分布范围东西约 500 米，南北约 40 米，面积约 2 万平方米。本次调查对遗址所在山坡进行了全面踏查，山坡大部分被开垦为梯田，现已退耕还林。地表散见少量陶片。

地表采集陶片包括夹砂橙黄陶、灰陶和泥质红陶，均饰篮纹。采集标本可辨器形有盆。

YB：P1　盆口沿。夹细砂灰陶，质地坚硬，火候不均，陶胎有红、灰色分层。敞口，宽斜沿，方唇，斜弧腹。腹部有贯耳，口沿下饰花边形附加堆纹一周，腹部饰斜篮纹。口沿上及内壁打磨光滑。口径 43、高 8.6、胎厚 0.8 厘米（图一八五，1）。

YB：P2　篮纹陶片。泥质橙黄陶，质地坚硬，火候均匀。器表饰竖篮纹。内壁不平，有抹痕。高 5.6、宽 6.5、胎厚 0.3~0.4 厘米（图一八五，2）。

根据采集标本器形特征和纹饰，与宁夏南部和甘肃中东部陇西黄土高原同时期典型器物比较判断，遗址文化性质为齐家文化。采集的泥质橙黄陶陶片和夹砂灰陶陶片，个别饰篮纹，与风咀梁和米峡陶片的形制和纹饰一致，为典型齐家文化早期遗存，结合米峡遗址测年结果判断，该遗址齐家文化时期遗存年代为 4200—4000 BP。

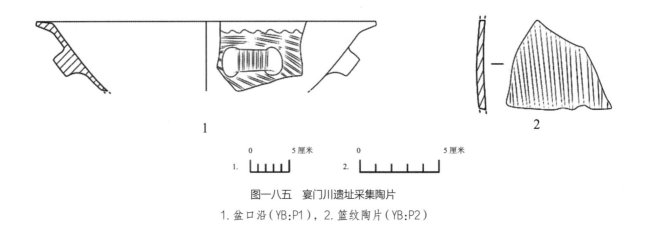

图一八五　宴门川遗址采集陶片

1. 盆口沿（YB：P1），2. 篮纹陶片（YB：P2）

（二四）中塬墓群

中塬墓群位于会宁县新庄乡巩昌村坡头社东北约 700 米的山塬上。墓群主要分布于山塬北缘两侧坡地，坐标：N36°16′17″，E104°47′57″，海拔 1872 米。墓群分布范围东西约 100 米，南北约 300 米，面积约 3 万平方米（彩版八四，1）。本次调查对墓群所在山塬进行了全面踏查，东、北、西三面均为沟谷，塬面大部分被平整为农田，仅边缘地带保留少量原始地貌。在北缘两侧地势稍缓的坡地上散落少量陶片，发现数座盗坑。

地表采集陶片以泥质橙黄陶为主，少量夹砂红陶。以素面为主，个别饰篮纹、绳纹，少量彩

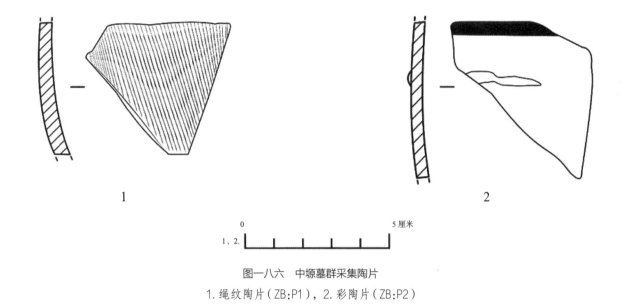

1　　　　　　　　　　　　　　　2

0　　　　　　　　　　5厘米

1、2　├──┼──┼──┼──┼──┤

图一八六　中塬墓群采集陶片
1.绳纹陶片（ZB:P1），2.彩陶片（ZB:P2）

陶。采集标本较小，无可辨器形。

ZB:P1　绳纹陶片。泥质橙黄陶，质地坚硬，火候不均，陶胎有红、灰色分层。器表饰细绳纹。内壁不平，局部有凹窝。高4.5、宽5、胎厚0.5厘米（图一八六，1）。

ZB:P2　彩陶片。泥质橙黄陶，质地坚硬，火候不均，陶胎有灰色夹芯。器表饰黑彩窄条带纹一道。内壁不平，有较深凹窝。高5.2、宽5、胎厚0.4厘米（图一八六，2）。

根据采集陶片陶质、陶色和纹饰，与宁夏南部和甘肃中东部陇西黄土高原同时期典型器物比较判断，遗址文化性质为马厂类型和齐家文化。第三次全国文物普查不可移动文物登记表中，附有采集自该遗址的部分陶片照片，陶片主要为泥质红陶或橙黄陶，个别彩陶饰黑彩菱格纹、红彩弧带纹和短线状锯齿纹，进一步证实该遗址为马厂类型。采集黑彩陶片与靖远西疙㙟遗址陶片纹饰一致，结合西疙㙟遗址测年判断，该遗址马厂类型时期遗存年代为4300—4000 BP。采集的泥质橙黄陶和夹砂红陶片，个别饰篮纹和绳纹，与凤咀梁和米峡遗址陶片的形制和纹饰一致，为典型齐家文化早期遗存，结合米峡遗址测年结果判断，齐家文化时期遗存年代为4200—4000 BP。

（二五）穆家湾遗址

穆家湾遗址是本次调查新发现的一处遗址，位于会宁县新添堡回族乡大寺村穆家湾西侧。西北距北堡子700米，西距247国道500米，西南距大寺800米，遗址分布于南北向山梁东坡，坐标：N35°32′41″，E105°11′4″，海拔2110米（彩版八四，2）。本次调查，在对可能分布有遗址的山塬、山前台地进行实地踏查时，在山梁东坡东西宽60米、南北长300米的范围内采集到少量陶片，均为泥质橙黄陶，素面，个别饰篮纹。采集标本可辨器形有折肩罐。

MB:P1　折肩罐肩腹部。泥质橙黄陶，质地坚硬，火候均匀。折肩，鼓腹，下腹弧收，肩腹间有明显折棱。素面，器表打磨光滑。高6、宽7.7、胎厚0.6厘米（图一八七，1）。

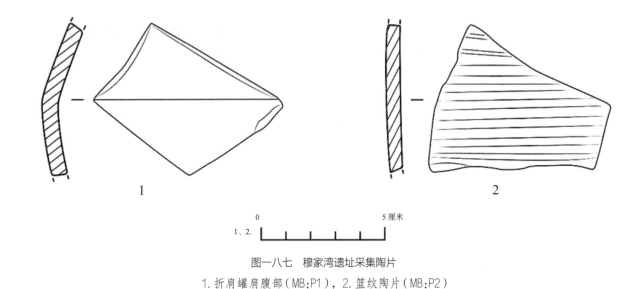

图一八七　穆家湾遗址采集陶片
1.折肩罐肩腹部（MB:P1），2.篮纹陶片（MB:P2）

　　MB:P2　篮纹陶片。泥质橙黄陶，质地坚硬，火候均匀。器表饰横篮纹。内壁不平，有指窝痕。高5.8、宽7.3、胎厚0.6厘米（图一八七，2）。

　　根据采集标本器形特征和纹饰，与宁夏南部和甘肃中东部陇西黄土高原同时期典型器物比较判断，遗址文化性质为齐家文化。采集的泥质橙黄陶陶片，个别饰篮纹，与凤咀梁和米峡遗址陶片的形制和纹饰一致，为典型齐家文化早期遗存，结合米峡遗址测年结果判断，该遗址齐家文化时期遗存年代为4200—4000 BP。

　　（二六）姚岔嘴墓群

　　姚岔嘴墓群位于会宁县草滩镇孔家寨子村宫家咀社西南约800米处。西侧紧邻深谷，北距孔家寨子约1100米，南距姚家岔村2000米。墓群分布于自西北向东南延伸的山梁西缘，坐标：N36°14′23″，E105°11′31″，海拔2094米。墓群分布范围东西约200米，南北约400米，面积约8万平方米（彩版八五，1）。本次调查对墓群所在山梁进行了全面踏查，山梁大部分被开垦为农田，仅山梁边缘保留少量原始地貌，地表散见少量陶片。

　　地表采集陶片为泥质橙黄陶和夹砂红褐陶，个别彩陶，少量饰绳纹。标本较小，无可辨器形。

　　YB:P1　彩陶片。泥质橙黄陶，质地坚硬，火候均匀。器表打磨光滑，饰平行黑彩条带纹两周，下接黑彩宽、窄弧带纹。高5、宽4.9、胎厚0.5~0.6厘米（图一八八，1）。

　　YB:P2　器底。夹粗砂红褐陶，烧结度不高，质地疏松。斜弧腹，平底。腹部饰绳纹。内壁不平，有抹痕。残高2.4、底径7.4、胎厚0.7、底厚0.7~1厘米（图一八八，2）。

　　根据采集标本陶质陶色和纹饰，与宁夏南部和甘肃中东部陇西黄土高原同时期典型器物比较判断，遗址文化性质为马厂类型。第三次全国文物普查不可移动文物登记表中，附有采集自该遗址的陶器照片，可见施紫红陶衣饰黑彩宽折带纹的马厂类型彩陶罐和饰刻划纹、篮纹的齐家文化侈口罐等。据此判断，该遗址为马厂类型和齐家文化遗存。采集黑彩陶片与靖远西山梁遗址陶片纹饰一

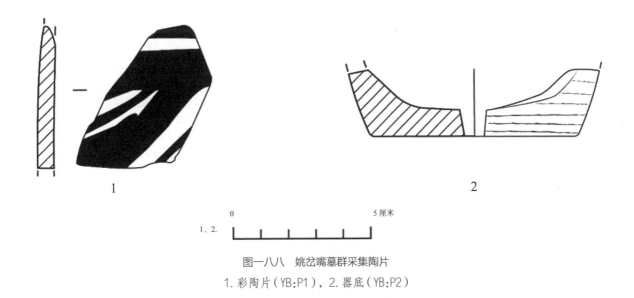

图一八八　姚岔嘴墓群采集陶片

1. 彩陶片（YB:P1），2. 器底（YB:P2）

致，结合西□梁遗址测年，该遗址马厂类型时期遗存年代为4300—4000 BP。采集的泥质橙黄陶和夹砂红陶片，个别饰篮纹和绳纹，与风咀梁和米峡遗址陶片的形制和纹饰一致，为典型齐家文化早期遗存，结合米峡遗址测年结果判断，该遗址齐家文化时期遗存年代为4200—4000 BP。

（二七）韩岔遗址

韩岔遗址位于会宁县大沟镇韩岔村李家脑梁湾。西北距韩岔村800米，西距李家湾600米，东距库家脑650米。遗址分布于两条西北—东南向山梁之间的山坳内，坐标:N36°00′04″，E105°16′34″，海拔2049米。遗址分布范围东西约300米，南北约600米，面积约18万平方米（彩版八五，2）。该遗址为会宁县第五批县级文物保护单位。本次调查对遗址所在山梁及山坳进行了全面踏查。除地势较的山梁顶部高外，大部分被整修为梯田。地表散见少量陶片，发现灰坑一处，编号H1。

H1为人工断面，位于半山腰梯田断崖上。开口距地表约1.5米，剖面堆积长约1.2米，厚约0.4米。土质疏松，灰黑色，包含大量炭屑和饰绳纹的夹砂红褐陶片。采集土样一份（彩版八六，1）。

地表采集陶片以夹砂橙黄陶为主，少量夹砂红陶和灰陶。以素面为主，少量饰篮纹。采集标本较小，无可辨器形。根据采集标本纹饰特征判断，遗址文化性质为齐家文化。在H1挑选黍7粒测年，H1测年结果经校正为4148—3984BP（2Sigma，95.4%），年代拟合结果为4100—4000 BP（图一八九）。灰坑采集少量陶片与调查采集的夹砂和泥质橙黄陶陶片一致，少量饰篮纹、绳纹，为典型齐家文化遗存，证实测年结果与遗址的文化性质一致。

韩岔遗址H1采集浮选土样1份，共计12升。经鉴定共出土5个种属52粒炭化植物种子，其中农作物22粒，占出土炭化植物遗存的42.31%，包括无壳粟、带壳粟、不成熟粟、无壳黍及粟黍碎块；杂草种子16粒，占出土炭化植物遗存的30.77%，其中以禾本科杂草为主，包括禾本科、

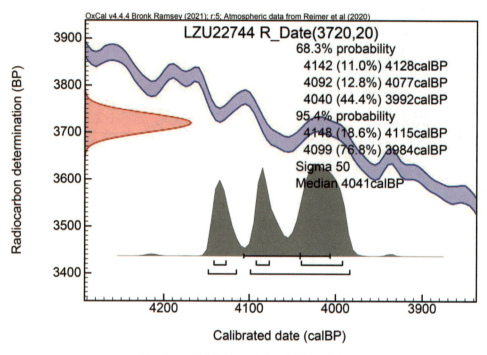

图一八九　韩岔遗址 H1 出土黍年代校正曲线

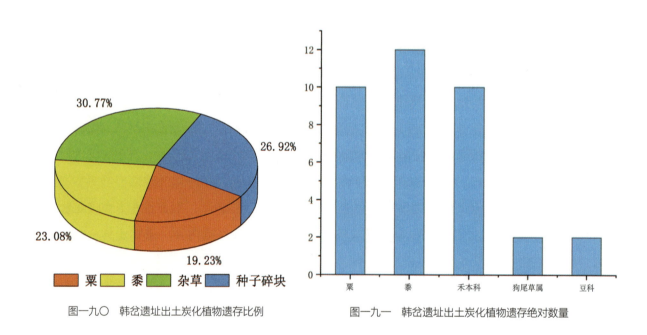

图一九〇　韩岔遗址出土炭化植物遗存比例　　　　图一九一　韩岔遗址出土炭化植物遗存绝对数量

狗尾草属，还有豆科和未知炭化种子；另有种子碎块 14 粒，占出土炭化植物遗存的 26.92%（图一九〇，图一九一）。结合 H1 及遗址形制和测年结果判断，出土植物遗存为齐家文化时期遗存。

（二八）赵家遗址

赵家遗址是本次调查过程中新发现的一处遗址，位于会宁县新添堡回族乡沙家湾村赵家坑南侧的山坡上。西北距阳山川 800 米，东北距沙家湾村 900 米，526 省道从遗址东南侧通过，坐标：

N35°31′28″，E105°10′46″，海拔 2066 米（彩版八六，2）。本次调查，在对可能分布有遗址的山塬、山前台地及坡地进行实地踏查时，在赵家坑南侧山坡东西宽 200 米、南北长 300 米的范围内采集到少量素面、绳纹泥质红陶片，采集标本较小，无可辨器形，遗址文化性质不明。

（二九）冯家堡遗址

冯家堡遗址是本次调查过程中新发现的一处遗址，位于会宁县河畔镇冯家堡村东北侧台地上。台地西距祖厉河 400 米，西侧、西南侧紧邻峡门干渠和冯家堡村，北侧、东侧为深沟，坐标：N36°5′17″，E104°57′57″，海拔 1634 米。本次调查对遗址所在台地进行了全面踏查，台地处于祖厉河东岸东南—西北向山梁北端，山梁东南高，西北低。台面地势平坦开阔，大部分被开垦为农田，仅西缘、北缘保留少量原始地貌。遗址区地表散见少量陶片。采集有泥质红陶、夹砂橙黄陶和红褐陶陶片，饰篮纹和刻划纹。根据采集标本器形特征和纹饰，与祖厉河流域部分遗址采集标本器形、纹饰对比判断，遗址文化性质为齐家文化。

本次在祖厉河流域的会宁县共调查史前时期遗址 55 处，其中复查遗址 52 处，新发现遗址 3 处。大部分遗址采集到典型遗物标本，且部分遗址存在不同文化时期的遗存。通过采集标本与邻近地区调查或发掘出土典型器物比较，确认包含仰韶文化晚期遗存的遗址 9 处，马家窑类型遗存的遗址 7 处，半山类型遗存的遗址 5 处，马厂类型遗存的遗址 7 处，齐家文化遗存的遗址 27 处。对老人沟、石石湾、凤咀梁、米峡、韩岔、梁堡西山、张庄西山遗址测年，测年结果与遗址采集遗物文化性质一致，该区域仰韶晚期和马家窑类型时期年代为 5300—4900 BP，为仰韶晚期和马家窑类型早期遗存；马厂类型时期年代主要为 4300—4000 BP，部分遗址红黑复彩陶片可早到马厂早期，部分遗址马厂晚期与齐家早期遗存共存。典型齐家文化遗址年代主要集中在 4200—4000 BP，为齐家文化早期遗存。本次调查和初步研究，为构建祖厉河流域史前文化谱系和文化发展序列补充了材料，构建了祖厉河流域会宁县境内仰韶文化晚期—马家窑类型—半山类型—马厂类型—齐家文化的考古学文化发展序列。

需要说明的是，为便于读者查阅，我们将本次调查采集陶片较小或未采集到陶片的何家寨柯、苜蓿湾、关湾小坟堆、高儿刘、山鸡岭、塔寺岔、亮羊滩、薛家咀、李善堡、寺寨、大湾东岭等墓群以及窠粒台、卧虎山、掌里（彩版八六，3）、荨麻湾、大寨、老鸦沟、杨家塬、断岘、骆驼鞍子山、芦河、油坊弄、吴家山、窑沟、阴山、阴坡遗址所属的考古学文化等信息归入附表四（黄河左近地区史前考古调查遗址登记表），此处不再赘述。

第五节　景泰县考古调查

一、地理位置

景泰县位于河西走廊东端，甘肃省腹地北陲，东临黄河，与靖远县、平川区隔河相望；西与天祝藏族自治县和古浪县毗邻；南接白银区、皋兰县及永登县；北与内蒙古自治区的阿拉善左旗及宁夏回族自治区的中卫市接壤，在东经103°33′~104°43′，北纬36°43′~37°38′之间。东西宽约84千米，南北长约102千米，总面积5432平方千米。最高海拔3321米，最低海拔1276米（图一七二）。

二、自然环境

景泰县地处青藏高原、内蒙古高原、黄土高原的交会地带，祁连山脉东段，腾格里沙漠南缘。境内高山雄峙，丘陵、冈峦起伏，滩川交错，枯河沙沟纵横，地形复杂多样，大致可分为"两线三区"。"两线"即祁连山东延两支山系，南为寿鹿山—老虎山—米家山一线，北为昌灵山—大格达南山—黄草塘山一线。"三区"即南部丘陵区，中部平原区，北部的西北边缘荒漠区和东北边缘丘陵区。寿鹿山北麓多为荒滩，冲沟密布，土层浅薄。地势整体上由西南向东北倾斜，同时又有东西高，中间低的态势。县域内全县平均海拔1620米；最高点为寿鹿山主峰，海拔3321米；最低点在黄河沿岸，海拔1276米。

景泰县地处陇西黄土高原北部边缘，紧邻腾格里沙漠。深处内陆，远离海洋，干燥少雨，冬冷夏热，属于温带大陆性干旱气候。域内年均温9.1℃，气温年较差和日较差较大。7月份气温最高，1月份气温最低，昼夜温度差异明显。域内降水时空分布不均，年平均降水量182.4毫米，降水多集中在夏秋两季，尤以7—9月为最；冬春两季，雨雪稀少，干燥寒冷。受地形影响，温度随海拔上升而降低，降水随海拔升高而增加。因此，山区气温低于中部平原灌溉区，降水量多于灌溉区。县域除黄河外，无常年地表径流，沙河中均为季节性洪水。昌灵山—大格达南山—黄草塘山一线将县域分为内流区和外流区，外流区地表径流最终注入黄河，境内80%面积属黄河流域。黄河自东端蜿蜒经过，形成河岸阶地。

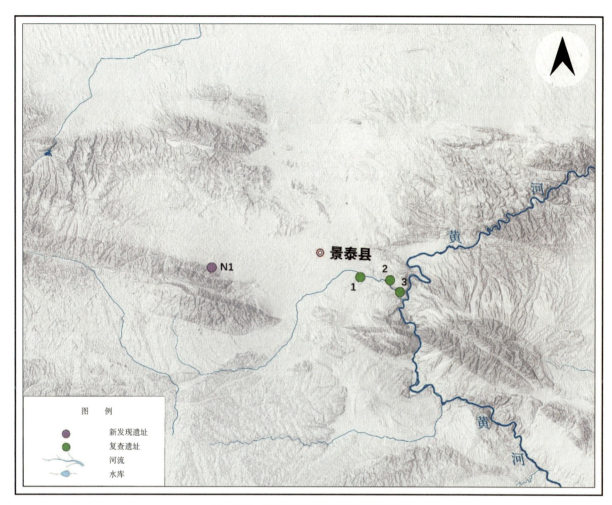

图一九二 景泰县调查史前遗址位置示意图
1. 张家台遗址 2. 东风园子遗址 3. 王家湾遗址 N1. 疃庄村遗址

三、历史沿革

从目前考古调查发掘显示，该地区主要发现半山、马厂类型遗存，还存在齐家文化遗存。西汉武帝元鼎六年（前111年），境内置媪围县，属武威郡，县治在媪围水（即今之芦阳沙河）河畔的吊沟古城。东晋属金城郡；北魏属高平镇；西魏至北周属会州。唐广德二年（764年），陷于吐蕃；唐宣宗大中三年（849年），复为唐所治，仍属会州。宋宝元元年（1038年），归于西夏；宝庆二年（1226年），成吉思汗破西夏，此地为蒙古占据。元属甘肃行省永昌路。明初为临洮府兰州卫所辖；景泰后，被鞑靼松山部所占。万历二十六年（1598年）后，分属靖虏卫和临洮府兰州卫。清乾隆四年（1739年），于宽沟设县丞，后移至红水，称红水分县。道光元年（1821年）后，复驻宽沟。1913年，红水分县改升红水县，治所在宽沟。1933年，原红水县与靖远县黄河以西之地合并成立景泰县，寓意"景象繁荣、国泰民安"。1949年9月12日，景泰解放，9月21日，景泰县人民政府正式成立。

四、考古工作概况

景泰县考古工作开展时间相对较晚。1974 年，景泰县芦阳公社城关大队第四生产队社员在农田基本建设时，在张家台发现一处新石器时代遗址。1975 年，甘肃省博物馆文物工作队和景泰县文化馆联合对该遗址进行了考古调查和发掘。共清理墓葬 22 座，其中石棺墓 11 座，木棺墓 1 座，土坑墓 10 座。出土各类遗物共计 1935 件，其中石器、骨器、陶器等生产生活用具 64 件。通过此次发掘，在景泰县境内确认了一处半山类型遗存，并在西北地区新石器时代墓葬中首次发现了石棺墓，为研究半山类型自身发展和半山类型与马厂类型的关系提供了一批重要资料。[①] 1986 年 11 月，河西史前考古调查队对景泰县张家台遗址、席滩遗址、喜集水遗址作了实地调查，并对收藏于景泰县文化馆的史前文物资料进行了整理，分别对出土于张家台遗址、席滩遗址、喜集水遗址、营盘台遗址的遗物作了详细介绍。[②]

五、本次调查情况

（一）王家湾遗址

王家湾遗址位于景泰县芦阳镇东南约 10 千米的王家湾村。西北距张家台遗址 10 千米，东风园子遗址约 3000 米，东距黄河 2000 米，西南侧紧邻王家湾村。遗址分布于西北—东南向山梁顶部，坐标：N37°6′7″，E104°15′57″，海拔 1443 米。遗址分布范围东西约 60 米，南北约 30 米，面积约 1800 平方米（彩版八七，1）。本次调查对遗址所在区域进行了全面踏查。芦阳沙河环绕遗址所处山梁，区内地势西北高，东南低，植被稀少。山梁顶部发现较多盗坑，周围散落少量陶片、红砂岩石板。

地表采集陶片以夹砂红褐陶为主，夹砂灰陶次之，少量夹砂红陶、白陶和泥质红陶。以素面为主，少量饰附加堆纹和绳纹。采集标本可辨器形为罐。

WB:P1 腹部残片。夹细砂红褐陶，可见石英等羼和料，烧结度不高，质地疏松。器表饰锯齿状附加堆纹两道。内壁不平，有抹痕。局部有烟炱。残高 2.4、宽 3.1、胎厚 0.3 厘米（图一九三，2）。

WB:P2 罐腹底部。泥质橙黄陶，质地坚硬，火候不均，器表呈红色、橙黄色。圆肩，圆鼓腹，下腹弧收，小平底。肩、腹部素面。器底压印席纹。最大腹径 15.3、高 11.1、底径 9.3、胎厚 0.3~0.6、底厚 0.5 厘米（图一九三，3）。

根据采集标本器形特征和纹饰判断，遗址文化性质为半山类型。

---

① 甘肃省博物馆：《甘肃景泰张家台新石器时代墓葬》，《考古》1976 年第 3 期。
② 甘肃省文物考古研究所、北京大学考古文博学院：《河西走廊史前考古调查报告》，北京：文物出版社，2011 年，第 17—27 页。

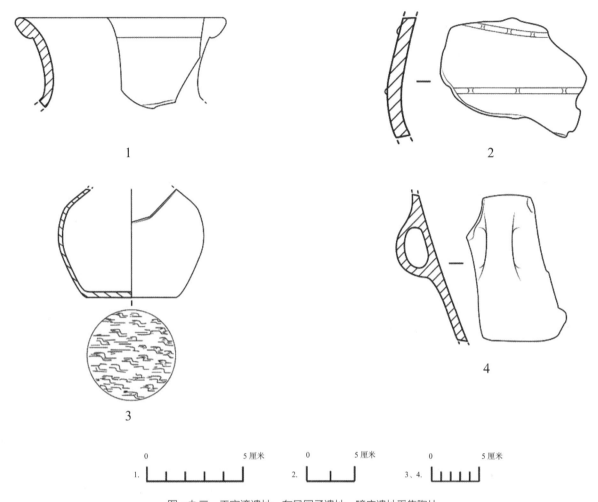

图一九三 王家湾遗址、东风园子遗址、瞳庄遗址采集陶片

1.壶口沿（DB：P1），2.腹部残片（WB：P1），3.罐腹底部（WB：P2），4.腹部残片（TB：P1）

（二）东风园子遗址

东风园子遗址位于景泰县芦阳镇东南约 7000 米的响水村东风社。西北距张家台遗址 7000 米，西距东风社 1200 米，东距黄河 4900 米，南距芦阳沙河 100 米。遗址分布于芦阳沙河北岸一处南北向山梁上，坐标：N37°7′32″，E104°14′24″，海拔 1463 米。分布范围东西约 20 米，南北约 30 米，面积约 600 平方米（彩版八八，1）。本次调查对遗址所在区域进行了全面踏查，此区域背山面水，北高南低，地势陡峭，植被稀少，仅在沙河两岸分布有少量植被。在山梁顶部和东、西、南三面山坡上发现大量盗坑，周围散落少量陶片、骨骼和红砂岩石板。

地表采集陶片以夹砂红褐陶为主，夹砂橙黄陶、红陶次之，少量夹砂白陶、灰陶和泥质红陶。以素面为主，少量饰绳纹和刻划纹。采集标本可辨器形为罐。

DB：P1 壶口沿。夹砂白陶，烧结度不高，质地疏松。侈口，圆唇，束颈，圆肩，口沿外有凸棱一周。内外壁粗糙，有抹痕。器表有烟炱。口径 11、高 4.6、胎厚 0.3~0.4 厘米（图一九三，1）。

根据采集标本器形特征和纹饰判断，遗址文化性质为马厂类型。

（三）疃庄遗址

疃庄遗址是本次调查过程中新发现的一处遗址，位于景泰县寺滩乡疃庄村双墩子社西南一南北向山坡上。西北距大团庄村 400 米，北距疃庄村 300 米，东北距双墩子社 200 米、坐标：N37°8′49″，E103°46′26″，海拔 2415 米。本次调查，对可能存在遗址的寿鹿山北麓山前台地进行重点踏查时，在山梁东西约 200 米，南北约 100 米的范围内发现少量陶片。该山梁南高北低，东西山坡稍陡，北坡较缓。地势平缓处大部分在早期被整修为梯田，现均已退耕还林。地表采集陶片以泥质红陶为主，少量夹砂红褐陶。以素面为主，少量饰绳纹和附加堆纹。

TB:P1　腹部残片。泥质红陶，质地坚硬，火候均匀。斜直腹，上腹有耳。素面，器表打磨光滑。内壁不平，有指窝痕和抹痕。可能为平底瓶腹部。高 15、宽 10.2、胎厚 0.7~1 厘米（图一九三，4）。

根据采集标本器形特征判断，遗址文化性质为马家窑类型。

本次在黄河干流的景泰县共调查史前时期遗址 4 处，其中复查遗址 3 处，新发现遗址 1 处。调查遗址除张家台遗址外，均采集到少量典型遗物标本。通过采集标本与邻近地区调查或发掘出土典型器物比较，确认马家窑类型时期遗址 1 处、半山类型遗址 1 处、马厂类型遗址 1 处。结合邻近靖远、永登和古浪同时期遗址测年结果判断，景泰地区马家窑类型时期遗存为马家窑类型晚期，绝对年代可能在 4800—4600 BP，马厂时期遗存主要为马厂中晚期遗存，绝对年代可能在 4200—4000 BP。本次调查和初步研究，为构建黄河干流景泰县境内史前文化谱系和文化发展序列补充了材料，构建了景泰县境内马家窑类型—半山类型—马厂类型的考古学文化发展序列。

需要说明的是，为便于读者查阅，我们将本次调查未采集到陶片的张家台遗址所属的考古学文化等信息归入附表四（黄河左近地区史前考古调查遗址登记表），此处不再赘述。

第六节　古浪县考古调查

一、地理位置

古浪县位于甘肃省西部，隶属甘肃省武威市。县域在东经 102°38′~103°54′，北纬 37°09′~37°54′ 之间，县域总面积 5046 平方千米。东邻景泰县，西接凉州区，南与天祝藏族自治县相依，北与内蒙古自治区阿拉善左旗相连（图一七四）。

二、自然环境

古浪县地处青藏高原、黄土高原和内蒙古高原的交会地带，地势南高北低，县域内平均海拔 2039 米。全县最高点为南部山区，海拔 3713 米；最低点在北部荒漠区，海拔 1566 米。域内地貌分带明显，由南向北大致可分为中高山区、丘陵区、倾斜洪积冲积平原区和荒漠区，中部平原区是全县的主要农业区。受地貌空间格局影响，南部山区分布有高山草甸灌丛、针叶林，向北逐渐向山地草原和荒漠植被过渡，绿洲区则以人工林为主。

古浪县深处内陆，远离海洋，属于温带大陆性干旱气候。总体干燥少雨，夏短冬长，日照充足，气温年较差和日较差大。域内年均温 5.9℃，7 月份气温最高，1 月份气温最低。年平均降水量 364.7 毫米，多集中在 7—9 月，尤以 8 月为最；冬季 12 月份降水最少。受地形影响，温度和降水空间分布差异明显，温度在空间上由南向北递增，降水量则与之相反。

古浪河和大靖河是县境内两条主要河流，均为内流水系。大靖河位于县境东部，发源于乌鞘岭毛毛山北麓、白虎岭以东、二郎池一带，汇聚多条支流入大靖峡后始称大靖河。径流补给以山区降水和冰雪融水为主，上游植被覆盖度高，下游干旱少雨，地表裸露，植被较差。古浪河位于县境西部，发源于乌鞘岭、毛毛山、雷公山、牛头屲山北麓，自十八里铺后称古浪河，顺势而下至永丰滩乡汇入大土沟河折向西北，通过红水河最终注入石羊河。

三、历史沿革

古浪县位于乌鞘岭以西的河西走廊东端，是丝绸之路要冲。沿县域内北侧山麓地带与景泰县相

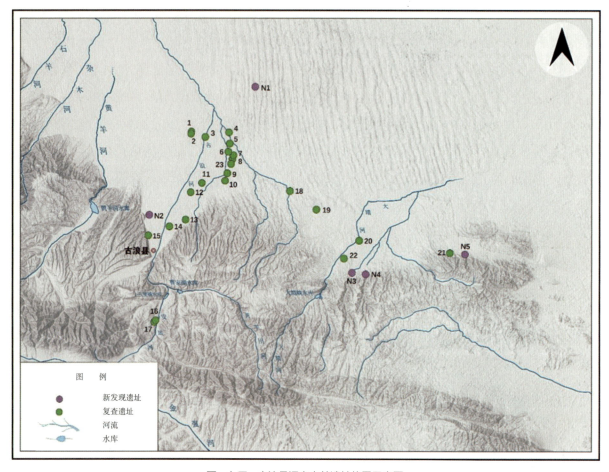

图一九四　古浪县调查史前遗址位置示意图

1.上麻遗址　2.浪水湾遗址　3.庵门滩遗址　4.摩天岭遗址　5.浪湾遗址　6.陈家场子遗址　7.旱石河台遗址　8.杨家场子遗址　9.青石湾遗址　10.台子遗址　11.李庄遗址　12.朵家梁遗址　13.沙坝遗址　14.水口子遗址　15.土坝遗址　16.小坡遗址　17.北岭子墓群　18.黑刺疙瘩梁遗址　19.陈家湾遗址　20.青山寺墓群　21.高家滩遗址　22.三角城遗址　23.杨家窝铺遗址;N1.西凉女国遗址　N2.卫家庄遗址　N3.寨子遗址　N4.昭子山遗址　N5.陶家庄遗址

连，进而沿黄河向北至河套地区，向南至河湟谷地，向东越过黄河可至陇西黄土高原与中原地区沟通。从目前考古调查发掘看，古浪县分布有仰韶文化、马家窑类型、半山类型、马厂类型、齐家文化、董家台类型、沙井文化时期遗存。西汉武帝元狩二年（前121年），霍去病战胜休屠、浑邪二王，随后建郡县，在县域设苍松、揟次、扑𢫦3县，属武威郡管辖。东汉建武初，改苍松县为仓松县。西晋时期，设苍松、揟次2县，属武威郡管辖。隋置昌松县；唐代在今县境设昌松县，并于今大靖设白山戍，属武威郡辖；大足元年（701年），筑和戎城于古浪峡；至广德二年（764年），昌松为吐蕃所占，改成洪池谷，即吐蕃六部之一。五代时，此地仍为吐蕃所控；宋为西夏所据。至元元年（1264年），在和戎城设立和戎巡检司。明洪武十年（1377年），凉州千户江亨率众加固和戎城，并依旧水名改为古浪城，后属庄浪卫辖；正统三年（1438年），设古浪防御千户所。清雍正二年（1724年），裁所置古浪县，属凉州府管辖。1925年废道，古浪县直属甘肃省政府。1949年9月13日，古浪解放，成立古浪县人民政府。

四、考古工作概况

古浪县考古工作开展较早。1953 年 9 月，兰新铁路文物清理组对谷家坪滩新石器时代遗址进行发掘，清理房址 1 处、袋状窖穴 5 个、出土有彩陶片、夹砂红陶片和残陶纺轮、石刀等遗物。[①]1980 年，原武威地区博物馆在高家滩遗址进行试掘，发掘 20 平方米，出土石器包括刀、斧和敲砸器等，骨器包括锥、刀柄、笄和璧等。陶器多为碎片，泥质红陶部分饰彩，可辨器形有罐、杯、钵、盆等；夹砂陶纹饰有绳纹、刻划纹、附加堆纹等，可辨器形有罐、盆等。根据遗物形制和纹饰判断，属马厂类型遗存。[②]同年，原武威地区博物馆对老城遗址进行发掘，清理马厂类型墓葬 5 座、灰坑 1 座、居住面 1 处。墓葬均为竖穴土坑墓，单人仰身直肢或侧身屈肢葬，出土有陶器、骨器、石器等。[③]1986 年，河西史前考古调查队在老城遗址调查，清理残墓 1 座，出土彩陶盆 1 件。另采集、征集彩陶单把杯 1 件、彩陶双耳罐 1 件、夹砂罐 1 件，均为马厂类型遗存。[④]

五、本次调查情况

本次调查，前期通过第三次全国文物普查不可移动文物资料梳理和遥感影像判读，确认古浪县境内遗址多分布在古浪河和大靖河河谷两侧的台地上，并在古浪河、大靖河上游的乌鞘岭、毛毛山北麓发现多处疑似遗址区。因此，将调查区域确定在古浪河、大靖河的干流、支流和乌鞘岭、毛毛山北麓山前台地上。在古浪县实地调查期间，复查已知遗址、墓葬 23 处，新发现遗址 5 处。现将调查情况介绍如下。

（一）水口子遗址

水口子遗址位于古浪县定宁镇水口子村东侧。西距凉古公路约 120 米、古浪河约 900 米，西南距杨家旧庄 640 米。遗址分布于水口子村东侧农田中间的荒滩内，地势稍低于周围农田，坐标：N37°31′23″，E102°56′13″，海拔 1994 米。遗址分布范围东西约 200 米，南北约 400 米，面积约 8 万平方米（彩版八七，2）。本次调查对遗址所在区域进行了全面踏查，遗址北、东、南侧均为耕地，西南侧紧邻民居。遗址区内有现代墓葬分布，地表散落有较多陶片。在人工断面上发现灰坑两处，编号 H1、H2。

H1 位于遗址西南侧一处东西向的人工断面上。开口距地表约 0.5 米，剖面堆积长约 1 米、厚约 0.4 米。土质疏松，深灰色，包含少量陶片。陶片标本较小，无可辨器形。采集土样一份（彩版

① 甘肃省文物管理委员会：《甘肃古浪黑松驿谷家坪滩新石器时代遗址》，《文物参考资料》1955 年第 8 期。

② 武威地区博物馆：《古浪县高家滩新石器时代遗址试掘简报》，《考古与文物》1983 年第 3 期。

③ 武威地区博物馆：《甘肃古浪县老城新石器时代遗址试掘简报》，《考古与文物》1983 年第 3 期。

④ 甘肃省文物考古研究所、北京大学考古文博学院：《河西走廊史前考古调查报告》，北京：文物出版社，2011 年，第 60—64 页。

八八，2）。

H2 位于遗址东侧盗坑坑壁上。开口距地表约 0.45 米，剖面堆积长约 2 米，厚约 0.4 米，未到底。土质疏松，深灰色，包含少量陶片。陶片标本较小，无可辨器形。采集土样一份（彩版八八，3）。

地表采集陶片以夹砂红褐陶为主，夹砂红陶、灰陶次之，少量夹砂橙黄陶和泥质红陶、橙黄陶。以素面为主，部分彩陶，少量饰绳纹、附加堆纹和戳印纹。采集标本可辨器形有侈口罐、双耳罐、盆等。

SB:P1　高领罐口沿。夹粗砂灰陶，质地坚硬，火候均匀。敞口，圆唇，高领。素面，内外壁抹光。口径 10、高 3.9、胎厚 0.4 厘米（图一九五，1）。

SB:P2　双耳罐口沿。夹粗砂灰陶，烧结度不高，质地疏松。侈口，圆唇，束颈，圆肩。口肩部有桥形耳，耳略低于口沿。素面，器表不平，有密集刮抹痕。内壁不平，有指窝痕和抹痕。口径 19.4、高 6.9、胎厚 0.5~0.9 厘米（图一九五，2）。

SB:P3　双耳罐口沿。夹粗砂灰陶，烧结度不高，质地疏松。侈口，圆唇，束颈，圆肩。口肩部有桥形耳，口耳平齐。素面，器表、耳面有密集的竖向刮抹痕。口沿内打磨光滑。口径 21、高 9.3、胎厚 0.4~1 厘米（图一九五，3）。

SB:P4　彩陶片。夹细砂橙黄陶，质地坚硬，火候均匀。器表打磨光滑，施红褐色陶衣，饰黑彩回形纹。内壁有抹痕。高 4、宽 4.4、胎厚 0.3~0.4 厘米（图一九五，4）。

SB:P5　盆口沿。泥质橙黄陶，质地坚硬，火候均匀。敞口，圆唇，高领。内外壁打磨光滑，施紫红色陶衣。颈部饰平行黑彩窄条带纹七道，内壁饰黑彩宽带纹一周，下接黑彩弧带纹两道。高 5.6、宽 7、胎厚 0.7 厘米（图一九五，5；彩版八九，1）。

SB:P6　双耳罐口沿。夹细砂红褐陶，烧结度不高，质地疏松。侈口，尖唇，束颈，圆肩。口肩部有桥形耳，耳略低于口沿。耳面、颈肩之间饰戳印圆点纹。器表有烟炱。口径 8.3、高 4.3、胎厚 0.4~0.6 厘米（图一九五，6；彩版八九，2）。

SB:P7　双耳罐口沿。泥质橙黄陶，质地坚硬，火候均匀。侈口，圆唇，束颈，圆肩。口肩部有桥形耳，耳略低于口沿。器表打磨光滑，通体施紫红色陶衣。口沿外饰黑彩横条带纹一周，颈部饰竖向黑彩宽带纹两道、平行窄条带纹，窄条带纹间饰黑彩折线纹。肩部饰黑彩宽条带纹一周，耳面饰黑彩宽带纹一道。口沿内饰内缘呈水波状的黑彩宽、窄条带纹各一周，上部较窄，下部较宽。口径 14.6、高 7、胎厚 0.4 厘米（图一九五，7）。

SB:P8　高领罐口沿。夹细砂红褐陶，质地坚硬，火候不均，陶胎有红、灰色分层。敞口，圆唇，高领，圆肩。素面，内外壁不平，有指窝痕和抹痕。器表有烟炱。口径 16.4、高 6.7、胎厚 0.3~0.8 厘米（图一九五，8）。

SB:P9　罐领肩部。夹砂红陶，质地坚硬，火候均匀。斜领，圆肩。领肩之间饰附加堆纹一周。内壁不平，有泥条盘筑痕和抹痕。器表有烟炱。高 4.7、宽 9.5、胎厚 0.6~0.8 厘米（图一九五，9）。

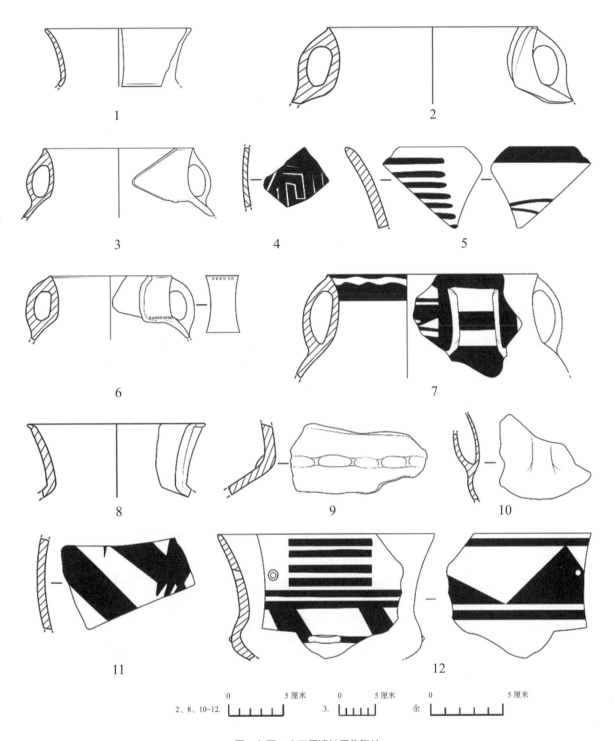

图一九五　水口子遗址采集陶片

1、8.高领罐口沿（SB:P1、SB:P8），2、3、6、7.双耳罐口沿（SB:P2、SB:P3、SB:P6、SB:P7），4、11.彩陶片（SB: P4、SB:P11），5、12.盆口沿（SB:P5、SB:P12），9.罐领肩部（SB:P9），10.双大耳罐领腹部（SB:P10）

　　SB:P10　双大耳罐领腹部。泥质橙黄陶，质地坚硬，火候均匀。侈口，高领，鼓腹。口腹间有耳，已残。器表打磨光滑。素面。高7.6、宽8.5、胎厚0.3~0.5厘米（图一九五，10）。

　　SB:P11　彩陶片。夹砂红陶，质地坚硬，火候均匀。器表打磨光滑，施紫红色陶衣，饰黑彩宽折带纹和蛙肢纹。内壁不平，有泥条盘筑痕和抹痕。高 8.2、宽 12.2、胎厚 0.7~0.9 厘米（图一九五，11）。

SB：P12　盆口沿。泥质橙黄陶，质地坚硬，火候均匀。敞口，圆唇，高领，鼓腹，下腹内收。最大腹径处有乳突。颈部有一穿孔，系由器表向内壁单面钻成。内外壁打磨光滑，施紫红色陶衣。颈部饰平行黑彩窄条带纹四道，下接平行黑彩窄条带纹两周，其下接折带纹。内壁饰平行黑彩窄条带纹两周，中间饰连续三角纹。口径 19.8、高 11.2、胎厚 0.9 厘米（图一九五，12；彩版八九，3、4）。

根据采集标本器形特征和纹饰，与河西走廊邻近地区同时代典型器物比较判断，遗址文化性质为马厂类型和齐家文化。在 H2 挑选粟 12 粒测年，H2 测年结果经校正为 4087—3922 BP（2Sigma，95.4%），年代拟合结果为 4100—3900 BP（图一九六）。杨谊时在该遗址灰坑采集粟测年，结果为 4142—3932 BP（2Sigma，95.4%），表明测年结果基本一致。灰坑采集少量陶片与调查采集的夹砂和泥质橙黄陶片、彩陶片一致，说明该遗址马厂晚期和齐家早期遗存共存，这与河西走廊东部部分遗址齐家文化和马厂类型遗存共存一致，证实测年结果与遗址的文化性质一致。

水口子遗址 H1、H2 采集浮选土样 2 份，共计 24 升。经鉴定共出土 3 个种属 67 粒炭化植物种子，其中农作物 58 粒，占出土炭化植物遗存的 86.57%，包括无壳粟、无壳黍及粟黍碎块；杂草种子 4 粒，占出土炭化植物遗存的 5.97%，包括豆科、未知炭化种子；另有种子碎块 5 粒，占出土炭化植物遗存的 7.46%（图一九七，图一九八）。结合灰坑及遗址形制和测年结果判断，出土植物遗存为马厂晚期和齐家文化早期遗存。

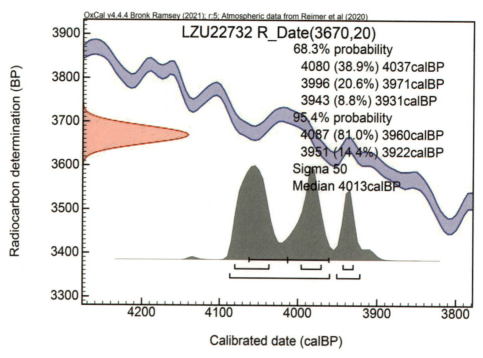

图一九六　水口子遗址 H2 出土粟年代校正曲线

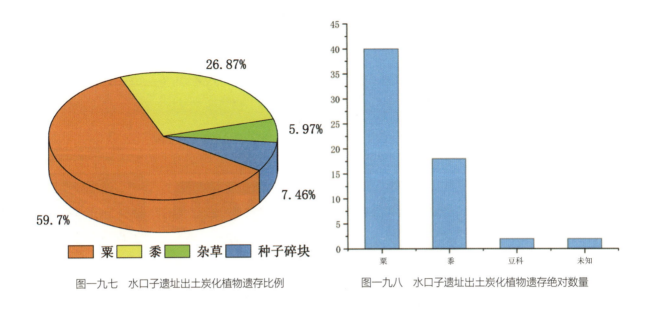

图一九七 水口子遗址出土炭化植物遗存比例　　　图一九八 水口子遗址出土炭化植物遗存绝对数量

（二）李庄遗址

李庄遗址位于古浪县土门镇三关村陈家场北侧河谷东岸。308 省道从遗址西、北侧经过，西南距宝塔寺 800 米，东北距三关村约 300 米，东南距陈家场约 150 米。遗址分布于河谷东岸的台地上，坐标：N37°36′48″，E103°1′31″，海拔 1690 米。遗址分布范围东西约 150 米，南北约 200 米，面积约 3 万平方米（彩版八九，5）。本次调查对遗址所在区域进行了全面踏查，区内以耕地为主，近河谷处有少量荒地，植被稀少，分布有现代墓葬，地表散落有少量陶片。

地表采集陶片以泥质红陶为主，夹砂红褐陶、泥质橙黄陶次之，少量夹砂红陶、橙黄陶、灰陶。以彩陶为主，素面次之，部分饰绳纹、刻划纹，少量饰附加堆纹。采集标本可辨器形有侈口罐、盆、钵、陶饼等。

LB:P1　钵口沿。泥质橙黄陶，质地坚硬，火候均匀。敛口，圆唇，圆弧腹。器表打磨光滑，饰黑彩宽条带纹，下接细线网格纹。内壁有抹痕和刻划痕。高 3.3、宽 3.2、胎厚 0.4 厘米（图一九九，1）。

LB:P2　彩陶片。泥质橙黄陶，质地坚硬，火候不均，陶胎有灰色夹芯。器表打磨光滑，饰黑彩宽、窄条带纹。内壁不平，有泥条盘筑痕和交错抹痕。高 3.5、宽 4.2、胎厚 0.6~0.8 厘米（图一九九，2）。

LB:P3　侈口罐口沿。夹粗砂红褐陶，可见石英等羼和料，质地坚硬，火候均匀。侈口，折沿，方唇。唇部饰绳纹一周，口沿下饰附加堆纹一周。内壁不平，有抹痕。高 2.3、宽 5.5、胎厚 0.4~0.8 厘米（图一九九，3）。

LB:P4　彩陶片。泥质橙黄陶，质地坚硬，火候不均，陶胎有红、灰色分层。器表不平，有交错刮抹痕。内壁打磨光滑。自上而下依次饰黑彩圆点纹、细线纹，平行宽带纹，锯齿状弧带纹下接窄弧带纹两道。高 5.8、宽 6.4、胎厚 0.3 厘米（图一九九，4）。

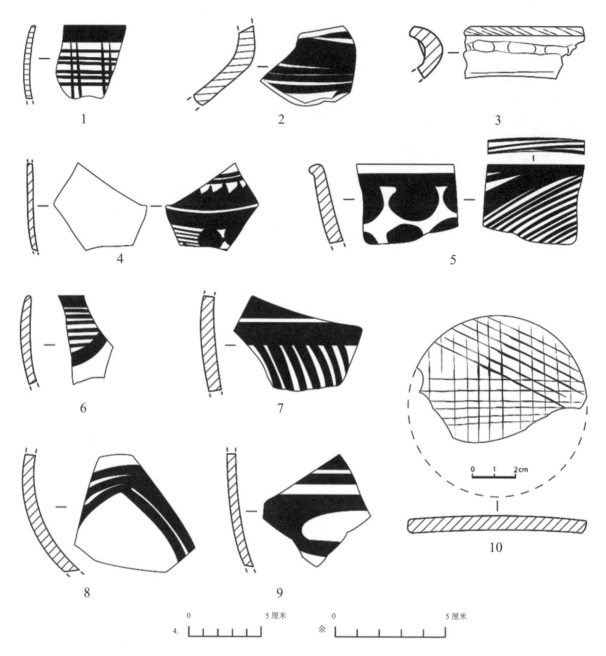

图一九九　李庄遗址采集陶片

1、6.钵口沿（LB:P1、LB:P6），2、4、7、8、9.彩陶片（LB:P2、LB:P4、LB:P7、LB:P8、LB:P9），3.侈口罐口沿（LB:P3），5.盆口沿（LB:P5），10.陶饼（LB:1）

　　LB:P5　盆口沿。泥质红陶，质地坚硬，火候均匀。敞口，平沿，圆唇，圆弧腹。内外壁打磨光滑。口沿上饰复线黑彩细线纹，器表饰黑彩横条带纹一周，下接黑彩圆点纹，口沿内饰复线黑彩宽、窄弧带纹和细线纹。高3.6、宽4.6、胎厚0.6厘米（图一九九，5；彩版九〇，1、2）。

　　LB:P6　钵口沿。泥质红陶，质地坚硬，火候均匀。敛口，圆唇，圆弧腹。器表打磨光滑，饰黑彩横条带纹和垂弧纹，间饰平行黑彩细线纹。内壁有抹痕。高4、宽2.3、胎厚0.3~0.5厘米（图一九九，6；彩版九〇，3）。

LB:P7　彩陶片。泥质红陶，质地坚硬，火候均匀。器表打磨光滑，饰平行黑彩条带纹两周，下接黑彩水波纹。内壁有细密抹痕。高4.2、宽5.9、胎厚0.5厘米（图一九九，7）。

LB:P8　彩陶片。泥质橙黄陶，质地坚硬，火候不均，陶胎有红、灰色分层。器表打磨光滑，饰交错黑彩弧带纹。内壁不平，有泥条盘筑痕和抹痕。高5.2、宽5.6、胎厚0.4~0.6厘米（图一九九，8）。

LB:P9　彩陶片。泥质橙黄陶，质地坚硬，火候均匀。器表打磨光滑，饰平行黑彩窄条带纹三道，下接黑彩勾形纹。内壁有抹痕。高5.1、宽4.9、胎厚0.4厘米（图一九九，9）。

LB:1　陶饼。夹砂红褐陶片磨制而成，残存约二分之一。圆形，正面保留交错刻划纹，背面和侧面磨制光滑。直径8、厚0.6厘米（图一九九，10）。

根据采集标本器形特征和纹饰判断，遗址文化性质为马家窑类型。采集黑彩陶片和夹砂红陶片，与周边地区红古和永登地区马家窑陶片的形制和纹饰一致，为马家窑类型时期晚期遗存，结合红古和永登两地马家窑遗址测年结果测年判断，该遗址马家窑类型遗存年代为4800—4600 BP，晚于杨家窝铺马家窑时期遗存。

（三）杨家场子遗址

杨家场子遗址位于古浪县黄花滩镇二墩村东北侧、旱石河西岸。西南距二墩村六组700米，西距二墩村东支渠500米，北为供销社园林二场，东距木笼台450米，南侧为316省道。遗址分布于旱石河西岸的台地上，坐标：N37°39′48″，E103°06′27″，海拔为1691米。遗址分布范围东西约200米，南北约500米，面积约10万平方米（彩版九〇，5）。1990年，该遗址被公布为县级文物保护单位。本次调查对旱石河西岸台地进行了全面踏查，遗址区西侧少量土地被开垦为农田，靠近河岸大部分沙化严重，种植固沙植被。地表散落有较多陶片。

地表采集陶片以泥质橙黄陶、红陶为主，夹砂红陶次之，少量夹砂橙黄陶、灰陶、红褐陶。以素面为主，彩陶次之，部分饰绳纹、附加堆纹和刻划纹。采集标本可辨器形有盆、钵、壶、瓮、侈口罐等。

YB:P1　盆口沿。泥质红陶，质地坚硬，火候不均，陶胎有灰色夹芯。侈口，圆唇，圆弧腹。内外壁打磨光滑。口沿上饰黑彩细线纹两周。腹部饰斜行黑彩宽条带纹和圆点纹。口沿内饰黑彩窄条带纹一周，下接斜行黑彩窄条带纹一道，腹内壁饰平行黑彩宽条带纹三道。高3.8、宽3.7、胎厚0.5~0.6厘米（图二〇〇，1）。

YB:P2　彩陶片。泥质橙黄陶，质地坚硬，火候不均，陶胎有灰色夹芯。内外壁打磨光滑。器表饰黑彩短线纹和内缘带锯齿的宽条带纹。高2.5、宽6、胎厚0.4厘米（图二〇〇，2）。

YB:P3　盆口沿。泥质红陶，质地坚硬，火候均匀。近直口，圆唇，弧腹。内外壁打磨光滑。器表饰斜行黑彩宽条带纹。口沿内饰平行黑彩窄条带纹三周。高3.9、宽2.6、胎厚0.4~0.7厘米（图二〇〇，3）。

YB:P4　钵口沿。泥质橙黄陶，质地坚硬，火候均匀。微敛口，圆唇，斜弧腹。器表打磨光滑，饰黑彩弧边三角纹和复线黑彩水波纹。口沿内饰黑彩窄条带纹一周。高3.6、宽3.4、胎厚0.5~0.6厘米（图二〇〇，4；彩版九〇，4）。

YB:P5　壶口沿。泥质红陶，质地坚硬，火候不均，陶胎有灰色夹芯。直口，折沿，圆唇，直领。器表打磨光滑。沿部饰黑彩窄条带纹一周，领部饰黑彩宽带纹一周，口沿上饰斜行黑彩短线纹、窄条带纹各一周，口沿内饰黑彩细线纹一周。高2.5、宽3.7、胎厚0.5~0.7厘米（图二〇〇，5）。

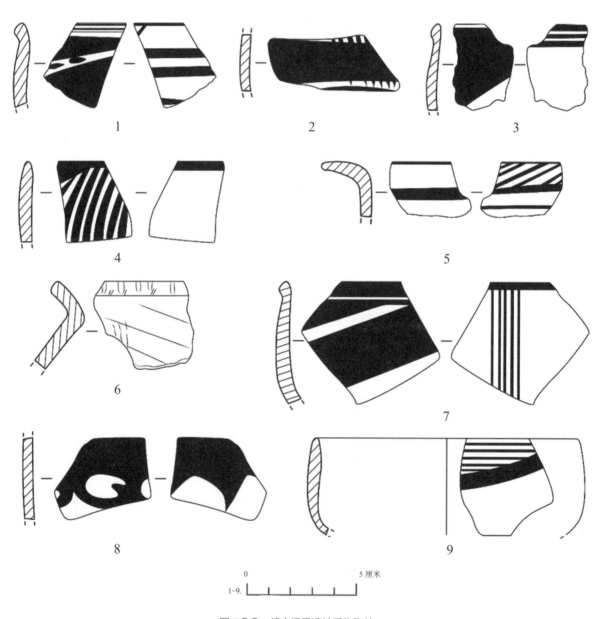

图二〇〇　杨家场子遗址采集陶片

1、3、7.盆口沿（YB:P1、YB:P3、YB:P7），4、9.钵口沿（YB:P4、YB:P9），2、8.彩陶片（YB:P2、YB:P8），5.壶口沿（YB:P5），6.侈口罐口沿（YB:P6）

YB:P6 侈口罐口沿。夹粗砂红褐陶，可见石英等羼和料。侈口，折沿，方唇，圆肩。唇部饰刻划纹一周，肩部饰刻划纹。内壁不平，有指窝痕和抹痕。高 3.9、宽 4.6、胎厚 0.6~0.8 厘米（图二〇〇，6）。

YB:P7 盆口沿。泥质橙黄陶，质地坚硬，火候均匀。近直口，圆唇，圆弧腹。内外壁打磨光滑。口沿饰黑彩窄条带纹一周，腹部饰斜行黑彩宽带纹两道，内壁饰黑彩窄条带纹一周，下接竖向黑彩细线纹五道。高 5.4、宽 6.2、胎厚 0.4~0.8 厘米（图二〇〇，7）。

YB:P8 彩陶片。泥质橙黄陶，质地坚硬，火候均匀。内外壁打磨光滑。器表饰黑彩宽条带纹下接勾形纹，内壁饰黑彩宽条带纹，下缘呈弧边三角形。高 3.7、宽 4.4、胎厚 0.4 厘米（图二〇〇，8；彩版九一，1、2）。

YB:P9 钵口沿。泥质橙黄陶，质地坚硬，火候均匀。近直口，圆唇，圆弧腹，下腹弧收。器表打磨光滑，饰平行黑彩细线纹五道和宽弧带纹一道。内壁不平，有指窝痕和抹痕。口径 11.8、高 4.3、胎厚 0.3~0.6 厘米（图二〇〇，9）。

根据采集标本器形特征和纹饰判断，遗址文化性质为马家窑类型。采集黑彩陶片和夹砂红陶片，器形和纹饰与李庄遗址一致，与周边地区红古和永登地区马家窑陶片形制和纹饰一致，为马家窑类型时期晚期遗存，结合红古和永登两地马家窑类型遗址测年结果测年判断，该遗址马家窑类型遗存年代为 4800—4600 BP，晚于杨家窝铺马家窑时期遗存。

（四）高家滩遗址

高家滩遗址位于古浪县直滩镇老城村东南、祁连山余脉昌灵山北麓山前坡地上。西北距老城遗址约 850 米，北距 308 省道约 2000 米，东距龙沟滩约 2000 米，坐标：N37°27′55″，E103°41′23″，海拔 2090 米。遗址分布范围东西约 500 米，南北约 200 米，面积约 10 万平方米（彩版九一，5）。2005 年，该遗址被武威市人民政府公布为市级文物保护单位。本次调查对遗址所在坡地进行了全面踏查。区内地势南高北低，平坦开阔，有多条南北向沟壑贯穿遗址，地表散落有较多陶片。在坡地一处南北向断面上发现灰坑一处，编号 H1。

H1 开口距地表约 0.6 米，厚约 0.3 米，清理长度约 1.2 米。土质疏松，浅黄色沙土，包含少量陶片、石块及大量炭屑等。采集土样一份（彩版九一，3）。

地表采集陶片以泥质橙黄陶为主，夹砂橙黄陶次之，部分夹砂红陶，少量夹砂灰陶、泥质红陶。以素面为主，彩陶次之，少量饰绳纹和附加堆纹。采集标本可辨器形有侈口罐、盆。

GB:P1 盆口沿。泥质橙黄陶，质地坚硬，火候不均，陶胎有灰色夹芯。敞口，尖唇，高领。内外壁打磨光滑，施紫红色陶衣。器表饰平行黑彩窄条带纹三周，间饰平行黑彩短条带纹两组，每组两道。内壁饰平行黑彩窄条带纹两周，下接黑彩折带纹。高 5.1、宽 5.3、胎厚 0.4 厘米（图二〇一，1）。

GB:P2 侈口罐口沿。夹细砂红褐陶，烧结度不高，质地疏松，火候不均，陶胎有红、灰色分层。侈口，圆唇，束颈。素面，器表打磨光滑。口径 15、高 2.9、胎厚 0.5~0.8 厘米（图

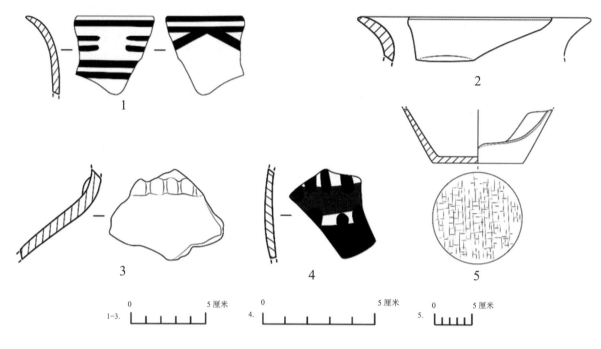

图二〇一　高家滩遗址采集陶片

1.盆口沿（GB:P1），2.侈口罐口沿（GB:P2），3.侈口罐肩部（GB:P3），4.彩陶片（GB:P4），5.器底（GB:P5）

二〇一，2）。

　　GB:P3　侈口罐肩部。夹细砂红褐陶，质地坚硬，火候均匀。圆肩，肩部饰附加堆纹一周。内壁不平，有凹槽和抹痕。残高5.9、宽7.7、胎厚0.6~1厘米（图二〇一，3）。

　　GB:P4　彩陶片。泥质橙黄陶，质地坚硬，火候均匀。器表不平，饰黑红彩宽弧带纹各一道，间饰黑彩短线纹。内壁不平，有泥条盘筑痕和交错抹痕。高3.9、宽3.8、胎厚0.3厘米（图二〇一，4）。

　　GB:P5　器底。夹砂红褐陶，烧结度不高，质地疏松，火候不均，陶胎有红、灰色分层。斜直腹，平底。腹部素面，底部压印席纹。残高7、底径12、胎厚0.5~1、底厚0.8厘米（图二〇一，5）。

　　根据采集标本器形特征和纹饰，与河西走廊地区同时期典型器物比较判断，遗址文化性质为马厂类型和齐家文化时期。在H1挑选黍5粒测年，H1测年结果经校正为4087—3927 BP（2Sigma，95.4%），年代拟合结果为4100—3900 BP（图二〇二）。灰坑采集的少量陶片与调查采集的夹砂或泥质橙黄陶、红陶陶片和彩陶片一致，说明该遗址马厂晚期和齐家早期遗存共存，这与河西走廊东部部分遗址齐家文化和马厂类型遗存共存一致，证实测年结果与遗址的文化性质一致。

　　高家滩遗址H1采集浮选土样1份，共计12升。经鉴定共出土4个种属21粒炭化植物种子，其中农作物9粒，占出土炭化植物遗存的42.86%，包括无壳粟、无壳黍；杂草种子4粒，占出土炭化植物遗存的19.05%，包括禾本科、豆科、未知炭化种子；另有种子碎块8粒，占出土炭化植

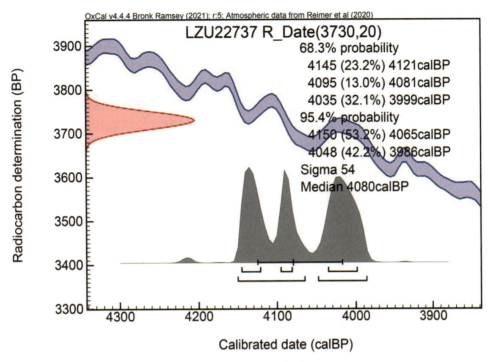

图二〇二 高家滩遗址 H1 出土粟年代校正曲线

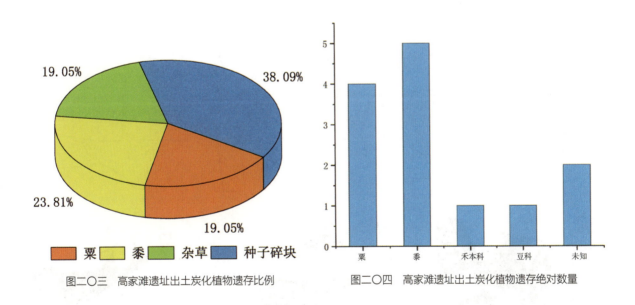

图二〇三 高家滩遗址出土炭化植物遗存比例

图二〇四 高家滩遗址出土炭化植物遗存绝对数量

物遗存的 38.09%（图二〇三，图二〇四）。结合 H1 及遗址性质和测年结果判断，出土植物遗存为马厂晚期和齐家文化早期。

（五）陈家场子遗址

陈家场子遗址位于古浪县黄花滩镇陈家涝坝东北，西石河东岸。西南距陈家涝坝约 300 米，西距西石河约 50 米，东距古浪县园林二场约 800 米，东南距杨家场子遗址 1300 米，坐标：N37°40′41″，E103°05′46″，海拔为 1675 米。遗址分布范围东西约 100 米，南北约 200 米，面积约 2

万平方米（彩版九二，1）。本次调查对遗址所在区域进行了全面踏查。区内地势东高西低，略有起伏，流水侵蚀形成浅沟、断崖和土丘，植被稀少，砾石散布。地表散落有较多陶片。

地表采集陶片以泥质橙黄陶为主，夹砂红陶、红褐陶次之，少量夹砂橙黄陶、泥质红陶。以素面为主，部分彩陶。部分饰绳纹，少量饰附加堆纹和刻划纹。采集标本可辨器形有壶、侈口罐。

CB:P1　壶口沿。泥质橙黄陶，质地坚硬，火候不均，陶胎有灰色夹芯。近直口，折沿，圆唇，直领。素面。口径14.2、高2、胎厚0.7~0.9厘米（图二〇五，1）。

CB:P2　罐肩部。夹粗砂红褐陶，可见石英等羼和料，烧结度不高，质地疏松。圆肩。器表粗糙，饰斜绳纹和锯齿状附加堆纹。内壁不平，有指窝痕和抹痕。高2.1、宽4.8、胎厚0.5厘米（图二〇五，2）。

CB:P3　侈口罐口沿。夹细砂橙黄陶，质地坚硬，火候均匀。侈口，圆唇，束颈，溜肩。颈部饰附加堆纹一周，肩部饰绳纹。口径10.3、高4.4、胎厚0.3~0.6厘米（图二〇五，3；彩版九一，4）。

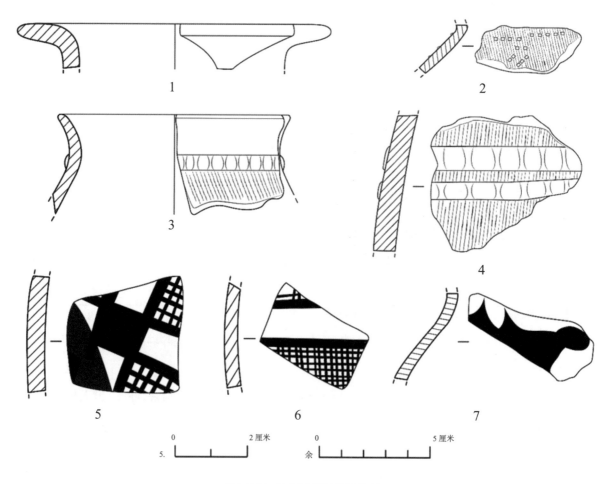

图二〇五　陈家场子遗址采集陶片

1.壶口沿（CB:P1），2.罐肩部（CB:P2），3.侈口罐口沿（CB:P3），4.绳纹陶片（CB:P4），5、6、7.彩陶片（CB:P5、CB:P6、CB:P7）

CB:P4　绳纹陶片。夹粗砂红褐陶，可见颗粒较大的石英等羼和料，烧结度不高，质地疏松。火候不均，陶胎有红、灰色分层。器表饰绳纹和附加堆纹两道。内壁不平，有抹痕。高6、宽6.8、胎厚0.8~1厘米（图二〇五，4）。

CB:P5　彩陶片。泥质橙黄陶，质地坚硬，火候均匀。器表饰红彩宽弧带纹，外接黑彩方格纹和网格纹。内壁不平，有指窝痕和抹痕。高3.1、宽3.1、胎厚0.5厘米（图二〇五，5）。

CB:P6　彩陶片。夹细砂橙黄陶，质地坚硬，火候均匀。器表饰黑彩窄条带纹两周，上下接黑彩网格纹。内壁不平，有指窝痕和抹痕。高4.7、宽4.9、胎厚0.5~0.6厘米（图二〇五，6）。

CB:P7　彩陶片。泥质橙黄陶，质地坚硬，火候均匀。器表打磨光滑，饰黑彩齿带纹和圆点纹。内壁不平，有泥条盘筑痕和抹痕。高3.8、宽5.6、胎厚0.4厘米（图二〇五，7）。

根据本次采集标本器形特征和纹饰，与河西走廊地区同时期典型器物比较判断，遗址文化性质为马家窑类型和半山类型。采集黑彩陶片、夹砂红陶片和夹砂橙黄陶片，个别夹砂红陶片饰多道附加堆纹，为典型马家窑类型时期遗存，与周边地区红古和永登地区马家窑陶片形制和纹饰一致，为马家窑类型时期晚期遗存，结合红古和永登两地马家窑遗址测年结果测年判断，该遗址马家窑类型遗存年代为4800—4600 BP，晚于杨家窝铺马家窑时期遗存。

（六）浪湾遗址

浪湾遗址位于古浪县黄花滩镇四墩村东南，旱石河西岸。西距四墩村十一组900米，西北距倒坡400米，东距旱石河150米，南距四墩村一组300米，坐标：N37°41′44″，E103°06′00″，海拔为1657米。遗址分布范围东西约500米，南北约300米，面积15万平方米（彩版九二，2）。1990年，该遗址被公布为县级文物保护单位。本次调查对遗址所在区域进行了全面踏查。区内地表受流水侵蚀，形成浅沟、断崖和土丘，地势起伏较大，砾石散布。遗址区地表散落有少量陶片。

地表采集陶片以夹砂红陶为主，泥质橙黄陶、红陶次之，少量夹砂橙黄陶、灰陶、红褐陶。以素面为主，部分彩陶，少量饰绳纹和附加堆纹。采集标本可辨器形有盆、罐等。

LB:P1　壶口沿。泥质橙黄陶，质地坚硬，火候均匀。侈口，圆唇，高领微束。器表饰黑彩，脱落严重，纹饰不明。内壁不平，有泥条盘筑痕、指窝痕和抹痕。高5.8、宽5.5、胎厚0.6厘米（图二〇六，1）。

LB:P2　盆口沿。泥质橙黄陶，质地坚硬，火候均匀。敞口，卷沿，圆唇，圆弧腹。素面，器表较粗糙，口沿下有未抹平的泥条痕。内壁有指窝痕和交错抹痕。口径21.2、高5.5、胎厚0.4~0.6厘米（图二〇六，2）。

LB:P3　彩陶片。夹细砂红褐陶，质地坚硬，火候均匀。器表未打磨，施暗红色陶衣，饰复线黑彩折线纹。内壁有抹痕。高4.8、宽4.8、胎厚0.6厘米（图二〇六，3）。

LB:P4　罐肩部。夹粗砂橙黄陶，可见石英等羼和料，质地坚硬，火候均匀。圆肩，肩部饰附加堆纹一周。内壁不平，有泥条盘筑痕和抹痕。高4、宽5.5、胎厚0.5~0.6厘米（图二〇六，4）。

根据采集标本器形特征和纹饰，与河西走廊地区同时期典型器物比较判断，遗址文化性质为半

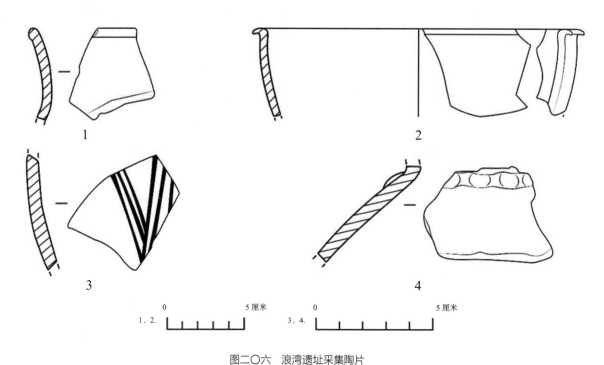

图二〇六　浪湾遗址采集陶片
1.罐口沿（LB:P1），2.盆口沿（LB:P2），3.彩陶片（LB:P3），4.罐肩部（LB:P4）

山类型和马厂类型。采集的彩陶片和夹砂红陶片，为典型马厂中晚期遗物，结合水口子和卫家庄遗址的测年结果判断，该遗址马厂类型时期遗存年代为 4200—4000 BP。

（七）青石湾遗址

青石湾遗址位于古浪县土门镇青石湾东北。西南距青石湾 800 米，西距明长城 400 米，北距 2012 国道 300 米，南距 308 省道 200 米。遗址分布于西石河东岸台地上，坐标：N37°38′02″，E103°05′35″，海拔为 1725 米。遗址分布范围东西约 200 米，南北约 400 米，面积约 8 万平方米（彩版九三，1）。1993 年，该遗址被甘肃省人民政府公布为第五批省级文物保护单位。本次调查对遗址所在台地进行了全面踏查，区内地势平坦开阔，大部分被开垦为农田，二墩西支渠南北纵贯遗址，青石湾敌台遗址位于遗址区东南。地表散见少量陶片，在遗址中部偏北发现剖面 1 处，编号剖面 1，墓葬 1 处，编号 M1。

剖面 1 为人工断面，位于遗址东北、二墩西支渠东壁上，分为上下 2 层。①层为表土，厚 0.65 米，土质疏松，黄色，包含大量植物根系；②层为文化层堆积，厚约 0.2 米，水平状堆积。土质疏松，灰黑色，包含泥质、夹砂陶片。陶片标本较小，无可辨器形。采集土样一份（彩版九三，2）。

M1 位于遗址中部农田旁一南北向的断面上。暴露有肋骨，距地表约 0.3 米。采集了部分人骨（彩版九三，3）。

地表采集陶片以夹砂红陶为主，少量泥质橙黄陶和夹砂红褐陶、灰陶。以素面为主，部分彩陶，少量饰绳纹。采集标本可辨器形有壶、杯等。

QB:P1　罐口沿。夹细砂红褐陶，烧结度不高，质地疏松，火候不均，陶胎有灰色夹芯。侈口，圆唇，束颈。素面。局部有烟炱。高 3.7、宽 4.5、胎厚 0.5~0.6 厘米（图二〇七，1）。

QB:P2　彩陶片。泥质橙黄陶，质地坚硬，火候均匀。器表打磨光滑，施紫红色陶衣，饰黑彩宽折带纹。内壁不平，有交错抹痕。高 4.5、宽 4.5、胎厚 0.4~0.5 厘米（图二〇七，2；彩版九四，1）。

QB:P3　彩陶片。泥质橙黄陶，质地坚硬，火候均匀。器表打磨光滑，饰红彩圆圈纹，内接黑彩窄条带纹和细线网格纹。内壁不平，有横向抹痕。高 5.5、宽 6.2、胎厚 0.5 厘米（图二〇七，3）。

QB:P4　杯腹部。泥质橙黄陶，质地坚硬，火候均匀。鼓腹，下腹弧收，平底。器表打磨光滑，饰竖向黑彩窄条带纹三道，一侧接黑彩网格纹，网格中心填黑彩圆点。残高 6.7、底径 11、胎厚 0.5~0.7、底厚 0.4 厘米（图二〇七，4）。

根据本次采集标本器形特征和纹饰，与河西走廊地区同时期典型器物比较判断，遗址文化性质为马厂类型。采集的彩陶片和夹砂红陶片与水口子和卫家庄遗址出土彩陶的形制和纹饰一致，为典型马厂类型遗物。结合水口子和卫家庄遗址的测年结果判断，该遗址马厂类型遗存年代为 4200—4000 BP，个别红黑复彩陶片可早到马厂早期，年代可早到 4300 BP。

青石湾遗址剖面 1 采集浮选土样 1 份，共计 5 升。经鉴定共出土 2 个种属 14 粒炭化植物种子，其中农作物仅有无壳黍和黍碎块 6 粒，占出土炭化植物遗存的 42.86%；杂草种子 3 粒，占出土炭

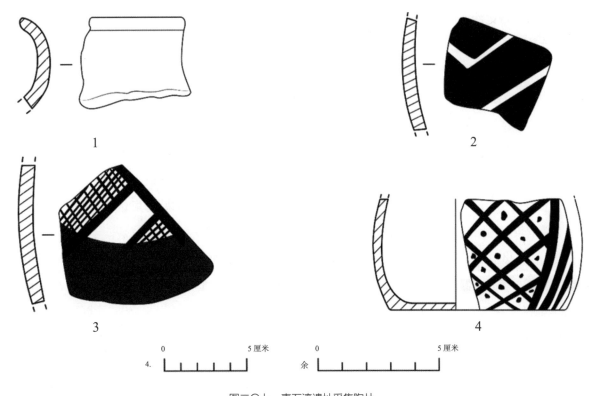

图二〇七　青石湾遗址采集陶片

1. 罐口沿（QB:P1），2、3. 彩陶片（QB:P2、QB:P3），4. 杯腹部（QB:P4）

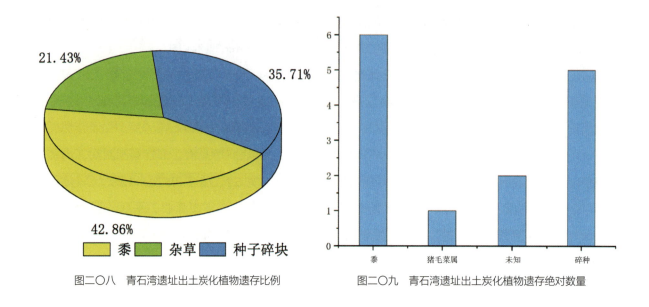

图二〇八　青石湾遗址出土炭化植物遗存比例　　　　图二〇九　青石湾遗址出土炭化植物遗存绝对数量

化植物遗存的 21.43%，其中包括猪毛菜属和未知炭化种子；另有种子碎块 5 粒，占出土炭化植物遗存的 35.71%（图二〇八，图二〇九）。结合剖面 1 及遗址文化性质和测年结果判断，出土植物遗存为马厂类型时期遗存。

（八）西凉女国遗址

西凉女国遗址是本次调查过程中新发现的一处遗址。位于古浪县黄花滩镇北侧与凉州区接壤地带，此处为腾格里沙漠南缘。西南距头道沟 800 米，西距连接南湖镇和黄花镇的公路 400 米，遗址分布于西南—东北向新月形沙丘链南侧，坐标:N37°49′14″，E103°9′53″，海拔 1656 米。遗址分布范围东西约 80 米，南北约 50 米，面积约 4000 平方米（彩版九四，2）。沙丘下方地势低洼处散落有较多陶片。另外，地表遍布"砂质管状物"，应为沙层下部承压水上涌过程中蒸发后盐分结晶的产物，推测该区域曾靠近河流或湖泊。

地表采集陶片以夹砂红陶为主，夹砂灰陶次之，少量夹砂橙黄陶、红褐陶和泥质红陶。以素面为主，部分彩陶，少量饰绳纹、刻划纹和附加堆纹。采集标本可辨器形有罐。

XB:P1　侈口罐口沿。夹粗砂红陶，可见石英等羼和料。侈口，圆唇，束颈，圆肩。素面，内外壁不平，较粗糙。口径 12、高 3.2、胎厚 0.6 厘米（图二一〇，1）。

XB:P2　侈口罐口沿。夹细砂橙黄陶，质地坚硬，火候不均，陶胎有灰色夹芯。侈口，圆唇，束颈，圆肩。素面。器表打磨光滑，有轮修痕迹。内壁不平，局部有凹窝。口径 9.8、高 4.6、胎厚 0.5 厘米（图二一〇，2）。

XB:P3　敞口罐口沿。夹粗砂红陶，质地坚硬，火候不均，陶胎有红、灰色分层。敞口，圆唇，斜领。素面。内壁不平，较粗糙。口径 14、高 6、胎厚 0.8 厘米（图二一〇，3）。

XB:P4　绳纹陶片。夹细砂红褐陶，烧结度不高，质地疏松。器表粗糙，饰绳纹和锯齿状附加堆纹。内壁不平，有泥条盘筑痕和抹痕。高 5、宽 5、胎厚 0.6 厘米（图二一〇，4）。

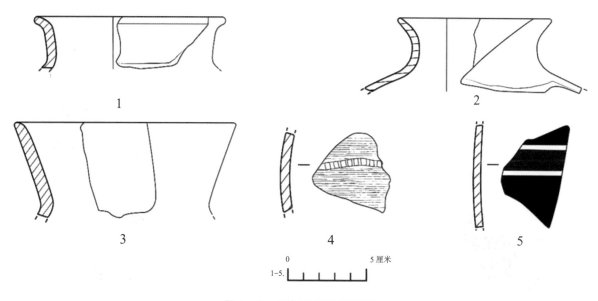

图二一〇　西凉女国遗址采集陶片

1、2.侈口罐口沿（XB:P1、XB:P2），3.敞口罐口沿（XB:P3），4.绳纹陶片（XB:P4），5.彩陶片（XB:P5）

XB:P5　彩陶片。夹细砂橙黄陶，质地坚硬，火候不均，陶胎有灰色夹芯。器表打磨光滑，饰黑彩宽带纹两周，间饰红彩宽带纹。内壁不平，有泥条盘筑痕和抹痕。高6.4、宽4.2、胎厚0.5厘米（图二一〇，5）。

根据采集标本器形特征和纹饰，与河西走廊地区同时期典型器物比较判断，遗址文化性质为半山类型和马厂类型。采集的彩陶片和夹砂红陶片与水口子和卫家庄遗址出土彩陶的形制和纹饰一致，为典型马厂类型遗物，结合水口子和卫家庄遗址的测年结果判断，该遗址马厂类型时期遗存年代为4200—4000 BP，个别红黑复彩陶片可早到马厂早期，年代可早到4300 BP。

（九）摩天岭遗址

摩天岭遗址位于古浪县黄花滩镇白板滩村西侧。西南距五墩台1100米，北距大土沟500米，东距白板滩村600米。遗址分布于旱石河东岸的荒坡上，坐标:N37°43′8″，E103°5′53″，海拔1639米。遗址分布范围东西约200米，南北约700米，面积约14万平方米（彩版九四，3）。本次调查对遗址所在区域进行了全面踏查。区内地表受流水侵蚀，形成浅沟、断崖和土丘，地势起伏较大，植被稀少，干涸河道内散落有较多陶片。

地表采集陶片以夹砂红陶、橙黄陶为主，泥质橙黄陶、红陶次之，少量夹砂红褐陶、灰陶。以素面为主，部分彩陶，少量饰绳纹、刻划纹和附加堆纹。采集标本可辨器形有侈口罐、盆、钵等。

MB:P1　侈口罐口沿。夹粗砂红陶，可见石英等羼和料，质地坚硬，火候均匀。侈口，折沿，圆唇，圆肩。唇部饰绳纹一周，卷沿下饰附加堆纹一周。肩部素面。内壁不平，有指窝痕和交错抹痕。器表有烟炱。口径19、高2.9、胎厚0.5~0.9厘米（图二一一，1）。

MB:P2　盆口沿。泥质橙黄陶，质地坚硬，火候不均，陶胎有灰色夹芯。侈口，尖唇，弧腹。

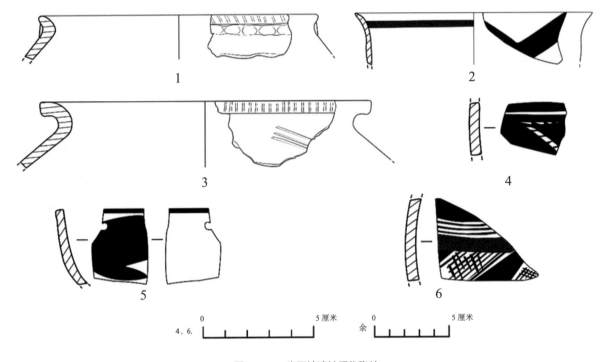

图二—— 摩天岭遗址采集陶片

1、3.侈口罐口沿（MB:P1、MB:P3），2.盆口沿（MB:P2），4、6.彩陶片（MB:P4、MB:P6），5.钵口沿（MB:P5）

内外壁打磨光滑。器表饰黑彩宽折带纹，口沿内饰红彩横条带纹一周，红彩脱落严重。口径 16、高 3.5、胎厚 0.5 厘米（图二——，2）。

MB:P3 侈口罐口沿。夹粗砂红陶，可见石英等羼和料，质地坚硬，火候不均，陶胎有灰色夹芯。侈口，卷沿，方唇，圆肩。口沿上饰刻划纹一周，肩部饰斜行刻划纹。器表较粗糙，内壁不平，交错抹痕。口径 22.5、高 4.4、胎厚 0.6~1 厘米（图二——，3）。

MB:P4 彩陶片。泥质橙黄陶，质地坚硬，火候均匀。器表打磨光滑，饰平行黑、红彩窄条带纹各一道，下接红黑复彩圈纹和内缘带锯齿的黑彩弧带纹。内壁不平，有泥条盘筑痕和抹痕。高 2.3、宽 3、胎厚 0.5 厘米（图二——，4）。

MB:P5 钵口沿。泥质红陶，质地坚硬，火候均匀。敞口，圆唇，弧腹。器表打磨光滑，饰黑彩，脱落严重，纹饰不明。口沿内饰黑彩窄条带纹一周。高 5、宽 3.8、胎厚 0.5~0.6 厘米（图二——，5）。

MB:P6 彩陶片。泥质橙黄陶，质地坚硬，火候均匀。器表打磨光滑，饰黑、红彩宽弧带纹各一道，间饰黑彩细条带纹三道，下接斜行黑彩宽带纹和细线网格纹。内壁不平，有泥条盘筑痕和抹痕。高 3.6、宽 4.6、胎厚 0.5 厘米（图二——，6）。

根据采集标本器形特征和纹饰，与河西走廊地区同时期典型器物比较判断，遗址文化性质为马家窑类型和半山类型。采集的部分夹砂陶侈口罐和个别彩陶片为典型马家窑类型时期遗存，与周边红古和永登地区马家窑陶片形制和纹饰一致，为马家窑类型时期晚期遗存。结合红古和永登两地马家窑遗址测年结果判断，该遗址马家窑类型遗存年代为4800—4600 BP，晚于杨家窝铺马家窑时期遗存。

（一〇）陈家湾遗址

陈家湾遗址位于古浪县西靖镇陈家湾村东北侧山坡上。西南距陈家湾约300米，北侧、东侧紧邻2012国道，南距308省道约400米，坐标：N37°33′27″，E103°20′5″，海拔1912米。遗址分布范围东西约400米，南北约200米，面积约8万平方米（彩版九五，1）。本次调查对遗址所在区域进行了全面踏查，区内地势北高南低，以荒坡为主，有少量农田分布，植被稀少。地表散见少量陶片。

地表采集陶片以夹砂红陶为主，泥质橙黄陶次之，少量泥质红陶和夹砂橙黄陶、灰陶。以素面为主，少量彩陶，个别饰绳纹。采集标本可辨器形有钵、壶。

CB:P1　钵口沿。泥质橙黄陶，质地坚硬，火候不均，陶胎有灰色夹芯。敛口，圆唇，圆弧腹。素面。口径21.8、高2.5、胎厚0.4厘米（图二一二，1）。

CB:P2　壶口沿。夹细砂橙黄陶，质地坚硬，火候均匀。侈口，平沿，圆唇，束颈，溜肩。素面，内外壁不平。口径16、高4.5、胎厚0.5~0.7厘米（图二一二，2）。

CB:P3　彩陶片。泥质橙黄陶，质地坚硬，火候均匀。器表打磨光滑，饰平行黑彩窄弧带纹三道。内壁不平，有泥条盘筑痕和交错抹痕。高3、宽3.8、胎厚0.4厘米（图二一二，3）。

根据采集标本器形特征和纹饰，与河西走廊地区同时期典型器物比较判断，遗址文化性质为马家窑类型和马厂类型。采集的部分泥质橙黄陶片和个别彩陶片为典型马家窑类型时期遗存，与周边红古和永登地区马家窑陶片形制和纹饰一致，为马家窑类型时期晚期遗存。结合红古和永登两地马家窑遗址测年结果，该遗址马家窑类型遗存年代为4800—4600 BP，晚于杨家窝铺马家窑时期遗存。另外采集到少量较碎的陶片，纹饰为典型马厂类型遗存，与水口子和卫家庄遗址出土彩陶形制和纹饰一致，为典型马厂时期遗物，该遗址马厂类型时期遗存年代为4200—4000 BP。

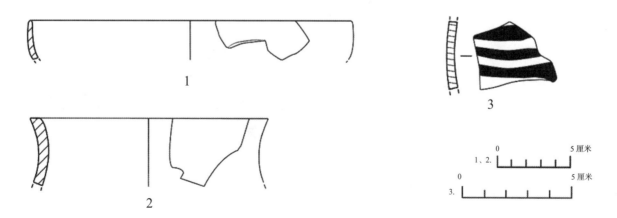

图二一二　陈家湾遗址采集陶片

1.钵口沿（CB:P1），2.壶口沿（CB:P2），3.彩陶片（CB:P3）

（一一）土坝遗址

土坝遗址位于古浪县古浪镇暖泉村土坝组。西侧紧邻杜家沟，东北距西沟庄800米，东距土坝组100米、连霍高速公路约1200米，南侧紧邻通往杜家沟的道路。遗址分布于杜家沟口一处流水侵蚀残留的台地上，坐标：N37°30′17″，E102°52′47″，海拔为2031米。遗址分布范围东西约200米，南北约120米，面积约2.4万平方米（彩版九五，2）。本次调查对遗址所在区域进行了全面踏查。台地呈西南—东北向，西南高，东北低，台面平整开阔。早期被开垦为农田，沙化严重，现已退耕还林。台面上散见少量陶片。在西南侧一处断面上发现剖面2处，编号剖面1、剖面2。

剖面1开口距地表约0.4米，厚约0.1~0.4米，呈不规则状。土质疏松，灰褐色细沙土，包含大量炭屑。采集土样一份（彩版九六，1）。

剖面2位于剖面1西侧，开口距地表约0.5米，厚约0.22米，未到底。土质疏松，浅灰色细沙土，包含大量炭屑和个别陶片。陶片标本较小，无可辨器形。采集土样一份（彩版九六，2）。

地表采集陶片以夹砂红褐陶、橙黄陶为主，夹砂红陶、灰陶次之，少量泥质红陶、橙黄陶。以素面为主，部分彩陶，少量饰绳纹和附加堆纹。采集标本可辨器形有盆、腹耳罐、鬲足。

TB:P1　腹耳罐腹部。夹粗砂灰陶，质地坚硬，火候均匀。弧腹，腹中偏下有环形耳，残存一半。素面。内外壁较粗糙。高6.5、宽8、胎厚0.5~0.8厘米（图二一三，1）。

TB:P2　彩陶片。夹细砂橙黄陶，质地坚硬，火候均匀。器表打磨光滑，施紫红色陶衣，饰斜行黑彩宽带纹。内壁不平，有泥条盘筑痕、指窝痕和抹痕。高6.8、宽5.9、胎厚0.6厘米（图二一三，2）。

TB:P3　盆腹部。泥质红陶，质地坚硬，火候均匀。鼓腹，下腹内收。器表打磨光滑，施紫红色陶衣。腹部饰黑彩宽折带纹。内壁不平，有泥条盘筑痕和抹痕。高5.7、宽5.9、胎厚0.6~0.8厘米（图二一三，3）。

根据采集标本器形特征和纹饰，与河西走廊地区同时期典型器物比较判断，遗址文化性质为马厂类型。在剖面1挑选粟11粒测年，剖面测年结果经校正为4150—3986 BP（2Sigma，95.4%），

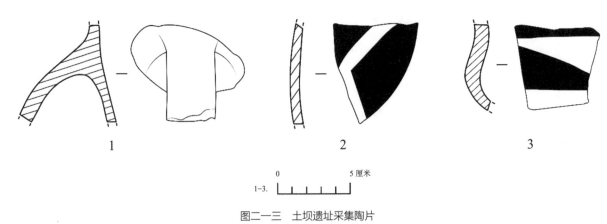

1　　　　　　　　　　　　2　　　　　　　　　3

0　　　　　5厘米
1-3.

图二一三　土坝遗址采集陶片
1.腹耳罐腹部（TB:P1），2.彩陶片（TB:P2），3.盆腹部（TB:P3）

年代拟合结果为 4100—4000 BP（图二一四）。剖面采集的少量陶片与调查采集的夹砂灰陶陶片、泥质橙黄陶陶片和彩陶片一致，为典型马厂类型时期遗存，证实测年结果与遗址的文化性质一致。

　　土坝遗址剖面 1、剖面 2 采集浮选土样 2 份，共计 27 升。经鉴定共出土 6 个种属 419 粒炭化植物种子，其中农作物 370 粒，占出土炭化植物遗存的 88.31%，包括无壳粟、带壳粟、无壳黍和粟黍碎块；杂草种子 25 粒，占出土炭化植物遗存的 5.97%，其中以禾本科杂草为主，包括黍亚科、

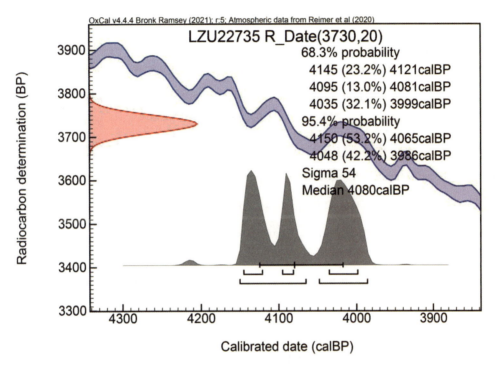

图二一四　　土坝遗址剖面 1 出土粟年代校正曲线

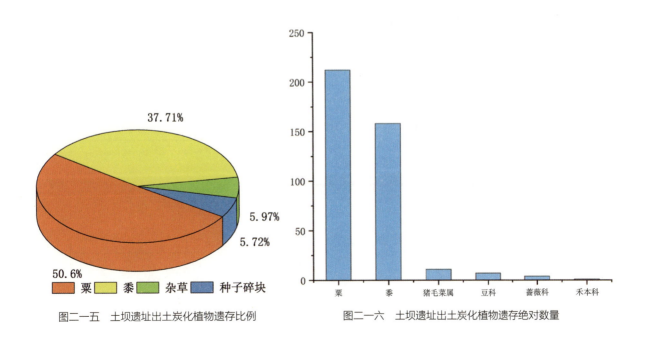

图二一五　土坝遗址出土炭化植物遗存比例　　　　图二一六　土坝遗址出土炭化植物遗存绝对数量

狗尾草属、禾本科、野稷，还有藜属、豆科和未知炭化种子；另有种子碎块 24 粒，占出土炭化植物遗存的 5.72%（图二一五，图二一六）。从剖面及遗址文化性质和测年结果判断，出土植物遗存为马厂类型时期遗存。

（一二）昭子山遗址

昭子山遗址是本次调查过程中新发现的一处遗址，位于古浪县大靖镇圈城村东南的山梁上。西距庙儿沟 700 米，西北距圈城村 1400 米，遗址分布于一处东南—西北向山梁顶部，坐标：N37°25′18″，E103°27′58″，海拔 2025 米。遗址所在山梁南高北低，西坡、北坡地势较缓，东坡、南坡地势较陡峭，东南坡底有一季节性河。本次调查，在对可能分布有遗址的山塬、山梁及台地进行实地踏查时，在山梁顶部及山坡上东西约 100 米，南北约 100 米的范围内发现较多陶片，面积约 1 万平方米（彩版九六，3），在山梁顶部人工挖掘的环壕断面上发现灰坑一处，编号 H1。

H1 位于环壕北壁上，开口距地表 0.4 米，厚约 0.15 米。土质疏松，灰褐色细沙土，包含少量陶片和红烧土块，出土残石环 1 件。陶片有泥质橙黄陶、夹砂橙黄陶。少量彩陶，个别饰附加堆纹。采集标本可辨器形有侈口罐。采集土样一份。

地表采集陶片以夹砂橙黄陶、红陶为主，泥质橙黄陶次之，少量夹砂灰陶、红褐陶。以素面为主，少量彩陶，个别饰绳纹。采集标本可辨器形有罐、盆。

ZB:P1 罐口沿。泥质橙黄陶，质地坚硬，火候不均，陶胎有灰色夹芯。侈口，圆唇，束颈，圆肩。器表打磨光滑。颈部饰黑彩 "Z" 字形纹一周，颈肩之间饰黑彩宽条带纹一周，口沿内自上而

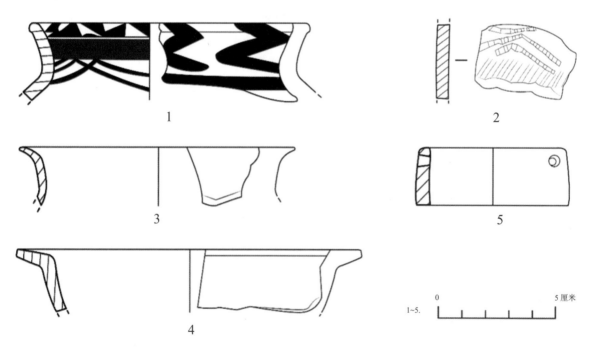

图二一七 昭子山遗址采集陶片、石器

1. 罐口沿（ZB:P1），2. 绳纹陶片（ZB:P2），3. 侈口罐口沿（ZH1:P3），4. 盆口沿（ZB:P4），5. 石环（ZH1:1）

下依次饰连续黑彩三角纹、红彩宽带纹和交错垂弧纹各一周。口径 12、高 3.3、胎厚 0.5~0.6 厘米（图二一七，1；彩版九七，1、2）。

ZB:P2　绳纹陶片。夹砂橙黄陶，质地坚硬，火候均匀。器表饰锯齿状附加堆纹三道和绳纹。内壁不平，有较深竖向抹痕。高 3.1、宽 4.3、胎厚 0.5 厘米（图二一七，2）。

ZH1:P3　侈口罐口沿。夹粗砂橙黄陶，质地坚硬，火候均匀。侈口，圆唇，束颈，圆肩。素面。内外壁较粗糙。口径 11.8、高 2.5、胎厚 0.4 厘米（图二一七，3）。

ZB:P4　盆口沿。夹粗砂橙黄陶，烧结度不高，质地疏松。敞口，斜沿，方唇，弧腹。素面，器表较粗糙，有凹凸不平抹痕。内壁有泥条盘筑痕。口径 14.8、高 2.6、胎厚 0.4~0.6 厘米（图二一七，4）。

ZH1:1　石环。大理石质，白色，通体磨光。仅存局部，环状，平面圆形，断面近长方形。侧面有一穿孔，单面钻。直径 6.5、宽 2.4、厚 0.6 厘米（图二一七，5）。

根据采集标本器形特征和纹饰，与河西走廊地区同时期典型器物比较判断，遗址文化性质为半山类型和马厂类型。采集的部分彩陶片和夹砂红陶片与水口子和卫家庄遗址出土彩陶的形制和纹饰一致，为典型马厂类型遗物，结合水口子和卫家庄遗址的测年结果判断，该遗址马厂类型时期遗存年代为 4200—4000 BP，个别红黑复彩陶片可早到马厂早期，年代可早到 4300 BP。

昭子山遗址 H1 采集浮选土样 1 份，共计 11 升。经鉴定共出土 2 个种属 20 粒炭化植物种子，其中农作物有无壳黍和黍碎块 10 粒，占出土炭化植物遗存的 50%；杂草种子 5 粒，占出土炭化植物遗存的 25%，包括豆科和未知炭化种子；另有种子碎块 5 粒，占出土炭化植物遗存的 25%（图二一八，图二一九）。结合遗址文化性质判断，出土植物遗存为马厂类型时期遗存。

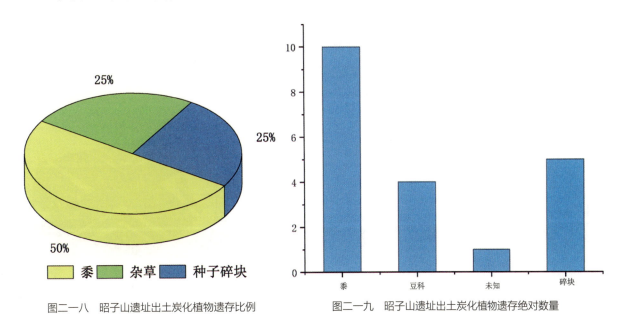

图二一八　昭子山遗址出土炭化植物遗存比例　　　　图二一九　昭子山遗址出土炭化植物遗存绝对数量

（一三）卫家庄遗址

卫家庄遗址是本次调查新发现的一处遗址，位于古浪县古浪镇卫家庄村北侧。西侧紧邻 G30 连霍高速公路，东北距朱家庄约 300 米，南距卫家庄 500 米，坐标:N37°32′50″，E102°53′00″，海拔 1942 米。遗址分布范围东西约 400 米，南北约 400 米，面积约 16 万平方米（彩版九七，5）。本次调查对遗址所在区域进行了全面踏查，区内经人工平整，较平坦，杂草丛生，纬六路东西向贯穿遗址，将其分为南北两部分。地表散落有较多陶片。在南部取土形成的人工断面上，发现剖面两处，灰坑一座，分别编号剖面 1、剖面 2 和 H1。

剖面 1 为人工断面，位于遗址东部，堆积分为上下 2 层。①层为扰土，土质致密，粉砂质黄土，厚约 1.7 米；②层为文化层堆积，土质致密，灰褐色，厚约 0.6 米，包含少量陶片和骨骼。陶片以夹砂橙黄陶为主，少量夹砂红陶，个别泥质红陶。以素面为主，个别彩陶。采集标本可辨器形有双耳罐。采集土样一份（彩版九七，3）。

剖面 2 为人工断面，位于遗址南部，堆积分为上下 2 层。①层为扰土，土质致密，粉砂质黄土，厚约 1.2 米；②层为文化层堆积，土质致密，浅灰褐色，厚约 1.2 米，未到底，包含少量陶片和骨骼。陶片均为夹砂红陶，素面，标本较小，无可辨器形。采集土样一份。

H1 位于剖面 1 东侧，剖面呈袋状。开口距地表 2.5 米，口径约 0.8 米，底径约 1.4 米，深 0.8 米。土质疏松，灰黑色粉砂土，包含少量陶片。陶片有夹砂红陶、橙黄陶、红褐陶和个别泥质红陶。以绳纹为主，个别彩陶。采集标本较小，无可辨器形。采集土样一份（彩版九七，4）。

地表采集陶片以夹砂橙黄陶、红陶为主，夹砂红褐陶次之，少泥质橙黄陶。以素面为主，少量饰绳纹和刻划纹，个别彩陶。采集标本较小，无可辨器形。

WP1:P1　双耳罐口沿。夹粗砂橙黄陶，可见石英等羼和料，质地坚硬，火候均匀。侈口，圆唇，束颈，圆肩。口肩部有桥形耳，口耳平齐。耳面上部饰戳印圆圈纹三个。内壁不平，有抹痕。器表有烟炱。口径 10、高 5.1、胎厚 0.5~0.9 厘米（图二二〇，1）。

WH1:P2　彩陶片。泥质红陶，质地坚硬，火候均匀。器表打磨光滑，饰黑彩宽带交错形成的"×"纹，间饰黑彩菱形网格纹。内壁不平，有较深的竖向抹痕。高 7.2、宽 10.6、胎厚 0.7 厘米（图二二〇，2）。

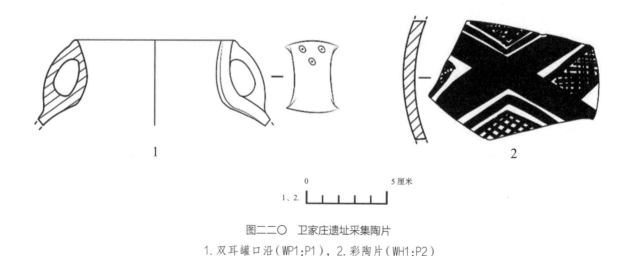

图二二〇　卫家庄遗址采集陶片
1. 双耳罐口沿（WP1:P1），2. 彩陶片（WH1:P2）

　　根据采集标本器形特征和纹饰，与河西走廊地区同时期典型器物比较判断，遗址文化性质为马厂类型。在 H1、剖面 1 ②层分别挑选粟 2 份测年，H1 测年结果经校正为 4144—3976 BP（2Sigma，95.4%），剖面 1 ②测年结果经校正为 4231—3998 BP（2Sigma，95.4%），年代拟合结果为 4200—4000 BP（图二二一）。剖面和灰坑采集少量彩陶片和夹砂陶片，其中双耳罐为典型马厂类型时期遗

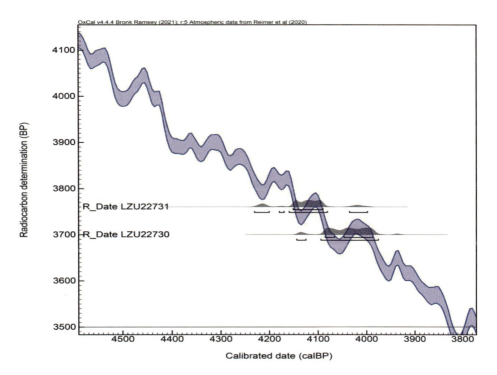

图二二一　卫家庄遗址不同遗迹单位出土粟年代校正曲线

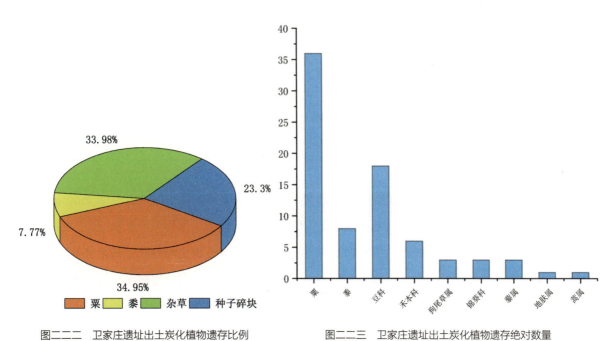

图二二二　卫家庄遗址出土炭化植物遗存比例　　　　图二二三　卫家庄遗址出土炭化植物遗存绝对数量

存，证实测年结果与遗址的文化性质一致。

在卫家庄遗址剖面1、剖面2和H1采集浮选土样3份，共计32.5升。经鉴定共出土9个种属103粒炭化植物种子，其中农作物44粒，占出土炭化植物遗存的42.72%，包括无壳粟、无壳黍和粟黍碎块；杂草种子35粒，占出土炭化植物遗存的33.98%，包括狗尾草属、禾本科、藜属、地肤属以及豆科、锦葵科、菊科蒿属；另有种子碎块24粒，占出土炭化植物遗存的23.3%（图二二二，图二二三）。结合灰坑及遗址形制和测年结果判断，出土植物遗存为马厂类型时期遗存。

（一四）陶家庄遗址

陶家庄遗址是本次调查新发现的一处遗址，位于古浪县直滩镇陶家庄南侧。西北距陶家庄250米，北距新庄子600米，东侧隔小龙沟，距上窑500米，南侧紧邻寨子山。遗址所在位置为祁连山余脉昌灵山北麓山前坡地，坐标：N37°27′21″，E103°44′11″，海拔2215米。本次调查，对昌灵山北麓、小龙沟东西两侧山前坡地进行踏查时，在小龙沟西侧坡地上发现少量陶片。

地表采集陶片以泥质橙黄陶为主，夹砂红陶次之，少量夹砂橙黄陶、红褐陶。以素面为主，部分彩陶，少量饰戳印纹。采集标本可辨器形有盆、杯。

TB:P1　盆口沿。泥质橙黄陶，质地坚硬，火候均匀。敞口，圆唇，高领。内外壁打磨光滑，施紫红色陶衣。领部饰复线黑彩折带纹，下接黑彩宽带纹一周。内壁饰黑彩窄条带纹一周，下接复线黑彩折带纹两周。高6.8、宽9.5、胎厚0.5~0.7厘米（图二二四，1）。

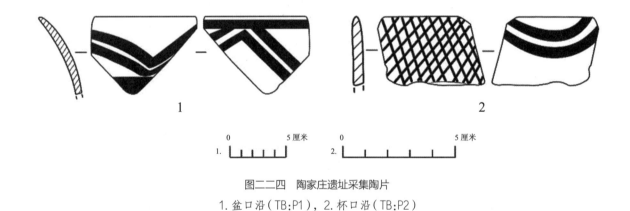

图二二四　陶家庄遗址采集陶片
1. 盆口沿（TB:P1），2. 杯口沿（TB:P2）

TB:P2　杯口沿。泥质橙黄陶，质地坚硬，火候均匀。直口，尖唇。内外壁打磨光滑，施紫红色陶衣。器表饰黑彩细线网格纹，内壁饰黑彩弧带纹。高3、宽4.8、胎厚0.5厘米（图二二四，2）。

根据采集标本器形特征和纹饰，与河西走廊地区同时期典型器物比较判断，遗址文化性质为马厂类型。采集的部分彩陶片、夹砂红陶和夹砂橙黄陶片与水口子和卫家庄遗址出土陶片形制和纹饰一致，为典型马厂时期遗物，结合水口子和卫家庄遗址测年结果判断，该遗址马厂类型时期遗存年代为4200—4000 BP。

（一五）杨家窝铺遗址

杨家窝铺遗址位于古浪县黄花滩镇二墩村东南，旱石河东岸。西北距二墩村 500 米，西侧紧邻旱石河，东侧紧邻四湾台村，南距甘武铁路约 250 米，坐标：为:N37°39′10″，E103°06′13″，海拔为 1710 米。遗址分布范围东西约 100 米，南北约 700 米，面积约 7 万平方米（彩版九八，1）。1990 年 4 月，该遗址被古浪县人民政府公布为县级文物保护单位。本次调查对遗址所在区域进行了全面踏查，台地平坦开阔，与河道垂直高差较大，地表被农田覆盖。遗址区内散落少量陶片，发现灶址一处，编号 Z1。

Z1 位于农田边一处东西向断崖上，开口距地表约 2.5 米，口径约 0.5 米，深 0.1—0.15 米。上层覆盖草木灰和较多陶片，下层为致密的红烧土（彩版九八，2）。陶片均为夹砂红褐陶，饰绳纹、刻划纹和附加堆纹。采集标本可辨器形为大口深腹罐。

地表采集陶片包括泥质红陶、橙黄陶和夹砂红陶、红褐陶，饰绳纹、戳印纹，个别彩陶。采集标本较小，无可辨器形。

YZ1:1　大口深腹罐。夹粗砂红褐陶，可见颗粒较大的石英等羼和料。侈口，折沿，方唇，溜肩，鼓腹，下腹斜收，平底。唇部饰绳纹一周，折沿下饰附加堆纹一周，肩部绳纹，下腹饰交错绳纹和附加堆纹。内壁不平，有指窝痕和抹痕。局部有烟炱。口径 29、最大腹径 36.2、底径 11.6、高 41.8、胎厚 0.8~1 厘米（图二二五，1）。

根据采集标本器形特征和纹饰，与河西走廊地区同时期典型器物比较判断，遗址文化性质为马家窑类型。在 Z1 挑选黍 7 粒测年，Z1 测年结果经校正为 5042—4873 BP（2Sigma，95.4%），年代拟合结果为 5000—4900 BP（图二二六）。灶内出土的大口深腹罐饰交错绳纹和附加堆纹，为典型马家窑类型时期遗存，证实测年结果与遗址的文化性质一致。

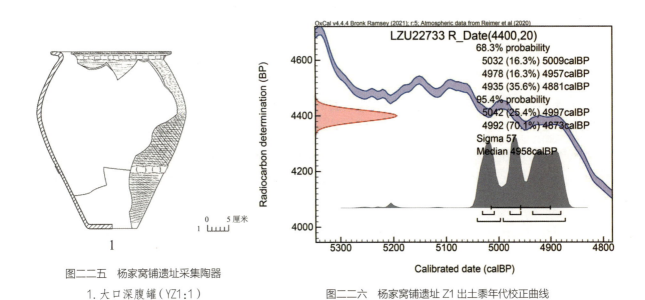

图二二五　杨家窝铺遗址采集陶器

1. 大口深腹罐（YZ1:1）

图二二六　杨家窝铺遗址 Z1 出土黍年代校正曲线

　　杨家窝铺遗址 Z1 采集浮选土样 1 份，共计 16 升。经鉴定共出土 4 个种属 109 粒炭化植物种子，其中农作物 91 粒，占出土炭化植物遗存的 83.49%，包括无壳粟、带壳粟、无壳黍、带壳黍及粟黍碎块；杂草种子 3 粒，占出土炭化植物遗存的 2.75%，包括狗尾草属和豆科；另有种子碎块 15 粒，占出土炭化植物遗存的 13.76%（图二二七，图二二八）。结合灶的文化性质和测年结果判断，出土植物遗存为马家窑类型时期。

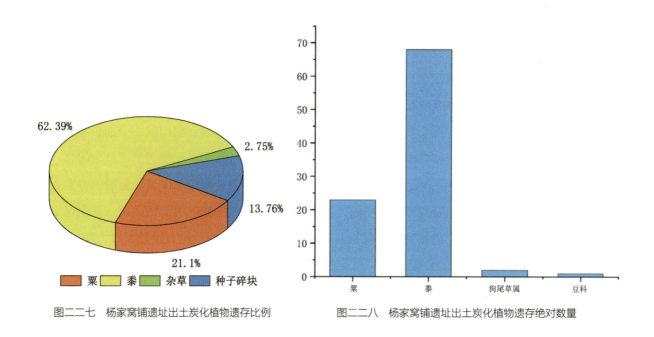

图二二七　杨家窝铺遗址出土炭化植物遗存比例　　　　图二二八　杨家窝铺遗址出土炭化植物遗存绝对数量

（一六）小坡遗址

　　小坡遗址位于古浪县黑松驿镇十八里堡乡小坡村。西侧山梁上为北岭子墓群，西距宗口子 500 米，北侧邻谷家坪滩遗址，东北距小坡村委会 250 米，南距大坡 400 米，坐标：N37°19′40″，E102°54′00″，海拔为 2419 米。遗址分布范围东西约 500 米，南北约 300 米，面积约 15 万平方米。1990 年，该遗址被公布为县级文物保护单位。本次调查对遗址所在区域进行了全面踏查，区内地势平坦开阔，均为农田。耕土中散见少量陶片。

　　地表采集陶片以泥质橙黄陶为主，个别夹砂橙黄陶、红褐陶。以彩陶为主，少量饰绳纹。采集标本较小，无可辨器形。

　　XB:P1　彩陶片。泥质橙黄陶，质地坚硬，火候不均，陶胎有灰色夹芯。器表打磨光滑，饰红黑复彩圆圈纹两个，圆圈间饰黑彩齿带纹。内壁不平，有泥条盘筑痕和抹痕。高 5、宽 12.8、胎厚 0.5 厘米（图二二九，1）。

　　根据采集标本纹饰，与河西走廊地区同时期典型器物比较判断，遗址文化性质为半山类型。

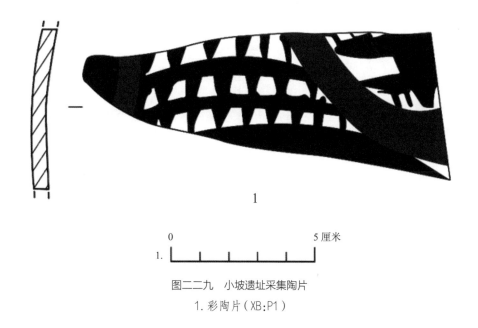

图二二九　小坡遗址采集陶片
1. 彩陶片（XB:P1）

（一七）朵家梁遗址

朵家梁遗址位于古浪县土门镇韦家庄西侧。西距古浪河1300米，东北距朵家梁400米，东邻韦家庄，距凉古公路300米，黄家墩支渠东西向穿过遗址。坐标:N37°35′39″，E102°59′39″，海拔1830米。遗址分布范围东西约500米，南北约200米，面积约10万平方米（彩版九八，5）。1993年，该遗址被甘肃省人民政府公布为省级文物保护单位。本次调查对遗址所在区域进行了全面踏查，区内地势平坦开阔，以耕地为主，地表散见少量陶片。在农田旁的断面上发现剖面1处、灰坑1座，分别编号剖面1、H1。

剖面1为自然断面，位于遗址西南部。开口距地表0.9米，厚约0.4米。土质疏松，浅灰色，包含少量陶片。陶片标本较小，无可辨器形（彩版九八，3）。

H1位于自然断面上。开口距地表约1米，堆积厚约0.3米，呈斜坡状。土质致密，灰褐色，未见包含物（彩版九八，4）。

地表采集陶片以夹砂橙黄陶、红陶为主，夹砂灰陶次之，少量泥质红陶和夹砂红褐陶。以素面为主，少量饰绳纹，个别篮纹。

DH1:P1　篮纹陶片。夹细砂橙黄陶，质地坚硬，火候均匀。器表饰竖篮纹，内壁不平，有指窝痕和抹痕。高3.9、宽3.8、胎厚0.4厘米（图二三〇，1）。

根据本次采集篮纹陶片等标本与河西走廊、河湟地区同时期典型遗存比较判断，该遗址文化性质为齐家文化。另外，《河西走廊史前考古调查报告》中，确认了古浪县博物馆所藏该遗址出土的一件双耳彩陶瓮属半山类型。[1]据此判断，该遗址还包含有半山类型遗存。在H1挑选粟12粒测

---

① 甘肃省文物考古研究所、北京大学考古文博学院:《河西走廊史前考古调查报告》，北京：文物出版社，2011年8月，第68页。

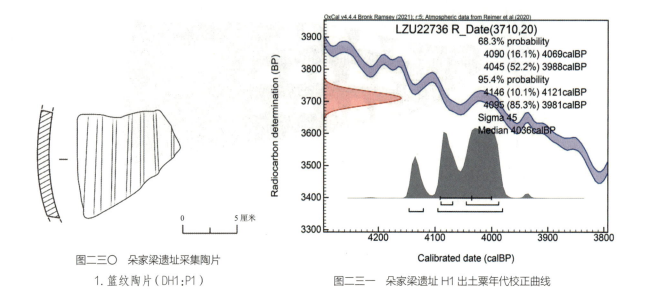

图二三〇　朵家梁遗址采集陶片
1. 篮纹陶片（DH1:P1）

图二三一　朵家梁遗址 H1 出土粟年代校正曲线

年，H1 测年结果经校正为 4087—3926 BP（2Sigma，95.4%），年代拟合结果为 4100—3900 BP。采集的陶片以夹砂橙黄陶、红陶为主，少量泥质红陶，少量饰绳纹，个别篮纹，为典型齐家文化时期遗存，证实测年结果与遗址的文化性质一致。杨谊时在该遗址马厂地层采集粟测年结果为 4149—3989 BP（2Sigma，95.4%），年代拟合结果为 4100—4000 BP，说明该遗址还存在马厂时期遗存。

在朵家梁遗址剖面 1、H1 中采集浮选土样 2 份，共计 29 升。经鉴定共出土 8 个种属 277 粒炭化植物种子，其中农作物 250 粒，占出土炭化植物遗存的 90.25%，包括无壳粟、带壳粟、无壳黍及粟黍碎块；杂草种子 20 粒，占出土炭化植物遗存的 7.22%，包括狗尾草属、禾本科、野稷，还有藜属、地肤属、豆科和未知炭化种子；另有种子碎块 7 粒，占出土炭化植物遗存的 2.53%（图二三二，图二三三）。结合灰坑及遗址文化性质和测年结果判断，出土植物遗存为齐家文化时期

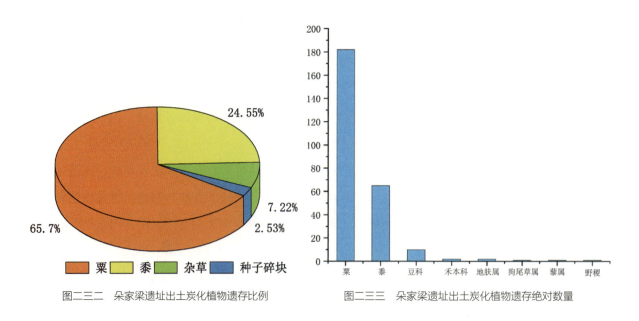

图二三二　朵家梁遗址出土炭化植物遗存比例

图二三三　朵家梁遗址出土炭化植物遗存绝对数量

遗存。

（一八）北岭子墓群

北岭子墓群位于古浪县黑松驿镇大坡村西北侧。西距西庙沟村 700 米，西北距小坡村委会 800 米，东距 312 国道 600 米，东南距大坡村 300 米。墓群分布于西南—东北向山梁东坡，坐标 N37°19′27″，E102°53′46″，海拔为 2510 米。墓群分布范围东西约 100 米，南北约 200 米，面积 2 万平方米（彩版九九，1）。本次调查对墓群所在山梁进行了全面踏查，山梁地势陡峭，垂直高差大，南端东西缓坡为梯田，现已退耕还林。在东坡发现较多盗坑，周边散落少量陶片。其中两座盗坑内发现人骨，编号 K1、K2。

K1 平面为长方形，长约 1.3、宽约 0.6、深约 1 米。采集到下颌骨一块，上附牙齿一颗。

K2 位于 K1 北侧，平面近方形，长约 0.9、宽约 0.8、深约 0.50 米。采集到胫骨、腓骨等（照彩版九九，2）。

从 K1、K2 出土人骨判断，K1、K2 可能为墓葬。

地表采集陶片以夹砂红陶为主，少量泥质橙黄陶。以素面为主，个别彩陶。采集标本较小，无可辨器形。

根据陶质、陶色及纹饰特征，与河西走廊地区同时期典型器物比较判断，墓群文化性质为马厂类型。

（十九）寨子遗址

寨子遗址是本次调查新发现的一处遗址，位于古浪县大靖镇峡口村寨子西侧。西距白刺沟 900 米，东侧紧邻寨子，南距新庄 400 米。遗址分布于寨子西侧的山坡上，坐标：N37°25′31″，E103°25′43″，海拔 2078 米（彩版九九，3）。本次调查对遗址所在区域进行了全面踏查，在山坡顶部、东坡发现少量陶片，未发现其他文化遗存。山坡地势较低，四周坡度平缓，植被稀少。

地表散落陶片以夹砂红陶为主，少量泥质红陶。纹饰以素面为主，少量饰附加堆纹和绳纹。标本较小，无可辨器形。通过与高家滩遗址发掘出土器物陶质陶色纹饰对比判断，该遗址的文化性质应为马厂类型。

本次在乌鞘岭北麓的古浪县共调查史前时期遗址 28 处，其中复查遗址 23 处，新发现遗址 5 处。大部分遗址采集到典型遗物标本，且部分遗址存在不同文化时期的遗存。通过采集标本与邻近地区调查或发掘出土典型器物比较，确认包含马家窑类型遗存的遗址 6 处、半山类型遗存的遗址 7 处、马厂类型遗存的遗址 13 处、齐家文化遗存的遗址 3 处。对杨家窝铺、卫家庄、水口子、土坝、朵家梁和高家滩遗址测年，测年结果与遗址采集遗物文化性质一致。该区域马家窑类型时期年代为 5000—4600 BP，大部分遗址年代集中在 4800—4600 BP，为马家窑类型中晚期遗存；典型马厂类型时期遗存年代为 4200—4000 BP，部分遗址采集到黑红复彩陶片，可早到马厂早期，年代早到 4300 BP；部分遗址马厂类型晚期遗存和齐家文化遗存共存，年代集中在 4100—3900 BP，齐家文化遗存为齐家早期遗存，年代不晚于 3900 BP。本次调查和初步研究，为构建乌鞘岭北麓古浪县境内史前文化谱系和文化发展序列补充了材料，构建了古浪县境内马家窑类型—半山类型—马厂类型—齐家文化的考古学文化发展序列。

　　需要说明的是，为便于读者查阅，我们将本次调查采集陶片较小或未采集到陶片的三角城、旱石河台（彩版一〇〇，1）、台子（彩版一〇〇，2）、上麻（彩版一〇一，1）、浪水湾（彩版一〇一，2）、庵门滩（彩版一〇二，1）、青山寺墓群（彩版一〇二，2）、黑刺疙瘩梁（彩版一〇三，1）、沙坝（彩版一〇三，2）遗址所属的考古学文化等信息归入附表四（黄河左近地区史前考古调查遗址登记表），在此不再赘述。

第四章　结　语

　　本次调查，在湟水流域的红古区、庄浪河流域的永登县、祖厉河流域的会宁县、黄河干流白银段的靖远县—平川区、景泰县以及乌鞘岭北麓的武威市古浪县复查史前时期遗址共 157 处，新发现史前时期遗址共 29 处。其中，红古区发现遗址 5 处，永登县发现遗址 9 处，会宁县发现遗址 3 处，靖远县—平川区发现遗址 6 处、古浪县发现遗址 5 处，景泰县发现遗址 1 处。复查和新发现遗址所属的考古学文化包含仰韶文化晚期、马家窑类型、半山类型、马厂类型、齐家文化和辛店文化各个时期，初步建立了各调查区域史前考古学文化发展序列。

第一节　考古学文化发展序列

一、仰韶文化晚期

仰韶文化中期以后，渭河上游地区的庙底沟类型开始分化，天水以东和天水以西走上不同的文化发展道路，发展到仰韶文化晚期阶段，天水以东延续仰韶文化的传统，继续使用尖底瓶，而天水以西彩陶继续盛行，尖底瓶不多见，发展为石岭下类型。处于交会地带的大地湾遗址第四期继承了仰韶文化中期的传统，进入仰韶文化晚期阶段，继续沿用尖底瓶、侈口罐等器物，并且与石岭下类型产生了互动和交流，二者并行发展。

本次调查，我们仅在祖厉河流域的会宁县境内发现了仰韶文化晚期遗存。该地区包含仰韶文化晚期遗存的遗址有二阴湾、老人沟、牛门洞、沈家㟰、石石湾等。可辨器形包括敛口钵、陶壶、侈口罐、深腹罐等。侈口罐和深腹罐多为夹砂陶，个别为泥质陶，部分饰多道附加堆纹，为仰韶文化晚期典型纹饰。敛口钵均为泥质橙黄陶，陶壶为泥质红陶，大部分为彩陶。通过与周边地区同时代典型器物对比判断，该地区仰韶文化晚期遗存与以大地湾遗址第四期为代表的仰韶文化晚期遗存较为接近，如老人沟侈口罐（LH1:P2）与大地湾遗址第四期 B 型Ⅳ式侈口罐（H836:15）[1]、老人沟深腹罐（LH1:P3）与大地湾四期 A 型Ⅰ式敛口罐（T712②:19）器形和纹饰相同；牛门洞深腹罐（NB:P1）与大地湾四期侈口罐（H904:9）[2] 器形十分接近；沈家㟰绳纹附加堆纹陶片（SB:P7）与大地湾四期 A 型Ⅲ式陶缸（T808②:16）纹饰一致；老人沟陶片（LH1:P11）在大地湾遗址第四期有纹饰及器形相近的同类器。综上，祖厉河流域会宁地区仰韶文化晚期遗存与渭河上游以大地湾遗址第四期为代表的仰韶文化晚期遗存接近，二者年代相近。

---

① 甘肃省文物考古研究所：《秦安大地湾：新石器时代遗址发掘报告（上）》，北京：文物出版社，2006 年，第 522 页。

② 同①。

二、马家窑类型

马家窑类型分布范围较广，在甘、宁、青境内的黄河及其支流泾河、渭河、洮河、湟水和长江流域的西汉水、白龙江、岷江等都有疏密不同的分布[1]，其西可达河西走廊酒泉一带，南可至岷江，东界在渭河上游天水一带，北可到宁夏南部地区。目前已发掘的较为重要的遗址包括蒋家坪、曹家咀[2]、西坡坬[3]、雁儿湾[4]、师赵村[5]、西山坪、林家[6]、上孙家寨、曹洼[7]等。根据目前的分期研究成果，马家窑类型遗存大致可分为五期，一期以蒋家坪下层等为代表，主要分布于庄浪河流域的永登、洮河流域的临洮以及黄河干流的兰州附近，东可达渭河上游的天水一带；二期以蒋家坪上层、林家遗址早段和西坡坬早段等为代表，分布范围与一期大体相同；三期以林家遗址中段等为代表，分布范围向东扩展到陇山东麓的宁夏南部地区，西进至青海东北部，西北抵达河西走廊东部，南部到达岷江上游地区；四期以林家遗址晚段、雁儿湾 H1、西坡坬晚段、曹洼遗址等为代表，分布范围与三期大致相同；五期以小坪子期遗存、照壁滩马家窑文化遗存、五坝山马家窑文化遗存等为代表，分布范围较四期更向西北延伸，到达河西走廊西部酒泉一带。本次调查，我们分别在湟水流域的红古区、庄浪河流域的永登县、祖厉河流域的会宁县、黄河干流的靖远县—平川区、景泰县以及乌鞘岭北麓的古浪县发现了马家窑类型遗存。

湟水流域的红古区包含马家窑类型遗存的遗址有红山大坪、普格台、平安台、金湾、新庄台、红大板坪。采集遗物可辨器形有彩陶壶、彩陶盆、彩陶罐、彩陶瓶、侈口罐、敛口钵等，除此之外还发现大量彩陶片。彩陶以泥质橙黄陶为主，少量泥质红陶。纹饰大部分为黑彩，个别间饰白彩。素面陶以夹砂红陶为主，少量泥质橙黄陶、夹砂白陶。对比发现，该地区马家窑类型遗存与马家窑类型第四期的林家晚段、西坡坬晚段遗存较为接近，如普格台彩陶壶（PB：P8）、红山大坪彩陶壶（HB：P6、HB：P8）与西坡坬彩陶瓶[8]（H3：6）、林家晚段 II 3 式瓶[9]（F16：4）纹饰及器形相近；红山大坪彩陶侈口罐（HB：P1）与西坡坬彩陶罐[10]（H10：5）纹饰及器形类同。另外，该地区彩陶还流行黑白复彩、多道平行条带纹等装饰，均为马家窑类型晚期典型风格。综上，湟水流域红古地区马家

---

① 中国社会科学院考古研究所：《中国考古学·新石器时代卷》，北京：中国科学出版社，2010 年，第 315 页。
② 甘肃省博物馆：《兰州曹家咀遗址的试掘》，《考古》1973 年第 3 期。
③ 甘肃省博物馆：《甘肃兰州西坡坬遗址发掘简报》，《考古》1960 年第 9 期。
④ 甘肃省文物管理委员会：《兰州新石器时代的文化遗存》，《考古学报》1957 年第 1 期。
⑤ 中国社会科学院考古研究所：《师赵村与西山坪》，北京：中国大百科全书出版社，1999 年，第 1—320 页。
⑥ 甘肃省文物工作队、临夏回族自治州文化局、东乡族自治县文化馆：《甘肃东乡林家遗址发掘报告》，《考古学集刊（四）》，北京：中国社会科学出版社，1984 年，第 111—161 页。
⑦ 北京大学考古实习队、固原县博物馆：《宁夏海原曹洼遗址发掘简报》，《考古》1990 年第 3 期。
⑧ 严文明、张万仓：《雁儿湾与西坡坬》，《考古学文化论集（三）》，北京：文物出版社，1993 年，第 28 页。
⑨ 甘肃省文物工作队、临夏回族自治州文化局、东乡族自治县文化馆：《甘肃东乡林家遗址发掘报告》，《考古学集刊（四）》，北京：中国社会科学出版社，1984 年，第 146 页。
⑩ 甘肃省博物馆：《甘肃兰州西坡坬遗址发掘简报》，《考古》1960 年第 9 期。

窑类型遗存的相对年代应为马家窑类型晚期,与林家晚段、西坡坬晚段时代相当。除此之外,在红山大坪 K2 中采集到的一件彩陶钵残片(HK2:P27)与武山傅家门遗址彩陶钵[1](T137③:31)纹饰一致,其年代可能早到石岭下类型时期。

庄浪河流域的永登县包含马家窑类型遗存的遗址有上山沟、孙家湾大坪、石碑湾、杨家营、石咀子、沙沟沿、俞家营。采集遗物可辨器形有彩陶壶、彩陶盆、彩陶钵、侈口罐、敛口钵等,还包括大量彩陶片。彩陶以泥质橙黄陶为主,有一定数量的泥质红陶,纹饰以黑彩为主,部分间饰白彩。素面侈口罐均为夹砂陶,以红陶和红褐陶为主,个别为橙黄陶,器表均饰附加堆纹。个别陶钵为夹砂红褐陶。对比发现,该地区马家窑类型遗存与马家窑类型第四期的林家晚段、西坡坬晚段、雁儿湾 H1、海原曹洼遗址的典型遗存较为接近,如俞家营侈口罐(YB:P3)、杨家营侈口罐(YB:P4)、石碑湾侈口罐(SK1:P6)与雁儿湾Ⅱ式罐[2](H1:117)特征相似;沙沟沿北区侈口罐(SP1:P4)、上山沟侈口罐(SB:P1、SB:P4、SB:P7、SB:P8)与西坡坬Ⅱ式侈口罐[3](T6:18)器形及纹饰相近;沙沟沿南区彩陶钵(SB:P1)与林家彩陶钵[4]器形及纹饰接近;石咀子彩陶片(SB:P14)与永登杜家台[5]束腰罐、彩陶盆纹饰类同;上山沟彩陶盆(SB:P11)与林家Ⅰ6式彩陶盆[6](F11)器形与纹饰相近;石碑湾彩陶盆(SK1:P5)所饰黑彩贝形纹见于宁夏海原曹洼遗址;石咀子遗址彩陶壶残片(SB:P19)与西坡坬彩陶罐[7](H10:5)纹饰接近,制法特征均为上腹为泥质陶下腹为夹砂陶。除此之外,该地区马家窑类型彩陶流行黑白复彩、平行条带纹,为典型马家窑类型晚期特征。综上,庄浪河流域永登地区马家窑类型遗存的年代与东乡林家晚段、西坡坬晚段、雁儿湾 H1、宁夏海原曹洼遗址相当,属马家窑类型晚期。

祖厉河流域的会宁县在老人沟遗址采集到马家窑类型的彩陶钵(LB:P1)和彩陶片(LB:P10),均为泥质橙黄陶,彩陶钵器表饰黑彩垂弧纹和勾形纹,与师赵村遗址第五期 B 型Ⅰ式陶钵(T245③:10)纹饰一致,年代属马家窑类型早期;彩陶片饰黑彩弧边三角纹内填圆点纹和黑彩圆圈网格纹,与蒋家坪下层彩陶盆[8]纹饰一致,年代属马家窑类型早期。另外,"三普"资料显示,祖厉

[1] 中国社会科学院考古研究所甘青考古队:《武山傅家门的发现与研究》,《考古学集刊(一六)》,北京:科学出版社,2006 年,第 404 页。

[2] 严文明、张万仓:《雁儿湾与西坡坬》,《考古学文化论集(三)》,北京:文物出版社,1993 年,第 22 页。

[3] 严文明、张万仓:《雁儿湾与西坡坬》,《考古学文化论集(三)》,北京:文物出版社,1993 年,第 30 页。

[4] 张朋川:《中国彩陶图谱》,北京:文物出版社,1990 年,编号 167 号彩陶。

[5] 张朋川:《中国彩陶图谱》,北京:文物出版社,1990 年,编号 266、271 号彩陶。

[6] 甘肃省文物工作队、临夏回族自治州文化局、东乡族自治县文化馆:《甘肃东乡林家遗址发掘报告》,《考古学集刊(四)》,北京:中国社会科学出版社,1984 年,第 139 页。

[7] 甘肃省博物馆:《甘肃兰州西坡坬遗址发掘简报》,《考古》1960 年第 9 期。

[8] 张学正、张朋川、郭德勇:《谈马家窑、半山、马厂类型的分期和相互关系》,《中国考古学会第一次年会论文集》,北京:文物出版社,1979 年,第 60 页,图五:1。

河流域会宁地区以往发现大量马家窑类型遗存，从时代判断多集中在早期。综上，祖厉河流域该时期遗存属马家窑类型早期。

黄河干流的靖远县—平川区仅在雷神殿梁遗址采集到马家窑类型彩陶片（LB:P11、LB:P12），均为泥质橙黄陶，饰黑彩，纹饰为平行条带纹和平行弧带纹，为马家窑类型晚期典型纹饰。景泰县东风园子遗址采集马家窑类型平底瓶（或尖底瓶）腹部（TB:P1），与马家窑类型晚期平底瓶形制相似。据此判断，黄河干流景泰—靖远一线的马家窑类型遗存属马家窑类型晚期。

乌鞘岭北麓的古浪县包含马家窑类型遗存的遗址有李庄、杨家场子、陈家场子、摩天岭、陈家湾、杨家窝铺。采集遗物可辨器形包括彩陶盆、彩陶钵、彩陶壶、侈口罐、敛口钵、大口罐等。彩陶以泥质橙黄陶为主，泥质红陶占一定比重。大口罐和侈口罐均为夹砂陶，部分饰有多道附加堆纹。敛口钵为泥质橙黄陶。通过与同时期典型器物对比判断，该地区马家窑类型遗存与宁夏海原曹洼，兰州西坡瓜晚段、雁儿湾H1，酒泉照壁滩，古浪陈家场子的马家窑类型遗存具有较强的一致性，相当于马家窑类型第四、五期遗存，如李庄遗址彩陶片（LB:P4）与宁夏曹洼遗址彩陶片[1]（6）纹饰一致；李庄遗址侈口罐（LB:P3）与雁儿湾Ⅱ式罐[2]（H1:P118）器形接近；杨家场子彩陶盆（YB:P1、YB:P3、YB:P7）与古浪陈家场子彩陶曲腹盆[3]（古浪县文化馆馆藏0016）器形相近；杨家场子陶钵（YB:P4）、李庄遗址彩陶片（LB:P7）与酒泉照壁滩彩陶盆[4]（87JFZ—Ⅰ—001）纹饰一致；摩天岭侈口罐（MB:P3）与雁儿湾Ⅰ式罐[5]（H1:119）器形接近。综上，乌鞘岭北麓的古浪县马家窑类型遗存文化面貌相当于马家窑类型晚期至末期，晚期与西坡瓜晚段、雁儿湾H1、曹洼遗址时代相当，末期与照壁滩、陈家场子遗址时代相当。

通过上述分析可知，黄河左近地区的马家窑类型早期遗存主要分布于祖厉河流域的会宁县，文化面貌与师赵村遗址第五期和永登蒋家坪下层接近。马家窑类型晚期遗存主要分布于湟水流域的红古区、庄浪河流域的永登县、黄河干流白银段景泰—靖远—平川地区和乌鞘岭北麓的古浪县，文化面貌接近于东乡林家晚段、兰州西坡瓜晚段。另外，古浪县除了马家窑类型晚期遗存外，还发现有晚至马家窑类型末期的遗存。

值得说明的是，祖厉河流域会宁县及黄河干流靖远县—平川区一直未进行过系统考古调查和发掘工作，区域内史前文化面貌尚不清晰，本次考古调查填补了仰韶文化晚期及马家窑类型在这一关键区域的空白。该区域是连接陇东地区与河湟地区及河西走廊的关键区域，调查发现为探讨仰韶文

---

① 北京大学考古实习队、固原县博物馆：《宁夏海原曹洼遗址发掘简报》，《考古》1990年第3期。

② 严文明、张万仓：《雁儿湾与西坡瓜》，《考古学文化论集（三）》，北京：文物出版社，1993年，第22页。

③ 甘肃省文物考古研究所、北京大学考古文博学院：《河西走廊史前考古调查报告》，北京：文物出版社，2011年，第65页。

④ 甘肃省文物考古研究所、北京大学考古文博学院：《河西走廊史前考古调查报告》，北京：文物出版社，2011年，第228页。

⑤ 严文明、张万仓：《雁儿湾与西坡瓜》，《考古学文化论集（三）》，文物出版社，1993年，第22页。

化晚期、马家窑类型向西传播提供了重要线索。

三、半山类型

目前考古发现和研究表明，半山类型遗存集中分布于黄河兰州附近—洮河下游—湟水中、下游一带，西抵黄河上游的青海东部地区，西北至河西走廊中部的张掖，东界止于陇山山麓的宁夏南部和天水地区，北界到黄河沿线的白银地区，南至洮河下游的广河—康乐一线和渭河上游的渭源、陇西一带。目前已发掘的较为重要的遗址有兰州花寨子[①]及焦家庄和十里店[②]、康乐边家林[③]、景泰张家台[④]、广河地巴坪[⑤]、红古土谷台[⑥]、永昌鸳鸯池[⑦]、乐都柳湾[⑧]、民和阳山[⑨]、循化苏呼撒[⑩]等。根据目前的分期研究成果，李水城和张弛将半山类型分为五期[⑪]，一期尚见马家窑类型小坪子组遗风，五期已开马厂类型先河。半山类型一、二期遗存以康乐边家林、兰州花寨子和乐都柳湾等为代表，主要分布于东至渭河上游的天水，南到洮河下游的康乐，西抵黄河上游的同德，北到黄河兰州—西宁一线；半山类型三期遗存以广河地巴坪、乐都柳湾等为代表，分布范围向北扩张至黄河附近的景泰、会宁地区，在宁夏南部陇山附近也有发现，向西分布于湟水中游和黄河附近的青海东部地区；半山类型四期以景泰张家台、循化苏呼撒、乐都柳湾等为代表，东部和南部退至兰州附近和湟水下游地区，渭河上游和洮河下游基本不见，西北界扩张明显，已经进入河西走廊，最西抵达河西走廊中部；半山类型五期遗存以红古土谷台等为代表，分布范围退至黄河兰州附近及湟水下游、大通河流域，西北的河西走廊东中部也有分布。本次考古调查，我们分别在湟水流域的红古区、庄浪河流域的永登县、祖厉河流域的会宁县、黄河干流的靖远县—平川区、景泰县以及乌鞘岭北麓的古浪县发现了半山类型时期遗存，从各地采集遗物来看，调查区域半山类型遗存的时代主要集中在半山三、四、五期。

---

① 甘肃省博物馆、兰州市文化馆、兰州市七里河区文化馆：《兰州花寨子"半山类型"墓葬》，《考古学报》1980 年第 2 期。

② 甘肃省博物馆文物工作队：《甘肃兰州焦家庄和十里店的半山陶器》，《考古》1980 年第 1 期。

③ 临夏回族自治州博物馆：《甘肃康乐县边家林新石器时代墓地清理简报》，《文物》1992 年第 4 期。

④ 甘肃省博物馆：《甘肃景泰张家台新石器时代的墓葬》，《考古》1976 年第 3 期。

⑤ 甘肃省博物馆文物工作队：《广河地巴坪"半山类型"墓地》，《考古学报》1978 年第 2 期。

⑥ 甘肃省博物馆、红古区文化馆：《兰州土谷台半山—马厂类型墓地》，《考古学报》1983 年第 2 期。

⑦ 甘肃省博物馆文物工作队、武威地区文物普查队：《永昌鸳鸯池新石器时代墓地的发掘》，《考古》1974 年第 5 期。

⑧ 青海省文物管理处考古队、中国社会科学院考古研究所：《青海柳湾——乐都柳湾原始社会墓地》，北京：文物出版社，1984 年，第 1—260 页。

⑨ 青海省文物考古研究所：《民和阳山》，北京：文物出版社，1990 年，第 1—159 页。

⑩ 青海省文物考古研究所：《青海循化苏呼撒墓地》，《考古学报》1994 年第 4 期。

⑪ 李水城：《半山与马厂彩陶研究》，北京：北京大学出版社，1998 年，第 86—100 页；张弛：《半山式文化遗存分析》，《考古学研究（二）》，北京：科学出版社，1994 年，第 33—77 页。

　　湟水流域的红古区包含半山类型遗存的遗址（墓群）有土谷台、杨家坪、红大板坪等。采集遗物可辨器形有双耳罐，另发现少量彩陶片。彩陶片均为泥质橙黄陶，双耳罐为夹粗砂红陶。对比采集遗物与周边地区同时代典型器物、纹饰，饰锯齿状附加堆纹的双耳罐和红黑复彩锯齿纹彩陶片与土谷台墓地早、中期同类器形和纹饰一致，如红大板坪双耳罐（HB:P4），口沿部有一周刻槽，器表饰锯齿状附加堆纹，与土谷台I式侈口罐器形、纹饰一致；杨家坪彩陶片（YB:P3，YB:P4）与土谷台壶、罐、瓶、瓮等所饰的红黑复彩锯齿纹一致，锯齿较尖，为半山晚期典型纹饰。综上，湟水流域红古区发现的半山类型遗存与土谷台早、中期接近，时代相当于半山类型晚期。

　　庄浪河流域永登县包含半山类型遗存的遗址有庙儿坪、杨家营、杨家营下营、俞家营、邢家湾等。采集遗物可辨器形有侈口罐，另有少量彩陶片。侈口罐为夹粗砂橙黄陶、红褐陶，彩陶片均为泥质橙黄陶。通过对比，该地区采集陶器与青岗岔F1、乐山坪以及土谷台同类器物器形及纹饰相似，如庙儿坪侈口罐（MB:P1、MB:P6）与青岗岔[1]侈口罐（F1:6）器形和纹饰接近；杨家营遗址侈口罐（YB:P1）与青岗岔[2]侈口罐（F1:4）器形和纹饰相似；庙儿坪侈口罐（MB:P8、MB:P9）口沿带刻槽，腹部饰多道锯齿状附加堆纹陶器，与土谷台和乐山坪半山类型晚期同类器物器形和纹饰类同；杨家营下营遗址采集的红黑复彩圆圈菱格纹、红黑复彩锯齿纹陶片（YB:P6、YB:P7），与土谷台、青岗岔F1出土的彩陶瓮、罐、壶上所饰纹饰相近。综上，庄浪河流域永登县所见半山类型遗存与土谷台、青岗岔F1、乐山坪半山类型遗存接近，时代相当于半山类型中晚期。

　　祖厉河流域会宁县包含半山类型遗存的遗址（墓群）有崖窑塬、石石湾、尹家岔、牛门洞等。以上遗址采集遗物可辨器形有彩陶壶，另有少量红黑复彩陶片，均为泥质橙黄陶，纹饰有细密红黑复彩锯齿纹、锯齿网格纹等。对比采集陶片纹饰与周边地区同时代典型器物纹饰，会宁境内发现的半山类型遗存至少可分为早、晚两段，分别对应半山类型早、中期。其中尹家岔彩陶片（YB:P1）饰竖向黑红彩条带纹接网格纹，该类纹饰常与竖向排列的大锯齿纹搭配，常见于半山类型一、二期的康乐边家林、兰州花寨子遗址，为半山类型早期典型纹饰，尹家岔彩陶片（YB:P2）所饰大锯齿纹也流行于半山类型一、二期，表明会宁地区以尹家岔遗址为代表的遗存年代可早至半山早期。牛门洞、窠粒台遗址曾出土过半山类型第三期典型彩陶壶，本次在牛门洞遗址采集的饰红黑复彩锯齿网格纹的彩陶壶（NB:P3）与半山类型三期牛门洞完整彩陶壶纹饰一致，锯齿细密而尖；崖窑塬遗址采集饰红彩圆圈纹内填黑彩菱格纹彩陶片（YB:P2）与半山类型三期景泰喜集水陶壶[3]纹饰一致，表明以牛门洞、窠粒台、崖窑塬遗址为代表的遗存年代可到半山类型中期。综上，祖厉河流域会宁县境内半山类型遗存年代从半山类型早期延续至半山类型中期。

　　黄河干流靖远县—平川区包含半山类型遗存的遗址有雷神殿梁、西瓜梁、马台、火烧凹、任家

① 甘肃省博物馆：《甘肃兰州青岗岔遗址试掘简报》，《考古》1972年第3期。

② 同①。

③ 张朋川：《中国彩陶图谱》，北京：文物出版社，1990年，图版640。

峁、相帽山等。以上遗址仅采集到少量彩陶片，均为泥质橙黄陶，纹饰有黑红复彩锯齿纹、圆圈网格纹、锯齿网格纹和黑彩贝纹、菱形网格纹等。通过与周边地区同时期典型纹饰比较，雷神殿梁、西瓜梁、马台彩陶所饰黑红复彩锯齿纹、圆圈网格纹、锯齿网格纹和黑彩菱形网格纹等纹样常见于红古土谷台、兰州焦家庄和十里店，也见于邻近的宁夏菜园林子梁二期三段遗存。上述对比遗存的年代均为半山类型晚期。综上，黄河干流靖远县—平川区境内调查的半山类型遗存大部分为半山类型晚期，个别遗存可能晚到马厂类型早期。

黄河干流景泰县包含半山类型遗存的遗址为王家湾遗址，仅采集到一件饰锯齿状附加堆纹的夹细砂红褐陶片（WB:P1），纹饰与红古土谷台同类纹饰一致，年代应为半山类型晚期。除此之外，甘肃省博物馆文物工作队和景泰县文化馆曾在1975年对景泰张家台遗址进行发掘，清理出22座半山时期墓葬，年代属半山类型中、晚期。[①]综上，景泰地区半山类型遗存年代应属中、晚期。

乌鞘岭北麓的古浪县包含半山类型遗存的遗址有陈家场子、西凉女国、摩天岭、浪湾、小坡、昭子山等。以上遗址采集遗物可辨器形仅有罐，另有少量附加堆纹陶片和彩陶片。罐为夹砂红褐陶，器表饰绳纹和锯齿状附加堆纹。夹砂橙黄陶和夹砂红褐陶多饰锯齿状附加堆纹。彩陶片均为泥质橙黄陶，纹饰有黑彩锯齿纹、黑红复彩锯齿纹等。通过采集彩陶片纹饰与周边地区同时代典型器物所饰纹饰比较，摩天岭采集的饰红黑复彩锯齿纹陶片，锯齿大多退化成细而密的短线，为半山类型晚期典型纹饰。陈家场子采集的饰红黑复彩弧带纹及菱形网格纹彩陶片（CB:P5），在河西走廊地区的古浪朵家梁遗址、永昌鸳鸯池墓地、民乐五坝墓地多见，表明以陈家场子、朵家梁为代表的半山类型遗存时代应为半山类型晚期，可能晚到马厂早期。另外，陈家场子陶罐和昭子山、西凉女国采集的陶片均饰锯齿状附加堆纹，与红古土谷台同类纹饰一致，年代应为半山晚期。综上，河西走廊东端的古浪县半山类型遗存时代应为半山类型晚期，部分遗存或可晚至马厂早期。

本次调查的黄河左近区域分布着大量半山类型时期的遗址或墓地，通过采集遗物与邻近地区半山类型同时段遗存比较，并结合目前学界对于半山类型的分期研究，大致推定了不同区域半山遗存的时代及发展阶段。除祖厉河流域的半山类型遗存可早到半山早期外，其他区域的半山类型遗存年代多为半山中、晚期，部分遗存甚至可晚到马厂早期。通过本次调查，进一步扩展了半山类型的分布范围，证实了祖厉河流域、庄浪河流域是半山类型分布的重要区域，丰富了河西走廊东端半山遗存的分布研究。

四、马厂类型

马厂类型分布的中心区在兰州—湟水中下游—大通河一带，东达宁夏南部地区，南至洮河下游、大夏河流域，北到白银地区，西北直通河西走廊酒泉一带。目前已发掘的较为重要的遗址有红

① 甘肃省博物馆：《甘肃景泰张家台新石器时代墓葬》，《考古》1976年3期。

古下海石[①]、皋兰阳洼窑[②]、兰州东大梁[③]、乐都柳湾[④]、民和马牌[⑤]、民和阳山[⑥]等。李水城将马厂类型分为四期[⑦]。第一期属马厂类型早期，以民和阳山、乐都柳湾、西宁朱家寨、互助总寨、兰州土谷台为代表，主要分布于湟水中下游—兰州附近，东至渭河上游和祖厉河流域，西至青海东部，西北可达河西走廊东端。第二期属马厂类型中期，以乐都柳湾、兰州白道沟坪、永登蒋家坪、皋兰阳洼窑、民和马牌、民和阳山、永昌鸳鸯池等为代表，该时期的分布中心依然在湟水中下游—兰州附近，洮河流域在第一期的基础上继续发展，在兰州以东及宁夏南部地区仅有零星分布，而在河西走廊东端遗址数量则相当可观，形成另一个重心区。第三期属马厂类型晚期，以乐都柳湾、民和马牌、兰州东大梁、红古下海石、古浪老城、古浪高家滩、酒泉干骨崖、高苜蓿地等为代表，该时期遗址的分布依然集中在湟水中下游—兰州附近，而洮河流域很少发现该时期遗存，河西走廊发展则异常迅猛，已深入至走廊西端的酒泉—金塔一线。第四期属马厂类型末期，以柳湾、西河滩、缸缸洼等为代表，该时期仅在湟水中下游至兰州附近以及河西走廊中西部有少量发现。本次调查，我们在湟水流域红古区、庄浪河流域永登县、祖厉河流域会宁县、黄河干流靖远县—平川区、景泰县以及乌鞘岭北麓古浪县均发现了马厂类型遗存。

湟水流域红古区包含马厂类型遗存的遗址有管地坪、杨家坪、老鼠坪、普格台、二台南、马家台、山城台、转嘴子、新庄台等遗址。采集遗物较为丰富，可辨器形包括彩陶双耳罐、彩陶盆、彩陶壶等。彩陶器多为泥质橙黄陶，少量夹细砂红陶，大部分施紫红色陶衣饰黑彩，个别为黑红复彩。少数彩陶腹耳罐耳部饰附加堆纹。素面陶有陶壶、侈口罐、双耳罐、腹耳罐等。部分侈口罐颈部饰一周戳印圆点纹。另采集到大量彩陶片，多为泥质橙黄陶，少量泥质红陶、夹细砂橙黄陶、夹细砂红陶。纹饰包括蛙肢纹、垂弧纹、圆圈网格纹等。通过与周边地区同时期典型器物比较，该地区所见颈部饰戳印圆点纹的侈口罐、简化蛙肢纹彩陶片、质地粗糙的腹耳罐、口沿饰"Z"字形纹的彩陶壶、饰多道平行窄条带纹的彩陶盆与红古下海石马厂类型同类陶器器形、纹饰相近，均为马厂类型晚期典型特征。新庄台遗址采集彩陶壶（XC:2）与红古下海石彩陶壶[⑧]（M7:4）器形和纹饰基本

① 甘肃省文物考古研究所：《兰州红古下海石：新石器时代遗址发掘报告》，北京：科学出版社，2008年，第1—180页。

② 甘肃省文物考古研究所、皋兰县文化馆：《甘肃皋兰阳洼窑"马厂"墓葬清理简报》，《中原文物》1986年第4期。

③ 甘肃省文物考古研究所：《兰州市徐家山东大梁马厂类型墓葬》，《考古与文物》1995年第3期。

④ 青海省文物管理处考古队、中国社会科学院考古研究所：《青海柳湾——乐都柳湾原始社会墓地》，北京：文物出版社，1984年，第1—260页。

⑤ 青海省文物管理处：《民和马牌马厂类型墓葬发掘的主要收获》，《青海文物》总第6期，1991年。

⑥ 青海省文物考古研究所：《民和阳山》，北京：文物出版社，1990年，第1—159页。

⑦ 李水城：《半山与马厂彩陶研究》，北京：北京大学出版社，1998年，第176—188页。

⑧ 甘肃省文物考古研究所：《兰州红古下海石：新石器时代遗址发掘报告》，北京：科学出版社，2008年，第99页。

一致。综上，该地区马厂类型遗存与红古下海石遗址马厂类型遗存时代相当，为马厂类型晚期。

庄浪河流域永登县包含马厂类型遗存的遗址（墓群）有汪家湾、大沙沟、徐家槽沟、贾家场、沙沟沿、小红沟口、庙儿坪、孙家湾大坪、凤凰山、雷家坪、玉山子、上山沟、李家坪、柴家坪、邢家湾、翻山岭、薛家坪、塘土湾、杨家营、杨家营下营、俞家营、石咀子、白家湾、高场、山岑村、保家湾、保家湾中庄、葛家湾等。采集遗物数量丰富，可辨器形有彩陶双耳罐、彩陶盆、彩陶杯、腹耳罐、侈口罐、双耳罐等，另有一定数量的彩陶片。彩陶以泥质橙黄陶为主，有一定数量的泥质红陶和夹细砂橙黄陶、红陶，大部分彩陶施紫红色陶衣，饰黑彩或黑红复彩蛙肢纹、垂弧纹、联珠纹、平行条带纹、棋盘格纹、网格纹和条带纹等。

通过采集遗物与周边地区马厂类型典型器物对比，可将庄浪河流域马厂遗存分为早晚两个阶段。早段遗存数量较少，总体特征与乐都柳湾、民和阳山马厂类型早期遗存较为接近。如邢家湾彩陶壶（XB:P4）与柳湾彩陶瓮[1]（1250:8）在器形和纹饰基本一致。该类器物还常见于民和阳山墓地和红古土谷台墓地，流行红黑复彩圆圈网格纹。晚段遗存数量较多，整体特征与红古下海石、乐都柳湾马厂晚期遗存较为接近。如柴家坪双耳罐（CB:P3、CB:P6）、葛家湾双耳罐（GB:P9、GB:P10）与下海石双耳罐[2]（M11:10、M13:4）器形及纹饰相近；葛家湾彩陶双耳罐（GB:P1）与下海石彩陶双耳罐[3]（M34:18）器形及纹饰类似；汪家湾侈口罐（WB:P4、WB:P5）与下海石鼓肩壶[4]（M18:2）器形及纹饰接近；贾家场彩陶罐（JB:P10）与下海石彩陶壶[5]（M19:7）纹饰类同；凤凰山彩陶杯（FB:P2）与乐都柳湾彩陶杯[6]（1338:9）在器形和纹饰基本一致；高场（GB:P16）、葛家湾（GB:P2、GB:P5）、上山沟（SB:P12）、孙家湾大坪（SB:P5）、李家坪（LB:P2）、徐家槽沟（LB:8）、雷家坪（LB:P1）均饰成组黑彩平行条带纹，与民乐五坝、红古下海石、乐都柳湾、民和马牌、永登乐山坪、团庄马厂类型晚期遗存所见同类纹饰相似或一致；葛家湾（GB:P14）、汪家湾（WB:P16）、李家坪（LB:P4）、贾家场（JB:P9）腹耳壶与乐都柳湾、红古下海石、永登乐山坪、团庄马厂类型晚期同类器物器形相似。以上述器物为代表的马厂类型晚段遗存与红古下海石、乐都柳湾、民乐五坝、永登乐山坪、团庄马厂晚期遗存较为相近，年代属马厂类型晚期。综上，庄浪河流域永登县

① 青海省文物管理处考古队、中国社会科学院考古研究所：《青海柳湾——乐都柳湾原始社会墓地》，北京：文物出版社，1984年，第61页。

② 甘肃省文物考古研究所：《兰州红古下海石：新石器时代遗址发掘报告》，北京：科学出版社，2008年，第128页。

③ 甘肃省文物考古研究所：《兰州红古下海石：新石器时代遗址发掘报告》，北京：科学出版社，2008年，第116页。

④ 甘肃省文物考古研究所：《兰州红古下海石：新石器时代遗址发掘报告》，北京：科学出版社，2008年，第104页。

⑤ 甘肃省文物考古研究所：《兰州红古下海石：新石器时代遗址发掘报告》，北京：科学出版社，2008年，第94页。

⑥ 青海省文物管理处考古队、中国社会科学院考古研究所：《青海柳湾——乐都柳湾原始社会墓地》，北京：文物出版社，1984年，第127页。

包含马厂类型遗存的遗址数量众多，约占调查遗址总数的 87.9%。除个别遗存为马厂类型早期阶段外，绝大部分为马厂类型晚期遗存。

祖厉河流域包含马厂类型遗存的遗址（墓群）有姚岔嘴、殿沟咀、帽疙瘩咀、中塬等墓群以及荔峡、尹家岔、张家山顶等遗址。采集遗物极少且大多较破碎，仅个别彩陶片为马厂类型遗存。彩陶片均为泥质橙黄陶，饰红黑复彩短线纹、网格纹等，纹饰应是继承了半山类型晚期的遗风而形成的马厂类型早期风格，该类纹饰还见于红古土谷台、乐都柳湾、民和阳山、兰州白道沟坪等遗址，年代属马厂类型早期。

黄河干流的靖远县—平川区包含马厂类型遗存的遗址有雷神殿梁、西匝梁、冶泉、大塬庄东、神木头、芦家小坪、堡子山、蔺家山头、马台、菜地沟、永和、四次凹梁、高家滩、马户山、四沟梁、腰站、马家滩、庙匝山等。景泰县复查的东风园子遗址也发现了马厂类型遗存。以上遗址采集遗物可辨器形有彩陶壶、彩陶盆、腹耳罐、双耳罐、陶杯等。陶器以泥质橙黄陶为主，少量夹砂红褐陶和泥质红陶，彩陶片数量较多。彩陶以黑彩为主，黑红复彩占有一定比例，纹饰包括黑红复彩短线纹、黑彩网格纹加十字圆点纹、蛙肢纹、圆圈网格纹、垂弧纹、平行条带纹等。彩陶盆均饰内彩，饰有连续三角纹、对称水波状条带纹、折线纹等。腹耳罐大多素面，少数饰垂弧纹，个别在耳部贴塑附加堆纹和小泥饼。

通过对采集陶器遗存的分析及与周边地区同时代典型器物比较，可将靖远县—平川区马厂类型遗存分为早、晚两段。早段遗存的文化面貌与永靖马家湾 F1、乐都柳湾、红古土谷台、民和阳山等遗址为代表的马厂类型早期遗存接近。如雷神殿梁彩陶罐（LB:P4）与乐都柳湾彩陶瓮[①]（578:4）、民和阳山彩陶瓮[②]（152:3）、土谷台Ⅵ式双附耳壶[③]（63:7）器形及纹饰相似；营尔门陶杯（YB:1）与永靖马家湾陶杯[④]（F1:4）形制相同。另外，在以上遗址发现了黑红复彩大圆圈纹、黑红复彩圆圈纹内填矩形网格纹或多个圆圈网格纹等马厂类型早期典型纹饰。综上，靖远县—平川区马厂类型早段遗存为马厂类型早期。晚段遗存与红古下海石马厂类型遗存接近，如西匝梁彩陶盆（XB:P13）、彩陶壶（XB:P11）分别与下海石 B 型 Ⅰ 式双耳盆[⑤]（M18:16）、A 型 Ⅲ 式鼓腹壶[⑥]（M19:23）器形及纹饰

① 青海省文物管理处考古队、中国社会科学院考古研究所：《青海柳湾——乐都柳湾原始社会墓地》，北京：文物出版社，1984 年，第 122 页。

② 青海省文物考古研究所：《民和阳山》，北京：文物出版社，1990 年，第 83 页。

③ 甘肃省博物馆、兰州市文化馆：《兰州土谷台半山—马厂类型墓地》，《考古学报》1983 年第 2 期，图版二十一。

④ 中国科学院考古研究所甘肃工作队：《甘肃永靖马家湾新石器时代遗址的发掘》，《考古》1975 年第 2 期，第 95 页。

⑤ 甘肃省文物考古研究所：《兰州红古下海石：新石器时代遗址发掘报告》，北京：科学出版社，2008 年，第 151 页。

⑥ 甘肃省文物考古研究所：《兰州红古下海石：新石器时代遗址发掘报告》，北京：科学出版社，2008 年，第 84 页。

相近；雷神殿梁彩陶腹耳罐（LB:P8）器形及纹饰也在下海石遗址中常见；蔺家山头彩陶盆、堡子山彩陶片常见的简化蛙肢纹也同样常见于下海石马厂类型遗存。景泰东风园子陶壶（DB:P1）与下海石A型Ⅱ式鼓腹壶[①]（M3:3）器形相似。综上，靖远县—平川区马厂类型遗存划分的早、晚两个阶段分别对应马厂类型早、晚期。景泰地区的马厂类型遗存年代属马厂类型晚期，与下海石马厂类型遗存接近。

乌鞘岭北麓的古浪县包含马厂类型遗存的遗址（墓群）有青石湾、水口子、高家滩、浪湾、陈家湾、西凉女国、土坝、昭子山、卫家庄、陶家庄等。采集遗物可辨器形有双耳彩陶罐、彩陶盆、彩陶壶、彩陶杯、双耳罐、壶等，另有一定数量的彩陶片。陶器以泥质橙黄陶为主，少量夹砂红褐陶，个别为夹砂灰褐陶。彩陶纹饰包括蛙肢纹、回形纹、复线折线纹、网格圆点纹、黑红复彩圆圈纹间饰平行齿带、成组平行条带纹等。通过对比，古浪地区马厂类型遗存与红古下海石马厂类型遗存、永昌鸳鸯池马厂类型遗存的文化面貌较为接近，如水口子双耳彩陶罐（SB:P7）、双耳罐（SB:P6）分别与下海石D型Ⅰ式双耳罐[②]（M5:18）、A型Ⅲ式双耳罐[③]（M12:3）的风格十分接近；水口子（SB:P5、SB:P12）、高家滩（GB:P1）、陶家庄（TB:P1）等饰成组平行条带纹或折带纹的彩陶盆与红古下海石、永昌鸳鸯池马厂类型晚期同类器的器形及纹饰几乎一致。回形几何纹、复线折线纹、网格圆点纹则常见于永昌鸳鸯池马厂类型晚期彩陶之上。通过对比分析，古浪县马厂类型遗存与永昌鸳鸯池、红古下海石马厂类型遗存文化面貌相近，时代为马厂类型晚期。

通过上述对比分析可知，黄河左近地区的马厂类型早期遗存在黄河干流靖远县—平川区、祖厉河流域会宁县和庄浪河流域永登县有少量分布。祖厉河流域的马厂类型早期遗存应是在本区域半山晚期遗存基础上发展演变的结果。马厂类型中期遗存主要分布于庄浪河流域永登县和黄河干流靖远县—平川区。马厂类型晚期遗存主要分布于湟水流域红古区、庄浪河流域永登县、黄河干流景泰县和乌鞘岭北麓古浪县。

五、齐家文化

齐家文化分布的主体东到六盘山，西北至河西走廊，西达黄河上游及青海湖东部，北至甘肃与内蒙古自治区交界，南至甘南地区。从行政区划来看，集中分布在甘肃、宁夏、青海三省。根据不同区域齐家文化面貌呈现出的特点来看，齐家文化早期主要分布于甘肃东部、宁夏南部地区，青海东北部的乐都柳湾墓地也有分布。齐家文化中、晚期遗存主要分布于甘肃中部地区、青海东北部、

---

① 甘肃省文物考古研究所：《兰州红古下海石：新石器时代遗址发掘报告》，北京：科学出版社，2008年，第67页。

② 甘肃省文物考古研究所：《兰州红古下海石：新石器时代遗址发掘报告》，北京：科学出版社，2008年，第122页。

③ 甘肃省文物考古研究所：《兰州红古下海石：新石器时代遗址发掘报告》，北京：科学出版社，2008年，第138页。

河西走廊地区、甘南地区，时代相对更晚的齐家文化末期遗存主要分布在洮河流域和大夏河流域。目前学术界认识基本一致，齐家文化是分布在甘肃东部、宁夏南部的常山下层文化经宁夏菜园类型并受东部的客省庄二期文化扩展的影响，相互作用而形成，并逐步向西推进。甘肃中西部的齐家文化在西进的过程中，受到马厂文化的影响，带有明显的地方特征。总体来看，东部齐家文化早于西部。目前已发掘的较为重要的遗址有师赵村[①]、西山坪、沙塘北塬[②]、页河子[③]、大何庄[④]、秦魏家[⑤]、皇娘娘台[⑥]、齐家坪[⑦]、喇家、柳湾[⑧]、总寨[⑨]等。本次调查，在湟水流域红古区、庄浪河流域永登县、祖厉河流域会宁县、黄河干流靖远县—平川区以及乌鞘岭北麓古浪县发现了齐家文化遗存。

湟水流域红古区包含齐家文化遗存的遗址（墓群）有金砂台、二台南、普格台、马家台、张家台等。以上遗址采集齐家文化遗物较少，可辨器形有盆、高领折肩罐，另有少量篦点纹和篮纹陶片。陶器以泥质橙黄陶为主，泥质红陶和夹砂红陶、橙黄陶次之，另有少量泥质灰陶和夹砂灰陶。通过对该地区齐家文化遗存与周边地区典型齐家文化遗存对比发现，其器形、纹饰与柳湾齐家文化中期、皇娘娘台早期遗存较为接近，盆和高领折肩罐均能在上述遗址中找到同类器。因此，红古区发现的齐家文化遗存应属齐家文化中期。

庄浪河流域永登县包含齐家文化遗存的遗址（墓群）有汪家湾、大沙沟、庙儿坪、李家坪、柴家坪、贾家场、石咀子、沙沟沿、保家湾、保家湾中庄、高场等。采集遗物可辨器形有盆、高领折肩罐、深腹罐、侈口罐、双大耳罐、花边口罐、甑、尊等，另有部分篮纹、篦点纹和附加堆纹陶片。陶系以泥质橙黄陶和夹砂橙黄陶为主，泥质红陶次之，少量夹砂灰陶、红陶、白陶和红褐陶。通过该地区齐家文化遗存与周边地区典型齐家文化遗存对比发现，其总体特征与乐都柳湾齐家文化中期遗存较为接近，如陶尊、双大耳罐等均能在柳湾齐家文化中期遗存中找到同类器。另外，肩腹间折棱明显、腹部饰竖篮纹或斜篮纹的折肩罐也是齐家文化中期的典型器物。值得注意的是，李家坪遗址采集的饰横篮纹高领折肩罐（LM1:2），高场遗址采集的深腹罐（GB:P7、GB:P10）、花边形

① 中国社会科学院考古研究所：《师赵村与西山坪》，《中国田野考古报告集》，北京：中国大百科全书出版社，1999 年。

② 宁夏文物考古研究所：《宁夏隆德沙塘北塬遗址 2013 年发掘简报》，《文博》2017 年第 6 期；宁夏文物考古研究所、吉林大学边疆考古研究中心：《宁夏隆德沙塘北塬遗址 2015 年发掘简报》，《考古》2018 年第 5 期；宁夏文物考古研究所：《宁夏隆德沙塘北塬遗址 2016 年发掘简报》，《考古》2020 年第 4 期。

③ 北京大学考古实习队、固原博物馆：《隆德页河子新石器时代遗址发掘报告》，《考古学研究（三）》，北京：科学出版社，1997 年。

④ 中国科学院考古研究所甘肃工作队：《甘肃永靖大何庄遗址发掘报告》，《考古学报》1974 年第 2 期。

⑤ 中国科学院考古研究所甘肃工作队：《甘肃永靖秦魏家齐家文化墓地》，《考古学报》1975 年第 2 期。

⑥ 甘肃省博物馆：《甘肃武威皇娘娘台遗址发掘报告》，《考古学报》1960 年第 2 期。

⑦ 甘肃省博物馆：《甘肃省文物考古三十年》，《文物考古工作三十年》，北京：文物出版社，1979 年。

⑧ 青海省文物管理处考古队、中国社会科学院考古研究所：《青海柳湾—乐都柳湾原始社会墓地》，北京：文物出版社，1984 年。

⑨ 青海省文物考古队：《青海互助土族自治县总寨马厂、齐家、辛店文化墓葬》，《考古》1986 年第 4 期。

侈口罐（GH3:P8、GB:P9）与甘肃东部和宁夏南部齐家文化早期同类器相近，表明该地区可能受到东部早期齐家文化的影响。总体而言，庄浪河流域齐家文化遗存的年代主要为齐家文化中期，个别遗存可早到齐家文化早期。

祖厉河流域会宁县包含齐家文化遗存的遗址（墓群）有殿沟咀、帽疙瘩咀、姚岔嘴、崖窑塬、北咀等墓群以及宴门川、二阴湾、老人沟、沈家咀、河沟、张庄西山、线家川、万崖、荔峡、寨柯、风咀梁、史家弄、牛门洞、石石湾、米峡、沙湾、梁堡西山、张家山顶、穆家湾等遗址。本次调查在该区域采集到的齐家文化遗物数量较多，部分器物更接近宁夏南部菜园类型同期遗存，可辨器形有高领折肩罐、壶、双耳罐、双大耳罐、侈口罐、鬲足、尊、盆、豆等，另有部分饰篮纹和篦点纹的陶片。陶器以泥质橙黄陶为主，夹砂橙黄陶次之，部分夹砂红陶、红褐陶，少量泥质红陶和夹砂灰陶，个别泥质灰陶和泥质灰褐陶。通过与周边地区同时代典型器物对比发现，二阴湾、米峡和沈家咀遗址采集的双耳罐、陶壶与宁夏菜园类型二岭子湾、切刀把、瓦罐嘴墓地等同类器相似，如二阴湾遗址双耳罐（EB:P1、EB:P3）与二岭子湾墓地 A I 式双耳罐（EM1:6）器形相近；米峡侈口罐（MB:P1）与切刀把墓地 A II 式双耳壶（QM36:6）器形相似；沈家咀陶壶（SB:P1）与瓦罐嘴墓地 A III 式双耳壶（WM14:8）形制类同；风咀梁侈口罐（FB:P5）、寨柯侈口罐（ZB:P1）、殿沟咀侈口罐（DK1:P2）与庄浪王家阳洼[1]侈口罐（H3②:7、F19:2、F5:2）器形纹饰一致。风咀梁双耳罐（FB:P1）与中天幸福城[2]单耳罐（M14:1、M11:3、M11:2、M11:4）器形相似；风咀梁高领罐（FB:P4、FB:P9）、沈家咀壶（SB:P1）、老人沟壶（LH1:P6）与中天幸福城罐（M14:2、H21:1）器形相似。据此判断，祖厉河流域会宁县部分遗存的年代可早到菜园类型时期。另有部分器物器形特征与隆德页河子、沙塘北塬和天水师赵村遗址第七期部分器物较为接近，如风咀梁双耳罐（FB:P1）与沙塘北塬单耳罐[3]（H64:3）器形相似；风咀梁侈口罐（FB:P5）、殿沟咀侈口罐（DK1:P2）与沙塘北塬[4]侈口罐（H101②:5）器形纹饰一致；北咀墓群陶盆（BB:P3）与沙塘北塬陶盆[5]（H183③:1）器形相近；宴门川陶盆（YB:P1）与师赵村七期陶盆（T390②:1）器形纹饰接近；风咀梁陶尊与页河子陶尊[6]（T301②:8）器形相同；风咀梁鬲足（FB:P6）与客省庄二期同类器物相近，可能是客省庄二期文化向西影响的结果。调查采集的折肩罐、横篮纹以及篦点纹陶片也常见于页河子、沙塘北塬和师

---

① 2020 年甘肃省文物考古研究所对庄浪王家阳洼发掘，从出土陶器判断，王家阳洼遗址为齐家文化早期遗存，与宁夏南部和甘肃东部齐家文化特征一致，可早到菜园类型时期。

② 2020 年甘肃省文物考古研究所对庄浪中天幸福城遗址发掘，从墓葬出土陶器判断，该遗址文化性质为菜园文化，与宁夏南部该时期遗址文化面貌一致。

③ 宁夏文物考古研究所：《宁夏隆德沙塘北塬遗址 2013 年发掘简报》，《文博》2017 年第 6 期。

④ 宁夏文物考古研究所、吉林大学边疆考古研究中心：《宁夏隆德县沙塘北塬遗址 2015 年发掘简报》，《考古》2018 年第 5 期。

⑤ 宁夏文物考古研究所、吉林大学边疆考古研究中心：《宁夏隆德县沙塘北塬遗址 2015 年发掘简报》，《考古》2018 年第 5 期。

⑥ 北京大学考古实习队、固原博物馆：《隆德页河子新石器时代遗址发掘报告》，《考古学研究（三）》，北京：科学出版社，1997 年，第 177 页。

赵村遗址。另外，部分饰竖篮纹、肩腹间折棱明显的高领折肩罐与皇娘娘台、柳湾齐家文化中期同类器物相似，时代可能晚到齐家中期。综上，会宁县采集的部分遗物年代可早到菜园类型时期。典型齐家文化遗存年代属齐家文化早期，个别可晚到齐家文化中期。

黄河干流的靖远县—平川区包含齐家文化遗存的遗址有雷神殿梁、营尔门、冶泉、永和、神木头、芦家小坪、蔺家山头、庙圭山、小茨沟、马户山、高家滩、下堡子、四沟梁、西圭梁、马家滩等。采集遗物可辨器形有双耳罐、鋬耳罐、盘、高领折肩罐、高领壶、深腹罐、侈口罐、盆、鬲足等，另有部分篮纹、绳纹、篦点纹、刻槽纹以及刻划纹陶片。陶器以泥质橙黄陶和夹砂橙黄陶为主，少量夹砂红陶、红褐陶、灰陶和泥质红陶。与周边地区同时代典型器物比较，冶泉、雷神殿梁等遗址采集的部分器物与菜园类型切刀把墓地、石沟遗址同类器相似，如冶泉双耳罐（YK2：P9）与切刀把墓地 B 型双耳小罐（QM49：3）器形相似；雷神殿梁侈口罐（LB：P28）与切刀把墓地 A Ⅲ式小口罐器形相近。雷神殿梁侈口罐（LB：P23、LB：P27、LB：P30）、营尔门侈口罐（YK1：P1）与庄浪王家阳洼[①]侈口罐（F19：2）器形相似，颈部饰有附加堆纹一周。据此判断，靖远县—平川区部分遗存的年代可早到菜园类型时期。另外，部分器物器形特征与沙塘北塬、页河子和师赵村遗址第七期齐家文化遗存接近，如神木头侈口罐（SB：P14）与页河子侈口罐[②]（H311：25）器形相近；神木头侈口罐（SB：P4）、蔺家山头（LB：P2）与页河子直口缸[③]（T108 ④：8）器形纹饰相近；马家滩地点 3 双耳罐（MB3：P4）唇部呈锯齿状，该器形特征常见于沙塘北塬、页河子遗址；神木头鬲足（SB：P15）与客省庄二期同类器物相近，可能是客省庄二期文化向西影响的结果。此外，调查区还采集到个别肩腹间折棱明显、饰竖篮纹或斜篮纹的折肩罐残片，其年代或可晚到齐家文化中期。综上，靖远县—平川区采集的部分遗物年代可早到宁夏菜园类型时期，大部分与沙塘北塬遗址、页河子遗址齐家文化遗存和师赵村遗址第七期相当，属齐家文化早期，个别年代可晚到齐家文化中期。

乌鞘岭北麓的古浪县仅在水口子、高家滩和朵家梁遗址发现齐家文化双大耳罐和饰竖篮纹的陶片，均为泥质橙黄陶。通过对比发现，水口子遗址双大耳罐（SB：P10）与朵家梁遗址出土的双大耳罐（现藏古浪县文化馆，馆藏号 0005）[④]器形接近，年代可能属齐家文化中期。

通过上述对比分析可知，祖厉河流域会宁县和黄河干流靖远县—平川区境内部分遗存年代可早到菜园类型时期，大部分遗存年代属齐家文化早期，个别遗存年代可晚到齐家文化中期。庄浪河流域永登县、湟水下游红古区、乌鞘岭北麓古浪县所见齐家文化遗存年代均属齐家文化中期。上述区

① 2020 年甘肃省文物考古研究所对庄浪王家阳洼发掘，从出土陶器判断，王家阳洼遗址为齐家文化早期遗存，与宁夏南部和甘肃东部齐家文化特征一致，可早到菜园类型时期。

② 北京大学考古实习队、固原博物馆：《隆德页河子新石器时代遗址发掘报告》，《考古学研究（三）》，北京：科学出版社，1997 年，第 178 页。

③ 北京大学考古实习队、固原博物馆：《隆德页河子新石器时代遗址发掘报告》，《考古学研究（三）》，北京：科学出版社，1997 年，第 182 页。

④ 甘肃省文物考古研究所、北京大学考古文博学院：《河西走廊史前考古调查报告》，北京：文物出版社，2011 年，第 60 页。

域基本不见齐家文化晚期遗存。

六、辛店文化

辛店文化分布范围主要集中在湟水、大夏河、洮河下游地区，一般将辛店文化分为三期。第一期为山家头类型，第二期为姬家川类型，第三期为张家咀类型。近年来随着更多资料的公布和学界对辛店文化认识不断深入，部分学者注意到山家头类型的特殊性，并将其独立出来[①]。

本次调查，在湟水流域红古区的老鼠坪、河咀台遗址，庄浪河流域永登县的庙儿坪、保家湾遗址分别发现了辛店文化遗存。通过与周边地区同时代典型器物比较发现，红古区老鼠坪陶罐（LB：P1）、永登县保家湾陶罐（BB:P1）与青海核桃庄山家头墓地无耳壶[②]（M5:3）和乐都柳湾墓地陶壶[③]（1196:3）器形类同；永登庙儿坪双耳罐（MB:P12）与青海核桃庄山家头墓地双耳罐[④]（M24:2）、乐都柳湾墓地双耳罐[⑤]（1196:4）器形接近。红古区河咀台遗址发现的辛店文化彩陶片（HB:P2）与邻近的红古下旋子、下海石出土的辛店文化彩陶双耳罐纹饰一致，为辛店文化中期典型纹饰。综上，红古区老鼠坪、永登县庙儿坪及保家湾遗址辛店文化遗存可早到辛店文化山家头类型，红古区河咀台遗址辛店文化遗存年代可能晚到辛店文化中期。

---

① 任瑞波：《论辛店文化的分期与年代》，《考古学报》2019年第4期。
② 青海省文物管理处：《青海民和核桃庄山家头墓地清理简报》，《文物》1992年第11期。
③ 青海省文物管理处考古队、中国社会科学院考古研究所：《青海柳湾——乐都柳湾原始社会墓地》，北京：文物出版社，1984年，第236页。
④ 同③。
⑤ 同③。

第二节　考古学文化年代

　　下面通过典型遗址且采集单位遗物明确的遗址进行碳—14测年，将结果与周边地区各文化遗址的分期和年代比较，认识黄河左近地区考古学文化的绝对年代。

一、仰韶文化晚期

　　甘肃东部和宁夏南部仰韶文化晚期多个遗址经过测年，仰韶文化晚期在陇山西麓渭河流域以石岭下、大地湾四期遗存、西山坪与师赵村第四期遗存、傅家门石岭下类型等为代表，师赵村第四期遗存测年结果为3502—3147 BC，西山坪遗址四期遗存较早的测年结果为3502—2788 BC[①]，大地湾四期年代主要集中在5500—4900 BP[②]，武山傅家门遗址3264—2912 BC[③]，灰地儿遗址测年结果为5275—4871 BP[④]，崖背里遗址测年结果为5277—4844 BP[⑤]。黎海明对葫芦河流域庄浪地区仰韶晚期吴家川、曹家塬等遗址测年，年代主要集中3376—2912 BC[⑥]。宁夏南部地区清水河流域马缨子梁遗址，葫芦河流域周家嘴头、页河子[⑦]等属仰韶晚期的遗存，马缨子梁遗址测年为3030—2782BC[⑧]。黄河上游地区青海东部以沙隆卡、安达其哈遗址为代表，其中沙隆卡遗址测年结果为

　　① 中国社会科学院考古研究所：《师赵村与西山坪》，北京：中国大百科全书出版社，1999年，第306页。
　　② 甘肃省文物考古研究所：《秦安大地湾：新石器时代遗址发掘报告》，北京：文物出版社，2006，第706—707页。
　　③ 谢端琚：《甘青地区史前考古》，北京：文物出版社，2002年，第250页。
　　④ 陈亭亭：《渭河上游地区距今5500—2000年农业发展历程及其影响因素分析》，兰州大学硕士研究生学位论文，2020年，第19页。
　　⑤ Dong JJ, Wang S, Chen GK et al., Stable Isotopic Evidence for Human and Animal Diets From the Late Neolithic to the Ming Dynasty in the Middle—Lower Reaches of the Hulu River Valley, NW China [J], Frontiers in Ecology and Evolution, 2022, 10:905371.
　　⑥ 黎海明：《黄土高原西部新石器至历史时期人类对主要农作物的利用策略研究》，兰州大学博士学位论文，2018年，第48页。
　　⑦ 北京大学考古实习队等：《隆德页河子新石器时代遗址发掘报告》，《考古学研究（三）》，北京：科学出版社，1997年，第158—195页。
　　⑧ 宁夏文物考古研究所，中国历史博物馆考古部：《宁夏菜园：新石器时代遗址、墓葬发掘报告》，北京：科学出版社，2003年，第339页。

5213—4873 BP[1]，安达其哈测年结果为5297—4975 BP[2]。从上述遗址测年结果来看，甘青地区仰韶晚期遗存年代集中在5500—4900 BP。本次调查仅在会宁祖厉河流域发现有仰韶晚期遗存，其中老人沟测年结果为5290—4879 BP，石石湾测年结果为5277—4885 BP，两个遗址4个年代拟合结果为5300—4900 BP。与陇山西侧渭河流域仰韶晚期遗存比较，祖厉河流域主要为仰韶晚期遗存，因此，祖厉河流域仰韶晚期遗址测年结果与渭河上游地区仰韶晚期晚段年代重合，主要集中在5300—4900 BP。

二、马家窑类型

马家窑类型遗存目前不同区域多个遗址经过测年，其中甘肃东部渭河上游以师赵村五期、西山坪五期遗存为代表，师赵村五期测年结果为3492—2782 BC[3]。宁夏南部以曹洼遗址为代表，曹洼遗址测年结果为3616—2788 BC[4]。由于早年木炭测年受到"老木效应"的影响，且年代误差较大，上述年代明显偏早。洮河流域以马家窑遗址、林家遗址、山那树扎遗址为代表，林家遗址测年结果为3369—2504 BC[5]，山那树扎遗址测年结果为5304—4893 BP[6]。河湟地区所在的黄河上游和湟水流域以宗日、蒋家坪、雁儿湾、曹家咀、上孙家寨遗址为代表，宗日遗址马家窑类型遗存年代最下层测年可早到2780—2583 BC[7]，蒋家坪下层遗存年代为3265—2910 BC，曹家咀遗址测年结果为3308—2910 BC，上孙家寨遗址遗址测年结果为3307—2788 BC[8]。河西走廊地区以五坝山、塔尔湾、高苜蓿地遗址为代表，其中高苜蓿地遗址测年结果为4825—4420 BP，三角城遗址测年结果为4782—4442 BP[9]。川西高原以营盘山[10]、刘家寨遗址为代表[11]，营盘山测年结果为3100—2881 BC，刘家寨遗址测年结果为3340—2560 BC。从多个遗址测年结果看，马家窑遗址年代主要分布在5300—4600 BP。结合马

① 王宗礼、曹辉辉、肖永明等：《青藏高原东北部沙隆卡遗址史前人群活动和生存环境基础》，《第四纪研究》2021年第1期。

② 任乐乐：《青藏高原东北部及其周边地区新石器时代晚期至青铜时代先民利用动物资源的策略研究》，兰州大学博士学位论文，2017年，第38—39页。

③ 中国社会科学院考古研究所：《师赵村与西山坪》，北京：中国大百科全书出版社，1999年，第306页。

④ 谢端琚：《甘青地区史前考古》，北京：文物出版社，2002年，第251页。

⑤ 同④。

⑥ Chen NB, Ren LL, Du LY, et al., Ancient Genomes Reveal Tropical Bovid Species in the Tibetan Plateau Contributed to the Prevalence of Hunting Game Until the Late Neolithic [J], Proceedings of the National Academy of Sciences, 2002, 117（45）：28150—28159

⑦ Ren LL, Dong GH , Liu FW et al., Foraging and Farming: Archaeobotanical And Zooarchaeological Evidence for Neolithic Exchange on the Tibetan Plateau [J]. Antiquity, 2020. 94（375）：637—652.

⑧ 谢端琚：《甘青地区史前考古》，北京：文物出版社，2002年，第251—252页。

⑨ 杨谊时：《河西走廊史前生业模式转变及影响因素研究》，兰州大学博士学位论文，2017年，第167页。

⑩ 张雪莲、仇士华、蔡莲珍等：《放射性碳素测定年代报告（三一）》，《考古》2005年第7期。

⑪ 四川省文物考古研究院、阿坝藏族羌族自治州文物考古研究所、金川县文物管理所：《四川金川县刘家寨遗址2012年发掘简报》，《考古》2022年第4期。

家窑类型遗存分期和年代来看，马家窑早期年代集中在 5300—5000 BP，中期遗存年代主要集中在 5000—4800 BP，晚期遗存年代主要集中在 4800—4600 BP。本次调查在湟水流域的红古区、庄浪河流域永登县、黄河干流的靖远—平川和景泰、祖厉河流域的会宁、河西走廊东端的古浪县等都发现了马家窑类型遗存，其中会宁地区老人沟、石石湾、牛门洞遗址存在马家窑类型早中期遗存，年代在 5300—4900 BP，以古浪县杨家窝铺遗址为代表的马家窑中期遗存年代集中在 5000—4800 BP，以红山大坪、红大板坪、石碑湾、沙沟沿、雷神殿梁、杨家场子为代表的马家窑类型晚期遗存年代主要集中在 4800—4600 BP。

三、半山类型

目前半山类型时期遗址测年较少，夏鼐先生根据青岗岔的两个测年数据，推定半山类型年代为 2500—2300 BC[①]，谢端琚先生根据青岗岔、柳湾半山墓葬、师赵村六期遗存测年数据，推定半山类型年代为 2500—2300 BC[②]。五坝墓地半山类型墓葬测年结果上限可早到 4400 BP[③]。青海东部宗日遗址较晚遗存测年结果 2600—2400 BC[④]。以宁夏南部林子梁遗址为代表的菜园文化也存在半山晚期遗存，林子梁遗址三期年代主要集中 4500—4300 BP[⑤]。综合不同地区半山类型遗存的测年结果判断，半山遗存年代主要集中在 4500 BP 后。本次调查没有发现典型半山时期遗址剖面，缺少该时期测年数据，在湟水流域的红古区、庄浪河流域永登县、黄河干流的靖远—平川和景泰、祖厉河流域的会宁、河西走廊东端的古浪县等都发现了零星的半山时期遗存，从采集遗物判断，大部分为半山三、四期遗存，部分遗存可能晚到半山五期，为半山向马厂过渡时期的遗存。根据半山遗存的分期和其他地区测年结果判断，黄河左近地区半山遗存年代应该主要集中在 4500—4300 BP。

四、马厂类型

目前马厂类型时期系统测年的遗址较少，早年夏鼐先生根据柳湾和蒋家坪测年数据，并结合半山类型与马厂类型相对早晚关系，推定马厂类型年代为 2300—2000 BC[⑥]。谢端琚先生根据柳湾马厂时期、蒋家坪、马家湾遗址测年数据结果，校正后推定西部马厂类型年代为 2300—2000 BC[⑦]。早

---

① 夏鼐：《碳—14 测定年代和中国史前考古学》，《考古》1977 年第 4 期。

② 谢端琚：《甘青地区史前考古》，北京：文物出版社，2002 年，第 252—253 页。

③ Liu XY, Lightfoot E, O'Connell TC, et al. From Necessity to Choice: Dietary Revolutions in West China in the Second Millennium BC [J]. World Archaeology, 2014, 46（5）:661—680.

④ Ren LL, Dong GH, Liu FW, et al., Foraging and Farming: Archaeobotanical and Zooarchaeological Evidence for Neolithic Exchange on the Tibetan Plateau [J]. Antiquity, 2020. 94（375）: 637—652.

⑤ 宁夏文物考古研究所、中国历史博物馆考古部：《宁夏菜园：新石器时代遗址、墓葬发掘报告》，北京：科学出版社，2003 年，第 339 页。

⑥ 夏鼐：《碳—14 测定年代和中国史前考古学》，《考古》1977 年第 4 期。

⑦ 谢端琚：《甘青地区史前考古》，北京：文物出版社，2002 年，第 252—254 页。

年测年数据采用棺木和木炭测年，受到"老木效应"影响，误差较大①，对马厂类型的年代认识可能偏早。近年对部分马厂遗存重新测年，武威磨嘴子遗址 4 座墓葬人骨测年校正结果为 4294—3981 BP②，红古下海石墓葬测年校正结果为 4138—3974 BP③。杨谊时对河西走廊部分马厂遗址遗存测年并对已有的马厂类型年代数据进行拟合，推定河西走廊马厂类型年代为 4200—4000 BP，走廊东部部分马厂晚期遗存可能略晚于 4000 BP④。五坝墓地马厂时期绝对年代为 4200—4000 BP⑤。综合不同地区马厂时期遗存测年结果判断，特别是近年对马厂类型遗存重新测年，进一步证实马厂类型遗存年代在 4300—4000 BP。本次调查在湟水流域的红古区、庄浪河流域永登县、黄河干流的靖远—平川和景泰、祖厉河流域的会宁、河西走廊东端的古浪县等都发现了马厂时期的遗存，其中会宁、靖远和平川地区发现马厂类型早晚期遗存都有存在，年代集中在 4300—4000 BP；永登和红古大部分遗址为马厂中晚期遗存，个别遗址存在少量的马厂早期遗存，年代主要集中在 4200—4000 BP；河西走廊东端主要为马厂中晚期遗存，个别遗址存在马厂早期遗存，年代主要集中在 4200—4000 BP；个别遗址马厂晚期和齐家早期遗存共存，可能略晚，但是不晚于 3900 BP。

五、齐家文化

齐家文化遗存目前不同区域多个遗址经过测年，宁夏南部以沙塘北塬遗址、林子梁遗址和页河子遗址为代表，沙塘北塬遗址绝对年代为 2200—1900 BC⑥，林子梁遗址四五段遗存测年结果为 2480—1910 BC⑦。早年林子梁遗址采集木炭测年，年代误差较大，受到"老木效应"的影响，年代可能偏早⑧。渭河上游地区以师赵村与西山坪七期、王家阳洼遗址为代表，师赵村第七期遗存的绝

---

① Yang YS, Zhang S J, Oldknow C, et al. Refined Chronology of Prehistoric Cultures and Its Implication for Re—evaluating Human—Environment Relations in the Hexi Corridor, Northwest China, Science China Earth Sciences, 2019, 62(10): 1578–1590; Long TW, Wagner M, Tarasov PE, A Bayesian Analysis of Radiocarbon Dates from Prehistoric Sites in the Haidai Region, East China, for Evaluation of the Archaeological Chronology [J], Journal of Archaeological Science: Reports, 2017(12): 81—90.

② Liu XY, Lightfoot E, O'Connell TC, et al. From Necessity to Choice：Dietary Revolutions in West China in the Second Millennium BC [J], World Archaeology, 2014, 46(5): 661—680.

③ 马敏敏：《公元前两千纪河湟及其毗邻地区的食谱变化与农业发展——稳定同位素证据》，兰州大学博士研究生学位论文，2013 年，第 45—47 页。

④ 杨谊时、张山佳、Chris Oldknow 等：《河西走廊史前文化年代的完善及其对重新评估人与环境关系的启示》，《中国科学：地球科学》2019 年第 12 期，第 2037—2050 页。

⑤ 同②.

⑥ 宁夏文物考古研究所：《宁夏隆德沙塘北塬遗 2013 年发掘简报》，《文博》2017 年第 6 期，第 3—12 页。

⑦ 宁夏文物考古研究所、中国历史博物馆考古部：《宁夏菜园：新石器时代遗址、墓葬发掘报告》，北京：科学出版社，2003 年，第 339 页。

⑧ Yang YS, Zhang SJ, Oldknow C, et al. Refined Chronology of Prehistoric Cultures and Its Implication for Re—evaluating Human—Environment Relations in the Hexi Corridor, Northwest China. Science China Earth Science, 2019, 62（10）：1578—1590.

对年代约 2138—1906 BC①，王家阳洼遗址测年结果为 4144—3976 BP②。青海省东北部河湟地区以金蝉口遗址、喇家遗址、宗日遗址为代表，其中对喇家遗址和金蝉口遗址系统测年，金蝉口 10 个当年生炭化麦类或粟黍测年结果校正拟合年代为 4100—3800 BP③；喇家遗址不同区域测年结果有差别，张雪莲对喇家遗址测年结果拟合，年代主要集中在 2300—1900 BC，喇家遗址 F3、F4 人骨测年结果年代在 1950—1885 BC④，说明遗址地层中采集木炭测年，受"老木效应"的影响可能偏老，特别是近年围绕喇家地震、洪水等研究大规模对人骨和动物骨骼测年，测年结果在 1900—1800 BC⑤。综合判断，喇家遗址的绝对年代的上限可能在 2200 BC，下限在 1800 BC。甘肃中部洮河流域以大何庄、秦魏家、齐家坪遗址为代表。其中永靖大何庄早期遗存 F7 测年结果为 2114—1748 BC⑥，由于早年木炭测年受到"老木效应"的影响，年代误差较大，该年代可能明显偏早。李家坪遗址大麦和小麦测年，校正年代结果为 1750—1450BC⑦。齐家坪早期 M108 人骨测年，校正年代结果 1515—1440 BC⑧。近年来中美联合考古工作组对齐家坪遗址试掘，最新测年结果 3568—3389 BP⑨，北京大学对齐家坪人骨测年为 1700—1500 BC⑩。从目前已有的齐家坪遗址的测年结果看，齐家坪遗址年代为 1700—1400 BC 可能更合适。磨沟墓地齐家偏晚墓葬 M51 人骨测年，校正年代为 3414±30 BP⑪，陈建立对磨沟墓地齐家末期至寺洼早期墓葬测年，校正年代为 3445—

① 中国社会科学院考古研究所：《师赵村与西山坪》，北京：中国大百科全书出版社，1999 年，第 250 页。

② Dong JJ, Wang S, Chen GK, et al., Stable Isotopic Evidence for Human and Animal Diets From the Late Neolithic to the Ming Dynasty in the Middle—Lower Reaches of the Hulu River Valley, NW China, Frontiers in Ecology and Evolution, 2022, 10: 905371.

③ 杨颖：《河湟地区金蝉口和李家坪齐家文化遗址植物大遗存分析》，兰州大学硕士学位论文，2014 年，第 28—30 页。

④ 张雪莲、叶茂林、仇士华等：《民和喇家遗址碳十四测年及初步分析》，《考古》2014 年第 11 期。

⑤ 董广辉、张帆宇、刘峰文等：《喇家遗址史前灾害与黄河大洪水无关》，《中国科学：地球科学》2018 年第 4 期，第 467—475 页。

⑥ 中国社会科学院考古研究所：《中国考古学中碳十四年代数据集（1965—1991）》，北京：文物出版社，1992 年。

⑦ 杨颖：《河湟地区金蝉口和李家坪齐家文化遗址植物大遗存分析》，兰州大学硕士学位论文，2014 年，第 28—30 页。

⑧ Ma MM, Dong GH, Jia X, et al. Dietary Shift After 3600calyr BP and Its Influencing Factors in Northwestern China: Evidence from Stable Isotopes [J].Quaternary Science Reviews. 2016, 145: 57—70;

⑨ Brunson K, Ren LL, Zhao XC, et al. Zooarchaeology, Ancient mtDNA, and Radiocarbon Dating Provide New Evidence for the Emergence of Domestic Cattle and Caprines in the Tao River Valley of Gansu Province, Northwest China [J]. Journal of Archaeological Science-Reports, 2020, 31:102262.

⑩ 洪玲玉、吴浩森（A.Womack）、哈克（Y.Jaffe）等：《齐家坪：齐家文化典型遗址研究的新进展》，《考古与文物》2019 年第 3 期，第 63—74 页。

⑪ Ma MM, Dong GH, Liu XY, et al. Stable Isotope Analysis of Human and Animal Remains at the Qijiaping Site in Middle Gansu, China [J]. International Journal of Osteoarchaeology. 2015, 25(6): 923—934.

3211 BP[①]，刘歆益对磨沟墓地人骨测年 1750—1110 BC[②]。磨沟墓地较晚阶段为寺洼文化时期，从目前磨沟墓地齐家文化墓葬来看，磨沟墓地齐家文化墓葬年代为 3700—3400 BP。河西走廊齐家文化以皇娘娘台遗址、海藏遗址和西城驿遗址为代表。其中张掖西城驿遗址马厂—四坝文化与齐家文化共存，西城驿遗址测年结果拟合为 4100—3500 BP[③]，金塔缸缸洼和火石梁遗址马厂/西城驿文化与齐家文化共存，测年结果拟合为 4100—3700 BP[④]；五坝墓地西城驿文化与齐家文化遗存共存，测年结果在 4000—3800 BP[⑤]；齐家文化皇娘娘台遗址剖面系统测年，测年结果为 4075—3641 BP[⑥]；李家坪楞遗址年代为 3810—3588 BP[⑦]，海藏遗址测年结果为 3900—3600 BP[⑧]。结合甘青地区齐家文化的分期和年代来看，齐家文化早期年代在 4200—4000 BP，齐家文化中期年代在 4000—3700 BP，齐家文化晚期年代 3700—3400 BP。本次调查在湟水流域的红古区、庄浪河流域的永登县、黄河干流的靖远—平川和景泰、祖厉河流域的会宁、河西走廊东端的古浪县等都发现了齐家文化遗存，其中齐家文化早期遗存主要分布在会宁和靖远—平川地区，永登和古浪县齐家文化早期遗存大多与马厂类型共存，齐家文化早期遗存年代主要集中在 4200—4000 BP，与陇西黄土高原东部渭河流域齐家文化年代相当。齐家文化中期遗存主要分布在永登县、红古区和古浪县，其中部分遗址马厂晚期与之有共存，年代主要集中在 4000—3700 BP。除此之外，会宁县部分齐家文化早期遗存可早到菜园类型时期，庄浪县中天幸福城菜园类型的测年结果为 4612—4414 BP[⑨]。结合菜园类型林子梁遗址和中天幸福城测年结果判断，会宁县部分齐家文化遗存至少可早到 4300 BP。

六、辛店文化

辛店文化遗存目前经测年的遗址较少，且多为早年测年数据，仅马路塬、莲花台、阿哈特拉

---

① 陈建立、毛瑞林、王辉等：《甘肃临潭磨沟寺洼文化墓葬出土铁器与中国冶铁技术起源》，《文物》2012 年第 8 期。

② Liu XY, Lightfoot E, O'Connell TC, et al. From Necessity to Choice:Dietary Revolutions in West China in the Second Millennium BC [J]. World Archaeology. 2014, 46(5): 661—680.

③ 张雪莲、仇士华、钟建等：《放射性碳素测定年代报告（四一）》，《考古》2015 第年 7 期，第 107—109 页。

④ Ren LL, Yang YS, Qiu MH, et al., Direct Dating of the Earliest Domesticated Cattle and Caprines in Northwestern China Reveals the History of Pastoralism in the Gansu—Qinghai region[J]. Journal of Archaeological Science, 2022,144:105627; Qiu MH, Li HR, Lu MX, et al. Diversification in Feeding Pattern of Livestock in Early Bronze Age Northwestern China[J].Frontiers in Ecology and Evolution, 2022, 10 : 908131.

⑤ 同 ②。

⑥ Zhou XY, Li XQ, Dodson J, et al. Land Degradation During the Bronze Age in Hexi Corridor (Gansu，China) [J]. Quaternary International, 2012, 254(1):42—48.

⑦ 杨谊时：《河西走廊史前生业模式转变及影响因素研究》，兰州大学博士学位论文，2017 年，第 167 页。

⑧ 报告待出版。

⑨ Dong JJ, Wang S, Chen GK, et al. Stable Isotopic Evidence for Human and Animal Diets From the Late Neolithic to the Ming Dynasty in the Middle—Lower Reaches of the Hulu River Valley, NW China, Frontiers in Ecology and Evolution, 2022, 10:905371.

山、上孙家寨、小旱地遗址有测年数据，其中马路塬遗址测年结果为 1442—990 BC，莲花台墓葬测年结果为 830—414 BC，上孙家寨墓葬测年结果为 1211—402 BC[①]，小旱地墓葬测年结果 3080 ± 80 BP[②]。早年采集木炭和棺木测年，受到"老木效应"的影响，年代可能有明显的偏差。近年，贾鑫对湟水下游调查并对部分辛店文化遗址进行测年，测年结果为 3640—2550 BP[③]。结合多个遗址的测年结果来看，辛店文化年代主要集中在 3600—2500 BP。本次调查仅在河湟地区的永登和红古发现有辛店文化遗存，该区红古下旋子和下海石辛店文化墓葬为典型辛店早期遗存，结合辛店文化的分期，该区域辛店文化年代主要集中在 3600—3200 BP。

---

① 谢端琚：《甘青地区史前考古》，北京：文物出版社，2002 年，第 255—253 页。

② 任瑞波：《论辛店文化的分期与年代》，《考古学报》，2019 年第 4 期。

③ 贾鑫：《青海省东北部地区新石器青铜时代文化时空演化过程与植物遗存研究》，兰州大学博士学位论文，第 66—70 页。

第三节　遗址空间分布形态研究

黄河流域甘肃段涉及范围较广，各大支流史前考古学文化复杂，文化演化进程不一，史前诸文化时期遗址数量多，分布广。空间信息技术在遗址空间分布的研究中发挥着越来越重要的作用。密度分析可以表现整体的空间分布特征，常用来对不同文化的空间形态、扩张和收缩态势进行比较[1]；面积分级用于表征遗址等级[2]；高程、坡度、离河距离、地形位置指数等环境因子则用于探讨遗址选址[3]和遗址预测[4]。通过目前的考古调查发掘和相关研究成果对甘肃史前文化格局和文化演进已经有了初步的认识[5]，下面就借鉴聚落的空间分析方法[6]对本次调查所涉及的红古区、永登县、会宁县、靖远县、景泰县和古浪县等黄河左近地区史前诸文化时期遗址的分布特征、规律及其地理因子进行简单探讨。

经过百年的考古发掘与研究，尽管甘青地区新石器时期以来的文化格局和发展演进过程还存在诸多问题未能解决，但考古学文化谱系及年代框架已建立。黄河流域甘肃段及其各支流考古学文化发展进程不一致，但是整体上与整个黄河流域史前考古学文化演化进程基本是同步的[7]。黄河流域所在的甘肃陇西陇东黄土高原与周边地区不同文化发展阶段存在交流和互动，大致经历了大地湾一期

---

① Dong GH, Wang L, Cui YF, et al. The Spatiotemporal Pattern of the Majiayao Cultural Evolution and Its Relation to Climate Change and Variety of Subsistence Strategy During Late Neolithic Period in Gansu and Qinghai Provinces, Northwest China [J]. Quaternary International, 2013, 316: 155—161.

② Cui YF, Liu YJ, Ma MM. Spatiotemporal Evolution of Prehistoric Neolithic—Bronze Age Settlements and Influencing Factors in the Guanting Basin, Northeast Tibetan Plateau [J]. Science China Earth Sciences, 2018, 61(2):149—162.

③ 毕硕本、计晗、梁静涛等：《基于指数模型的郑州—洛阳地区史前聚落遗址空间分布》，《地理科学进展》2013 年第 10 期。

④ Nicu I C, Mihu—Pintilie A, Williamson J. GIS—Based and Statistical Spproaches in Archaeological Predictive Modelling（NE Romania）[J]. Sustainability, 2019, 11（21）: 5969.

⑤ 王辉：《甘青地区新石器—青铜时代考古学文化的谱系与格局》，《考古学研究》（九），北京：文物出版社，2012 年，第 210—243 页。

⑥ 鲁鹏：《环境考古·聚落考古·史前聚落地理》，《地域研究与开发》2016 年第 2 期。

⑦ 戴向明：《黄河流域新石器时代文化格局之演变》，《考古学报》1998 年第 4 期。

文化—师赵村一期文化—仰韶文化半坡类型—仰韶文化庙底沟类型—仰韶文化晚期 / 石岭下类型 / 大地湾四期—马家窑类型 / 常山下层类型—半山类型—马厂类型—齐家文化—辛店文化 / 寺洼文化。

一、空间分布密度

此次调查的黄河左近地区史前文化类型包括仰韶文化晚期、马家窑类型、半山类型、马厂类型、齐家文化、辛店文化等。人类日常生产生活的遗址资源域范围被认为限定在 10 千米以内[①]，因此在采用核密度法对域内史前遗址进行分析时，选用 10 千米阈值参与分析。

结果显示，在本次调查范围内，仅在祖厉河上游地区发现少量的仰韶文化晚期遗存；马家窑类型时期，遗址分布范围迅速扩大，沿祖厉河、黄河向北扩展至哈思山北麓一带，向西沿湟水、庄浪河有较多分布，并在河西走廊东端的古浪河下游形成相对高值区；半山类型—马厂类型—齐家文化时期，遗址分布范围基本与马家窑类型时期重合。半山类型遗址在祖厉河上游、庄浪河一线密度值减小，在祖厉河下游、哈思山北麓、古浪河下游密度值增大；马厂类型遗址数量增多，整体密度增大；齐家文化时期，遗址在河西走廊东端、庄浪河、湟水下游密度减小，在调查区东部的祖厉河流域密度增大；辛店文化分布范围缩减至庄浪河和湟水下游地区，且分布密度小（图二三四）。

二、遗址规模与特征

遗址面积被认为可以用来代表遗址的规模，文中采用面积绝对值统计和规模分级统计两种方法探讨不同时期遗址规模结构特征和演变趋势。遗址规模分级中采用自然分割法将各时期遗址划分为特大型、大型、中型和小型遗址 4 个级别。不同文化时期面积最值范围不一，因此所划分的级别仅代表各时期遗址规模的内部结构。

仰韶文化晚期遗址数量仅有 4 处，数量较少，以此划分结果解释该时期遗址规模的构成略显不足。马家窑类型遗址数量明显增加，在祖厉河上游、庄浪河中下游、湟水下游及古浪河下游集中分布区内，均有不同规模的遗址分布，"以大带小"的结构特征显现。半山类型时期，祖厉河流域以小型遗址为主，在上游仅见大、中规模遗址各 1 处，但其周边未见小规模遗址；而在其他集中分布区，大、中、小型遗址构成特征明显。马厂时期，遗址在湟水、庄浪河和黄河两岸沿河分布特征明显，而祖厉河流域和哈思山北麓地区的遗址则更趋向于山地丘陵地带。齐家文化时期，基本延续了马厂时期的分布特点，但在河西走廊东端，遗址数量明显减少，而在祖厉河流域则呈现繁荣景象，各文化中心大小规模遗址相间分布，等级结构愈发层次分明。辛店文化时期遗址规模整体偏大，但以湟水和庄浪河河谷台地为主分布（图二三五）。

总体上，从仰韶时期至齐家文化时期，小型遗址占比增加，特大规模遗址占比减小，大、中规模的遗址占比在波动中减小。马厂时期，在大型、特大型规模遗址占比减小的过程中，中型规模遗

---

① 约翰·宾里弗、李慧冬：《环境、文化及保存状况与聚落形态研究》，《南方文物》2010 年第 4 期。

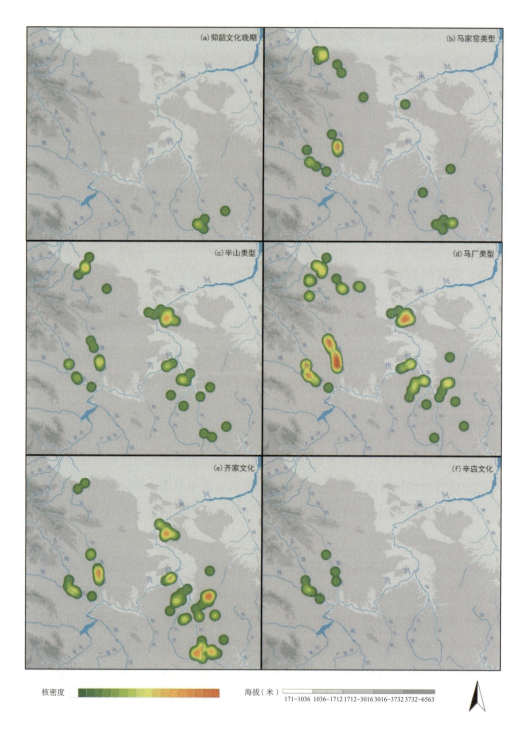

核密度 [color scale] 海拔（米） 171–1036 1036–1712 1712–3016 3016–3732 3732–6563

图二三四　遗址空间分布密度

址占比较前期有所增加。至齐家文化时期，处于两端的大型和小型遗址占比增大，而中型遗址占比缩减，表现出等级规模的分化。辛店文化时期，各遗址规模占比似有趋同的迹象，但限于该时期发现的遗址较少，这一现象有待进一步证实。

　　对各时期遗址面积绝对值进行统计，从整体上看，仰韶文化至半山类型时期遗址面积渐小，但在马家窑时期开始出现了一些较大面积的遗址，表现异常；至新石器时代末期的马厂类型期开始，遗址面积整体稍有增大，较大面积的遗址数量也明显增多；齐家文化时期相较于马厂时期遗址面积虽稍有增加，但变化不大；而在辛店文化时期，异常值消失，遗址面积之间的差异变得不甚明显（图二三六）。

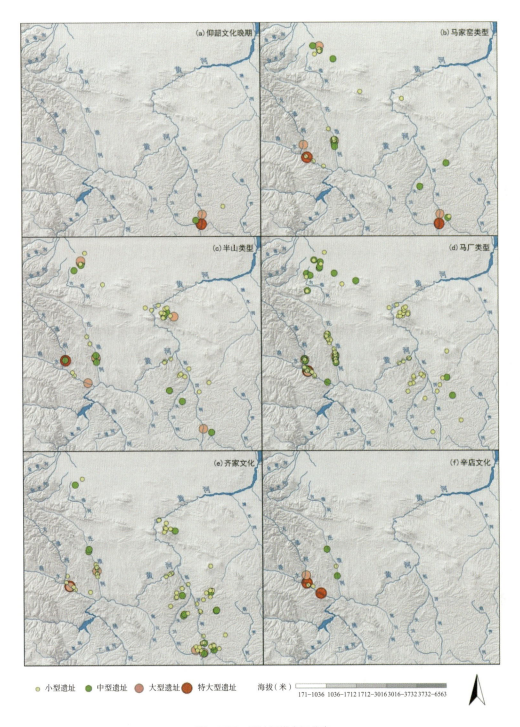

图二三五 遗址规模空间分布

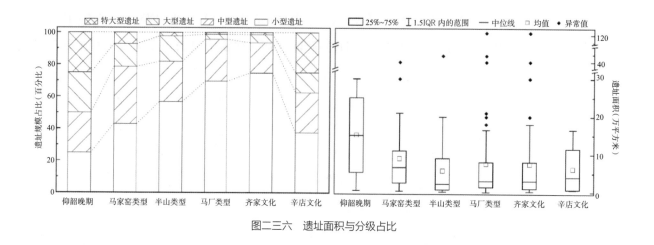

图二三六　遗址面积与分级占比

三、聚类特征分析

遗址群聚形态特征是先民生产生活方式选择倾向性的外在表现，与气候变化、社会发展等因素存在耦合关系。基于密度的 DBSCAN 聚类方法常用于史前遗址空间分布形态研究；通过具体的研究能够在宏观上分析人地关系的演变过程，为构建现代和谐共生的人居环境提供经验。

泰森多边形算法将样本所在空间分割为多个图形，各图形内有且仅有 1 个样本点，且各图形内任意位置到样本点距离最近，到相邻多边形内样本点距离较远。样本点的密度是影响泰森多边形面积的关键因素。多边形变异系数 CV 值是面积的函数（式 1），指所有多边形面积的总体标准差与平均值的比值。因此研究中多用多边形变异系数 CV 值表征样本点 k 的空间分布类型和集聚程度。其中，S_i 是第 i 个多边形的面积，n 是多边形个数，S 是 n 个多边形面积平均值。泰森多边形边缘处的样本点对范围边界敏感，受设定区域的影响较大。因此，本章将泰森多边形与人类活动范围（遗址资源域）相结合，即以遗址 10 千米半径缓冲区裁剪泰森多边，利用其结果计算 CV 值。常用的阈值，33% < CV < 64%，为随机分布；CV > 64%，为集群分布；CV < 33%，为均匀分布[1]。

$$CV = \frac{\sqrt{\sum_{i=0}^{n}(S_i - S)^2/n}}{\sum_{i=0}^{n}S_i/n} \quad\cdots\cdots\cdots\cdots\cdots\cdots\cdots\cdots\cdots\cdots\cdots\cdots 式1$$

DBSCAN 的核心思想是在给定范围内遗址个数不小于某一阈值时将其归为一类，因此算法对范围半径和最小数量阈值参数敏感。为增加聚类结果的现实可解释性，范围半径的选取采用与 CV 系数计算同样的策略，以遗址周边 10 千米半径为基础，最小遗址数量设定为 2，对域内史前各时期遗址的聚类特征加以分析。

表 1 中变异系数从整体视角，显示出新石器时代的仰韶晚期—马家窑类型—半山类型时期随机

---

① Duyckaerts C, Godefroy G. Voronoi Tessellation to Study the Numerical Density and the Spatial Distribution of Neurones [J]. Journal of Chemical Neuroanatomy, 2000, 20(1): 83—92.

表1 各文化时期遗址泰森多边形变异系数与分布类型判断

文化年代	变异系数（CV）	分布类型
仰韶文化	56.19%	随机
马家窑类型	54.96%	随机
半山类型	52.91%	随机
马厂类型	81.33%	集群
齐家文化	73.66%	集群
辛店文化	31.06%	均匀

分布、马厂类型和齐家文化时期遗址集群分布，及辛店文化时期遗址均匀分布的空间形态特征，域内各时期文化遗址总体表现为"大分散"的空间形态（表一）。图二三四中 DBSCAN 算法聚类结果显示在小范围内各时期遗址呈现不同程度的集群分布，具有明显的"小聚集"空间分布特征。

其中，仰韶晚期至半山时期，变异系数处在随机分布的阈值范围内，但在局部少量遗址相互聚集成群。仰韶文化晚期，仅在祖厉河上游有少量遗址分布，形成遗址群 Q1；马家窑时期在湟水下游、庄浪河中下游及古浪河下游形成的小规模文化中心，祖厉河上游遗址分布变得分散，除 Q4 外，其他遗址群内均包含有规模较大的遗址。

至半山时期，随着遗址数量的增加，聚类数量也相应增加，祖厉河上游遗址分布更为分散，文化中心沿祖厉河至黄河沿线渐向北移动，于黄河以东的哈思山北麓形成了新石器晚期较大规模的遗址群；其中 Q3、Q7、Q8 由小面积的遗址构成，而在其他遗址群内均有规模较大遗址。

至新石器末期马厂阶段，在兰州以北地区沿"古丝绸之路北线"—祖厉河下游—湟水下游/庄浪河形成环状结构，祖厉河上游的遗址依然零星分布，彼此相距较远；此时期聚类数量增多，在黄河东岸的祖厉河—哈思山一线以小规模遗址为主，河西走廊东端中型规模遗址数量较多，在兰州左近湟水下游和庄浪河沿岸，大、中、小型规模遗址全面发展。

齐家文化时期，河西走廊东端遗址数量减少，遗址群聚现象不见，黄河左近的湟水下游、庄浪河及祖厉河沿线，遗址数量增加，遗址"小聚集"的形态更为凸显，且由大、中、小不同等级规模的遗址构成的聚类更为普遍。

辛店文化的遗址在此调查区域内仅在湟水下游和庄浪河有少量存在，分布较为分散。这与辛店文化发展过程中历经了由黄—湟交接带向洮河下游和湟水中上游迁移的过程相符合。

在仰韶文化—马家窑文化—齐家文化发展过程中，文化中心历经由东向西/北扩张再转而向东的过程。少量遗址构成的遗址群在各个时期较为普遍，较大规模遗址群在马厂时期才明显形成。遗址群在黄河以东的祖厉河流域多集中在黄土梁、峁、塬区，近祖厉河干流两岸至齐家文化时期遗址数量才有所增加。黄河以西的湟水、庄浪河流域，自马家窑类型始，遗址均以河流两岸台地分布为

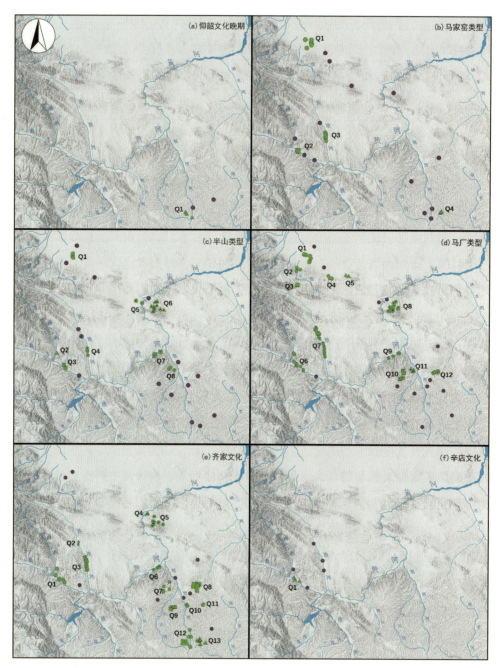

图二三七　遗址聚类特征

主，并沿河形成带状分布。河西走廊东端，从马家窑至马厂时期，遗址集群程度增加，分布范围也开始由低海拔河流冲积扇向高海拔山地附近扩展。

四、地形因子分布特征

自然环境中的地貌要素是影响古人类文化进程的重要因素，地貌演化过程对遗址空间分布有重要影响[①]。甘肃省东西狭长，海拔高差大、地貌类型复杂、气候环境多样，特殊的地理位置造就了域内黄河流域的各个子流域间较大的地貌形态差异，因此不同区域之间遗址不可能都遵循同一种发展模式[②]。各流域的史前文化面貌、分布特征在演变过程中，整体的同质性内部也蕴藏着区域间的差异性。遗址的地理因子分布特征从更为具象和定量的角度反映了史前文明在发展过程中的人地关系的演变，按照遗址所处地貌环境可以分为丘陵山地型、丘岗台地型、平原台地型[③]。其中，丘陵山地型遗址是指低矮山丘和黄土高原梁、峁、塬上分布的遗址；丘岗台地型遗址主要分布在山地向平原过渡地带或过渡型地貌；平原台地型，主要是指分布在平原或河流两岸比较平缓的阶地上的遗址。黄土高原史前遗址多分布在黄土梁、峁、塬和河谷台地上，以丘陵山地型和平原台地型遗址为主。各流域之间地貌发育状况不一，湟水下游、庄浪河两岸以河谷台地为主，梁峁发育较差；祖厉河流域、哈思山北麓河谷台地及河谷之间梁峁地貌均发育较好。本文基于 ASTER GDEM 数据，采用SAGA—GIS 生成派生处水文、地貌、相对位置等数据，从定量角度分析不同时代选址的倾向。

（一）遗址高程与侵蚀基面高度分布特征

由仰韶文化至辛店文化时期，海拔高程呈现高→低→高→低的变化趋势。结合前文聚类分布结果，仰韶文化时期遗址由于多处于祖厉河上游，导致平均海拔分布较高；马家窑和半山时期文化扩张使遗址所处高程范围更大，但占据下游地区的遗址增多，总体上海拔降低；马厂时期遗址空间分布范围和高程分布范围基本延续了半山时期的状态，遗址数量明显增加，所处位置平均海拔有所上升；齐家文化时期，河西走廊东端的遗址数量明显下降，祖厉河上游的陇西黄土高原地区遗址数量增加，该时期遗址平均海拔较前期继续上升；辛店文化时期，调查所见遗址局限于湟水和庄浪河两岸台地，靠近河谷而海拔降低（图二三八）。

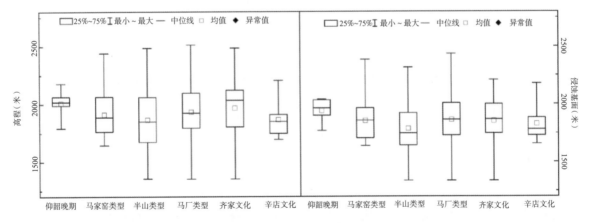

图二三八　遗址高程与侵蚀基面分布特征

① 姜佳奇、莫多闻、吕建晴等：《山西太原盆地全新世地貌演化及其对古人类聚落分布的影响》，《古地理学报》2016 年第 5 期。
② 严文明：《聚落考古与史前社会研究》，《文物》1997 年第 6 期。
③ 钱耀鹏：《史前聚落的自然环境因素分析》，《西北大学学报（自然科学版）》2002 年第 4 期。

侵蚀基面高度代表河网的海拔高度，受区域地势影响，与绝对海拔存在正相关关系，与海拔高程表现出相对一致的变化规律。

（二）遗址与坡度的关系

遗址位置坡度的变化，是史前先民对环境适应和利用程度的具体表现。由我国农业区划委员会1984年制定的《土地利用现状调查技术规程》中将土地适宜耕种标准划分为5个等级:S ≤ 2°，2°<S ≤ 6°，6°<S ≤ 15°，15°<S ≤ 25°，分表代表无水土流失，轻、中、重度水土流失的适宜农耕地；S>25°为不适宜农耕地。调查区内遗址坡度由早到晚整体呈波状起伏，总体上倾向于较平坦地区，且绝大多数遗址所在位置坡度适宜农耕。仰韶文化晚期遗址坡度均处在2~15°范围内；马家窑时期遗址坡度范围扩展至0~25°之间；半山、马厂类型和齐家文化时期出现了少数异常值，可能与晚期的水土流失相关；辛店文化时期遗址区坡度也均位于2~25°之间（图二三九）。

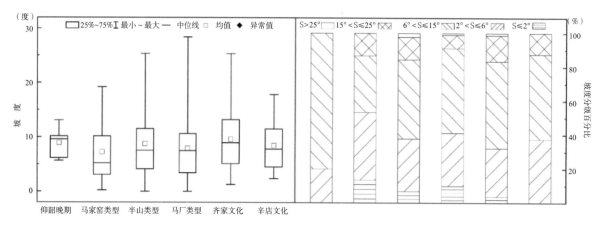

图二三九　遗址坡度分布特征

（三）遗址与坡向的关系

受南北向河谷地貌影响，仰韶时期遗址以东、西朝向为主；马家窑类型时期坡向分布存在于各个方向上，朝东南方向为主，西南向次之；半山类型、马厂类型在各方向虽有分布，但集中趋势明显，更多的遗址趋向选择东北、东、东南朝向的坡面；齐家文化时期遗址在向西、西南方向占比有所增加，但依然延续了前期分布态势，以东北、东、东南朝向为主；辛店文化遗址则受庄浪河和湟水的流向影响，多位于东北、西南和南向坡面。总体上，遗址所在位置坡向与地貌关系密切。仰韶文化晚期和辛店文化时期，遗址数量较少，分布范围有限，遗址所处地貌环境相对单一，分布特征突出；马家窑至齐家文化时期，遗址分布的地貌环境更为复杂，各项异性特征则不甚明显（图二四〇）。

（四）遗址与地形相对位置的关系

相对坡位和谷深代表与河网的相对垂直关系，能够更好地反映遗址相对河谷或山脊的位置。相对坡位越小，越趋于河谷地带；谷深越小，越靠近山脊。

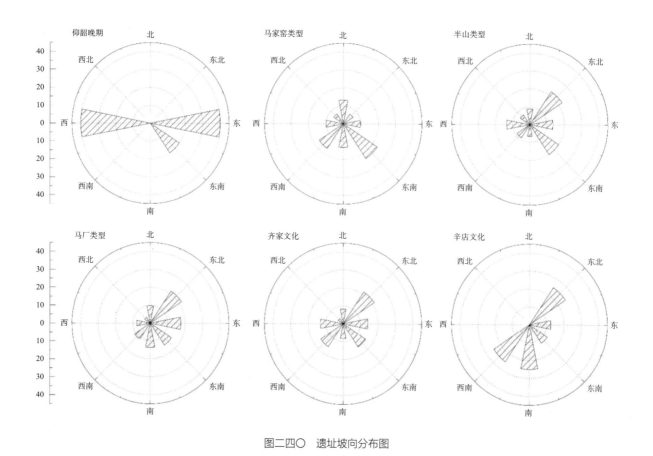

图二四〇　遗址坡向分布图

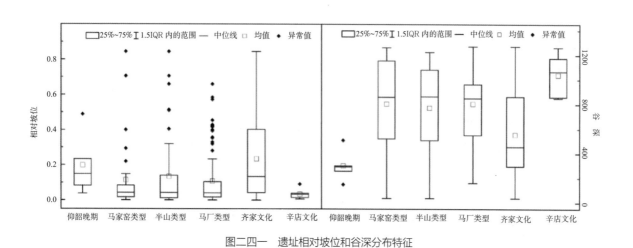

图二四一　遗址相对坡位和谷深分布特征

　　调查区内，早期仰韶文化晚期遗址和晚期辛店文化时期变化特征明显，仰韶晚期遗址相对坡位较大、谷深值低，偏向于坡面高处，辛店文化遗址则与之相反，更趋向于河谷；从马家窑至马厂时期，彼此之间的相对坡位和谷深值变化不大，略有向高位移动趋势；齐家文化时期相对坡位值的迅速增大和谷深值变小，表明该时期遗址具有明显向山脊方向迁徙的特征（图二四一）。

五、小结

影响遗址分布的因素往往是多方面的，宏观视角下自然环境及其资源经济效应制约遗址整体规模与分布密度，微观层面上局部地形地貌对人类居址具体位置选择具有关键作用。

仰韶文化晚期，形成了以渭河、泾河上游为核心，向西可至青海东部的分布态势。在此背景下，该时期先民选择祖厉河上游生存，以河谷两侧平坦阶地为栖息地，既满足了旱作农业的种植需求，也可以获取较多的狩猎资源满足肉食要求。该时期遗址面积均值虽较大，但彼此间差异小，规模相对均一。

马家窑类型时期，气候保持温暖湿润的条件，定居生活方式下以粟黍为主的旱作农业体系得以稳定发展，遗址分布范围扩张。较好的水热条件和成熟的农业种植技术，为马家窑人群提供了丰富的物质条件。遗址面积依然处于新石器晚期中较高水平，且开始出现少量规模较大的遗址，但遗址分布较为松散，仅在河谷地带有小规模聚类。

半山类型、马厂类型时期环境依然以温暖湿润为主，遗址分布中心和范围延续了马家窑时期空间形态，遗址数量较前期明显增加，集聚程度提升。遗址开始扩展至更高海拔地区，局部平坦地形依然是其优先选择。陇西黄土高原北部黄河东西两侧靖远—古浪—线分布的同时期马厂遗址似乎暗示着晚期丝绸之路北线在当时已经成为史前人类文化的传播通道。该时期内，受制于人口和环境压力，马厂时期遗址在祖厉河流域的黄土丘陵地区数量明显增加；丘陵地貌的局限和温度持续降低共同作用，弱化了农业经济效应，造成了马厂时期在此区域内小规模遗址的形成。

青铜时代早期，环境持续恶化。与之对应，齐家文化在调查区内表现出东部遗址较多和西部遗址较少的特征，两个区域发展呈现相反的态势。随着社会演进，大规模遗址占比较马厂时期增加，并在河谷和丘陵地带由等级不一的遗址构成了层次分明的遗址聚类。辛店人群在海拔相对较低、温度适中的甘青交界处，继承了齐家文化耕作技术。

此次调查黄河左近范围内，在从早到晚的发展过程中，气候环境条件逐渐恶化，但新石器时期人群依然能够适应这种变化，自马家窑文化开始，先民占据了更为广泛的区域和更为复杂的地貌类型区域。同时也应注意到，在此过程中，可能由于气候限制和人口竞争压力增大，小型遗址占比增加，遗址规模整体下降；而在人类社会演进的过程中，不同文化时期遗址聚类分析表现出明显的"大分散、小聚集"空间分布特征。在新石器末期和青铜时代早期，少量大型遗址和遗址群出现，遗址等级差异日趋明显，暗示着社会复杂化的进程。

总之，气候变化和地貌特征等自然要素，文化传播、人口压力、技术交流等社会要素均对甘肃黄河流域的遗址空间分布密度和范围产生重要影响。早期优越的气候条件促使遗址数量和分布范围扩大，而持续恶劣的气候条件导致大型遗址减少，中小型遗址增加，暗示社会结构逐渐发生了变化。在宏观上，遗址倾向于沿河流、山前台地、黄土塬面等有利的自然区域分布。这些地区丰富的自然资源和良好的经济效应，促进了以旱作农业为主的史前社会的发展。在局部范围内，先民栖息地选择具有明确的空间指向性，遗址位置充分考虑了资源的丰度、安全性、便捷性等多种因素。甘肃黄河流域多变的自然条件、复杂的地域特征及文化的交流碰撞，造就了域内统一性和多样性共存的史前遗址分布形态。史前不同时期遗址的数量、规模、分布范围、空间形态受气候变化、水文地貌和生业方式等多种因素的共同影响，同时局部的地形特征和小环境是先民选择是否在此生活的直接因素。

第四节　文化传播、交流与互动

　　本次调查的黄河左近地区位于陇西黄土高原、青藏高原和内蒙古高原的过渡地带，地理位置十分重要，是连接陇东地区与河西走廊、青藏高原的咽喉要地，是史前和历史时期文化交流和人群互动的核心区域。黄河干流及其支流流经的河谷地带为文化交流和人群互动提供了天然通道。黄河干流景泰—靖远—平川一线是连接陇东黄土高原、宁夏中南部地区与河西走廊的纽带。祖厉河流域会宁县是连接陇西黄土高原中南部与宁夏南部、陇东黄土高原的重要通道，也是连接渭河流域和黄河干流的关键区域。黄河干流兰州段、湟水流域、庄浪河流域是陇西黄土高原西北部与青藏高原、河西走廊连接的核心地区，陇西黄土高原中南部经该区域西进可达青藏高原，北上可入河西走廊。

　　对上述区域开展调查，在厘清黄河左近地区各史前文化分布范围、文化面貌和文化性质的基础上，构建起区域内史前考古学文化发展序列，为区域史前文化演进及与不同地区文化交流互动研究提供重要线索和材料。下面我们以本次调查资料及相关认识为基础，并结合周边地区已有的相关研究成果，简要探讨上述区域的史前文化发展脉络及其与周边地区人群互动和文化交流的过程。

　　仰韶文化中期以后，渭河上游地区的庙底沟类型开始分化，使得天水以东和天水以西文化走上不同的发展道路。仰韶文化晚期，陇西黄土高原文化可以分为三个地方类型：以大地湾遗址第四期为代表的仰韶文化晚期遗存，主要分布于葫芦河流域及天水市以东的渭河上游地区；以石岭下遗址为代表的石岭下类型遗存，主要分布于天水市以西的渭河上游地区，直接孕育出渭河上游地区的马家窑类型早期遗存；以磨沟、树扎晚段遗存为代表的仰韶晚期遗存或马家窑早期遗存，主要分布在洮河流域，孕育了洮河流域以林家遗址为代表的马家窑类型遗存。其后，渭河上游仰韶文化晚期的大地湾四期不断发展，并沿葫芦河北上影响到祖厉河流域和宁夏南部地区。马家窑文化时期，遗址分布范围在仰韶文化晚期的基础上不断向四周扩展，向西北传播至河西走廊的酒泉一带；向西传播至黄河上游青海东部共和盆地和湟水下游；向南扩展至甘南高原，进而影响到川西高原；向北影响到整个黄河左近的景泰、靖远一线和宁夏南部地区。该时期祖厉河流域马家窑类型遗存与渭河上游以师赵村遗址第五期为代表的马家窑类型遗存较为相似，湟水流域的红古区、庄浪河流域的永登县以及乌鞘岭北麓的古浪县境内所见马家窑类型遗存面貌较为相似，接近于林家晚段、西坡坬晚段遗存，相对年代为马家窑类型晚期。

　　其后，马家窑类型发展成为半山类型，而渭河上游的大地湾遗址第四期则被常山下层文化所取代。常山下层文化是陇东地区在仰韶文化晚期基础上受到关中西部案板三期西进影响的产物，在其扩张过程中，在宁夏南部发展为菜园类型，随后翻越陇山，沿葫芦河南下到达渭河上游的天水一带，或翻越陇山后北上黄河流经的靖远、平川一带，向西进入祖厉河流域的会宁地区。半山类型以洮河下游和黄河干流兰州段为中心，并不断向外扩张。到半山中期，其沿黄河北上，黄河流经的景泰县及其支流祖厉河流域的会宁县发现了大量的半山中期遗存。半山类型晚期，分布范围继续扩大，特别是向北、向西发展，一条路线向北沿庄浪河推进到永登地区；一条路线沿黄河到达景泰地区后继续向西传播至河西走廊东端的古浪一带，随后向西到达张掖民乐一带。另外，向东则沿黄河扩展到靖远—平川一线，进而继续东进影响到宁夏南部地区，在菜园遗址群内存在菜园类型与半山中晚期遗存共存的现象。

　　半山类型晚期后，河湟地区的兰州及湟水下游地区逐渐过渡为马厂类型，部分遗存还保留有半山晚期的遗风，流行红黑复彩。马厂类型早期，分布范围向北沿庄浪河影响到永登地区，向东北沿黄河干流影响到靖远—平川一带，沿祖厉河影响到会宁地区，继续向东影响到宁夏南部，菜园遗址群也发现了马厂类型遗存。马厂类型中期，东部分布范围明显缩小，西北扩展明显，一度到达河西走廊中部的永昌和民乐一带。庄浪河流域及黄河干流靖远—平川在其马厂早期的基础上继续发展，而祖厉河流域和渭河流域已基本不见该阶段遗存。马厂类型晚期，分布范围主要集中在湟水下游红古区、黄河干流兰州附近和庄浪河流域永登县，在黄河干流靖远县—平川区、景泰县和河西走廊东段的古浪县有少量发现，河西走廊地区马厂晚期发展迅速，已深入至走廊西端的酒泉—金塔一线。马厂类型末期，除湟水中下游至兰州附近以及河西走廊中西部有少量该时期遗存外，其余区域已基本消失。

　　马厂类型持续西进的演进格局是东部齐家文化不断扩张导致的结果，致使马厂类型不断被挤压，最终退出河湟地区转而向河西走廊地区发展。齐家文化是分布在甘肃东部、宁夏南部的常山下层文化经菜园类型并受东部的客省庄二期文化影响而产生。菜园文化沿黄河一线向西扩张，影响到陇山西侧靖远—平川一线，也影响到了祖厉河流域的会宁地区。齐家文化早期，宁夏南部齐家文化向西翻越陇山影响到祖厉河流域的会宁县和黄河干流靖远县—平川区。本次调查在以上区域发现了大量横篮纹陶片和篦点纹陶片，主要器形包括小口壶、侈口罐和腹耳罐，与宁夏南部同类器物基本一致。随后，早期齐家文化可能进一步沿黄河到达庄浪河流域，本次调查在永登地区发现的饰横篮纹的高领折肩罐、深腹罐、花边口沿罐等齐家文化早期遗物可能是受其影响的结果。齐家文化中期，分布范围主要集中在湟水流域、大通河流域和河西走廊地区，湟水流域红古区、庄浪河流域永登县、祖厉河流域会宁县以及黄河干流靖远县—平川区均发现了该阶段遗存，采集到的侈口罐、高领罐、盆等器形，与以柳湾、皇娘娘台遗址为代表的齐家文化中期同类器接近。齐家文化晚期，分布范围主要集中在洮河流域和大夏河流域，河西走廊和青海东北部也有少量的分布，本次调查基本不见该时期遗存。

　　辛店文化的分布范围主要集中在湟水流域、大夏河流域和洮河下游。本次调查在庄浪河流域永登县和湟水流域红古区发现的辛店文化山家头类型遗存和辛店文化中期彩陶片，应是受到湟水流域辛店文化发展影响所致。

　　通过本次调查，我们对各区域考古学文化，包括仰韶文化晚期、马家窑类型、半山类型、马厂类型、齐家文化和辛店文化的发展阶段及其传播过程得出以下认识：

　　其一，渭河上游仰韶文化晚期的大地湾遗址第四期遗存沿葫芦河北上影响到祖厉河流域和宁夏南部。马家窑类型时期，祖厉河流域受渭河上游师赵村五期的影响，出现马家窑类型早期遗存。马家窑类型中晚期，黄河干流靖远县—平川区、湟水流域红古区、庄浪河流域永登县和乌鞘岭北麓古浪县境内出现马家窑类型遗存，文化面貌接近东乡林家晚段和兰州西坡坬晚段，应该是受黄河干流兰州附近马家窑类型不断向西向北发展影响的结果。

　　其二，半山类型晚期，兰州附近的半山类型沿黄河北上至靖远县—平川区和景泰地区，进而向东跨过黄河影响到宁夏南部，宁夏菜园遗址群出现菜园类型与半山晚期彩陶遗存共存的现象。祖厉河流域会宁县和黄河干流靖远县—平川区发现了属菜园类型的遗存，表明以上区域是东进的半山类型和西进的菜园类型互动的重要区域。

　　其三，祖厉河流域的会宁县和黄河干流的靖远县—平川区出现的大量菜园文化时期和齐家文化早期典型遗物，应是宁夏南部地区菜园文化时期和齐家文化早期西进的结果，庄浪河流域永登地区发现的饰横篮纹的高领折肩罐等齐家文化早期遗存，也应是宁夏南部齐家文化不断向西传播的反映。而湟水流域红古区、庄浪河流域永登县发现的绝大部分齐家文化中期遗存和乌鞘岭北麓古浪县个别齐家文化中期遗存，应是齐家文化不断沿黄河西进传播的结果。

第五节 古环境及生业模式研究

积石峡—马衔山—华家岭一线以北的黄河左近地区属陇西黄土高原西北部，为温带半干旱气候区，年平均气温 6—9 ℃，降水量 200~500 mm。现代气测数据及降水机制研究表明，包括以上区域在内的陇西黄土高原地区为现代亚洲夏季风的影响区。目前，已通过陇西黄土高原黄土沉积剖面和湖泊沉积物重建了该地区全新世气候环境演变过程。海原苏家湾黄土剖面、会宁硝沟黄土剖面和秦安大地湾黄土剖面重建的全新世气候演变过程基本一致[①]，以硝沟剖面为例，全新世早期（约 9.96—8.38 ka BP）温度和降水显著增加，气候较暖湿；中全新世早期（约 8.38—5.97 ka BP）气候比早全新世更为温暖湿润；中全新世晚期（约 5.97—2.66 ka BP），研究区气候呈总体变干的趋势，其中约 5.97—4.94 ka BP，气候干凉，约 4.94—2.66 ka BP，气候又有所好转，湿度比前期明显增加；晚全新世（约 2.66—0 ka BP）气候急剧变干。分辨率更高的六盘山天池和北联池湖泊沉积物同样也证实陇西黄土高原全新世中晚期气候演变过程经历了 6000—5200 BP 气候暖湿，5200—4800 BP 气候走向干冷，4800—3800 BP 气候回暖，表现为典型暖湿气候，3800—500 BP 气候冷干的趋势[②]。陇西黄土高原高分辨率全新世气候变化过程的重建，对理解该地区新石器文化演进的自然气候背景和人与环境的相互作用具有重要的意义。

全新世大暖期结束后，6000—5200 BP 前后整个陇西黄土高原仍处于暖湿时期，该时期孢粉记录显示陇西黄土高原植被覆盖度较好，促使该地区仰韶文化和马家窑类型在陇西黄土高原渭河流域快速发展，之后陇西黄土高原东部的渭河流域仰韶晚期和马家窑类型早期人群开始向陇西黄土高原

① 仵慧宁、张彩霞、赵海阔等：《陇中黄土高原末次冰盛期以来的植被演替及其气候响应》，《生态学杂志》2020 年第 8 期；夏敦胜、马玉贞、陈发虎等：《秦安大地湾高分辨率全新世植被演变与气候变迁初步研究》，《兰州大学学报（自然科学版）》1998 年第 1 期；钟艳霞、陈发虎、安成邦等：《陇西黄土高原秦安地区全新世植被的讨论》，《科学通报》2007 年第 3 期；孙爱芝、冯兆东、马玉贞：《13 ka BP 以来黄土高原西部的植被与环境演化》，《地理学报》2010 年第 2 期。

② 孙惠玲：《六盘山天池岩芯记录与中晚全新世气候变化研究》，兰州大学博士学位论文，2011 年；周爱锋、孙惠玲、陈发虎等：《黄土高原六盘山天池记录的中晚全新世高分辨率气候变化及其意义》，《科学通报》2010 年第 22 期；Zhang C, Zhao C, Zhou AF, et al. Quantification of Temperature and Precipitation Changes in Northern China During the "5000-year" Chinese History [J]. Quaternary Science Reviews, 2021, 255:106819.

西部和北部扩张，仰韶文化晚期已扩张至黄土高原西部的黄河沿岸地区。目前在华家岭北部会宁发现了部分仰韶晚期—马家窑类型早期遗存，同时扩张至宁夏南部地区，并顺着黄河和湟水扩张至青海省东北地区的黄河及湟水下游沿岸。5200 BP 后，陇西黄土高原地区经历了短暂的气候干凉时期，4800—4000 BP 后陇西黄土高原地区气候回暖，表现为气候波动和缓的亚稳定暖湿期，孢粉记录显示该时期陇西黄土高原为针叶疏林草原，这为整个陇西黄土高原马家窑类型—半山类型—马厂类型在中西部发展提供了优越的自然条件。4800 BP 马家窑类型晚期迅速向西向北扩张，在华家岭以北的靖远和宁夏南部，均有大量的马家窑类型时期遗址，接着，向西跨过黄河，扩张至黄河左岸的红古、永登，进而进入河西走廊东部的古浪。本次调查在黄河及湟水、庄浪河流域都发现了马家窑类型晚期遗址，同时更西的河西走廊古浪县也发现了少量的马家窑类型晚期遗址。4500—4000 BP 青藏高原和陇西黄土高原气候记录显示，该时期气候逐渐向干凉转变，但仍然相对湿润，为半山类型和马厂类型在陇西黄土高原中西部发展提供了有利的条件。半山类型和马厂类型以河湟地区和洮河为中心发展后，很快扩张至黄河干流附近的整个白银地区，甚至影响到宁夏南部，向西跨越黄河影响到河西走廊的东部，本次调查在上述调查区域发现了大量的半山—马厂时期的遗址和遗物，也是上述地区新石器文化最为发达的时期。受 4000 BP 前后降温和变干的影响[1]，4000 BP 以后陇西黄土高原乃至中国北方地区趋向干冷，陇西黄土高原齐家文化人群为获取更广阔的生存空间和更丰富的生存资源，迅速向外扩张，特别是向西发展很迅速，基本遍及整个黄河流域陇西黄土高原和青藏高原的东北部，甚至扩张至河西走廊。6000—4000 BP 陇西黄土高原适宜的气候条件，为先民发展定居的粟黍旱作农业奠定了良好的基础，也加快了陇西黄土高原诸文化扩张和人群扩散的步伐。

本次调查过程中，在部分遗址暴露的地层和相关遗迹单位采集土样，并对 32 个遗址开展了炭化植物浮选、鉴定和统计工作。仰韶晚期 2 处遗址出土植物遗存，马家窑类型时期 6 处遗址出土植物遗存，马厂类型时期 18 处遗址出土植物遗存，齐家文化时期 15 处遗址出土植物遗存，辛店文化时期 2 处遗址出土植物遗存（见附表五）。从农作物粟黍绝对数量百分比来看，大部分遗址粟黍绝对数量比例占到 50% 以上，部分遗址高于 80%，说明本次调查的黄河左近地区仰韶文化晚期—马家窑类型—半山类型—马厂类型—齐家文化时期先民主要种植和摄食粟黍作物（彩版一〇四）。陇西黄土高原多个调查遗址表明[2]，陇西黄土高原从大地湾一期—仰韶文化—马家窑文化时期，粟黍农业经历了不断强化的过程，至少在仰韶文化早期粟黍农业已经在陇西黄土高原的天水地区建立，在

---

① 吴文祥、刘东生：《4000a B.P. 前后降温事件与中华文明的诞生》，《第四纪研究》2001 年第 5 期；安成邦、冯兆东、唐领余等：《甘肃中部 4000 年前环境变化与古文化变迁》，《地理学报》2003 年第 5 期；施雅风、孔昭宸：《中国全新世大暖期的气候波动与重要事件》，《中国科学：化学》1992 年第 12 期。

② 黎海明：《黄土高原西部新石器至历史时期人类对主要农作物的利用策略研究》，兰州大学博士学位论文，2015 年；吉笃学：《中国北方现代人扩散与农业起源的环境考古学观察——以甘宁地区为例》，兰州大学博士学位论文，2007 年。

5500 BP 前后确立了粟为主的种植结构[1]，随着仰韶中晚期和马家窑文化人群西进北上的步伐，粟黍农业也传播至陇西黄土高原的西部和北部。上述调查遗址与陇西黄土高原周边地区已有植物考古研究成果对比，其中山那树扎遗址系统浮选鉴定结果表明[2]，粟黍出土率 100%，粟占到炭化作物的 48.9%，黍占到 34.7%，进一步说明粟黍农业在陇西黄土高原马家窑类型时期已经很成熟，并成为先民最重要的种植作物。随着马家窑类型—半山类型—马厂类型和齐家文化人群逐渐向陇西黄土高原北部和西部扩张，定居的粟黍农业也传播至黄河左近地区。随着马家窑类型—半山类型—马厂类型和齐家文化先民不断向西波浪式推进至河西走廊的古浪地区，定居的粟黍农业也随之出现在河西走廊的东部。本次调查的遗址，仅永登县大沙沟遗址和靖远西山梁遗址出土了少量的麦类作物，大沙沟遗址存在齐家文化时期和辛店文化时期遗存，西山梁遗址存在齐家文化时期遗存，说明齐家文化中晚期和辛店文化先民也开始种植和摄食麦类作物。目前甘青地区植物考古和人骨稳定碳同位素数据表明，该时期齐家文化先民都开始摄食一定量的麦类作物，说明西来的麦类作物逐渐被甘青地区齐家文化先民种植。麦类作物最早传入河西走廊，后随着齐家文化人群传播至陇西黄土高原黄河西部及其支流湟水、洮河、庄浪河、大夏河流域。其中，庄浪河流域永登县大沙沟遗址和靖远县北部西山梁遗址出土了炭化粟黍和麦类作物，青海东北部湟水流域齐家文化部分遗址也出土了麦类作物[3]，洮河流域齐家文化墓葬人骨碳稳定同位素数据呈 C3/C4 混合信号[4]，说明齐家文化中晚期甘青地区先民开始种植和摄食麦类作物，且时代越晚麦类作物比例越高。

通过本次调查，主要取得了以下收获：

1. 本次调查，在第三次全国文物普查基础上，新发现史前时期遗址共 29 处。其中，红古区发现古遗址 4 处、古墓葬 1 处，永登县发现古遗址 9 处，会宁县发现古遗址 3 处，靖远县—平川区发现古遗址 6 处，古浪县发现古遗址 5 处，景泰县发现古遗址 1 处。以上发现，极大地丰富了黄河左近地区史前文化遗址的数量和甘肃省黄河文化遗产总量，为研究上述区域的史前文化面貌提供了更为丰富的资料。

2. 通过将调查区域采集遗物与周边地区同时期典型器物进行对比研究，对黄河左近地区各区域史前文化的整体面貌有了初步认识，基本厘清了各区域史前文化发展脉络，初步构建起了黄河左近地区各区域史前文化发展序列：祖厉河流域会宁县经历了仰韶文化晚期—马家窑类型—半山类型—

① Yang YS, Wang J, Li G, et al. Shift in Subsistence Crop Dominance From Broomcorn Millet to Foxtail Millet Around 5500 BP in the Western Loess Plateau[D]. Frontiersin Plant Science, 2022, 13: 939340.

② 胡中亚：《甘肃山那树扎遗址炭化植物遗存研究》，西北大学硕士学位论文，2015 年。

③ 杨颖：《河湟地区金蝉口和李家坪齐家文化遗址植物大遗存分析》，兰州大学硕士学位论文，2014 年。

④ Ma MM, Dong GH, Jia X, et al. Dietary shift after 3600calyr BP and its influencing factors in northwestern China：Evidence from stable isotopes[J]. Quaternary Science Reviews, 2016, 145: 57—70; Ma MM, Dong GH, Liu XY, et al. Stable Isotope Analysis of Human and Hnimal Remains at the Qijiaping Site in Middle Gansu, China[J]. International Journal of Osteoarchaeology, 2015, 25（6）：923—934; Liu XY, Lightfoot E, O'Connell TC, et al. From Necessity to Choice：Dietary Revolutions in West China in the Second Millennium BC[J]. World Archaeology. 2014, 46（5）：661—680.

马厂类型—齐家文化；黄河干流靖远县—平川区经历了马家窑类型—半山类型—马厂类型—齐家文化；乌鞘岭北麓的古浪县经历了马家窑类型—半山类型—马厂类型—齐家文化；景泰县经历了马家窑类型—半山类型—马厂类型；湟水流域的红古区和庄浪河流域的永登县经历了马家窑类型—半山类型—马厂类型—齐家文化—辛店文化。

3. 祖厉河流域会宁县以及黄河干流靖远县—平川区一直以来都未进行过系统的考古调查及发掘工作，本次考古调查填补了祖厉河流域会宁县以及黄河干流靖远县—平川区史前文化发展序列的空白。

4. 在祖厉河流域的会宁县和黄河干流的靖远县发现了大量饰横篮纹的陶壶、高领罐及陶片，在庄浪河流域的永登县李家坪遗址也发现了饰横篮纹的高领折肩罐。横篮纹在上述区域属首次发现，可能是陇山东麓宁夏南部地区菜园类型和早期齐家文化不断向西影响的结果。

5. 通过采集土样浮选，获得数量较多的炭化植物遗存，经分类、统计、鉴定表明，黄河左近地区仰韶文化晚期—马家窑类型—半山类型—马厂类型—齐家文化时期先民主要种植和摄食粟黍作物。另外，在包含齐家文化遗存的永登大沙沟遗址和靖远西瓜梁遗址出土了少量的麦类作物，说明齐家文化先民已开始种植和摄食麦类作物。

第六节　黄河文物资源保护利用存在问题及相关建议

一、保护利用存在的问题

在本次调查中，通过梳理第三次文物普查资料和实地踏查发现，调查区域黄河文物资源的保护利用工作仍然存在不少问题，主要表现在以下几个方面：

1. 文物资源整体保护级别偏低，家底有待进一步摸清。如普遍存在文物类型划分不合理、登记文物资源时代与实际年代不符、划定的分布范围偏大或偏小、地理坐标定位存在较大误差等问题。同时，部分能够反映治水用水文化的堤防、渡口、水渠等未列入文物资源，不能整体反应黄河文物资源的全部类型。另外，区域内文物资源的保护级别整体偏低，如本次共复查史前时期遗址157处，全国重点文物保护单位仅有牛门洞遗址一处，省级文物保护单位仅15处，分别占复查遗址总量的0.6%、9.6%，整体保护级别明显偏低。

2. 现行保护区划需进行调整优化，管控力度亟待加强。在调查过程中发现，市（县）级以上古遗址、古墓葬类文物保护单位虽已划定了保护范围和建设控制地带，由于在划定前对文物保护单位实际分布范围、保护管控需求及周边人文自然环境缺少系统评估，导致部分保护区划划定不合理，保护区划管控的可行性较差，难以起到对文物本体及赋存环境的有效保护。另外，大部分保护区划四至边界不清，缺少必要的界桩界碑、防护围栏等保护性设施，在工农业生产过程中发挥的警示和防护作用不足，保护区划管控效果不明显。

3. 文物安全形势依然不容乐观，保护力度有待加强。调查发现，位于城市、农村周边的古遗址古墓葬在工农业生产过程中遭到的干扰和破坏较为严重，部分遗址保护区划内仍存在大规模平地造田、挖沙取土、修建便道等现象。遗址盗挖依然严重，本次调查的所有古墓葬和部分古遗址均被不同程度盗挖，从现场盗坑判断，除早期盗坑外，存在大量新的盗坑。另外，古遗址、古墓葬抵御自然灾害的能力明显不足，尤其季节性洪水对处于郊野的遗址破坏较大，在调查中发现不少遗址被洪水冲毁的现象。

4. 文物价值挖掘研究阐释不足，展示利用水平较低。本次调查的黄河左近地区属陇西黄土高原西北部，该区域是连接河西走廊、青藏高原的咽喉，是东西文明交流互鉴和民族融合的核心地区，境内史前时期遗址、长城及城址等文物资源富集。但目前针对此区域的专项考古调查研究较少，区域内文物资源的价值研究阐释明显不足，影响了黄河流域甘肃段整体文物资源价值体系的构建和展示利用。如本次调查的黄河左近地区，不乏价值重大、保护级别较高的文物资源，如牛门洞遗址、永泰城址、索桥堡、鹯阴城遗址等，因价值挖掘阐释不足、展示主题内容不明、展示利用设施不完善等，导致无法实现对外开放展示或展示水平较低，大部分处于闲置状态。

二、保护利用相关建议

针对本次调查发现的黄河左近地区文物资源在保护利用方面存在的问题，提出如下建议：

1. 逐步摸清黄河文物资源家底

在第三次全国文物普查资料的基础上，以已公布的文物保护单位为重点，以古遗址、古墓葬、古建筑、石窟寺及石刻、近现代重要史迹及代表性建筑为主体，持续推进黄河文物资源专项调查，全面开展统计、分类、评估工作，重点关注堤防、渡口、栈道、水渠、水井等治水、用水遗产，进一步丰富黄河文物资源类型，建立数量清晰、类型合理、价值体系明确的黄河文物资源台账，分类编制甘肃省黄河文物资源名录，搭建黄河文物资源数据库，结合在国土空间规划中加强历史文化遗产保护的要求，建设黄河文物资源空间信息平台。

2. 不断强化黄河文物资源管控

制定《甘肃黄河文化遗产保护利用条例》，并对《甘肃省文物保护条例》进行修订，为黄河文物资源系统保护、科学管理、合理利用提供强有力的制度保障和支撑。同时，建立文物保护单位定期公布机制，遴选具有重要价值的黄河文物资源，积极申报全国重点文物保护单位，主动公布省级文物保护单位，推动文物属地加强市（县）级文物保护单位公布力度，逐步提高黄河文物资源整体保护级别，加大保护力度。根据文物保护单位布局、保护管控需求，结合周边人文自然环境，合理划定新公布文物保护单位保护区划，并对其他文物保护单位现行保护区划进行调整优化，提高保护区划管控的可行性。联合自然资源部门，推动文物保护区划纳入省级、市县级国土空间规划并定线落图，将文物资源空间数据信息、管理规定和空间形态管控指标纳入各级国土空间基础信息平台，作为实施土地用途管制和规划许可的重要依据，切实提高文物保护区划管控的主动性。推动地方政府落实"先考古、后出让"政策措施，加快推进建设项目用地和规划审批考古前置改革。进一步细化落实各级政府文物保护主体责任、文物及相关部门监管责任和文物管理使用者直接责任，建立健全文物安全责任体系，实现保护区划人防、物防、技防相结合的管理机制，切实提高保护区划管控力度。

3. 加大黄河文物资源保护力度

通过科学评估黄河文物资源保存现状，持续开展各类文物保护工程，提高黄河文物资源保护的针对性、系统性、整体性。加强古遗址、古墓葬类文物资源保护力度，着力实施郊野地区遗址防洪工程、防沙工程等，切实提高野外文物资源抵御自然灾害的能力。强化城市周边、农村地区遗址墓葬界桩界碑、防护围栏、警示标识等防护设施建设，避免工农业生产干扰破坏。逐步实现文物资源本体保存良好、周边环境和谐的保护局面。稳步推进文物平安工程，加强文物督察和执法检查力度，加大打击盗掘、盗窃等文物等犯罪力度，形成文物安全态势持续向好局面。

4. 系统推进文物资源价值研究

围绕史前文化、丝绸之路文化、长城文化、民族融合文化等黄河左近地区特色黄河文化，结合中华文明探源工程和"考古中国"重大项目，做好能够突出黄河文化特色的文物资源专题考古调查和发掘工作，重点开展史前遗址、丝路古道、汉唐—明清时期与军政建制有关的城址关隘、渡口等考古专项调查和发掘工作，系统挖掘研究阐释黄河文物资源核心价值，彰显黄河左近地区在文明起源演进、东西文明交流互鉴、中华民族多元—体格局形成过程中的重要地位和作用。

5. 全面创新黄河文物展示利用

加大黄河文化考古研究成果发布力度，及时出版考古调查发掘报告，加强公众宣传，定期向社会发布重要考古发现。编纂一批展示特色黄河文物资源及黄河文化的科普读物。依托"互联网＋中华文明"行动计划，推出"黄河文物"数字展示平台，整合特色黄河文物资源数据，形成具有较强可视性、较高知识性的黄河文物数字展示平台，开展沉浸式、交互式、智慧化的云展览文化体验及应用研发，打造线上黄河文化体验与呈现系统。开展大遗址考古发掘和研究，不断加深和丰富对大遗址价值和内涵的认识，有效支撑黄河文化公园建设，推动研究成果向价值展示传播、科普教育等方向转化。

附表一　黄河流域甘肃段各市州文物资源数量及所属流域统计表

序号	市州	市县（区）	所属水系	流域等级	文物资源数量	合计
1	甘南藏族自治州	合作市	洮河	支流	38	379
2		玛曲县	黄河	干流	30	
3		碌曲县	洮河	支流	28	
4		夏河县	大夏河	支流	53	
5		临潭县	洮河	支流	159	
6		卓尼县	洮河	支流	71	
7	临夏回族自治州	临夏市	大夏河	支流	61	776
8		临夏县	黄河、大夏河	干流、支流	80	
9		和政县	洮河	支流	26	
10		广河县	洮河	支流	64	
11		康乐县	洮河	支流	123	
12		积石山保安族东乡族撒拉族自治县	黄河	干流	171	
13		东乡族自治县	黄河	干流	90	
14		永靖县	黄河	干流	161	
15	兰州市	城关区	黄河	干流	92	861
16		七里河区	黄河	干流	35	
17		安宁区	黄河	干流	13	
18		西固区	黄河	干流	89	
19		红古区	湟水	支流	26	
20		榆中县	黄河	干流	307	
21		皋兰县	黄河	干流	85	
22		永登县	庄浪河	支流	214	
23	武威市	天祝藏族自治县	庄浪河	支流	135	135
24	白银市	白银区	黄河	干流	42	1064
25		平川区	黄河	干流	43	
26		靖远县	黄河	干流	384	
27		会宁县	祖厉河	支流	423	
28		景泰县	黄河	干流	172	
29	定西市	临洮县	洮河	支流	162	1165
30		渭源县	渭河	支流	109	
31		漳县	渭河	支流	138	
32		岷县	洮河	支流	152	
33		陇西县	渭河	支流	189	
34		通渭县	渭河	支流	235	
35		安定区	祖厉河	支流	180	

续表：

序号	市州	市县（区）	所属水系	流域等级	文物资源数量	合计
36	天水市	秦州区	渭河	支流	218	1781
37		麦积区	渭河	支流	346	
38		甘谷县	渭河	支流	182	
39		武山县	渭河	支流	469	
40		秦安县	渭河	支流	201	
41		清水县	渭河	支流	187	
42		张家川县	渭河	支流	178	
43	平凉市	庄浪县	渭河	支流	410	2257
44		静宁县	渭河	支流	333	
45		崆峒区	泾河	支流	414	
46		华亭市	泾河	支流	108	
47		泾川县	泾河	支流	313	
48		灵台县	泾河	支流	596	
49		崇信县	泾河	支流	83	
50	庆阳市	西峰区	泾河	支流	124	3490
51		庆城县	泾河	支流	186	
52		华池县	泾河	支流	501	
53		宁县	泾河	支流	722	
54		镇原县	泾河	支流	815	
55		合水县	泾河	支流	630	
56		正宁县	泾河	支流	157	
57		环县	泾河	支流	355	

附表二 黄河流域甘肃段全国重点文物保护单位分布统计表

市（州）	市县（区）	古遗址	古墓葬	古建筑	石窟寺、石刻	近现代重要史迹及代表性建筑	合计
甘南州	合作市						5
	玛曲县						
	碌曲县						
	夏河县	1		1			
	临潭县	1		1		1	
	卓尼县						
临夏州	临夏市					1	7
	临夏县						
	和政县						
	广河县	2					
	康乐县	1					
	积石山保安族东乡族撒拉族自治县	1					
	东乡族自治县	1					
	永靖县				1		
兰州市	城关区			2		2	10
	七里河区			1			
	安宁区						
	西固区						
	红古区						
	永登县			3			
	榆中县		1	1			
	皋兰县						
武威市							
天祝县	天祝藏族自治县			1			1
白银市	白银区						4
	平川区	1					
	会宁县	1				1	
	靖远县						
	景泰县	1					
定西市	临洮县	3					7
	渭源县					1	
	漳县		1				
	岷县						
	陇西县			1			
	通渭县					1	
	安定区						

续表：

市（州）	市县（区）	古遗址	古墓葬	古建筑	石窟寺、石刻	近现代重要史迹及代表性建筑	合计
天水市	秦州区			5			20
	麦积区		1		2		
	甘谷县	1			1		
	武山县	1		1	1		
	秦安县	1		2			
	清水县	1			1		
	张家川	1			1		
平凉市	崆峒区			2			12
	华亭市				1		
	泾川县	1			2		
	灵台县	2					
	崇信县			1			
	庄浪县				1		
	静宁县	1		1			
庆阳市	西峰区	1		1	1		21
	庆城县			1			
	华池县			4		1	
	宁县	1		3			
	镇原县				1		
	合水县			1			
	正宁县			2			
	环县			2		2	
	庆阳市正宁县、宁县、华池县、合水县——秦直道遗址庆阳段	1					1
长城——临洮、渭源、陇西、通渭、静宁、镇原、环县、华池、天祝、永登、靖远、景泰等市（县、区）			1			1	
各类别合计		25	3	38	13	10	89

附表三　黄河流域甘肃段省级文物保护单位分布统计表

市州	县区	古遗址	古墓葬	古建筑	石窟寺、石刻	近现代重要史迹及代表性建筑	其他	合计
甘南州	合作市	1			1			18
	玛曲县			1				
	碌曲县			1				
	夏河县	1						
	临潭县	1	2	2		2		
	卓尼县	4		1		1		
临夏州	临夏市	2	1	1		1		21
	临夏县	3						
	和政县	1						
	广河县	3						
	康乐县	1						
	积石山保安族东乡族撒拉族自治县	2						
	东乡族自治县	3		1				
	永靖县	2						
兰州市	城关区			7		1		40
	七里河区	3		1		1	1	
	安宁区			1				
	西固区	1		1		1	1	
	红古区	3						
	永登县	6	2	1			1	
	榆中县	5		2				
	皋兰县		1					
天祝县	天祝藏族自治县	3		1			1	5
白银市	白银区					1	1	29
	平川区	1	2		2			
	会宁县	6		1		1		
	靖远县	3	1	2	2	2		
	景泰县	2			2			
定西市	临洮县	5	1	2	1		1	53
	渭源县	5			1	1	1	
	漳县	5						
	岷县	2		3			1	
	陇西县	4		6				
	通渭县	4				1		
	安定区	7	2					

续表：

市州	县区	古遗址	古墓葬	古建筑	石窟寺、石刻	近现代重要史迹及代表性建筑	其他	合计
天水市	秦州区	2		11				50
	麦积区	5		1				
	甘谷县	4		3	1			
	武山县	7						
	秦安县	3		2			1	
	清水县	1	4					
	张家川	3	1				1	
平凉市	崆峒区	6	1	2			1	64
	华亭市	3		1	1			
	泾川县	5		1				
	灵台县	6	5	1			1	
	崇信县	4	3					
	庄浪县	10	2	1		1		
	静宁县	4	3	1		1		
庆阳市	西峰区	2						62
	庆城县	3	1	1	3	1	1	
	华池县	5		2		1		
	宁县	9		2	1	1	1	
	镇原县	7	2		1			
	合水县	6			2			
	正宁县	3	1		1			
	环县	4		1				
合 计		191	35	65	19	20	12	342

附表四　黄河左近地区史前考古调查遗址登记表

序号	县（区）	乡镇	遗址名称	考古学文化	时代	面积（平方米）	备注（"三普"登记文化性质）
1		海石湾镇	二台南遗址	马厂类型、齐家文化	新石器—青铜	36000	马厂类型
2		海石湾镇	王家台遗址	马厂类型、辛店文化	新石器—青铜	165000	马厂类型和辛店文化
3		红古镇	普格台遗址	马家窑类型、马厂类型、齐家文化	新石器—青铜	400000	马家窑类型、马厂类型、齐家文化和辛店文化
4		红古镇	马家台遗址	马厂类型、齐家文化	新石器—青铜	24000	马家窑类型、马厂类型
5		红古镇	山城台遗址	马厂类型	新石器	150000	马厂类型
6		红古镇	金湾遗址	马家窑类型	新石器	6000	马家窑类型、马厂类型和辛店文化
7		红古镇	转嘴子遗址	马厂类型	新石器	22000	新发现
8		红古镇	金砂台遗址	齐家文化	青铜	14000	新发现
9		红古镇	新庄台遗址	马家窑类型、马厂类型	新石器	15000	新发现
10		红古镇	八家村砖厂遗址	半山类型、马厂类型、齐家文化、辛店文化	新石器—青铜	6000	新发现
11	红古区	红古镇	金砂台墓群	半山类型	新石器	13000	新发现
12		花庄镇	张家台遗址	齐家文化	青铜	40000	马家窑类型、齐家文化
13		花庄镇	河咀台遗址	辛店文化	青铜	150000	马厂类型
14		平安镇	平安台遗址	马家窑类型	新石器	30000	马厂类型
15		平安镇	土谷台墓群	半山类型、马厂类型	新石器	150000	半山类型、马厂类型
16		窑街街道	红山大坪遗址	马家窑类型	新石器	210000	马家窑类型、马厂类型
17		窑街街道	菅地坪遗址	马厂类型	新石器	128000	半山类型、马厂类型
18		窑街街道	杨家坪遗址	半山类型、马厂类型	新石器	60000	马厂类型
19		窑街街道	老鼠坪遗址	马厂类型、辛店文化	新石器—青铜	80000	马厂类型
20		窑街街道	猫儿坪遗址	齐家文化	青铜	2000	马厂类型
21		窑街街道	茅道岭坪遗址	不明	不明	不明	马厂类型
22		窑街街道	红大板坪遗址	马家窑类型、半山类型	新石器	420000	马家窑类型、马厂类型
1		城关镇	大沙沟遗址	马厂类型、齐家文化、辛店文化	新石器—青铜	200000	马厂类型
2		城关镇	白家湾遗址	马厂类型	新石器	9100	新发现
3		城关镇	高家湾遗址	马厂类型	新石器	20000	新发现
4		城关镇	东坪遗址	马厂类型	新石器	120000	马厂类型
5	永登县	大同镇	石咀子遗址	马家窑类型、马厂类型、齐家文化	新石器—青铜	62000	新发现
6		大同镇	沙沟沿遗址	马家窑类型、马厂类型、齐家文化	新石器—青铜	30000	新发现
7		大同镇	徐家槽沟遗址	马厂类型	新石器	32500	马厂类型
8		大同镇	小红沟口遗址	马厂类型	新石器	4000	马厂类型

续表：

序号	县（区）	乡镇	遗址名称	考古学文化	时代	面积（平方米）	备注（"三普"登记文化性质）
9		大同镇	保家湾遗址	马厂类型、齐家文化、辛店文化	新石器—青铜	8000	新发现
10		大同镇	保家湾中庄遗址	马厂类型、齐家文化	新石器—青铜	2800	新发现
11		大同镇	贾家场11社遗址	不明	不明	不明	《中国文物地图集（甘肃分册）》认定为"马厂"
12		大同镇	贾家场遗址	马厂类型、齐家文化	新石器	8000	马厂类型
13		红城镇	高场遗址	马厂类型、齐家文化	新石器—青铜	50000	新发现
14		红城镇	庙儿坪遗址	半山类型、马厂类型、齐家文化、辛店文化	新石器—青铜	50000	马厂类型
15		红城镇	葛家湾遗址	马厂类型	新石器	120000	新发现
16		红城镇	孙家湾大坪遗址	马家窑类型、马厂类型	新石器	57500	马厂类型
17		红城镇	凤凰山遗址	马厂类型	新石器	75000	马厂类型
18		红城镇	野泉遗址	不明	不明	不明	
19		红城镇	薛家坪遗址	马厂类型	新石器	75000	马厂类型
20		柳树镇	石碑湾遗址	马家窑类型	新石器	3500	马厂类型
21		柳树镇	雷家坪遗址	马厂类型	新石器	10000	马厂类型
22		柳树镇	玉山子遗址	马厂类型	新石器	26000	马厂类型
23		柳树镇	山岑村遗址	马厂类型	新石器	不明	新发现
24		龙泉寺镇	上山沟遗址	马家窑类型、马厂类型	新石器	180000	马厂类型
25		龙泉寺镇	李家坪遗址	马厂类型、齐家文化	新石器—青铜	560000	马厂类型、齐家文化、辛店文化
26		龙泉寺镇	柴家坪遗址	马厂类型、齐家文化	新石器—青铜	70000	马厂类型
27		龙泉寺镇	杨家营遗址	马家窑类型、半山类型、马厂类型	新石器	120000	马厂类型
28		龙泉寺镇	杨家营下营遗址	半山类型、马厂类型	新石器	140000	马厂类型
29		龙泉寺镇	俞家营遗址	马家窑类型、半山类型、马厂类型	新石器	48000	马厂类型
30		中堡镇	汪家湾墓群	马厂类型、齐家文化	新石器—青铜	90000	马厂类型
31		中堡镇	邢家湾遗址	半山—马厂类型	新石器	8500	马厂类型
32		中堡镇	翻山岭遗址	马厂类型、辛店文化	新石器—青铜	30000	"三普"中将翻山岭遗址登记为翻山岭北坡遗址、翻山岭南坡遗址，文化性质均为马厂类型
33		中堡镇	塘土湾遗址	马厂类型	新石器	28000	马厂类型
1		大芦镇	大塬庄东遗址	马厂类型	新石器	12000	未认定文化性质
2	靖远县	大芦镇	火烧凹遗址	半山类型	新石器	5000	半山类型
3		大芦镇	小河口遗址	齐家文化	青铜	2400	齐家文化

续表：

序号	县（区）	乡镇	遗址名称	考古学文化	时代	面积（平方米）	备注（"三普"登记文化性质）
4		大芦镇	常塬遗址	半山类型	新石器	6400	半山类型
5		大芦镇	三条沟遗址	半山类型	新石器	3600	半山类型
6		大芦镇	野糜河口遗址	不明	不明	30000	半山类型
8		糜滩镇	乔家坪遗址	不明	不明	30000	齐家文化
9		平堡镇	芦家小坪遗址	马厂类型、齐家文化	新石器—青铜	8000	半山类型
10		平堡镇	堡子山遗址	马厂类型	新石器	15000	半山类型、马厂类型
11		平堡镇	阳坪嘴遗址	不明	不明	3000	半山类型
12		平堡镇	烽台山遗址	半山类型	新石器	8000	半山类型
13		平堡镇	金园村遗址	半山类型	新石器	3000	新发现
14		若笠乡	蔺家山头遗址	马厂类型、齐家文化	新石器—青铜	22000	半山类型
15		若笠乡	米塬上杨遗址	马厂类型	新石器	3400	半山类型
16		石门乡	马台墓群	半山类型、马厂文化	新石器	5000	半山类型
17		石门乡	菜地沟遗址	马厂类型	新石器—青铜	25000	半山类型
18		石门乡	庙圪山遗址	半山类型、马厂类型、齐家文化	新石器—青铜	60000	未认定文化性质
19		石门乡	小茨沟遗址	半山类型、齐家文化	新石器—青铜	20000	马厂类型
20		石门乡	哈思山遗址	马厂类型	新石器	30000	马厂类型
21		石门乡	马台车路梁遗址	不明	不明	不明	
22		双龙镇	雷神殿梁遗址	马家窑类型、半山类型、马厂类型、齐家文化	新石器—青铜	30000	半山类型
23		双龙镇	西圪梁遗址	半山类型、马厂类型、齐家文化	新石器	50000	半山类型
24		双龙镇	冶泉遗址	半山类型、马厂类型、齐家文化	新石器—青铜	10000	马厂类型
25		双龙镇	永和遗址	马厂类型、齐家文化	新石器—青铜	30000	半山类型
26		双龙镇	四次凹梁遗址	马厂类型	新石器	14000	新发现
27		双龙镇	高家滩遗址	马厂类型、齐家文化	新石器—青铜	60000	新发现
28		双龙镇	下堡子遗址	齐家文化	青铜	6000	新发现
29		双龙镇	相帽山遗址	半山类型	新石器	7000	半山类型
30		双龙镇	义和大墩台遗址	不明	不明	20000	半山类型
31		乌兰镇	营尔门遗址	齐家文化	青铜	14000	齐家文化
32		乌兰镇	马户山遗址	马厂类型、齐家文化	新石器—青铜	20000	齐家文化
33		乌兰镇	虎豹坪遗址	不明	不明	20000	齐家文化
34		乌兰镇	墩墩山遗址	齐家文化	青铜	4000	齐家文化
35		乌兰镇	红嘴遗址	不明	不明	15000	半山类型

续表：

序号	县（区）	乡镇	遗址名称	考古学文化	时代	面积（平方米）	备注（"三普"登记文化性质）
36		乌兰镇	马家滩遗址	马厂类型、齐家文化	新石器—青铜	30000	新发现
37		兴隆乡	四沟梁遗址	马厂类型、齐家文化	新石器—青铜	15000	半山类型
38		兴隆乡	任家峁遗址	半山类型	新石器	20000	半山类型
39		兴隆乡	腰站遗址	马厂类型	新石器	20000	半山类型
40		兴隆乡	孙家沟遗址	半山类型	新石器	2000	半山类型
41		兴隆乡	王家边边遗址	马厂类型	新石器	5000	半山类型
42		兴隆乡	马家圪遗址	半山类型	新石器	60000	半山类型
43		兴隆乡	新民遗址	马厂类型、齐家文化	新石器—青铜	30000	半山类型
44		永新乡	松柏崖遗址	半山类型、齐家文化	新石器	120000	半山类型
7	平川区	黄峤镇	神木头遗址	马厂类型、齐家文化	青铜	20000	新发现
1		八里湾乡	油坊弆遗址	不明	不明	10000	"三普"未认定遗址文化性质
2		草滩镇	北咀墓群	齐家文化	青铜	5000	齐家文化
3		草滩镇	帽疙瘩咀墓群	马厂类型、齐家文化	新石器	20000	齐家文化
4		草滩镇	姚岔嘴墓群	马厂类型、齐家文化	新石器—青铜	80000	马厂类型
5		草滩镇	李善堡墓群	齐家文化	青铜	20000	马家窑文化
6		草滩镇	杨家塬遗址	齐家文化	青铜	不明	"三普"未认定遗址文化性质
7		草滩镇	断岘遗址	马厂类型、齐家文化	新石器—青铜	不明	马家窑文化
8		草滩镇	高儿刘墓群	齐家文化	青铜	10000	马家窑文化
9		草滩镇	何家寨柯墓群	马厂类型、齐家文化	新石器—青铜		齐家文化
10	会宁县	大沟镇	韩岔遗址	齐家文化	青铜	180000	马家窑文化
11		大沟镇	掌里遗址	马厂类型、齐家文化	新石器—青铜	100000	半山类型、马厂类型
12		党家岘乡	大寨遗址	齐家文化	青铜	10000	齐家文化
13		丁家沟镇	老人沟遗址	仰韶文化晚期、马家窑类型、齐家文化	新石器—青铜	不明	马家窑文化、齐家文化
14		丁家沟镇	沈家圪遗址	仰韶文化晚期、齐家文化	青铜	100000	马家窑文化、齐家文化
15		丁家沟镇	河沟遗址	齐家文化	青铜	300000	齐家文化
16		丁家沟镇	张庄西山遗址	齐家文化	青铜	50000	齐家文化
17		丁家沟镇	线家川遗址	齐家文化	青铜	14000	齐家文化
18		丁家沟镇	万崖遗址	齐家文化	青铜	20000	齐家文化
19		丁家沟镇	荔峡遗址	马厂类型、齐家文化	新石器—青铜	10000	马家窑文化和齐家文化
20		丁家沟镇	吴家山遗址	齐家文化	青铜	10000	齐家文化

续表：

序号	县（区）	乡镇	遗址名称	考古学文化	时代	面积（平方米）	备注（"三普"登记文化性质）
21		丁家沟镇	窑沟遗址	齐家文化	青铜	5000	齐家文化
22		甘沟驿镇	卧虎山遗址	齐家文化	青铜	5000	齐家文化
23		甘沟驿镇	骆驼鞍子山遗址	齐家文化	青铜	6000	齐家文化
24		汉家岔镇	塔寺岔墓群	不明	不明	30000	马家文化
25		汉家岔镇	寨柯遗址	仰韶文化晚期、马家窑类型、齐家文化	新石器—青铜	40000	马家窑文化
26		汉家岔镇	阴山遗址	齐家文化	青铜	100000	半山类型、马厂类型
27		河畔镇	尹家岔遗址	半山类型、马厂类型	新石器	20000	半山类型
28		河畔镇	冯家堡遗址	齐家文化	青铜	5000	
29		河畔镇	关湾小坟堆墓群	马厂类型、齐家文化	新石器—青铜	2700	半山类型
30		侯家川镇	风咀梁遗址	齐家文化	青铜	80000	齐家文化
31		侯家川镇	芦河遗址	齐家文化	青铜	60000	齐家文化
32		太平店镇	苜蓿湾墓群	半山类型	新石器		马家窑文化
33		太平店镇	二阴湾遗址	仰韶文化晚期、齐家文化	新石器—青铜	5000	齐家文化
34		头寨子镇	牛门洞遗址	仰韶文化晚期、马家窑类型、半山类型、齐家文化	新石器—青铜	100000	仰韶文化晚期、马家窑文化的半山和马厂类型、齐家早期文化
35		头寨子镇	殿沟咀墓群	马厂类型、齐家文化	新石器—青铜	5000	马家窑文化
36		头寨子镇	窦粒台遗址	半山类型	新石器	60000	半山类型
37		土高山乡	薛家咀墓群	齐家文化	青铜	不明	半山类型
38		土门岘镇	崖窑塬墓群	半山类型、齐家文化	新石器—青铜	40000	半山类型
39		会师镇	宴门川遗址	齐家文化	青铜	20000	齐家文化
40		新添堡回族乡	沙湾遗址	仰韶文化晚期、马家窑类型、半山类型、齐家文化	青铜	80000	齐家文化
41		新添堡回族乡	史家弄遗址	仰韶文化晚期、马家窑类型、齐家文化	青铜	5000	马家窑文化和齐家文化
42		新添堡回族乡	穆家湾遗址	齐家文化	青铜	18000	新发现
43		新添堡回族乡	赵家遗址	不明	不明	不明	新发现
44		新庄镇	张家山顶遗址	马厂类型、齐家文化	新石器	20000	马家窑文化
45		新庄镇	中塬墓群	马厂类型、齐家文化	新石器—青铜	30000	半山类型
46		新庄镇	寺寨墓群	不明	不明	10000	马家窑文化
47		新庄镇	大湾东岭墓群	不明	不明	30000	马厂类型
48		新庄镇	苘麻湾遗址	马厂类型、齐家文化	新石器—青铜	40000	马家窑文化
49		新庄镇	亮羊滩墓群	齐家文化	青铜	150000	马家窑文化

续表：

序号	县（区）	乡镇	遗址名称	考古学文化	时代	面积（平方米）	备注（"三普"登记文化性质）
50		新庄镇	阴坡遗址	半山类型、马厂类型	新石器	20000	半山类型
51		新庄镇	山鸡岭墓群	齐家文化	青铜	30000	马厂类型
52		中川镇	石石湾遗址	仰韶文化晚期、马家窑类型、半山类型、齐家文化	新石器—青铜	200000	马家窑文化、齐家文化
53		中川镇	米峡遗址	仰韶文化晚期、马家窑类型、齐家文化	新石器—青铜	300000	仰韶文化晚期、马家窑文化
54		中川镇	梁堡西山遗址	齐家文化	青铜	10000	齐家文化
55		中川镇	老鸦沟遗址	齐家文化	青铜	120000	齐家文化
1	景泰县	芦阳镇	王家湾遗址	半山类型	新石器	1800	半山类型
2		芦阳镇	东风园子遗址	马厂类型	新石器	600	半山类型
4		芦阳镇	张家台遗址	半山类型	新石器	25000	半山类型
3		寺滩乡	疃庄遗址	马家窑类型	新石器	20000	新发现
1	古浪县	大靖镇	昭子山遗址	半山类型、马厂类型	新石器	10000	新发现
2		大靖镇	青山寺墓群	不明	不明	80000	不明
3		大靖镇	寨子遗址	马厂类型	新石器	不明	新发现
4		大靖镇	三角城遗址	马家窑类型、马厂类型	新石器	不明	
5		定宁镇	水口子遗址	马厂类型、齐家文化	新石器	80000	马厂类型
6		定宁镇	沙坝遗址	不明	不明	不明	马厂类型
7		古浪镇	土坝遗址	马厂类型	新石器	24000	沙井文化
8		古浪镇	卫家庄遗址	马厂类型	新石器	160000	新发现
9		黑松驿镇	小坡遗址	半山类型	新石器	150000	马厂类型
10		黑松驿镇	北岭子墓群	马厂类型	新石器	20000	马厂类型
11		黄花滩镇	杨家场子遗址	马家窑类型	新石器	100000	马厂类型
12		黄花滩镇	陈家场子遗址	马家窑类型、半山类型	新石器	20000	马厂类型
13		黄花滩镇	浪湾遗址	半山类型、马厂类型	新石器	150000	马厂类型
14		黄花滩镇	西凉女国遗址	半山类型、马厂类型	新石器	4000	新发现
15		黄花滩镇	摩天岭遗址	马家窑类型、半山类型	新石器	140000	马厂类型
16		黄花滩镇	杨家窝铺遗址	马家窑类型	新石器	10000	汉代
17		黄花滩镇	旱石河台遗址	马厂类型、齐家文化	新石器—青铜	30000	马厂类型
18		土门镇	李庄遗址	马家窑类型	新石器	30000	马厂类型
19		土门镇	青石湾遗址	马厂类型	新石器	80000	马厂类型
20		土门镇	朵家梁遗址	半山类型、马厂类型、齐家文化	新石器—青铜	100000	马厂类型

续表：

序号	县（区）	乡镇	遗址名称	考古学文化	时代	面积（平方米）	备注（"三普"登记文化性质）
21		土门镇	台子遗址	马厂类型	新石器	120000	马厂类型
22		西靖镇	陈家湾遗址	马家窑类型、马厂类型	新石器	80000	马厂类型
23		西靖镇	黑刺疙瘩梁遗址	不明	不明	400000	马厂类型
24		永丰滩镇	上麻遗址	马家窑类型、马厂类型	新石器	80000	马厂类型
25		永丰滩镇	浪水湾遗址	马厂类型	新石器	20000	马厂类型
26		永丰滩镇	庵门滩遗址	马厂类型	新石器	不明	马厂类型
27		直滩镇	高家滩遗址	马厂类型、齐家文化	新石器	100000	马厂类型
28		直滩镇	陶家庄遗址	马厂类型	新石器	不明	新发现

附表五 黄河左近地区史前考古调查遗址出土农作物登记表

县（区）	遗址名称	农作物类型	农作物数量百分比（%）	文化类型
红古区	红山大坪遗址	粟黍	65.07	马家窑类型
	平安台遗址	粟黍	61.54	马家窑类型
	山城台遗址	粟黍	60.97	马厂类型
	普格台遗址	粟黍	65.73	马厂类型、齐家文化
	红大板坪遗址	粟黍	52.94	马家窑类型
	马家台遗址	粟黍	79.23	马厂类型、齐家文化
永登县	薛家坪遗址	粟黍	77.66	马厂类型
	庙儿坪遗址	粟黍	36.72	马厂类型、齐家文化、辛店文化
	小红沟口遗址	粟黍	40.22	马厂类型
	沙沟沿遗址	粟黍	83.99	马家窑类型、马厂类型、齐家文化
	大沙沟遗址	粟黍、大麦	81.18	马厂类型、齐家文化、辛店文化
	葛家湾遗址	粟黍	74.12	马厂类型
	孙家湾大坪遗址	粟	8.33	马厂类型
	石碑湾遗址	粟黍	61.79	马家窑类型
	高场遗址	粟黍	74.36	马厂类型、齐家文化
靖远县	西瓜梁遗址	粟黍、麦类碎块	39.39	马厂类型
平川区	神木头遗址	粟黍	74.05	齐家文化
会宁县	石石湾遗址	粟黍	74.61	仰韶晚期
	老人沟遗址	粟黍	86.79	仰韶晚期
	梁堡西山遗址	粟黍	86.44	齐家文化
	韩岔遗址	粟黍	42.31	齐家文化
	张庄西山遗址	粟黍	89.8	齐家文化
	米峡遗址	粟黍	89.01	齐家文化
	凤咀梁遗址	粟黍	44.29	齐家文化
古浪县	卫家庄遗址	粟黍	42.72	马厂类型
	杨家窝铺遗址	粟黍	83.49	马家窑类型
	青石湾遗址	黍	42.86	马厂类型
	土坝遗址	粟黍	88.31	马厂类型
	高家滩遗址	粟黍	42.86	马厂类型、齐家文化
	朵家梁遗址	粟黍	90.25	齐家文化
	水口子遗址	粟黍	86.57	马厂类型、齐家文化
	昭子山遗址	黍	50	马厂类型

后 记

"甘肃省黄河文化遗产考古调查项目"由陈国科主持，历时近3年，终将见成。

2019年—2021年先期筹备期间，杨谊时、蒋超年、张鹏、刘冯军等参与编制了《甘肃黄河文化遗产考古调查项目工作计划》《甘肃黄河文化遗产考古调查工作实施方案》，毛瑞林、郑国穆、侯红伟、周静诸位老师在此过程中提供了泾河流域、渭河流域、洮河流域及漳河、马莲河、蒲河和黑河等流域详实的考古调查成果，为后期调查开展奠定了基础。

2021年6月，甘肃黄河左近地区史前考古调查启动，参与实地调查的人员有甘肃省文物考古研究所张鹏、曾宗龙、齐洋、冯维伟、周懋、沈磊、王俏、李万荣、朱元璋，兰州大学张山佳博士。青海省文物考古研究所杜伟、甄强、尕藏吉、秦岩和民和县博物馆张德荣参加了湟水流域红古区的调查工作。红古区文体广电和旅游局徐多山、永登县文体广电和旅游局赵岩、会宁县文体广电和旅游局张慧妮、靖远县文体广电和旅游局曾祥祥、平川区文体广电和旅游局郭明春、景泰县文体广电和旅游局姬伟民、古浪县文体广电和旅游局杨文科、景泽时分别参与了调查工作并给予了支持。

本报告的资料整理及撰写工作由陈国科主持，杨谊时具体负责资料整理。陈国科、杨谊时、曾宗龙、张鹏、沈磊、周懋、王俏参与了报告编写工作，最终统稿工作由陈国科完成。本报告为集体研究成果，为循名责实，陈国科、杨谊时各完成10万字，张鹏完成12.1万字，曾宗龙完成12万字，周懋、沈磊各完成8万字。报告英文摘要由兰州大学张山佳翻译。

本调查得到了民和县、红古区、永登县、靖远县、平川区、景泰县、古浪县文体广电和旅游局的积极协助。青海省文物考古研究所武国龙所长和乔虹副所长全力推进田野考古调查工作。在资料整理期间，甘肃省文物局文物保护与考古处、安全督查处在黄河文化遗产相关资料收集方面给予了大力支持。本报告付梓出版之际，对参与调查、资料整理、报告编写付出辛勤努力和提供帮助的单位及个人表示衷心的感谢，也向为本报告出版付出辛劳的甘肃教育出版社责任编辑表示我们的谢意。

本次调查所有资料以本报告为准。由于时间紧迫，编写者水平有限，书中难免存错讹之处，敬请专家学者批评指正。

Abstract

This study investigated Honggu District in Huangshui Valley, Yongdeng County in Zhuanglang River Valley, Huining County in Zuli River Valley, Jingyuan County, Pingchuan District, Jingtai County in the main stream of the Yellow River, and Gulang County in the east of Hexi corridor. All of them are located in the left bank of the Yellow River north of Jishi Gorge—Maxian Mountain—Huajialing Mountain, among which Gulang County is located in the inward flow area and the other districts and counties are in the outward flow area of the Yellow River basin. Jingtai and Gulang County belong to the transition zone from the northern edge of Longxi Loess Plateau to the Inner Mongolia Plateau, and other counties belong to the northwest of Longxi Loess Plateau. The above areas link Longxi Loess Plateau, Hexi Corridor and Qinghai— Tibet Plateau. Therefore, it is of great significance to clarify the basic characteristics, cultural development sequence and spatial—temporal distribution feature of the prehistoric cultures in these areas. It can provide basic information for understanding the prehistoric culture of the Yellow River Basin in Gansu, constructing the development sequence of prehistoric culture. In addition, it is of great academic value for further understanding the interaction history of the prehistoric human dispersal and cultural exchange between Longxi Loess Plateau, Qinghai—Tibet Plateau and Hexi Corridor.

Based on field investigation and preliminary research, the main conclusions and understandings are as follows:

1. A total of 29 new prehistoric sites and burials were discovered during the field investigation. Among them, there are 4 sites and 1 cemetery in Honggu District, 9 sites in Yongdeng County, 3 sites in Huining County, 6 sites in Jingyuan County, 5 sites in Gulang County and 1 site in Jingtai County. The above findings further expand the total amount of immovable cultural relics resources in Gansu region of the Yellow River basin, and provide a batch of important new data for the study of prehistoric culture in Gansu.

2. The distribution of prehistoric cultural remains in each basin near the Yellow River is preliminarily understood. By collecting the characteristics of pottery pieces and patterns, and comparing with the typical objects in the surrounding areas, the nature of the cultural remains of each site is clarified. The cultural remains of late Yangshao Culture, Majiayao type, Banshan type, Machang type, Qijia culture, Xindian culture

and Dongjiatai type were found. The development sequence of prehistoric archaeological culture in each basin near the Yellow River in Gansu Province is preliminarily constructed, which lays a good foundation for further study. The cultural sequence in Honggu District in Huangshui Valley and Yongdeng County in Zhuanglang River Valley is Majiayao type — Banshan type — Machang type — Qijia culture — Xindian culture. Huining County in the Zuli River Basin is the late Yangshao Culture — Majiayao type — Banshan type — Machang type — Qijia culture; Jingyuan County and Pingchuan District of the main stream of the Yellow River are Majiayao type — Banshan type — Machang type — Qijia culture, and Jingtai County is Majiayao type — Banshan type — Machang type. Gulang County at the north foot of Wushaoling is of Majiayao type — Banshan type — Machang type — Qijia culture — Dongjiatai type.

3. By comparing the pottery pieces and patterns with the typical contemporary objects in the surrounding areas, it is found that there are more cultural interactions between the areas near the Yellow River and the surrounding areas, especially Longdong area and the southern area of Ningxia. The late Yangshao Culture and early Majiayao type in the Zuli River basin are closely related to Dadiwan IV and Shizhaocun V in the upper reaches of the Weihe River respectively. During the middle period of Majiayao type, Huangshui Valley, Zhuanglang River Valley, Jingyuan—Pingchuan district in the Baiyin section of the Yellow River basin, and Gulang County at the northern foot of Wushaoling are affected by the late Linjia culture in Dongxiang County and the late Xipogua culture in Lanzhou. Thus, the middle period of Majiayao type remains appeared in these areas. During the late Banshan type, the Banshan culture near Lanzhou moved northward along the Yellow River to Jingyuan—Pingchuan and Jingtai regions, and influenced the southern Ningxia Province. There was coexistence phenomenon between Caiyuan type and the middle—late Banshan type in Ningxia. At the same time, some factors that may belong to the Caiyuan type were also found in Jingyuan—Pingchuan. It indicates that this area is an important area for the interaction between the Banshan type and the Caiyuan type. In addition, a large number of early horizontal basket pottery of the Qijia culture were found in the Jingyuan—Pingchuan area and the Zuli River basin, and a small number were also found in the Zhuanglang River basin, which should be the result of the westward advance of the early Qijia culture in the southern region of Ningxia.

4. A large number of charred plant remains were obtained by collecting soil samples for flotation. The statistics and identification procedures show that the absolute proportion of millet and millet in most sites is more than 50%, and that in some sites is higher than 80%, indicating that the ancestors of the late Yangshao Culture, Majiayao type, Banshan type, Machang type, Qijia Culture in the study area mainly cultivated and ate millets. In addition, a small number of wheat crops from the Qijia Culture period have been unearthed at the Dashagou site in Yongdeng and Xiwaliang in Jingyuan, indicating that these ancestors also began to cultivate and eat wheat crops.

图 版

1. 调查工作照

2. 遗物采集工作照

3. 采样工作照

4. 资料整理照

彩版一

1. 红山大坪遗址航拍图

2. 红山大坪遗址 P1

3. 红山大坪遗址 P2 局部

彩版二

1. HK2:P14　彩陶片

2. HP2:P19　彩陶片

3. HP2:P20　彩陶片

4. HK2:P24　侈口罐口沿

5. 普格台遗址航拍图

彩版三

1. 普格台遗址 P1

2. 普格台遗址 P2

3. PB:P4　双耳罐口沿

4. PB:P5　侈口罐口沿

5. PP2:P13　壶口沿

6. PB:2　盘状器

彩版四

1. PB:5 石片

2. 马家台遗址 P1

3. 马家台遗址航拍图

彩版五

1. 平安台遗址航拍图

2. 平安台遗址 K1

3. PK1:P4　侈口罐口沿

4. PB:P5　彩陶片（外）

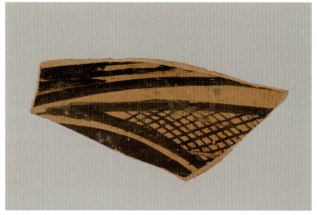

5. PB:P5　彩陶片（内）

彩版六

1. PB:P7 彩陶片

2. PK1:P9 彩陶片

3. 山城台遗址航拍图

彩版七

1. 山城台遗址 P1

2. 红大板坪遗址 H1

3. 红大板坪遗址航拍图

彩版八

1. HB:P4 双耳罐口沿

2. 管地坪遗址航拍图

3. 金湾遗址航拍图

4. JB:P2 彩陶片

5. JB:P4 彩陶片

彩版九

1. 二台南遗址航拍图

2. 杨家坪遗址航拍图

彩版一〇

1. 转嘴子遗址航拍图

2. 张家台遗址航拍图

3. ZB:7　盘状器

彩版一一

1. 河咀台遗址航拍图

2. 老鼠坪遗址航拍图

彩版一二

1. 金砂台遗址航拍图

2. 新庄台遗址航拍图

彩版一三

1. XC:2　彩陶壶　　　　　　　　　　　　　　　　　　2. 八家村砖厂遗址航拍图

3. 金砂台墓群航拍图

彩版一四

1. 王家台遗址航拍图

2. 猫儿坪遗址航拍图

彩版一五

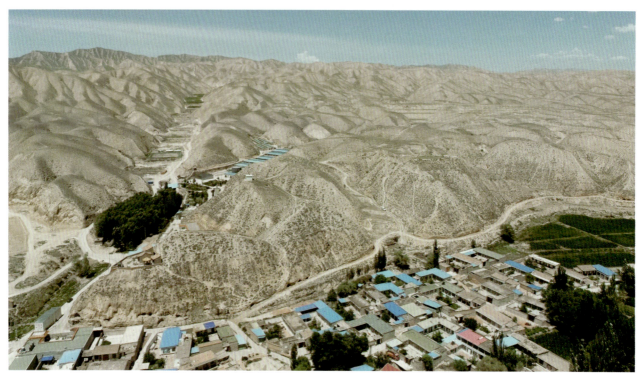

1.高场遗址航拍图

2.高场遗址 P1

3.GH1:P17　彩陶片

彩版一六

1. GH2:P23 折肩罐肩腹部

2. 石咀子遗址航拍图

3. 庙儿坪遗址 H1

4. 庙儿坪遗址 P1

5. 庙儿坪遗址航拍图

彩版一七

1. 庙儿坪遗址 P2

2. MB:P3　盆口沿

3. MB:P12　彩陶片

4. MB:P13　彩陶片（外）

5. MB:P13　彩陶片（内）

6. MB:P15　壶口沿

彩版一八

1. 沙沟沿遗址航拍图

2. 沙沟沿遗址 P1

3. 沙沟沿遗址 P2

4. SB:P2　彩陶盆口沿

5. SP3:P3　钵口沿

彩版一九

1. SH1:P5　彩陶片

2. SB:P6　彩陶片

3. SB:P7　壶口沿

4. SB:P9　腹部残片

5. 葛家湾遗址航拍图

彩版二〇

1. 葛家湾遗址 H1

2. GB:P3　双耳盆口沿

3. GB:P4　双耳罐口沿

4. GB:13　侈口罐

5. 汪家湾墓群航拍图

彩版二一

1. 上山沟遗址航拍图

2. SB:P3 双耳罐口沿

3. SB:P6 彩陶片

彩版二二

1. SB:P9 彩陶盆口沿

2. SB:P11 盆口沿

3. SB:P12 彩陶盆口沿

4. SB:P13 彩陶片

5. SB:P14 彩陶片

6. SB:P15 彩陶片

彩版二三

1. 李家坪遗址航拍图

2. 李家坪遗址 M1

3. LB:P1 壶口沿(外)

彩版二四

1.LB:P1　壶口沿（内）

2.LB:P4　腹耳罐腹部

3.LB:P5　彩陶片

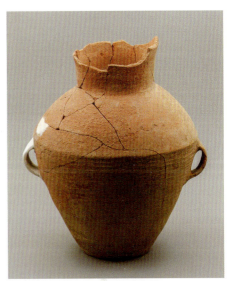

4.LM1:2　高领折肩罐

5.孙家湾大坪遗址航拍图

彩版二五

1. 孙家湾大坪遗址 P1

2. SB:P5 盆口沿

3. JB:10 盆

4. JB:13 腹耳罐

5. 贾家场遗址航拍图

彩版二六

1. 柴家坪遗址航拍图

2. CB:P4　侈口罐口沿（外）

3. CB:P4　侈口罐口沿（内）

4. CB:P8　彩陶片

5. 薛家坪遗址 H1

彩版二七

1. 薛家坪遗址航拍图

2. 薛家坪遗址 H2

3. XB：P1　盆口沿（外）

彩版二八

1. XB:P1　盆口沿（内）

2. 石碑湾遗址 P1

3. SK1:2　穿孔石刀

4. YB:P4　侈口罐口沿

5. 石碑湾遗址航拍图

彩版二九

1. 杨家营遗址航拍图

2. YB:11　盆

3. XB:P1　侈口罐口沿

彩版三〇

1.杨家营下营遗址航拍图

2.徐家槽沟遗址航拍图

彩版三一

1. XB:P3 壶口沿

2. XB:P6 彩陶片

3. 俞家营遗址航拍图

彩版三二

1. XB:P7 彩陶片

2. XB:1 盆

3. 小红沟口遗址航拍图

彩版三三

1. 小红沟口遗址 P1　　　　　　　　　　　　　2. 小红沟口遗址 K1

3. 大沙沟遗址航拍图

彩版三四

1.XB:P1 侈口罐口沿　　　　2. 大沙沟遗址 P1　　　　3. 大沙沟遗址 P2

4. 雷家坪遗址航拍图

彩版三五

1. LB:P1 盆口沿（外）

2. LB:P1 盆口沿（内）

3. 邢家湾遗址 M1

4. FB:P2 杯口沿

5. 邢家湾遗址航拍图

彩版三六

1. 翻山岭遗址航拍图

2. 凤凰山遗址航拍图

彩版三七

1. FB:P3　彩陶片

2. 塘土湾遗址 K1

3. 塘土湾遗址航拍图

彩版三八

1. 塘土湾遗址 K1　内人骨

2. BB:P2　折肩罐肩腹部

3. 保家湾中庄遗址航拍图

彩版三九

1. 玉山子遗址航拍图

2. YB:P1 彩陶片

3. BB:P1 侈口罐口沿

4. BB:P2 彩陶片

5. 白家湾遗址航拍图

彩版四〇

1.高家湾遗址航拍图

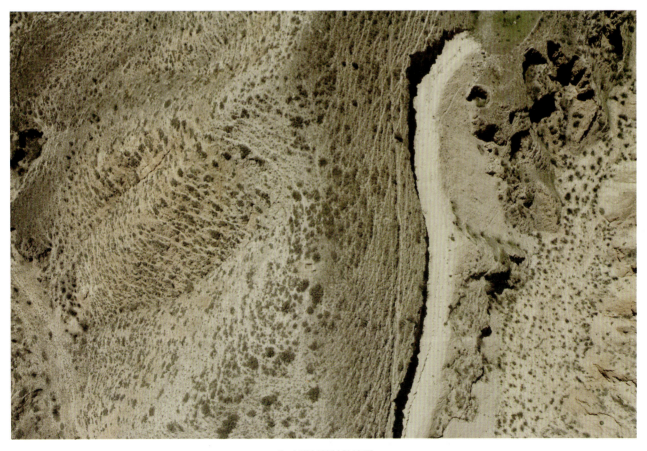

2.山岑村遗址航拍图

彩版四一

1. 东坪遗址航拍图

2. 野泉遗址航拍图

彩版四二

1. 雷神殿梁遗址航拍图

2. 西山梁遗址 H1

3. 西山梁遗址 H2

彩版四三

1. 西圪梁遗址航拍图

2. 西圪梁遗址 H3

3. XB:P1　双耳罐口沿

彩版四四

1. XB:P2　双耳罐口沿

2. XB:P7　彩陶片

3. XB:P10　彩陶罐口沿

4. XB:P13　彩陶罐口沿

5. XB:P14　彩陶盆口沿（外）

6. XB:P14　彩陶盆口沿（内）

彩版四五

1. 马家滩遗址航拍图

2. 马家滩遗址 K2

3. MB3:18　小口鼓腹罐

彩版四六

1. 神木头遗址航拍图

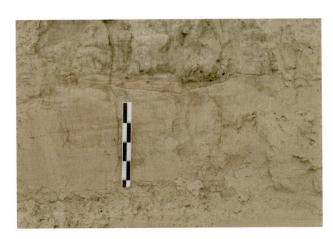

2. 神木头遗址 H1

3. 神木头遗址 H2

彩版四七

1. 神木头遗址 H3

2. SB:P10　壶肩部

3. 冶泉遗址航拍图

彩版四八

1. 冶泉遗址 K2

2. YK2:P9　双耳罐口沿

3. 四沟梁遗址航拍图

彩版四九

1. SB:P6　彩陶片

2. SB:P8　彩陶片

3. SB:P9　彩陶片

4. 蔺家山头遗址航拍图

5. 营尔门遗址航拍图

彩版五〇

1. LB:P4 彩陶片

2. MB:P2 侈口罐口沿

3. MB:P4 侈口罐口沿

4. MB:P2 彩陶片

5. 马户山遗址航拍图

彩版五一

1. 芦家小坪遗址航拍图

2. 马台墓群航拍图

彩版五二

1. MB:P5 彩陶片

2. BB:P1 彩陶片

3. 堡子山遗址航拍图

彩版五三

1. 四次凹梁遗址航拍图

2. 四次凹梁遗址 K1

3. 四次凹梁遗址 K2

彩版五四

2. 四次凹梁遗址 K4

1. 四次凹梁遗址 K3

3. 四次凹梁遗址 K5

4. 高家滩遗址航拍图

彩版五五

1. 菜地沟遗址航拍图

2. 庙圪山遗址航拍图

彩版五六

1. XB:P1　侈口罐口沿

2. 大塬庄东遗址航拍图

3. 火烧凹遗址航拍图

4. HB:P1　双耳罐口沿

5. 相帽山遗址航拍图

彩版五七

1. 小茨沟遗址航拍图

2. 任家峁遗址航拍图

彩版五八

1. RB:P1 錾耳罐

2. YB:P2 彩陶片

3. 腰站遗址航拍图

彩版五九

1. 金园村遗址航拍图

2. 小河口遗址航拍图

彩版六〇

1. 常塬遗址航拍图

2. 三条沟遗址航拍图

彩版六一

1. 烽台山遗址航拍图

2. 墩墩山遗址航拍图

彩版六二

1. 松柏崖遗址航拍图

2. 孙家沟遗址航拍图

彩版六三

1. 王家边边遗址航拍图

2. 马家屲遗址航拍图

彩版六四

1. 哈思山遗址航拍图

2. 新民遗址航拍图

彩版六五

1. 虎豹坪遗址航拍图

2. 阳坪嘴遗址航拍图

彩版六六

1. 乔家坪遗址航拍图

2. 野糜河口遗址航拍图

彩版六七

1. 红嘴墓群航拍图

2. 老人沟遗址航拍图

彩版六八

1. 老人沟遗址 H1

2. LB:P1 钵口沿

3. LH1:P2 侈口罐口沿

4. LB:P7 高领罐口沿

5. LB:P11 彩陶片

6. LH1:13 陶环

彩版六九

1. LH1:14　陶环

2. FK1:1　侈口罐

3. 凤咀梁遗址航拍图

彩版七〇

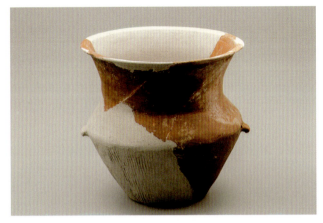

1.FK1:2　尊

2.SB:P3　侈口罐口沿

3.沈家屲遗址航拍图

彩版七一

1. SB:P7　绳纹陶片

2. 石石湾遗址 H1

3. 石石湾遗址航拍图

彩版七二

1. 石石湾遗址 H2

2. 米峡遗址 H1

3. 河沟遗址航拍图

彩版七三

1. 米峡遗址航拍图

2. 牛门洞遗址航拍图

彩版七四

1. NB:P2 彩陶片

2. NB:P3 壶口沿

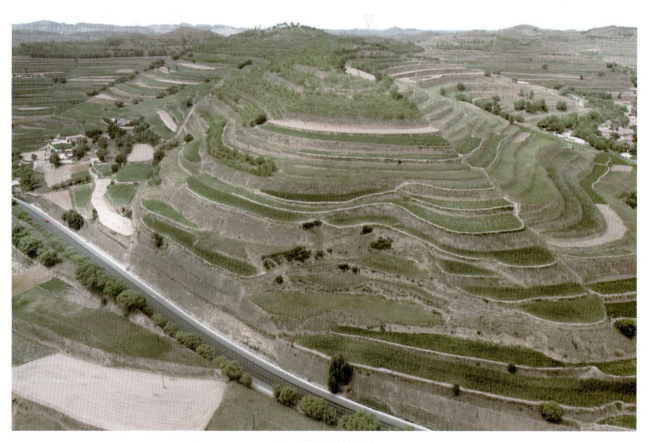

3. 二阴湾遗址航拍图

彩版七五

1. NB:P5　器底

2. 二阴湾遗址 K2

3. 崖窑塬墓群航拍图

彩版七六

1. 二阴湾遗址 K3

2. 二阴湾遗址 K4

3. YB:P1　侈口罐口沿

4. YB:P3　彩陶片

5. 张庄西山遗址 H1

6. ZB:P1　盆口沿

彩版七七

1. 张庄西山遗址航拍图

2. 沙湾遗址航拍图

彩版七八

1. 北咀墓群航拍图

2. ZB:P1　侈口罐口沿

3. ZB:P2　彩陶片

彩版七九

1. 梁堡西山遗址航拍图

2. 帽疙瘩咀墓群航拍图

彩版八〇

1. MB:P1　彩陶片

2. XB:P1　双大耳罐

3. 线家川遗址航拍图

彩版八一

1. 尹家岔遗址航拍图

2. 张家山顶遗址航拍图

3. 万崖遗址航拍图

彩版八二

1. 殿沟咀墓群航拍图

2. DB:P1 彩陶片

3. 史家弃遗址航拍图

彩版八三

1. 中塬墓群航拍图

2. 穆家湾遗址航拍图

彩版八四

1. 姚岔嘴墓群航拍图

2. 韩岔遗址航拍图

彩版八五

1. 韩岔遗址 H1

2. 赵家遗址航拍图

3. 掌里遗址航拍图

彩版八六

1. 王家湾遗址航拍图

2. 水口子遗址航拍图

彩版八七

1. 东风园子遗址航拍图

2. 水口子遗址 H1

3. 水口子遗址 H2

彩版八八

1. SB:P5　盆口沿

2. SB:P6　双耳罐口沿

3. SB:P12　盆口沿 (外)

4. SB:P12　盆口沿 (内)

5. 李庄遗址远景照

彩版八九

1. LB:P5 盆口沿（外）

2. LB:P5 盆口沿（内）

3. LB:P6 钵口沿

4. YB:P4 钵口沿

5. 杨家场子遗址远景照

彩版九○

1.YB:P8 彩陶片（外）

2.YB:P8 彩陶片（内）

3.高家滩遗址 H1

4.CB:P3 侈口罐口沿

5.高家滩遗址远景照

彩版九一

1. 陈家场子遗址远景照

2. 浪湾遗址航拍图

彩版九二

1. 青石湾遗址远景照

2. 青石湾遗址 P1

3. 青石湾遗址 M1

彩版九三

1. QB:P2　彩陶片

2. 西凉女国遗址远景照

3. 摩天岭遗址航拍图

彩版九四

1.陈家湾遗址远景照

2.土坝遗址远景照

彩版九五

1. 土坝遗址 P1

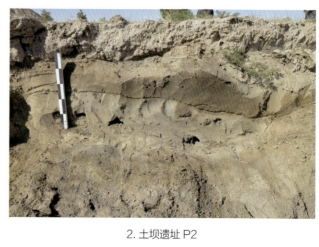

2. 土坝遗址 P2

3. 昭子山遗址航拍图

彩版九六

1. ZB:P1 罐口沿（外）

2. ZB:P1 罐口沿（内）

3. 卫家庄遗址 P1

4. 卫家庄遗址 H1

5. 卫家庄遗址远景照

彩版九七

1. 杨家窝铺遗址远景照

2. 杨家窝铺遗址 Z1

3. 朵家梁遗址 P1

4. 朵家梁遗址 H1

5. 朵家梁遗址航拍图

彩版九八

1. 北岭子墓群 K2

2. 北岭子墓群远景照

3. 寨子遗址航拍图

彩版九九

1. 旱石河台遗址远景照

2. 台子遗址远景照

彩版一〇〇

1.上麻遗址远景照

2.浪水湾遗址远景照

彩版一○一

1. 庵门滩遗址远景照

2. 青山寺墓群远景照

彩版一〇二

1. 黑刺疙瘩梁遗址远景照

2. 沙坝遗址远景照

彩版一〇三

1. 粟

2. 黍

3. 大麦

4. 狗尾草属

5. 豆科

6. 蓼科

7. 地肤属

8. 禾本科

9. 菊科

10. 藜

11. 猪毛菜属

12. 茜草科

彩版一〇四